KB069542

학업동기

[이론, 연구와 적용]

| 김아영 저 |

ACADEMIC MOTIVATION

Theory, Research, and Application

머리말

　동기라는 학문이 한국의 심리학자나 교육학자들에게 요즈음처럼 주목을 많이 받게 된 것은 그리 오래된 일이 아니다. 학위과정을 마치고 처음 한국에 돌아왔을 때는 전공이 무엇이냐는 질문을 받으면 '동기'라고 말을 하기가 꺼려졌었다. 왜냐하면 '그런 전공도 있느냐' '그게 뭐하는 것이냐'는 질문이 반드시 되돌아왔기 때문이다. 올해로 한국에서의 강의경력이 거의 20년이다. 그중 상당 기간 동안 '동기' 전공이라는 자신의 정체감을 유지하기가 무척 힘들었다. 일단 귀국 직후에는 동기라는 과목을 하나의 독립된 전공 영역으로 취급하여 학과목을 개설하는 경우는 학부는 물론이고 대학원에서도 극히 드물었기 때문이다. 마찬가지로 동기에 관한 주제로 학술지에 발표되는 논문은 드물었고, 한참이 지나서 1990년대 중반 이후부터 교육이나 심리학 관련 학술지에서 동기이론을 주제로 한 연구논문들이 나타나기 시작하더니, 2000년대에 들어서면서 증가 속도가 빨라졌다. 최근 교육심리학회 학술대회에서 발표되는 연구주제를 보면 동기 관련 연구가 다른 어떤 주제보다 많아 전체의 삼분의 일을 넘는 경우가 생길 만큼 동기연구가 증가한 것을 보면서 격세지감을 느낀다. 그러나 이와는 대조적으로 국내의 동기이론에 관한 교과서나 전문서의 발간은 거의 진전이 없는 것 같다.

필자는 저술보다는 연구논문을 쓰는 것이나 좋은 책을 번역하는 것을 더 좋아한다. 그 이유는 심리학 관련 영역은 학문의 선진국에서 수없이 많은 석학들, 아니면 교과서 전문 저자들이 이루 셀 수도 없을 만큼 훌륭한 책들을 수십 년 동안 개정해 가면서 전 세계의 독자들에게 쏟아내고 있는데, 내가 아무리 열심히 노력한다고 해도 그들만큼 좋은 책을 쓸 자신도 없고, 아직까지는 시간적 여유도 없었으며, 내 자신의 특별한 이론이나 실제에 대한 업적이 누적되어 이를 주장할 만한 수준도 아니고, 특정 영역의 이론들을 통달하여 나름대로의 해석과 이를 적용하는 실제에 대한 확고한 아이디어가 있는 것도 아니기 때문이다. 이러한 상태에서 저술하면, 내용의 편협함과 혹시 모를 이해 부족의 오류가 포함될 것이고, 따라서 이것을 접하게 되는 학생 혹은 연구자들에게 피해를 줄지도 모른다는 두려움이 있었기 때문이다.

이제 한국에서 '동기와 정서' '인간동기' '학업동기' 등의 과목을 학부와 대학원 그리고 교육대학원에서 강의한 지 10여 년이 지났다. 그동안 강의를 할 때마다 한국말로 쓴 교재를 내놓으라는 학생들을 달래 가면서, 버티면서 강의노트 대용으로 사용한 주제별 강의개요가 쌓이고, 또한 학술활동의 일부로 특정 주제에 관한 요약을 겸한 논문들이 누적되면서 약간의 자신감과 강한 압박감이 작용한 결과로 집필을 시작하였다. 그러나 무엇보다도 책을 써야겠다고 마음을 먹게 된 가장 중요한 이유는 지난 10여 년 동안 국내에서 한국인을 대상으로 한 동기에 관한 실증 연구가 상당히 많이 진행되었고, 어떤 이론에 관한 연구들은 외국의 결과를 확인하거나 유사한 결과를 보이는 반면, 어떤 이론들은 많이 다른 결과를 보여서 한국 현장에는 맞지 않는 측면들이 관찰되었기 때문이다. 서구에서 수립된 이론들을 다루는 영역에서는 모두 유사한 경험을 하겠지만, 외국의 이론들을 외국인들을 대상으로 얻은 경험적 결과만을 다루는 외국 서적이나 논문들만 가지고는 한국에서 동기 공부를 하고, 연구를 하고, 또한 실제 현장에서 적용할 때 커다란 한계를 느꼈다.

이러한 여러 가지 요인들이 압박감으로 작용할 무렵부터 학지사의 끈질긴

권유가 복합적으로 작용한 결과가 이 책으로 결실을 맺었다. 사실 이 책을 내놓기가 참으로 조심스럽다. 그동안 벼르고 벼른 결과가 이 정도밖에 안 되는가에 대한 부끄러움과 그 많은 내용들을 이렇게 줄여 붙였는가 하는 자책도 크지만, 그래도 이렇게라도 시작을 해야 앞으로 보충하고 다듬어서 보다 나은 책으로 만들 기회가 생길 수 있을 것이라는 희망으로 시작하였다.

이 책의 목적은, 첫째 주요 동기이론들을 소개하고 이 이론들을 교육이라는 맥락 속에서 학업과 연결시켜 진행한 경험적 연구들을 소개하여 학업동기에 대한 학문적 접근을 원하는 사람들의 이해를 돕는 것이다. 둘째, 외국에서 개발된 학업동기이론들이 한국 학생들에게도 똑같이 적용될 수 있는가를 확인하는 다양한 실증 연구결과들을 소개하는 것이다. 셋째, 이러한 이론들이 어떻게 한국 교육현장에 적용될 수 있는가를 생각해 보고, 실질적인 동기유발을 촉진시키기 위한 방안들을 제시하는 것이다.

따라서 책의 구성도 다양한 동기이론의 소개를 위해 각 장마다 역사적 배경과 이론의 기초를 설명하였고, 경험적 연구결과들을 요약하고, 교육현장 적용과 시사점을 논의하는 부분으로 나누었다. 가끔, 이미 검증이 끝났거나 폐기된 아주 오래된 이론에 근거해서 연구를 시도하는 경우들을 접하기 때문에, 매 장마다 이론의 현 상태를 다루는 부분을 두어 역사적으로는 중요하지만 지나간 이론과 계속 발전하고 있는 이론 등으로 구분하여 처음 동기이론을 접하는 사람들로 하여금 정확한 현황 파악을 할 수 있게끔 도우려 했다. 마지막 부분은 각 이론에 근거하여 한국 학생들을 대상으로 수행한 교육현장의 경험적 연구를 소개하였다.

집필을 하는 데 많은 시간이 소요되었다. 이렇게 오랜 시간이 걸리게 된 이유에 대해 한 가지 변명을 하자면 동기이론이 살아 있기 때문이라고 하고 싶다. 집필을 시작할 때와 이제 마무리를 하려는 시점에서 비교하면 어떤 이론은 경험적 연구의 양이 엄청나게 증가했다. 하나의 이론에 대한 장을 마무리하려고 하면 새로운 학술지의 발행으로 또 다른 측면이 추가되는 것을 무시하기가 어려웠다. 특히 한국 연구들의 최근 몇 년 동안의 증가는 따라가기가 어려울 정도였다.

이 책이 나오기까지 많은 사람들의 도움이 있었다. 우선 동기라는 학문을 전공하게 만들어 주신 전 University of Iowa, College of Education의 Margaret M. Clifford 교수님께 감사드린다. 지금은 고통 없는 하늘나라에 계시지만, 오랜 지병을 앓고 계시면서도 항상 활기 넘치는 태도로 끊임없는 도전과 학문적 호기심을 제공해 주셨다. 두 아이들을 데리고 공부하면서 지친다는 내색을 할 틈도 안 주시고 내·외적으로 동기부여를 해 주신 덕분에 단기간에 학위를 마칠 수 있었다. 그리고 동기연구자로서 이론에 머물지 않는 현장 실천을 가능하게 해 주었고, 지금은 성인이 되어 나의 또 다른 동기부여자의 역할을 해 주고 있는 사랑하는 나의 딸 정이와 아들 기원이에게, 이론과 실제는 다르지 않다는 말을 자신 있게 할 수 있는 동기학자가 될 수 있게 해 준 것에 대해 늘 고마워하고 있음을 전하고 싶다.

또 이 책의 많은 부분을 그들의 연구물로 채울 수 있게 해 준 한국 교육현장에 동기이론을 전파하고 있는 많은 동료학자들과 젊은 동기연구자들 그리고 지난 몇 년 동안 동기이론을 수강하면서 이 책의 완성을 재촉했던 이화여자대학교 제자들에게 감사한다. 특히 초고를 꼼꼼히 읽고 지적해 주고, 그 많은 참고문헌을 정리해 준 이화여자대학교 심리학과 대학원 제자들, 탁하얀, 송윤아, 최애영의 노고에 감사한다. 마지막으로 책이 나오기까지 오랜 시간 동안 인내심을 가지고 기다리시고 격려해 주시고, 이렇게 좋은 책으로 만들어 주신 학지사에 심심한 감사의 마음을 전한다.

2010년 5월
김아영

차 례

 chapter 1 동기이론 개관

chapter 2   동기이론에 대한 역사적 고찰

 chapter 3   성취동기이론

chapter 4 귀인이론

chapter 5　학습된 무기력이론

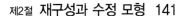

 chapter 6　　**내재동기이론**

chapter 7 자기결정성이론

chapter 8   자기효능감이론

chapter 9 　목표설정이론

chapter 10   성취목표이론

ACADEMIC MOTIVATION

CHAPTER
1

동기이론 개관

동기이론 개관

1. 개념 및 용어 정의

심리학을 인간의 '마음'과 '행동'을 연구하는 학문이라고 정의할 때 '행동' 측면의 핵심은 '왜?'라고 볼 수 있다. 즉, "인간은 왜 행동하는가?" "무엇이 인간으로 하여금 행동하게 만드는가?"라는 질문은 심리학의 핵심 질문 중 하나다. 그리고 이 '왜?'와 '무엇?'에 대한 질문이 곧 '동기'에 대한 질문이다.

'동기(motive)'란 단어의 어원은 라틴어 'movere(움직이다)'로 무엇을 움직이게 하는 것이 동기라는 단어의 핵심적 의미다. 일반적으로 심리학에서 동기는 두 가지 차원에서 정의되는데, 하나는 각성상태, 즉 유기체의 행동을 가능하게 하는 생리적 에너지를 말하고, 다른 하나는 행동을 조절하는 힘을 말한다. 다시 말해서, 동기는 행동하게 하는 힘의 근원(energizer)으로서의 기능과 행동의 조절자(regulator)로서의 기능을 한다.

동기에 대한 가장 일반적인 정의는 "행동을 시작시키고, 방향을 결정하며, 끈기와 강도를 결정하는 힘"이라고 할 수 있다. 동기와 관련된 개념으로 욕구

(need), 추동(drive), 동기화 또는 동기유발(motivation)이 있는데, 이 세 가지 개념들은 서로 연관성을 가진다. Hull(1943)에 의하면 '욕구'란 생리적 혹은 심리적인 상태로 개인을 목표를 향해 움직이도록 만드는 일종의 내적 결핍상태다. 이러한 욕구상태는 유기체의 내적 불균형상태를 초래하므로 생체항상성(homeostasis)을 깨트린다. 모든 유기체는 생체항상성을 유지하려는 본능 때문에 회복을 위해 노력한다. 추동은 이러한 욕구 발생의 결과로 생기는 관찰가능한 행동의 변화다. 동기는 대상행동을 향하게 하거나 멀리하게 만드는 추동이다.

따라서 이 세 가지 개념들은 연쇄적으로 나타난다고 할 수 있다. 예를 들어, 체내에 수분이 부족하면(내적 결핍상태) 물을 마시고 싶은 욕구(need)가 발생하고, 이러한 욕구는 물을 찾아 움직이는 추동(drive)으로 변하여, 물을 마시는 행동의 직접적 원인인 동기(motive)를 유발한다(motivate, 명사형: motivation). 그러므로 욕구, 추동, 동기는 상태를 의미하며 이러한 상태들이 행동으로 나타나는 과정은 '동기화과정' 혹은 '동기유발'이라고 한다.

영어의 'motive'와 'motivation'이라는 용어는 '동기'와 '동기화' '동기부여' 혹은 '동기유발'로 번역되나, 'motivation'이란 용어는 다른 말과 결합되어 사용되는 경우 '동기'라는 용어로 번역되는 경우가 많다. 예를 들어, 'motivation theory'는 '동기화이론'보다는 '동기이론'으로, 'achievement motivation'은 '성취동기화'보다는 '성취동기'로, 'academic motivation'은 '학업적 동기화'보다는 '학업동기'로 해석하는 것이 국내 동기이론가들의 관례다. 따라서 맥락에 따라 '동기화'나 '동기유발' 그리고 '동기'라는 용어의 적절한 선택이 필요하다.

2. 동기를 정의할 때의 접근 틀

'동기'라는 개념에 대한 접근은 몇 가지 분류체계의 틀 속에서 제시할 수 있다. 첫째, 동기를 의식적인 의도로 보느냐 무의식적 기능으로 보느냐(conscious intent vs. unconscious function), 둘째 동기를 생물학적 조절기능으로 보느냐 목적적인 기능으로 보느냐(regulatory vs. purposive approach), 셋째 동기의 출처를 내재적으로 보느냐 외재적으로 보느냐(intrinsic vs. extrinsic motivation), 넷째 근접 동기로 보느냐 원격 동기로 보느냐(proximal vs. distal motives)의 체계로 나누어 볼 수 있다.

첫 번째 체계로 동기를 개념화한 예는 개인의 소망이나 포부에 대한 지각, 또는 목표에 관심을 둔 포부수준이론이나 목표설정이론에서와 같이 동기를 의식적 의도로 보는 접근과 이와 대비시켜 무의식적 기능을 강조하는 정신분석적 접근으로 구분하는 체계를 들 수 있다. 예를 들어, Freud는 성적 욕구, 불안, 공격성 등이 인간욕구의 무의식적 근원이며 행동을 결정하는 동기로 보았다.

두 번째 체계는 조건반사이론이나 추동감소이론 등 생물학적 조절기능을 포함하는 개념과 행동의 목표에 의해 방향이 결정되는(goal-directedness) 목적적인 속성을 강조하는 행동주의이론, 성격이론, 사회심리학적 이론들에서 동기를 구분하는 체계다(Beck, 1990). Darwin의 진화론에 영향을 받아 배고픔이나 통증과 같은 구체적인 힘에 대한 신체적 반응을 강조하여 생리적 측면을 연구하고, Pavlov 등의 반사반응 연구에서와 같이 자극이 행동의 유일한 원인이며 동기는 불필요하다고 보는 학자들이 조절적 기능 접근을 대표하는 집단에 속한다고 할 수 있다. 이들은 동기가 욕망(desire) 혹은 혐오(aversion)에 기초하여 발생하는 것으로 접근 혹은 회피 반응을 유발하는 개념으로 보았다. 이에 반해서 행동은 목표에 의해 방향이 결정되는 것임을 강조하는 목적적 기능 접근은 특정 행위를 선택하는 이유를 설명할 수 있는 체계다. 의지(will)나 의지력(volition)을 인간행동의 근원으로 보는 독일 심리학자들, Heckhausen(1991)과 Kuhl(1984)의 의지통제력이론(Volitional Control Theoy)과 보다 최근의 자기조절이론(Self-Regulation Theory) 등은 목적적인 기능을 강조하는 접근의 하나다.

　세 번째 체계는 행동의 원인이 개인 내부에 있는가 외부에 있는가로 분류하는 내재동기이론과 강화이론으로 구분하는 체계다. 앞에서 제시한 것처럼 동기가 행동을 시작시키고, 방향을 결정하며, 행동의 끈기와 강도를 결정하는 힘이라고 정의할 때, 이 힘의 근원을 개인 내부의 흥미, 호기심, 의지, 생각 등에서 찾는 내재동기 접근과 외적인 보상이나 벌 혹은 강압 등에서 찾는 외재동기 접근으로 분류하는 것이다.

　네 번째 체계는 특정 상황에서의 행동을 결정짓는 동기에 관한 상황특수적 이론(situation-specific theory), 즉 근접동기이론과, 동기를 개인의 행동 선택과정에서 비교적 안정적으로 나타나는 경향성으로 보려는 일반적 이론(General Theory), 즉 원격동기이론에서 나타나는 동기의 개념으로 나누어 보는 체계를 말한다.

　초기 동기이론들이 본능, 욕구, 추동 등 광범위한 인간행동을 모두 다루기 위한 일종의 대단위 이론(grand theory)이었다면, 최신 이론들은 인간동기의 특수한 측면들을 집중적으로 접근하는 소형 이론(mini theory)으로 볼 수 있다(Reeve, 2009). 이러한 관점에서 앞에서 제시한 네 가지 틀을 분류한다면 첫 번째 틀은 대단위 이론적 접근이고, 두 번째와 세 번째 틀은 두 가지가 혼합된 접근이며, 네 번째 틀은 주로 소형 이론의 접근방식이라고 볼 수 있다.

　현대의 대표적인 동기이론들은 모두 앞의 네 가지 틀 속에서 하나의 속성이나 몇 가지 속성의 조합으로 개념화될 수 있다. 예를 들어, 초기의 성취동기이론은 의식적 의도를 강조하였다. Zimmerman 등의 자기조절학습이론은 조절기능적 관점과 목적적 기능 관점의 통합적 입장을 취하는 것이다. Deci와 Ryan의 유능동기이론이나 자기결정성이론 또는 Csikszentmihalyi의 몰입상태이론은 내재동기 관점을 취하는 것이다. Bandura의 자기효능감이론은 과제특수적인 측면을 강조하므로 '근접동기적 접근'이라고 할 수 있고, 일반적 자기효능감이론을 주장하는 사람들은 '원격동기적 접근'을 취하는 것이라 볼 수 있다. 또한 현대의 목표지향성이론(Goal-Orientation Theory)은 첫 번째 체계의 의식적 의도 접근과 두 번째 체계의 목적적 접근의 통합으로 볼 수 있다.

3. 인간동기의 구성요소

동기를 행동을 시작시키고 방향을 결정하며 행동의 지속성과 강도를 결정하는 힘으로 정의할 때 이러한 개념적 접근이 포함하고 있는 요소들이 있다. 그러면 인간동기는 어떤 측면들을 담고 있는 요소들로 구성되어 있는가? 심리학에서 인간의 행동을 논의할 때 생물학적 요소, 인지적 요소, 행동적 요소로 나누어 보는 것과 같이 동기이론가들은 인간동기에 대한 논의에서도 생물학적, 인지적, 학습된 행동적 요소를 포함해야 한다고 본다. Franken(1982, 1994)과 같은 학자는 생물학적 요소의 핵심 용어들은 유전성, 본능, 각성상태, 뇌신경계의 보상체계, 변연계나 망상체의 기능 등을 포함하고, 인지적 요소는 사고, 지각, 추론 등을 포함하고, 학습된 요소로서 조건형성과 강화체계를 포함한다고 한다. 이 세 가지 요소에 대해 보다 자세히 살펴보기로 한다.

1) 생물학적 요소

동기는 행동을 하게 하는 힘의 근원으로서 기능한다고 하였다. 그러면 이러한 힘의 근원을 생물학적 측면에서 설명하는 몇 가지 접근들을 고찰할 필요가 있다.

행동생물학(ethology)에서는 특정 행동을 위한 역동적인 에너지 원천을 가지고 있다는 저장고(reservoir) 모형을 제안한다고 Franken(1994)은 주장하였다. 이 저장고는 서서히 에너지로 채워지는데, 저장된 에너지가 많아져 넘치게 되면 행동이 유발되고, 일단 행동이 유발되어 에너지가 소모되면 다시 채워질 때까지 특정 행동이 나타날 확률은 줄어든다는 것이다. 여기서 에너지는 본능적으로 생기는 것일 수도 있고, 생리적인 결핍상태가 만들어 내는 욕구일 수도 있다.

행동생물학에서는 유전구조가 행동을 시작하게 하고 방향을 결정한다고 한다. 따라서 종 특유의 행동은 태어날 때부터 이미 유전자에 기록되어 있기 때문에 변화시키기가 어렵다고 본다. 그러나 모든 행동이 유전적으로 확정되는 폐쇄적 프로그램(closed program)에 의해 결정되는 것은 아니고, 어떤 행동들은 개방적 프로그램(open program)을 따르는 경우도 있다고 본다.

동기의 생물학적 요소를 강조하는 다른 분야는 행동학습에 관한 신경조직을 연구하는 학문인 행동신경과학(behavioral neurosciences)이다. 여기서는 두 뇌의 아편인 엔도르핀을 분비하는 보상중추(reward centers)가 동기와 관련된다는 것을 보여 준다. 또한 망상활성체에서 일반적 각성을 주관하고 정서를 관장하는 변연계, 특히 시상하부는 종-특수적인(species-specific) 추동의 근원지로 보며, 뇌화학물질인 에피네프린과 노르에피네프린이나 도파민 등의 뇌화학물질이 행동의 근원, 즉 동기를 관장한다고 믿는다.

생물학적 요소를 중심으로 해서 개발된 동기이론들로는 Hebb(1949)와 Berlyne(1960)이 제시한 최적 각성이론(Optimal Arousal Theory)이 있고, James(1884), Lange(1885), Cannon(1927)에 이어 최근의 LeDoux(1996)의 정서(emotion)에 관한 이론을 들 수 있다.

심리학에서 정서는 동기적 경향성으로 보는데, 그 이유는 정서가 유기체로 하여금 정서를 유발시킨 대상에 접근하도록 만들거나 회피하도록 만들기 때문이다. 따라서 가장 일반적으로 수용되는 정서에 대한 정의에서도 알 수 있듯이 "정서란 특정한 내적/외적 변인들에 대해서 경험적·생리적·행동적으로 반응하려는 유전적으로 결정되거나 습득된 동기적 경향(Carlson & Harfield, 1992)"이다. 그러므로 심리학 발전 초기의 정서에 대한 이론은 바로 생물학적 동기이론이었고, 이것은 심리학 영역을 분류할 때 동기와 정서를 함께 묶는 근거를 제공한 것이다.

동기를 논할 때 항상 따라다니는 또 한 가지 개념은 흥미(interest)다. 흥미는 인간의 특정 행동을 유도하는 핵심적인 긍정적 정서로서, 특정 행위를 하기 위한 개인의 능력과 기술들을 만들어 내고 학습하고 발전시키려는 욕구로부터 나온다. 흥미는 개인의 주의집중 정도, 정보처리, 이해 정도, 기억 정도를 결정한다(Renninger, Hidi, & Krapp, 1992). 그러므로 목적적 행위에서 흥미는 그 행위를 시작하고 지속하게 하며, 노력을 투여하게 하는 동기적 속성을 지녔다고 보므로 동기를 다룰 때는 빠질 수 없는 개념이다. 이것이 바로 많은 내재동기이론들에서 과제흥미를 종속변인으로 조작적 정의를 내려 측정하는 이유다.

이렇듯 흥미와 동기는 불가분의 관련성을 가지고 있으나, 둘 중에 어느 것이 선행하는 개념인가, 즉 흥미가 있어야 동기가 생기는 것인가, 동기가 있으면 흥미는 그에 수반하는 정서인가에 대한 논의에서는 정답을 쉽게 찾을 수 없다. 이러한 논쟁은 인지와 정서 간의 관계에서 대두되는 쟁점과 마찬가지로 대안적 가설과 경험적 연구가 가능한 영역이라고 하겠다.

2) 학습된 요소

동기의 학습된 요소는 본능과 같은 생물학적으로 주어진 것이 아닌 성장하면서 서서히 획득되는 추동, 즉 권력, 성, 성공에 대한 욕구 등과 관련된 것이다. 이러한 학습된 요소는 물론 행동주의 학습이론가들이 중시하는 것으로 고전적 조건화에 의해 형성된 공포감을 대표적인 예로 들 수 있다. 공포감은 학습된 정서로서 행동의 근원이 되는 요인이다. 또한 도구적 조건화나 조작적 조건화에서 말하는 일차적·이차적 강화라든가 내재적·외재적 보상 등은 행동의 근원이 되는 동기의 학습된 요소다.

3) 인지적 요소

동기 개념에 대한 탐색 경향은 심리학이라는 학문 자체의 기본 패러다임과 분리시켜 볼 수 없는 것이어서, 초기에는 생물학적 요소를 중심으로, 그 후에는 행동주의의 주도로 학습된 요소를 중심으로 탐색이 진행되었다.

그러다가 Tolman(1932)의 '기대(expectation)'라는 인지적 개념에 기초하여 시작된, 1950년대에서 1960년대에 걸친 '인지혁명'이라 일컫는 심리학의 패러다임 전환과 더불어 동기의 개념 탐색에서도 인지적 요소가 강조되기 시작하였다. 이에 대한 초기의 시도를 대표하는 것으로 Festinger(1957)의 인지부조화 이론, Heider(1958)의 귀인이론, Schacter와 Singer(1962)의 정서에 대한 이요인설(two-factor theory) 등을 들 수 있다.

이 이론들의 공통점은 모두 인간의 사고나 신념, 태도가 동기를 결정한다는 것이었다. 이와 같은 동기에 대한 인지적 요소를 강조하는 경향은 현대의 거의 모든 동기이론에서 나타나고 있다. 앞으로 이 책에서 중점적으로 다룰 학업동기이론들도 모두 인지적 요소를 강조하는 이론들이다.

4. 관련 개념

앞 절에서 동기를 정의할 때 적용할 수 있는 접근의 틀에 대한 논의와 동기의 구성요소에 대한 논의에서 이미 시사한 바와 같이, 동기는 접근하는 방식과 개념에 대한 정의에 따라 다양하게 연구된다. 여기에서는 동기연구에서 흔히 나타나는 개념들을 정리하여 앞으로 이 책을 공부하는 데 필요한 기초를 제공하고자 한다.

1) 외재동기와 내재동기

여러분은 지금 이 책을 왜 읽고 있는가? 그 이유는 매우 다양할 것이다. 다음 주에 숙제를 제출해야 하는데 그 숙제가 학기말 성적에 큰 비중을 차지하기 때문에, 수업시간에 선생님이 자주 질문을 하고 그 결과를 성적에 반영한다고 했기 때문에, 오늘 새로 산 이 책이 어떤 책인가 알고 싶기 때문에, 학업동기라는 주제에 관심이 많기 때문에 등 다양한 대답이 나올 수 있을 것이다. 앞의 두 가지 답은 책 읽는 목적이 외적 요인에 있다. 즉, 책 읽는 것 자체가 즐겁고 재미있어서가 아니라 책을 읽음으로 해서 얻는 다른 이득 때문이다. 반면에 다음의 두 가지 답은 책 읽는 것 자체에 대한 흥미와 관심 때문에, 즉 내적인 이유로 책을 읽고 있음을 말해 준다. 이처럼 우리의 모든 행동들은 그 원인이 외부에 있는 외재동기 유발과 개인 내부에서 오는 내재동기 유발의 결과라고 볼 수 있다. 심리학자들은 행동에 대한 외적 원인에 초점을 두는 경우를 외재동기이론, 내적 원인에 초점을 두는 경우를 내재동기이론으로 구분하여 연구해 왔다.

우리의 행동을 조절하고 통제하는 외적 요인은 매우 다양해서 단순한 물질적 보상으로부터 칭찬이나 학점과 같은 사회적 보상과 금전적 보상 그리고 의무, 체벌, 상급자의 명령, 감시, 마감일 등의 다양한 제약이 있다. 어떤 것은 우리에게 만족감을 주지만 어떤 것은 불쾌감이나 혐오감을 주기도 한다. 행동을 유발하는 외적인 요인들은 내적인 요인과 분명히 구별되기 때문에 연구자들은 동기를 내재동기와 외재동기로 이분하여 연구해 왔다. 그러나 최근에 제기된 자기결정성이론(Deci & Ryan, 1985; 2000)에서는 외재동기가 단일한 속성을 가진 것이 아니라, 행위자가 지각하는 자기결정성(self-determination) 혹은 자율성(autonomy)의 정도에 따라 외재동기를 세분화해야 한다는 주장을 하기도 한다. 자기결정성이론에 대해서는 제7장에서 자세히 다루기로 한다.

2) 목표와 기대

동기를 행동의 원인이라고 말할 때의 행동은 목표지향적인 행동을 의미한다. '목표'란 개인이 성취하려고 노력하는 것이며(Locke, Shaw, Saari, & Latham, 1981), 의도적인 행동의 조절자다. 특정 자극에 대한 자동적인 생리적 반응으로 나타나는 행동은 의도적 목표가 있는 것이 아니다. 동기가 인간의 의도적인 행동의 원인이라고 한다면, 목표는 인간의 의도적인 행동의 원인을 설명하는 가장 기본적인 동기변인이라 할 수 있다(Locke, 1968). 심리학에서 목표와 관련된 연구는 Locke의 목표설정이론을 중심으로 한 조직행동 분야의 연구들이 있고, 인간행동 전체에 대한 이론인 Ford(1992)의 동기체계이론(Motivational Systems Theory: MST)이 있는데, MST에서는 목표의 내용 측면과 과정 측면을 집중적으로 다루고 있다.

최근의 학업동기 분야에서 목표에 관한 연구는 성취동기이론과 접목되어 새로운 이론으로 수정하고 발전된 성취목표이론(Achievement Goal Theory) 체계하에서 진행되고 있다. 특히 성취목표이론은 숙달목표지향성과 수행목표지향성을 포함하는 성취목표지향성을 핵심 주제로 하여 교육장면은 물론이고 다양한 인간행동과 관련된 영역에서 수많은 연구를 양산하고 있다.

McClelland(1958)는 인간은 아직 얻지 못한 어떤 목표를 추구하기 때문에 현재의 행동에 영향을 주는 것은 목표에 대한 기대라고 하였다. 그는 동기는 목표에 대한 기대와 그 목표의 가치가 개인에게 의미하는 바에 의해서 결정된다고 하였다. 이러한 기대의 개념은 Tolman(1932)으로부터 유래된 인지적 개념이며, 성취동기이론은 대표적인 기대-가치(Expectancy-Value 혹은 Expectancy×Value)이론의 근간이라고 할 수 있다. Tolman(1932)은 원래 행동주의 학습이론가로 출발하였으며, 쥐를 대상으로 다양한 학습실험을 수행하였다. 그러나 그는 쥐들이 미로를 달리면서 학습하는 것은 단순한 자극에 대한 반응의 연합이 아니고, 미로 끝에서 기다리는 보상에 대한 '기대(expect-

ation)'라고 주장하며 최초로 인지적 개념을 제시하였다. 한편, Lewin(1935)
은 그의 장이론(Field Theory)에서 환경 속의 대상들은 각각이 개인에게 부여
하는 특정한 의미 혹은 유인가(valence)를 가지고 있다고 하였는데, 이것이
'가치(value)'라는 용어로 일반화되어 사용되기 시작하였다. 기대-가치이론
의 특징은 용어가 말해 주듯이 기대와 가치 간의 관계가 곱하기의 관계라는
것이다. 즉, 기대나 가치의 크기에 따라 결과적으로 나타나는 동기의 강도가
결정되는데, 둘 중에 어느 하나라도 영(0)의 값을 가지면 동기는 생기지 않는
다는 특성이 있다.

3) 자기도식

Woolfolk(2001)는 많은 동기이론들이 학생들의 동기에 대한 논의를 할 때
'자기도식(self-schema)'이라는 개념에 기초하고 있음을 상기시킨다. 자기도
식은 자신의 능력, 성격, 흥미, 가치관 등에 관한 인지적 혹은 지식의 구조를
의미한다. 따라서 학습자가 스스로에 대해서 어떻게 생각하는가에 따라 동기
가 달라질 것이기 때문에 학습자의 자기도식을 파악하려는 동기이론들이 제
시되었다. 설득력 있게 받아들여지고 있는 동기이론들의 기본 개념들이 대부
분 이 부류에 속한다. 예를 들어, 자기개념(self-concept), 학습된 무기력감
(learned helplessness), 자기귀인(self-attribution), 자기효능감(self-efficacy), 자
존감(self-esteem), 능력에 대한 견해(views of ability), 자기가치감(self-worth),
자기결정성(self-determination), 자기조절 신념(self-regulatory belief) 등이 모두
개인의 자신에 대한 생각이나 정서를 나타내는 것으로 이것이 학습 행동과 관
련되어 있고 따라서 이들을 파악하면 학습행동을 예측할 수 있다는 것이다.
자기도식은 비교적 안정적인 성격특성, 즉 개인차를 나타내는 원격 동기 변
인(distal motivation variable)으로 보는 경우와 특정 상황이나 맥락에서 특정 과
제와 관련된 상황특수적(task-specific 혹은 situation-specific)인 근접 동기변인

(proximal motivation variable)으로 보는 경우로 나누어 볼 수 있다. 동기변인들을 원격 동기변인으로 보는 경우는 자기개념, 자존감, 귀인양식이나 일반적 자기효능감 그리고 목표지향성 등으로 연구되며, 개인이 다양한 성취상황을 접할 때 비교적 일관성 있게 성취 관련 행동에 영향을 미치는 변인으로 다루어진다. 일반화 정도는 개인의 가치관이나 능력에 대한 신념을 적용할 영역을 어느 정도로 제한하거나 확대시키는가 하는 문제로서 어떠한 인지 혹은 동기 이론에서도 짚고 넘어가야 하는 문제다. 다시 말해서, 영역의 범위는 어느 정도이며 어떤 수준이어야 하는가를 명세화해야 한다(Pintrich & Schunk, 2002). 일반화를 위한 영역을 어느 수준까지 확대하느냐에 따라 학업적 자기효능감, 교사효능감, 사회적 자기효능감 등의 맥락—특수적인(context-specific) 수준으로 다루기도 하고, 수학 과제, 작문 과제, 탁구 경기 등의 매우 구체적인 과제 수행에 대한 자신감이나 효능감을 다루기도 하는 Bandura의 과제특수적 자기효능감 등이 있다.

자기도식 개념을 가지고 학습자들의 동기를 파악하려는 이론들은 이 밖에도 무수히 많은데, 그중에서 가장 많은 연구가 된 대표적인 것이 자기개념, 자존감, 자기가치감 등의 자신에 대한 이미지나 능력에 관한 지각에 초점을 둔 이론들이다. 학습자가 가지고 있는 능력에 대한 견해는 학업동기에 영향을 미친다(Nicholls & Miller, 1984). 즉, 능력에 대한 실체적 견해(entity view of ability)를 가진 학습자는 능력이란 안정적이고 통제할 수 없으므로 변화될 수 없는 특성이라고 가정하기 때문에, 일단 자신의 능력이 부족하다고 지각하면 더 이상의 노력을 하지 않는다. 반면에 능력에 대한 증가적 견해(incremental view of ability)를 가진 학습자는 능력이란 불안정한 것이고 언제라도 확장시킬 수 있다고 믿는다. 기술과 지식은 연습이나 노력에 의해서 확장될 수 있고 따라서 능력은 향상될 수 있다고 믿는다.

능력에 대한 견해는 귀인연구와 학습된 무기력 연구들에서 제시했던 것과 동일한 시사점을 제공한다. 이러한 자기도식들은 원격 동기기제로서 비교적 안정적인 자신에 대한 지각이 성취행동과 관련되어 행동을 개시하고, 목표를 설정하며, 지속하는 데 영향을 준다고 본다. 그러나 이러한 자기도식을 적용한 많은 이론들은 보다 광범위한 일반화 가능성에도 불구하고, 자기효능감이론에서와 같이 과제특수적 자기효능감이 지닌 수행에 대한 강력한 예측력 때문에 최근에는 일반적인 성격특성으로서 보다는 과제특수적 동기변인으로 더 많이 연구되는 경향을 보인다.

제2절 동기연구 방법

1. 동기변인

앞에서 동기의 개념적 속성과 측정을 위한 접근방법들을 검토하였다. 그러면 동기연구에서 동기라는 변인은 어떻게 기능하는가를 살펴볼 필요가 있다. 과학적 연구에서는 변인을 그 기능에 따라 다양하게 분류한다. 보편적인 분류에서 사용하는 변인들로는 독립변인(independent variable), 종속변인(dependent variable), 중재변인(intervening variable), 통제변인(control variable), 조절변인(moderator variable) 등이 있다. 이들을 구체적 예를 들어 설명하기로 한다.

필자가 수행한 연구 중에 목표를 누가 설정하는지, 즉 목표의 출처가 행위자의 실패 후 반응에 영향을 미친다는 가설을 검증하기 위한 것이 있다(Kim & Clifford, 1988). 이 연구의 독립변인인 목표의 출처는 스스로 선택하는 경우(스스로 설정), 타인이 부과하는 경우(타인부과) 그리고 자신과 타인이 함께 의논해서 결정하는 경우(참여설정)의 세 가지 조건으로 조작되었다. 이러한 독립변인의 세 가지 조건이 피험자의 실패 후에 보이는 긍정적인 반응경향성(실패에 대한 내성)에 각기 다르게 영향을 미칠 것이라는 가설을 검증하였다. 이 연구에서는 독립변인과 종속변인 모두가 동기변인(motivational variable)이

다. 즉, 목표를 누가 설정하는가는 내재동기이론에서의 핵심이 되는 자율성
이라는 동기 개념이며, 개인의 실패내성은 이후의 유사한 상황에서 얼마나
긍정적인 행동을 하는가를 결정하는 개인차 관련 동기변인이다. 이 연구에
서는 또한 '숙달지향성(mastery-orientation)'이라는 또 다른 동기에 관한 개
인차변인을 도입하였다. 즉, 개인의 숙달지향성이 목표의 출처라는 변인의
영향을 매개할 것이라는 선행 연구들에 근거해서 숙달지향성을 조절변인으
로 도입하였다. 이를 확인하기 위해 개인의 숙달지향성 정도에 따라 세 가지
목표의 출처 조건에서 피험자들의 실패내성이 다를 것이라는 가설을 검증하
였다. 따라서 이 연구에서는 세 가지 동기변인이 독립변인, 종속변인 그리고
조절변인으로 도입된 것이다. 이와 같이 동기변인은 다양한 형태로 연구되
어 왔다.

2. 동기연구에 대한 접근방법

모든 학문영역에서와 마찬가지로 동기연구에서도 객관적이고 보편타당한
이론을 개발하기 위해서 과학적 연구를 실행한다. 과학적 연구는 현상을 기술
하고 설명하기 위하여, 문제해결을 위하여, 이론개발을 위하여, 혹은 기존의
이론과 원리를 정련시키기 위한 목적에서 수행한다. 이러한 목적을 달성하기
위해서는 객관적 자료에 근거해야 한다. 동기연구를 위한 자료수집 방법의 대
표적인 것으로 관찰법과 자기보고법(self-report)을 들 수 있다. 관찰법은 자연
관찰과 체계적 관찰법으로 구분할 수 있으며, 실험을 통한 자료수집도 일종의
체계적 관찰로 볼 수 있다. 동기연구에서 흔히 사용되는 자료수집 방법인 자
기보고법은 일종의 내관법(introspection)으로 개인이 자신의 생각이나 감정,
태도 등을 표현한 자료를 수집하는 것이다.

심리학 연구방법론의 변천을 간략히 살펴보면, 우선 1879년 심리학 실험실

을 시작한 현대 심리학의 시조 Wilhelm Wundt 시절에는 실험적 연구가 엄격하게 통제된 실험실에서 수행되었고, 이 전통은 행동주의와 인지주의 심리학자들이 계승하여 지금까지 이어지고 있다. 한편에서는 Galton의 연구실에서부터 시작되어 Cattell과 Pearson이 계승한 개인차에 관심을 둔 상관연구가 사회과학의 주요 연구방법으로 발전하였고, 이와 더불어 심리적 속성을 측정하기 위한 객관적이고 타당한 측정도구 개발에 관한 연구가 사회과학적 연구의 기초를 제공하였다. 이 외에도 최근에는 문화인류학적 연구에서 흔히 사용하는 특정 사례를 대상으로 자세한 사건들에 대한 기술적 자료수집과 이를 해석하는 질적 연구가 심리학과 교육학에서도 도입되어 수행되고 있다. 과학적 연구는 다양한 분류가 가능하지만, 이 책에서는 동기연구에서 많이 사용되는 연구의 유형을 크게 두 가지로 나누어 살펴보기로 한다.

1) 기술적 연구

기술적 연구(descriptive research)는 매우 광범위한 연구방법들을 포괄하는 말이다. 대개는 과학적 연구를 크게 실험적 연구와 비실험적 연구(기술적 연구)로 나누어 자연과학에서 사용하는 엄격한 통제하에서 실시하는 실험적 연구와, 이러한 실험적 연구가 가진 변인들 간의 원인과 결과를 규명해 줄 수 있는 특성을 갖추지 못하고 현상을 있는 그대로 객관적으로 기술하는 기능만을 갖춘 연구방법을 전체적으로 기술적 연구라 지칭한다. 기술적 연구는 민족지학(ethnography)에서 사용하는 관찰이나 면접 결과를 자세하게 기술한 내용을 질적으로 분석하는 방법과 변인들 간의 관련성을 탐색하는 상관분석 등의 양적인 분석을 하는 방법으로 나누어 볼 수 있다.

흔히 교실에서 학생들의 동기를 연구하기 위한 방법으로 질적 연구방법(qualitative research method)의 일종인 참여관찰법(participant observation)을 사용하는데, 이러한 자료수집법은 실제로 교실현장에서 일어나는 다양한 현상들에 대한 구체적인 실태 파악을 가능하게 한다. 또 다른 기술적 연구의 한 가지로 상담이나 임상장면에서 많이 사용하는 사례연구(case study) 방법을 들 수 있는데, 이것은 주로 소수를 대상으로 장기간에 걸친 심층면접(in-depth interview)과 사례사(case history) 수집을 통해 문제의 원인과 해답을 찾는 조사 방법이다. 질적 연구는 특정 현상에 대한 심층적인 분석을 위해서 장기간에 걸친 관찰이나 면접 기록들에 대한 내용분석을 실시하고 그 결과에서 이론을 도출하기도 한다. 동기연구에서 수행된 질적 연구의 예로는 Meece(1991)가 교실 내 학생들의 목표구조를 파악하기 위해 초등학교와 중학교 교실에서 수집한 현장노트와 녹음테이프를 분석하여 교사의 목표에 대한 지향성이 학생의 목표구조에 영향을 준다는 것을 보고한 것이 있다. 앞으로는 동기연구에서도 많은 질적 연구가 수행될 것임을 예측할 수 있다.

다수의 연구대상자들의 상태나 현상을 파악하기 위한 조사연구(survey)에서는 상관분석을 통해 여러 변인들 간의 관련성을 탐색한다. 상관연구는 두 변인들 간에 어떤 관계가 있는가, 관계의 정도는 얼마나 밀접한가를 알기 위해 수행하는데, 관계는 정적일 수도 있고 부적일 수도 있으며 정도는 매우 밀접한 관계에서부터 전혀 관계가 없는 경우까지를 −1.0에서 +1.0 사이의 상관계수로 나타내 준다. 가장 일반적으로 사용되는 상관계수는 Pearson의 적률상관계수로서 r로 표시한다. r이 음수이면 한 변인의 값이 증가할수록 다른 변인의 값이 감소하는 것을 나타내며, 양수이면 한 변인의 값이 증가할수록 다른 변인의 값도 증가하는 것을 나타낸다. 또한 계수 값이 1에 가까울수록 관련 정도가 큰 것을 의미하며, 0에 가까우면 두 변인 간의 관련성이 없는 것을 의미한다. 상관연구결과는 변인들 간의 관련성을 보여 주는 것 외의 인과관계에 대한 해석은 할 수 없다. 예를 들어, 부모의 사회경제적 지위와 자녀의 학업성취 간의 상관이 높게 나왔다고 해서 부모의 사회경제적 지위가 높은 학업성취의 직접적인 영향이라고 결론짓기는 어렵다는 것이다. 다시 말해서, 사회경제적 지위가 높은 부모는 경제력이 있어 자녀의 학업을 위해 사교육의 기회를 많이 제공해 줄 수 있고 이러한 사교육이 자녀의 학업성취도를 높인 것일 수 있기 때문이다. 즉, 사교육 기회라는 제삼의 변인이 각각 두 변인에 영향을 준 것일 수 있다. 따라서 상관연구 결과만을 가지고 두 변인 중 하나가 다른 변인에 영향을 미쳤다는 결론은 내릴 수 없다.

2) 실험연구

자연과학에서 사용하는 대표적인 연구방법으로는 실험연구(experimental research)가 있다. 실험연구는 기술적 연구에서 볼 수 없는 몇 가지 특징을 가지고 있다. 첫째, 이론에 근거하여 가설을 수립하고 이것을 검증하기 위해 실증 자료를 수집하고 추리통계를 사용하여 가설검증을 실시한다. 둘째, 독립변인에 대한 조작을 가하고 가외변인(extraneous variable)들이 종속변인에 미치는 영향을 배제하기 위해 통제한다. 셋째, 통제를 위한 방법은 처치집단의 무선표집(random sampling)이나 무선화(randomization) 기법을 적용한다. 넷째, 종속변인을 위한 측정은 신뢰롭고 타당한 관찰 절차나 측정도구를 사용해야 한다. 다섯째, 실험연구는 다른 연구자에 의해 반복연구(replication study)가 가능해야 한다.

이와 같은 특징을 가진 실험연구는 독립변인을 조작하고 가외변인들을 통제한 상태에서 종속변인의 변화를 측정하였기 때문에, 각 처치조건하에서 나타나는 종속변인 간의 차이는 독립변인들에 가한 각기 다른 처치 때문이라는 결론을 내릴 수 있어서 인과관계에 대한 규명이 가능하다. 실험연구는 반복가능성이라는 특징 때문에 이론 개발과 정련을 가능하게 한다는 장점이 있다. 반면에 실험연구는 제한된 변인들에만 초점을 맞추기 때문에 한정된 정보만을 제공한다. 또한 상황에 대한 과잉 단순화 가능성을 내포하고 있고, 엄격히 통제된 실험상황에서 도출된 결과라서 생태학적 타당성이 낮을 수 있다는 제한점을 가지고 있다.

3. 과학적 이론의 특징

과학적 연구를 하는 중요한 한 가지 목적은 과학적 이론을 개발하는 것이라고 하였다. 이론에 대해 설명하기 전에 우선 용어 사용을 분명히 할 필요가 있다. 일반적으로 심리학에서 '이론(theory)'이란 말은 협의와 광의의 두 가지로 사용된다. 먼저 특정 현상을 설명하기 위한 좁은 의미의 이론들로 귀인이론, 자기효능감이론, 성취목표이론 등이 있다. 예를 들어, 귀인이론에서는 인간은 자신이 얻은 행동의 결과에 대한 원인을 노력이나 능력, 과제의 속성, 재수 등 자신의 내부 혹은 외부의 조건에서 찾으려 한다고 주장한다. 이때에 이론이라는 용어는 인간특성의 한 측면을 설명하기 위해 좁은 의미로 사용된 것이다. 반면에 심리학에서는 행동주의이론, 인본주의이론, 인지주의이론 등 인간의 사고와 행동에 대한 전 영역을 설명하기 위해 포괄적인 설명체계 혹은 패러다임을 지칭하는 경우에도 이론이라는 말을 사용한다. 이때의 이론은 넓은 의미를 가진 용어다. 그래서 어떤 학자들은 좁은 의미의 '이론' 대신에 '원리(principle)'라는 용어를 사용하기도 한다. 따라서 앞으로 이론이라는 용어는 사용 맥락에 따라 광의와 협의를 구분해야 할 것이며, 다음에서 설명할 이론은 협의의 이론을 중심으로 할 것이다.

그러면 '과학적 이론'이란 무엇인가? 이론은 현상 또는 현상들 간의 관련성에 대한 잠정적 설명이다. 여기서 잠정적이라는 의미는 어떤 이론이 현상을 설명하는 것이 그 당시 그 현상에 대한 설명으로는 타당할지 몰라도 다른 상황이나 다른 시대에는 타당하지 않을 수 있다는 것이다. 이론은 현상을 기술하고(describe), 설명하며(explain), 예측하고(predict), 통제하는(control) 기능을 가진다. 뉴턴의 만유인력에 관한 법칙[이론이 오랜 기간 동안 반복적으로 검증되면 법칙(law)이라고 불리는 수준으로 가고 더 나아가 진리(truth)가 될 수 있다.]을 예로 들어 보자. 공중에서 유리컵을 들고 있다가 손을 놓으면 바닥에 떨어져서 깨진다. 이 현상은 만유인력의 법칙으로 설명이 가능하다. 즉, 물체는 허공에 정지해 있지 못하고 바닥으로 떨어지는데, 그 이유는 지구의 중심부로 끌어당기는 힘인 중력 때문이다. 그래서 공중에서 유리컵을 들고 있다가 손을 놓으면 바닥에 떨어질 것이라는 것을 예측할 수 있고, 유리컵을 들고 있는 손을 놓는 행동은 하지 않는다. 즉, 행동의 통제를 가능하게 한다. 만유인력에 관한 이론은 법칙이 되었는데, 그 이유는 뉴턴 시대에도 그 이론은 현상을 잘 설명했고, 그 후 100년 후에도 그랬고, 지금도 그렇기 때문이다. 그리고 이 이론은 검증가능하다(testable). 그런데 만유인력의 법칙은 지구에서만 타당한 이론이라는 것이 밝혀졌다. 즉, 무중력상태인 우주공간에 가면 그 법칙은 더 이상 사실이 아니다. 이렇게 이론은 참이 아님으로 반증될 수도 있다(falsifiable).

자연과학에서 다루는 현상에 관해서는 몇 천 년이 지나도록 여전히 받아들여지는 많은 법칙과 진리가 존재한다. 그러나 사회과학에서 다루는 현상에 대한 이론들은 법칙이나 진리에 도달하기가 매우 어렵다. 이것은 인간을 중심으로 벌어지는 현상들은 시대적 배경과 환경이나 조건의 변화에 따라 같이 변화하기 때문이다. 따라서 그 당시에는 현상을 잘 설명하는 이론이 시대와 환경적 조건이 달라지면 더 이상 적절한 설명을 할 수 없게 될 수 있다. 이러한 사회과학이론의 특징은 교육이나 심리학의 동기이론에서도 마찬가지다. 그러므로 초기의 동기이론들은 시대와 환경적 변화에 따라 계속적인 수정이 이루어지고 더 이상 경험적 증거에 의한 지지를 받지 못하는 이론들은 도태되는 것이다.

과학적 이론은 몇 가지 측면으로 특징지을 수 있다. 첫째, 이론이 다루는 현상의 범위(scope)가 크냐 작으냐에 따라 거시적(molar) 이론과 미시적(molecular) 이론으로 나누어 볼 수 있다. 성취동기이론은 광범위한 인간행동의 원인에 대한 설명을 시도하는 거시적 동기이론임에 비해, 자기효능감이론은 특정 행동이나 수행에 관한 상대적으로 미시적인 이론으로 볼 수 있다. 둘째, 이론이 포함하고 있는 용어들과 가설들 간의 관련성(syntax)이 얼마나 논리적인가의 정도에 차이가 있다. 셋째, 이론이 실제 현장과 얼마나 잘 일치하는가에 대한 유의미성 (semantics)의 정도, 즉 생태학적 타당성 정도에 차이가 있다. 예를 들어, 실험실 에서는 나타나는 결과가 실생활에서는 나타나지 않는 경우에는 생태학적 타당 성이 낮은 이론이다. 넷째, 간명성(parsimony 혹은 simplicity)의 차이가 있다. Piaget의 이론은 매우 복잡한 이론임에 비해 강화이론은 매우 단순하다.

Beck(1990)은 좋은 이론의 기준으로 검증가능성, 유용성, 간명성, 포괄성을 들고 있는데, 이러한 기준은 앞에서 제시한 여러 가지 이론에 대한 기능과 특 성들에서 거론된 내용의 요약으로 볼 수 있다. 앞으로 이 책에서 제시되는 다 양한 이론들에 대해서 앞에서 제시한 기능적 측면과 좋은 이론의 특성이라는 측면에서 평가해 보는 것은 이론에 대한 이해를 촉진시키고 비판적 사고를 증 진시킬 것이다.

4. 동기의 측정

1) 측정을 위한 개념적 정의와 조작적 정의

과학적 연구는 경험적 자료에 근거해야 하기 때문에 실증적 자료수집이 요 구된다. 객관적이고 실증적인 자료수집을 위해서는 신뢰롭고 타당한 절차나 도구를 사용해야 한다. 사회과학 연구에서 커다란 난제는 우리가 다루는 현상 이나 개념들이 추상적이라는 점이다. 예를 들어, 학생들의 학업동기를 증진시 키기 위한 프로그램을 개발한다고 하자. 그러면 학업동기가 무엇이고 어떻게 평가해야 하는가를 먼저 결정해야 한다. 이를 위해서 우선 동기에 대한 개념 적 정의를 내려야 한다. 그런데 동기에 대한 개념적 정의를 내리기 위해서는 우리가 어떤 동기이론을 기본 체계로 삼을 것인가를 결정해야 한다. 만약 우 리가 내재동기이론을 선택했다고 하자. 그러면 학생들이 공부하고 싶어 하는 내재동기는 어떤 형태로 나타날 수 있을까를 생각해야 한다. 다시 말해서, 어떤 행동이나 상태를 내재적으로 동기유발이 된 상태라고 볼 것인가를 생각해야 한다. 내재동기이론가들은 내재동기가 있다는 것을 나타내는 여러 가지 지표들을 제시하고 있다. 그 지표들은 관찰이 가능한 행동으로 나타나는 것과 생리적인 것들이 있을 수 있고, 직접관찰은 아니지만 학생들이 자신의 상태를 보고하는 것이 있을 수 있다. 이것을 정리해 보면 다음과 같다.

① **행동적 측면**: 실제 행동의 양과 질, 노력투여량, 끈기, 자유의지에 의한 선택, 자발적 시작, 미래의 선택 의지, 행동으로 표현된 선호도 등
② **생리적 측면**: 심장박동수, 뇌화학 전도물질의 분비량, 동공 확대, 뇌영상 촬영 결과 나타나는 활성화 부위, 피부전기반응(galvanic skin response) 등
③ **자기보고**: 자신의 생각이나 감정의 표현

측정 대상이 되는 추상적 개념에 대해 관찰이나 측정가능한 지표로 변환시키는 것을 '조작화(operationalize)'라고 하고 이렇게 내린 정의를 '조작적 정의(operational definition)'라고 한다. 한 연구자가 학생들의 내재동기를 측정하기 위한 지표로 '끈기'를 사용하기로 했다고 하자. 따라서 연구에서 그는 연구대상 학생들의 능력수준보다 훨씬 어려운 문제를 주고, 학생들이 그 문제의 답을 얻기 위해 들이는 시간을 측정하여 끈기의 정도를 결정하였다. 이것이 이 연구에서의 내재동기를 측정하기 위한 구체화로서 내재동기에 대한 조작적 정의다. 물론 '내재동기'라는 추상적 개념에 대한 조작적 정의는 위에서 보여준 바와 같이 다양할 수 있다. 연구자들은 자신의 연구상황에 맞는 조작적 정의를 내려서 종속 측정치를 선택할 수 있다.

2) 동기 평가를 위한 척도

앞에서 제시한 다양한 동기에 대한 지표들은 연구자의 선택에 따라 하나가 사용될 수도 있고, 여러 가지 지표가 동시에 사용될 수도 있다. 때로는 대상 개념을 보다 신뢰롭고 타당하게 측정하기 위해 자기보고식 설문지나 척도를 구성해서 사용하는 경우도 있다.

심리학 연구에서 동기를 측정하기 위한 최초의 시도는 Murray(1943)의 '주제통각검사(Thematic Apperception Test: TAT)'라고 할 수 있다. TAT는 투사적 기법으로서 사람들은 애매한 자극을 해석할 때 자신의 내적 상태, 즉 자신의 욕구를 반영할 것이라는 전제하에 만들어진 척도다(자세한 내용은 제3장을 참고할 것). 최근에 Mayer, Faber와 Xu(2007)가 수행한 1930년부터 2005년에 걸친 동기 연구에서 사용된 척도들에 대한 메타분석 결과는 일반적 동기측정에서 가장 많이 사용된 도구는 TAT였고, 그다음으로 Jackson(1987)이 Murray의 20가지 욕구를 자기보고식 문항으로 만든 척도와 Edward(1959)의 'Edward's Personal Preference Schedule(EPPS)'이라는 것을 보여 준다. 연구결과에서는 또한 맥락-특수적 동기척도로서 학업동기를 측정하는 데는 Pintrich, Smith, Garcia와 McKeachie(1993)의 'Motivated Strategies for Learning Questionnaire(MSLQ)'가 가장 많이 사용된 것을 보여 준다.

그 외에도 동기연구에서는 많은 설문지나 척도들이 개발되어 사용되고 있는데, Spence와 Helmrich(1983)의 '성취동기척도', Deci와 Ryan(1985)의 'General Causality Orientation Scale' 등은 개인의 일반적인 동기특성을 측정하는 데 사용되고 있으며, Amabile, Hill, Hennessey와 Tighe(1994)의 'Work Preference Inventory(WPI)'는 직무상황에서의 동기적 경향성을 측정하는 데 사용되고 있다. 그 외에도 Midgley 등이 개발한 'Patterns of Adaptive Learning Survey(PALS; Midgley, Maehr, Hicks, Roeser, Urban et al., 1997)', Ryan과 Connell(1989)의 '자기조절설문지', 김아영(2002)의 '학업적 자기효능감척도'와 학업적 실패내성척도 등

학업상황에서의 동기적 성향과 그 결과를 측정하기 위해 개발된 척도들이 무수히 많다.

이와 같이 특정 개념을 측정하기 위해서 척도를 제작하는 경우에는 대상 개념에 대한 구성요인 혹은 구인(construct)에 대한 충분한 탐색을 하여 단일 구인으로 측정이 가능한지 아니면 몇 개의 하위 측면으로 나누어서 측정하는 것이 적절한지를 판단한다. 대부분의 동기 개념은 태도척도를 구성할 때와 마찬가지로 단일 측면보다는 인지적, 감정적, 행동적 측면들을 포함하는 복합적인 구인으로 개념화하는 경우가 많다(보다 자세한 내용은 척도 개발 관련 서적을 참고할 것).

ACADEMIC MOTIVATION

CHAPTER
2

동기이론에 대한
역사적 고찰

동기이론에 대한 역사적 고찰

인간의 동기에 대한 관심은 인류의 학문에 대한 탐구가 시작된 때라고 볼 수 있는 그리스 철학자들의 초기 탐구에서부터 관찰된다. 그리스 철학자들의 인간의 동기에 대한 관심은 인간의 본성이나 지식의 기원에 대한 관심과 더불어 시작되었다. 대표적인 예로 인간행동에 대한 쾌락주의원리를 들 수 있는데, 이 원리는 Freud와 Hull의 추동이론과 Lewin의 장이론 그리고 이후 기대-가치이론에도 영향력을 미쳤으며, 최근의 일부 동기이론에서도 여전히 찾아볼 수 있다. 현대에 들어서 인지적 개념인 Tolman의 '기대' 개념이 도입되면서 인간의 동기이론은 인지적인 요소를 강조하는 이론들의 발달이 주를 이루게 되었고, 이러한 추세는 현재까지 이어져 오고 있다. 이번 장에서는 이와 같은 동기이론의 역사적 발달과 변천을 간략하게 검토해 보기로 한다.

제1절 초기 접근

그리스 철학자 Epicurus는 인간은 쾌락을 추구하고 고통이나 불쾌를 회피하기 위해 동기화되고 행동한다는 쾌락주의원리(pleasure principle; hedonism)를 주장하였다. 쾌락주의원리의 설명에 따르면 인간은 긍정적이고 유쾌한 결과를 초래하는 행위와 부정적이고 불쾌한 결과를 초래하는 행위를 구분하여 쾌락을 추구하는 방향으로 행동한다. 쾌락주의원리는 철학에서는 영국의 Bentham과 J. S. Mill에 이르러 절정을 이루었고 심리학에서는 Freud와 Hull의 추동이론 (Drive Theory)의 근간이 되었다.

그리스 철학자들의 의문이었던 육체와 정신 간의 관계적 속성은 심리학에서 특히 중요한 쟁점이었다. 인간의 육체와 정신이 같이 움직이는 것인가 아니면 분리되어 따로 움직이는 것인가에 대해 그리스 철학자들은 이원론(二元論, dualism), 즉 육체와 정신은 분리되어 있고 육체는 정신에 의해 조정된다고 믿었다. 이원론에서 주장하는 육체의 동물적인 행동의 근원이 무엇인가에 대한 탐색은 그리스 시대에는 Stoic파 철학자들에 의해 '본능(instinct)'이라는 개념으로 설명되었다. 이들은 본능이란 동물이 개체와 종족 보존을 위해 필요한 창조주에 의해 주입된 목적적 행위들로 보았다. 이러한 본능의 개념은 현대에도 여전히 받아들여지고 있다.

이원론은 기독교적 사상이 철학을 지배하던 중세기에는 더욱 심화되어, Thomas Aquinas 같은 신학자는 인간의 육체는 동물의 속성이고 정신은 신의 속성으로, 동물적인 속성에 의해 지배되는 행동을 정신적 수도를 통해 억제하는 것이 지적(知的)이고 도덕적이라고 믿었다. 이러한 사상은 Descartes의 이원론에 이르러 육체와 정신은 질적으로 다른 실체로 하나는 물질적(material)이고 다른 하나는 정신적(immaterial) 혹은 영적인 것으로 정신과 육체는 상호작용하여 인간의 행동을 결정한다는 인과관계를 주장하였다(Beck, 1990). Descartes는 육체는 생리적 욕구(need)에 반응하는 수동적이고 기계적인 실체이며, 정신은 의지(will)를 가지고 있는 능동적이고 목적지향적인 실체로 본다. 이와 같은 Descartes의 이원론은 인간행동의 기계적인 측면, 즉 생물학적으로 조종되는 생리적 욕구에 대한 과학적 연구의 시발점을 제공하였으며, 후에 독일 심리학에서 강조하는 의지 및 의지조정(volitional control)에 관한 이론의 기초가 되었다고 볼 수 있다.

현대 과학에 획기적인 변화를 가져온 Darwin의 진화론은 인간과 동물은 근본적으로 같은 기원에서부터 출발하였고, 인간과 동물의 행동을 주관하는 원리는 같다고 주장하여 이원론을 종식시키고 인간의 행동의 원인과 근원에 관한 지식에서 혁명을 일으켰다. 뿐만 아니라 인간의 행동을 연구하는 심리학 발전에도 지대한 영향을 미쳤다. 학자들은 인간행동의 생물학적이고 신체적인 결정요인이 무엇인가에 관심을 두게 되었고, 많은 연구들이 동물과 인간의 본능적 행동에 관심을 가지게 되었다. 대표적인 학자가 McDougall로 그는 행동의 가장 중요한 결정요인은 본능 그리고 본능과 연결된 정서(emotion)라고 주장하였다(Franken, 1994). 그는 도주(flight), 혐오(repulsion), 호기심(curiosity), 호전성(pugnacity), 자기비하(self-abasement), 자기주장(self-assertion), 생식(reproduction), 군거성(gregariousness), 획득(acquisition), 구성(construction) 등의 주요 본능의 목록을 제시하였고, 이들에 상응하는 일곱 가지 정서를 가정하였는데, 공포(fear), 혐오감(disgust), 의구심(wonder), 분노(anger), 부정적 자기감정 혹은 반감(subjection), 긍정적 자기감정(positive self-feeling) 혹은 의기양양(elation), 부드러운 정서(tender emotion) 등이 그것이다. 그는 나머지 세 가지 본능에 상응하는 정서는 제시하지 않았다. McDougall은 많은 정서적 경험은 이 일곱 가지 기본 정서들의 단순한 합성물이라고 주장하였다. 그는 또한 행동은 대부분 타고나는 것일 뿐 아니라 충동(impulse)에 의해 발생한다고 보았다. 많은 학자들은 이러한 행동에 대한 그의 견해를 추동(drive)과 같은 개념의 전조로 보았다(Franken, 1994).

충동이나 추동과 같은 개념이 심리학의 주요 개념이 된 것과는 달리, 본능이라는 개념은 행동주의가 심리학을 주도하게 되자 관심에서 멀어졌다. 그러나 행동주의가 융성하던 시기에도 행동생물학자들은 생득적인 행동들에 관심을 가지고 연구를 진행하였다. 행동생물학자들에 관해서는 제1장에서 이미 다루었기 때문에 여기서는 생략하기로 하고, 이제부터는 앞에서 설명한 개념

들에 기반을 두고 발전한 인간행동의 근원, 즉 동기이론의 발전에 대해 본격
적으로 논의하기로 한다.

제2절 현대 동기이론의 배경

일반적으로 심리학이론을 분류할 때는 심리학의 패러다임의 변천에 따라
분류한다. 즉, 1900년대 초반에서부터 시작된 행동주의적 접근, 1940년대부
터 대두된 인본주의적 접근 그리고 1960년대부터 시작된 인지주의적 접근으
로 분류한다. 이러한 심리학의 주류가 되는 접근이 시작되던 비슷한 시기에
이와는 약간 다른 측면에서 심리학에 영향을 준 정신분석적 접근에 근거한
동기이론들도 대두되었다. 이번 절에서는 Freud와 Hull의 추동이론과 행동
주의 강화이론, 인본주의이론과 초기 인지주의이론을 개관함으로써 현재 많
은 관심의 대상이 되고 연구되는 이론을 이해하는 데 도움을 받고자 한다.

1. Freud의 추동이론

Freud는 행동의 원인을 '무의식적 추동(unconscious drive)'이라는 개념으로
설명하려 하였다. 인간의 많은 행동들은 충족되지 못한 강한 충동이나 소망에
대한 상징적 표현이라고 보고, 이러한 강한 충동은 두려움이나 죄의식을 수반
하는 무의식적 추동으로 작용하여 긴장을 발생시킨다는 것이다. Freud는 이
러한 무의식적 추동의 대부분은 성적인 충동이나 욕구 때문에 생겨나는 것으
로 보고 이러한 힘을 '리비도(ibido)'라고 불렀다. 따라서 인간은 이러한 리비
도를 해소하기 위해 행동하고, 그 행동에 의해 불유쾌한 추동은 감소되며, 유
쾌한 상태는 회복된다는 Freud의 이론은 쾌락주의이론으로 볼 수 있다(Fran

ken, 1982).

Freud의 정신분석이론은 심리학자들 사이에서 논란의 대상이 되었다. 정신분석이론은 과학적 이론이 갖추어야 하는 특성을 갖추지 못했다는 것이 대표적인 비판의 소리였다. 과학적 이론은 현상을 설명하고 예측하며 통제할 수 있어야 하는데, 정신분석이론은 미래를 예측할 수 없고 통제하기 어렵다는 것이다. 예를 들어, Freud에 의하면 결벽증은 발달단계 중 항문기에 지나치게 엄격한 배변훈련을 받은 것이 원인이다. 결벽증을 가진 성인의 사례사를 분석한 결과 항문기에 지나치게 엄격한 배변훈련을 받았던 것으로 나타났다. 그러나 엄격한 배변훈련을 받은 모든 아이가 다 결벽증 환자가 되는 것은 아니라는 것이 문제다. 즉, 정신분석이론은 현재 상태에 대한 원인을 기술하거나 설명하는 데는 유용할 수 있지만, 과학적 이론의 기능인 미래의 현상을 예측하고 통제하는 기능을 잘할 수 없다. 그럼에도 불구하고 Freud의 행동의 에너지 원천인 리비도라는 개념의 도입은 본능, 욕구, 추동 등의 현대 동기이론의 기반을 제공한 것으로 평가할 수 있다.

2. Hull의 추동감소이론

Freud의 욕구와 추동 개념은 Hull(1943)의 동기를 설명하는 이론인 추동-감소이론(Drive-Reduction Theory)의 기초가 되었다. Hull은 Freud가 인간행동의 근원을 지나치게 성적 욕구나 추동에서만 찾는 것에 문제가 있다고 보고 추동의 개념을 보다 일반적인 맥락으로 확대하였다. 즉, 인간의 행동은 유기체 내부에서 특정한 결핍에 의해 발생하는 욕구를 해소하려는 추동을 감소시키기 위한 목적에서 유발된다는 것이다.

Hull은 추동감소이론에 강화의 원리를 포함시켰고 '생체항상성(homeostasis)'이라는 개념과 연결시켰다. 유기체는 그 자체가 요구하는 몇 가지 생리적 변인들을 조절하는 기재를 가지고 있는데, 이러한 조절이 생체항상성 유지 기능이다. 만약 어떤 생물학적 추동이 생성되어 항상성의 혼란이 야기된 경우, 특정 반응이 그 추동을 감소시키는 결과를 가져오면 항상성의 혼란이 감소하게 되고 그 반응은 강화될 것이라는 것이다. 이렇게 해서 유기체는 욕구를 충족시키는 행동을 학습하는 것이다. 그러나 생리적 욕구 충족과는 아무 관계가 없는 것으로 보이는 많은 강력한 강화인자들이 있다는 사실 때문에 추동감소이론은 오래 지속되지 못했다.

3. 최적 각성이론

Freud의 이론에서 행동의 근원은 긴장이고 행동의 목표는 그 긴장을 감소시키는 것이다. 그러므로 이상적인 상황은 긴장이 전혀 없고 아무것도 일어나지 않는 상태라고 할 수 있다. Hull의 이론에서도 추동이 전혀 없으면 유기체는 아무 행동도 하지 않고 또 행동할 것을 찾지 않는다. 그리고 유기체가 행동하려는 동기는 추동의 강도가 높을수록 증가한다. 그러나 '최적 각성이론(Optimal Arousal Theory)'은 이와는 다른 견해를 제시하고 있다. 각성상태란 자극에 대해 반응을 하거나 행동할 준비가 되어 있는 상태를 의미한다. 여기서의 '이상적인 상태'란 너무 높지도 너무 낮지도 않은 적정수준으로 각성되어 있는 상태를 의미한다. 그러한 적정수준의 각성상태는 효과적인 행동을 하는 데 가장 적절하고, 쾌감을 제공하며, 유기체가 도달하려 하고 유지하려는 최적 상태다. 각성수준과 수행수준과의 관계에 대해 Hebb(1955)와 Berlyne(1960)은 중간수준의 각성상태에서 수행수준은 가장 높고, 너무 낮거나 높은 수준의 각성상태에서 수행수준은 낮다고 보고하였다. 이 관계는 [그림 2-1]에서 제시된 것처럼 Yerkes와 Dodson(1908)이 제안한 거꾸로 된 U형 함수관계(inverted-U function)로 표현된다. 각성수준이 지나치게 높으면 생명을 위협하는 공황상태

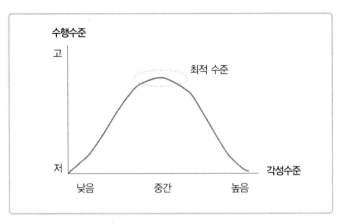

[그림 2-1] **수행수준과 각성수준 간의 관계를 보여 주는 거꾸로 된 U형 함수관계**

가 되고, 지나치게 낮으면 감각 박탈상태가 되므로 효과적인 행동을 위해서는 각성상태가 중간인 최적 수준으로 유지되어야 한다는 것이다.

4. 조건화이론

　Skinner(1938, 1953)가 제시한 조건화이론은 지난 수십 년 동안 광범위한 인간행동에서 학습을 설명하는 이론으로 심리학의 주요 패러다임으로 자리를 차지해 왔다. 따라서 여기서 조건화이론 자체에 대한 자세한 설명을 하는 것은 불필요하다. 다만 행동의 근원이 되는 동기와 관련된 내용, 즉 행동을 개시하고 방향을 결정하며 이미 형성된 행동을 지속하게 하는 데 적용되는 내용들을 중심으로 간략하게 다루기로 한다. 조건화이론은 현상을 기본적으로 자극과 반응 간의 연합이라는 개념으로 설명한다.

　조건화이론에서는 사전에 학습된 바람직한 반응을 유도해 낼 가능성이 높은 방식으로 자극을 선택하고 배열하며 짝짓거나 제시하는 것에 주요 관심을 가진다. 이것은 행동을 유발시키기 위한 조건이나 환경을 조성하는 것과 관련되어 '유인물(incentives)' 혹은 '유인체계'라는 개념으로 동기이론에 포함되기도 하였다. 또한 인간행동은 강화인자(reinforcer)나 벌을 포함하는 자극들에 대한 주의 깊은 선택과 통제를 함으로써 발달, 유지, 변화시킬 수 있으며 미리 방지할 수도 있다고 믿는다. 특히 행동을 유발하고 변화시키는 데 강화인자들에 대한 조작을 매우 중요하게 생각하고, 이들에 대한 집중적인 연구로 인해 동기를 설명하는 데 적용되는 조건화이론은 특별히 '강화이론(reinforcement theory)'이라고 한다.

정신분석이론, 추동이론, 최적 각성이론 등은 인간행동의 원인이 되는 동기를 유기체의 내부에서 찾으려 한다. 이와 대조적으로 강화이론에서는 동기를 유기체 외부에서 찾는다. 조건화 이론가들, 특히 조작적 조건화이론을 발전시킨 Skinner(1938)는 유기체의 모든 행동은 학습에 의한 것이며 동기 또한 조건화된 행동이라고 주장한다. Skinner가 생각하는 동기는 '강화'라는 개념으로 설명할 수 있다. 인간이 어떤 자극에 대해 반응할 때 그 반응은 자체적으로 보상이 될 수도 있고 혹은 다른 어떤 보상을 가져올 수도 있다. 이때의 보상은 강화인자가 되어 다음에도 그러한 행동을 반복하게 하는 원인으로 작용한다. 따라서 이러한 강화는 외적 동기를 유발하는 것이다. 동기에 대한 강화이론가들의 관심은 어떻게 하면 유기체의 바람직한 행동을 유도해 내고, 바람직하지 못한 행동은 제거하는가에 있다. 따라서 행동주의적 접근은 특정 행동을 유발시키는 보상이나 벌의 종류 등 외적 조건에만 관심을 두었다.

강화이론은 행동을 조정하는 데 매우 강력하고 효과적이며 단순하다는 장점을 지니고 있어서 교육현장은 말할 것도 없고, 수행과 성취가 요구되는 모든 장면에서 가장 많이 적용되는 동기유발 기법이다. 그러나 강화인자의 외재적 동기로서의 특성은 여러 가지 문제점들을 내포하고 있다. 대표적인 예로, 강화인자의 외재적 동기화 기능은 특정 상황에서는 내재동기를 소멸시키거나 감소시킬 수 있다는 연구결과들(Deci, 1971, 1972; Lepper, Greene, & Nisbett, 1973; Lepper & Greene, 1978)이 보고되면서 일부 이론가들에게 강화이론은 교실 속의 필요악과 같은 대우를 받기 시작하였다. 이러한 강화이론에 대한 비판적인 시각은 1970년대와 1980년대에 걸친 내재동기 연구가 진행된 지 약 20년이 지난 후부터 메타분석 연구결과들이 발표되면서 본격적인 논쟁으로 이어졌다. 이 문제에 대해서는 내재동기이론에서 자세히 다룰 것이다.

5. 인본주의 접근

1940년대에 심리학적 접근은 인간을 마치 성적 욕구의 노예로 보는 것 같은 정신분석학과 수동적으로 움직이는 기계로 보는 행동주의의 커다란 두 주류가 지배하고 있었다. 이러한 인간에 대한 부정적이고 소극적인 견해에 반대하여 나온 것이 인본주의적(humanistic) 접근이다. 인본주의 학파는 정신분석학과 행동주의가 아닌 또 다른 학파라고 하여 제3세력 심리학파라고도 불렸다. 대표적인 학자들로는 Adler, Maslow, Rogers 등이 있으며, 그중에서 특히 Adler와 Maslow의 이론은 중요한 동기적 개념들을 제공하였기 때문에 간단히 살펴보기로 한다.

1) Adler의 개인심리학

Freud의 동료였고 인본주의 심리학의 선구자였던 Adler는 정신분석이론에 문제를 제기하였다. 그는 Freud가 주장하는 것처럼 인간의 성격과 행동을 결정하는 데 성(性)이 중심 역할을 한다고 믿지 않았다. 또한 무의식이나 본능적인 추동보다는 의식적으로 만들어지는 목표가 대부분의 인간행동을 설명한다고 주장하였다. Adler(1954, 1968)는 정신분석학에 대해 반발하여 그 대안으로 '개인심리학(Individual Psychology)'에 관한 이론을 개발하였다(Carver & Scheier, 1996 재인용).

개인심리학에서는 모든 사람은 열등감(inferiority feelings)을 가지고 있고, 이러한 열등감은 자연스러운 것이고, 보편적이며 잠재적으로 유익한 것이라고 가정하였다. 열등감은 타고나는 것이 아니라 학습되는 것이고, 이것을 해소하는 것을 모든 인간이 관심을 가지는 주요 동기적 목표로 간주한다. 무기력한 신생아는 태어나면서 곧 자신이 타인에 의존해야만 살아남을 수 있다는 사실을 재빨리 학습한다. 그러면서 서서히 주위의 도움으로 아이는 독립심을 획득해 나가는 것이다. 독립심을 획득해 갈수록 열등감은 감소하게 된다. 아이가 이러한 열등감을 일으키는 상황에 잘 대처하고 극복하지 못하면 열등감 콤플렉스(inferiority complex)를 형성하게 된다(Carver & Scheier, 1996).

사람들은 독립심이나 개인적 통제(personal control)를 얻으려는 목표를 달성하기 위하여 독특한 삶의 방식 혹은 행동계획을 발달시킨다. '권력에 대한 의지(will to power)' 혹은 '우월감 추구(striving toward superiority)' 라고 불리는 개인의 목표는 남을 지배하려 한다거나 남보다 더 나아지려는 소망이 아니라, 자신의 잠재력을 충분히 개발시키려는 소망이라는 것이다. Adler(1968)는 또한 우월감(superiority feelings)을 가지고 있다는 것은 자기확장(self-expansion), 자기고양(self-enhancement), 개인적 유능감(personal competence)을 가지고 있음을 시사하는 것이라고 하였다(Carver & Scheier, 1996 재인용). 그가 개인심리학이론에서 사용한 이러한 개념들은 현대 동기이론들에 많은 영향을 미치고 있다.

2) Maslow의 욕구위계이론

Maslow(1954)는 Adler의 개인심리학에 큰 영향을 받아 인본주의 심리학을 창설했다고 할 수 있다. 그는 행동주의 강화이론에서 외적인 동기화만 강조하고, 개인의 내적인 측면을 무시하는 것에 반발하여 개인의 욕구나 내적 상태 등을 강조하였다. Maslow는 개인의 자기상(self-image), 자기개념, 사회적 수용이 행동의 개시, 방향설정, 강도와 끈기를 결정하는 데 중요한 역할을 하며, 삶의 궁극적인 목표는 자기실현(self-actualization)으로 개인의 잠재적인 능력을 실현하려는 심리적 욕구라고 하였다. Maslow는 이 궁극적 목표에 도달하려는 욕구는 그것을 선행하는 기본적인 욕구로부터 위계적으로 발전한다고 보는 욕구의 위계이론을 제시하였다.

Maslow(1954)는 욕구위계를 피라미드식으로 구성하여 가장 낮은 수준에는 원초적인 생리적 욕구가 있고, 다음으로 안전의 욕구, 애정과 소속감의 욕구, 자존감의 욕구로 분류되는 네 가지 결핍 욕구(deficiency needs)가 있으며, 이것들이 충족되고 나면 지적인 성취, 심미적 이해와 자기실현의 세 가지 상위 욕구인 존재 욕구(being needs)가 단계적으로 생긴다고 보았다. 이러한 욕구들은 하위 단계의 욕구가 충족되면 다음 단계의 욕구가 생긴다는 의미에서 위계적이고, 존재 욕구는 완전하게 달성될 수 있는 것은 아니며, 인간의 자기실현을 이루기 위한 동기는 끊임없이 유발된다는 것이다. 욕구위계이론은 많은 지지

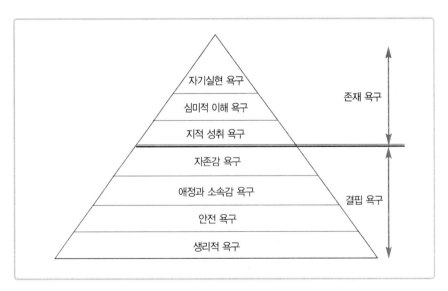

[그림 2-2] **욕구위계**(Maslow, 1954)

를 받기도 하였으나, Maslow가 제시한 하위 욕구가 충족되지 않은 경우에도 상위 수준의 욕구 충족을 위해 노력하는 많은 사람들이 있다는 증거들로 비판을 받기도 한다.

인본주의 관점에서 보면 학생을 동기화시킨다는 것은 그들의 내적 자원, 즉 유능감, 자존감, 자율성, 자기실현 등을 격려해 주는 것을 의미한다(Woolfolk, 2001). 이와 같은 인본주의적 접근은 현대의 내재동기이론(Intrinsic Motivation Theory)에 기초 개념을 제공하여, 개인의 내적 자원 중에서 중요하다고 여겨지는 개념을 중심으로 한 동기이론들이 발달하게 되었다. 대표적인 예가 White(1959)와 Harter(1980)의 효율동기이론(Effectance Motivation Theory), deCharms(1968)의 개인적 인과이론(Personal Causation Theory), Covington과 Omelich(1979)의 자기가치이론(Self-Worth Theory), Deci와 Ryan(1985)의 자기결정성이론(Self-Determination Theory) 등을 들 수 있다. 또한 인본주의적 접근은 Carl Rogers에 의해 상담 분야에서 내담자중심 상담이론으로 발전하여 대표적인 상담이론으로 받아들여지고 있다. 최근에는 Csikszentmihalyi(1990)의 출현동기이론이 동기에 대한 인본주의적 접근을 시도한 것으로 볼 수 있다.

6. 인지주의이론

인지주의이론도 행동주의에 대한 반발로 볼 수 있다. 강화이론가들은 행동은 근본적으로 강화인자의 사용을 포함하는 환경적 자극들에 의해 조종된다고 가정하는 반면에, 인지이론가들은 단순히 과거에 그 행동이 보상을 받았는가 혹은 처벌을 받았는가에 의해서가 아니라 사고(思考)에 의해 행동이 결정된다고 믿는다. 인간의 행동은 계획, 목표, 기대, 귀인 등에 의해 시작되고 조절된다. 이와 같은 인지적 접근은 1970년대 이후 급격한 발전을 이루고 있는 현대 동기이론의 특징으로 각 이론이 무엇에 초점을 맞추느냐에 따라 성취동

기이론, 학습된 무기력이론, 귀인이론, 목표설정이론, 성취목표이론 그 외에
다양한 내재동기이론들이 제시되었다.

동기연구에서 인지주의적 접근은 Tolman의 기대 개념으로 시작된 기대-가
치이론들에서 볼 수 있다. 기대-가치이론은 현대 동기이론들에 상당한 영향
력을 발휘하였기 때문에 여기서 좀 자세히 살펴볼 필요가 있다. 기대-가치이
론의 다양한 발전 경로가 [그림 2-3]에 나와 있다. Tolman에서 출발한 기대이
론은 첫째, McClelland(1953)에 이은 Atkinson(1958)의 기대-가치이론으로 계
승되고, Vroom(1964)의 기대이론으로 발전되어, Bandura에게 영향을 준 조직
행동 분야에서의 경로가 있다. 또한 Atkinson의 기대-가치이론은 현대 성취
목표이론의 근간이 되었다. 둘째, Lewin(1935)의 장이론(Field Theory)과
Sears(1941)의 포부수준이론(Level of Aspiration Theory)으로 발전하였다. 포부수
준이론도 두 가지 경로로, 하나는 교육 및 학습 분야를 중심으로 Rotter(1954)
의 사회학습이론으로 발전하여 Bandura의 자기효능감이론을 포함하는 사회
인지이론과 이에 기반을 둔 자기조절학습이론으로 발전한 현재에 이르고 있
다. 다른 하나는 조직행동 분야에서 Locke(1967)의 목표설정이론(Goal-Setting
Theory)을 시작시켰고, Locke과 Latham(1990)의 목표설정이론과 자기조절학
습이론의 통합을 가져오며 현재의 목표이론(Goal Theory)에 이르고 있다. 이
와 같이 동기연구 분야에서 기대-가치는 가장 핵심적 이론적 기초를 제공하
는 개념이다. 따라서 이후의 장들에서는 기대-가치 개념을 포함한 다수의 이
론들이 제시될 것이다.

한편, 어떤 이론들은 위에서 제시된 세 가지 접근 중 어느 하나에만 기초를
두기보다 두 가지 이상의 접근을 통합하려는 시도를 하는 경우도 있다. 성취
동기이론은 조건화와 행동주의와 연결된 추동이라는 개념과 인지적 개념들
을 포함하고 있다. Bandura의 자기효능감이론이나 Zimmerman 등의 자기조
절이론은 행동주의적인 접근과 인지주의적인 접근을 통합하는 이론이라고
볼 수 있으며, Deci와 Ryan의 유능동기이론이나 자기결정성이론 등의 내재동

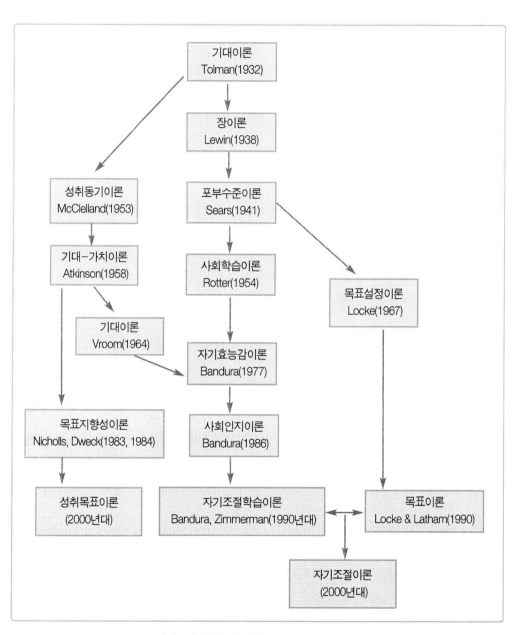

[그림 2-3] **기대-가치이론의 기원과 변천과정**(김아영, 2003의 수정)

기이론들은 인본주의적인 접근과 인지주의적인 접근을 통합하는 이론이라고 볼 수 있다.

제3절 **학업동기이론**

제1장의 서두에서 "인간은 왜 행동하는가?" "무엇이 인간으로 하여금 행동하게 만드는가?"라는 심리학의 핵심 질문들의 내용 중에서 '왜?'와 '무엇?'이 곧 '동기'에 대한 질문이라고 하였다. 특히 교육적 맥락에서 중요한 질문은 "공부를 왜 하는가?" "무엇이 학생들을 공부하게 하는가?" "왜 옆집 아이는 시키지 않아도 혼자 공부를 하는데, 우리 아이는 그렇지 못할까?" "왜 누구는 수학을 전공하려고 하는데, 누구는 심리학을 전공하려고 하는가?" "왜 형은 밤새워 공부를 하는데, 동생은 한 시간을 꾸준히 공부하지 못하는가?" 등으로 이 모두가 다 행동의 원인에 대한 질문, 즉 동기에 관한 질문이다.

인간의 다양한 행동 중에서도 학습과 관련된 행동은 인간에게 가장 중요한 목표지향적인 성취행동이다. 말할 것도 없이 동기와 학습은 밀접한 관계를 갖는다. 학습이 행동의 습득과 관련된다면, 동기는 새로운 학습을 시작하기 위한 원동력의 제공과 이미 학습한 행동들에 대한 조절과 통제에 관한 것이다. 우리가 어떻게 하면 학생들이 공부하도록 동기화시킬 수 있을 것인가라는 질문을 하는 것은 바로 어떻게 학생들로 하여금 이전에 배운 행동들(관찰하기, 경청하기, 읽기, 공부하기, 노트 필기하기 등)을 사용해서 새로운 지식과 기술을 습득하도록 북돋아 줄 수 있을가를 질문하는 것이다. 즉, 어떻게 학생들이 공부하는 내용에 주의를 집중하게 만들 것인가를 질문하는 것이며, 어떻게 어려운 성취과제에 끈기 있게 매달리게 할 것이고, 어떻게 지식습득과 학습을 증진시키는 학습전략이나 과제를 시작하고 선택하게 만들 것인가에 대한 질문이며, 어떻게 그러한 과제에 스스로 열성적으로 헌신할 수 있게 만들 것인가에 대한 질문이다. 이러한 질문에 답하기 위해 다양한 학업동기이론들이 개발되었다.

　학업동기이론들은 심리학에서 이미 개발된 인간의 동기이론들을 학업장면에 적용시킨 경우가 있고, 때로는 특별히 학습이나 교수활동과 관련된 현상들을 설명하기 위해 개발된 이론들이 있다. 다음 장들부터는 이제까지 교육심리학 분야에서 학생들의 학업 관련 동기를 설명하는 데 도입된 동기이론들을 중심으로 이론과 현장 적용에 관한 연구들을 논의하고, 교육에 대한 시사점과 적용점을 찾아보기로 한다.

ACADEMIC MOTIVATION

성취동기이론

성취동기이론

이 책에서 다룰 많은 동기이론들이 하나의 주된 이론적 접근에 기초하는 것과는 달리 '성취동기이론(Achievement Motivation Theory)'은 행동주의와 인지주의이론이 연합된 것으로 첫 번째 통합적 동기이론이라고 볼 수 있다. 성취동기이론은 성공 아니면 실패라는 결과가 따르는 성취과제에 당면했을 때 개인이 어떻게 행동하는가를 설명하기 위한 시도로 개발되었으며, 기대-가치이론에 기초하고 있다. 이번 장에서는 학업 관련 동기뿐만 아니라 광범위한 인간의 성취행동을 설명하는 데 강력한 이론으로 장기간 주목받았던 성취동기이론을 살펴보기로 한다.

제1절 이론발달 배경

'성취동기(achievement motive 혹은 achievement motivation)'라는 개념은 원래 Murray가 개인의 성격을 판단하기 위한 방안으로 사회적 욕구를 연구하면서 '성취욕구(need for achievement: nAch)'라는 개념으로 시작하였다. Murray(1938)는 20가지 심인성 욕구들(psychogenic needs)의 욕구분류체계(taxonomy of needs)를 구성했는데, 그중의 하나로 성취욕구를 포함시키면서 "어려운 일을 달성하려는 것, 숙달하려는 것, 탁월하려는 것, 다른 사람과 경쟁하고 이기려는 것, 장애물을 극복하고 높은 기준을 달성하려는 것에 대한 욕구"라고 정의하였다(pp. 80-81). 그는 욕구를 "불만족스러운 상황이 존재할 때 이것을 특정한 방향으로 변환시키는 것과 같은 개인의 지각(perception), 통각(apperception), 사고(intellection), 의지(conation), 행위(action)를 조직하는 두뇌에 있는 힘(알려지지 않은 생리-화학적 속성)을 나타내는 구인(편리한 가공물 혹은 가설적 개념)"이라고 정의하고(pp. 123-124), 이것을 측정하기 위한 투사적 측정기법인 '주제통각검사(Thematic Apperception Test: TAT)'를 개발하여 연구에 사용하였다. Murray는 이러한 욕구들은 특정 유형의 목표나 행위를 추구하는 심리적 특성으로 개인의 전 생애에 걸쳐서 비교적 안정적인 속성을 보이기 때문에 이를 통해 성격에 대한 연구를 수행하였다.

TAT는 여러 장의 그림으로 구성되어 있는데, 각 그림 속에는 한 명 이상의 사람이 모호한 상황에 처해 있는 장면이 그려져 있다. 검사대상자는 각각의 그림에 대해 "무슨 일이 벌어지고 있는 장면인가?" "왜 이런 일이 생겼는가?" "주인공들은 어떤 느낌인가?" "결과는 어떻게 될 것인가?" 등의 질문에 대답하도록 지시를 받는다. 이와 같이 한 장의 모호한 장면이 제공하는 제한된 정보만을 가지고 질문에 대답하기 위해서는 이야기를 꾸며내고 공상을 해야 한다. TAT는 이러한 공상적 반응(fantasy response)을 하는 상황에서 개인은 자신의 내부에 있는 접근-회피 경향성을 무의식적으로 투사할 것이고, 이러한 경향성은 개인에 따라 다를 것이라고 가정한다. 결과적으로 평가가 요구되는 장면에서 성취를 강조하는 이야기 주제로부터 성취동기를 추론할 수 있다고 믿는 것이다.

David McClelland는 Murray의 기본적 욕구 개념에 포함된 성취욕구를 '성취동기'라는 용어로 명명하고, "탁월하려는 욕구 그리고 우수함과 성공을 향한 열망"으로 정의하면서 체계적인 동기이론으로 발전시켰다. McClelland는 동기(motivation)를 조건화된 정서(conditioned affect)로 보았으며, 쾌락주의

입장에서 접근하였다. 이전에 긍정적인(유쾌한) 사건과 연합된 단서는 그 정서를 다시 각성시킨다. 따라서 개인은 유쾌한 결과를 기대하고 또 부분적으로 경험하게 된다. 만약 이전의 성취상황이 좋은 결과를 가져왔다면 이러한 성취행동을 할 가능성은 더 크다. 반대로 이전 경험이 실패에 대한 벌을 받은 것이었다면 실패에 대한 공포가 발달하고, 실패를 회피하려는 동기가 형성될 것이다. McClelland는 성취동기를 측정하기 위하여 TAT에 대한 정련작업을 하고 채점을 위한 기준을 확립하였다. 이와 같은 노력은 그 당시까지 동물실험 위주로 결핍, 박탈, 생존을 중심으로 진행했던 기존의 동기연구를 인간동기에 대한 연구로 전환시켰다는 데 큰 의미가 있다. 그는 또한 성취동기이론을 상당히 실용적인 측면에서 활용하려고 노력하여 『성취하는 사회(*Achieving Society*)』라는 저서를 통해 개인의 성취동기를 증진시킴으로써 국가나 사회의 경제발전을 이룰 수 있다고 주장하였다(McClelland, 1961). 실제로 그는 개인의 성취동기를 증진시키기 위한 프로그램을 개발하여 실시하는 연구를 수행하였다(McClelland, 1985).

성취동기이론은 John Atkinson에 의해 McClelland와는 다른 경로로 발전하였다. Atkinson(1964)은 성취동기이론을 기대-가치이론 체계를 적용하여 발전시켰다. 그는 이론에 대한 정교화 작업을 수량화하고 정형화하는 방향으로 진행하여, 성취동기이론에 대한 체계적인 발전을 이루고 많은 추종자들과 수많은 경험적 연구를 수행하였다.

이번 장에서는 Atkinson의 성취동기이론을 설명하고, 이 이론을 중심으로 발전된 후속 이론들을 검토하며 이론의 현 상태를 확인한 후, 이 이론을 학업상황에 적용한 연구들을 살펴보고 교육현장에 대한 시사점을 논의할 것이다.

제2절 Atkinson의 기대-가치이론

1. 성취동기와 관련된 개념과 모형

Atkinson(1964)은 McClelland의 성취동기 개념과 기본 전제를 받아들여 Tolman과 Lewin의 기대-가치이론 체계에 적용시켜 새로운 성취동기이론을 개발하였다. 이 이론은 목표 달성에 대한 '개인의 기대(expectancy)'와 그 목표에 두는 '개인의 가치(value)'라는 두 가지 변인에 기초한다. 성취동기이론에서는 "모든 개인은 성공에 접근하려는 동기(motive to achieve success: M_s)와 실패를 회피하려는 동기(M_{af})를 다 가지고 있으며, 따라서 수행상황에서 접근-회피 혹은 흥분-억제 갈등은 필연적으로 발생한다고 가정한다"(Atkinson, 1964, p. 246). 그는 성취와 관련된 상황에서 개인의 행동은 목표와 관련된 기대나 가치와 관련된 다양한 변인들의 결과라고 믿고, 성공에 대한 접근과 실패에 대한 두려움 간의 갈등의 역할을 강조하였다. 이러한 변인들은 성취에 대한 접근경향성과 실패에 대한 두려움을 기피하려는 경향성의 크기를 결정하고 이 두 경향성에서의 차이, 즉 결과동기(resultant motivation)가 한 개인의 전반적인 성취동기라고 보았다. Atkinson은 이러한 변인들 간의 관련성을 수학적 모형으로 제시하였다. 이번 절에서는 성취동기에 대한 Atkinson의 수학적 모형을 보다 자세히 설명하기로 한다.

1) 성공접근경향성

Atkinson의 이론에서는 성취지향적인 행동을 하는 경향성, 즉 성공하려는 경향성(tendency to success: T_s)은 ① 성공하려는 동기(motivation for success: M_s) (성취동기와 같은 개념), ② 성공확률(probability of success: P_s), ③ 성

공에 대한 유인가(incentive value of success: I_s)라는 세 가지 요인의 곱셈적 함수관계(multiplicative function)의 결과다. 이 관계를 공식으로 제시하면 다음과 같다.

$$T_s = M_s \times P_s \times I_s$$

여기서, T_s = 성공하려는 경향성
M_s = 성공하려는 동기(성취동기)
P_s = 지각된 성공확률
I_s = 성공에 대한 유인가 = $1-P_s$

이 공식에서 주목할 것은 어느 한 가지 요인이 영의 값을 가지면 전체 결과는 영으로서 성공하려는 경향성은 없다고 보는 점이다. 여기서 M_s는 TAT에 의해서 측정되는 성격특성이고, P_s는 주어진 과제에서 개인이 예측하는 지각된 성공확률이며, I_s는 그 과제의 성공이 개인에게 얼마나 중요한가에 대한 생각이다. 성공하려는 동기는 추동과 같은 요인이며, 나머지 두 요인은 인지적 요인이다. 이 모형에서 Atkinson은 P_s는 $1 - I_s$의 관계를 가진다고 가정하였다. 이것은 성공확률이 매우 낮으면 성공에 대한 유인가는 매우 높아지고 성공확률이 매우 높으면 성공에 대한 유인가는 매우 낮다는 것이다. 그리고 $P_s \times I_s$ 값은 P_s가 .5일 때 가장 커진다. 따라서 M_s가 같은 경우에 중간수준의 난이도를 가진 과제가 T_s, 즉 성공하려는 경향성을 가장 크게 한다는 결과가 나온다. [그림 3-1]의 위쪽 패널을 보면 P_s가 .10에서 .90 사이의 다양한 값을 가질 경우, M_s가 8일 때와 3일 때의 T_s 값을 보여 주는 그림이 제시되어 있다. 그림에서 보듯이 과제에 대한 지각된 성공확률은 중간수준일 경우가 가장 높고, 양극단으로 갈수록 줄어드는 거꾸로 된 U자의 형태를 나타내며, M_s 값이 클수록 그래프의 형태가 더 뾰족해지는 것을 확인할 수 있다.

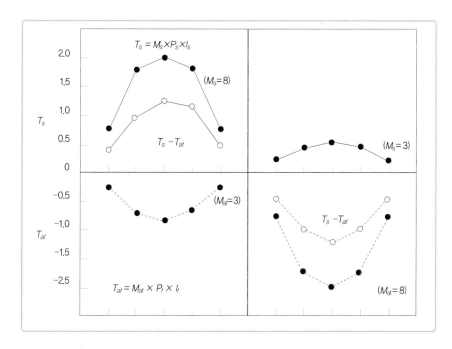

과제	A	B	C	D	E	A	B	C	D	E
P_s	.10	.20	.50	.70	.90	.10	.20	.50	.70	.90
P_f	.90	.80	.50	.30	.10	.90	.80	.50	.30	.10

[그림 3-1] M_s와 M_{af}가 각각 3과 8인 경우의 T_s, T_{af}, T_a 값들이 만들어 내는 도표

＊왼쪽 패널은 성공접근경향성(M_s)이 실패회피경향성(M_{af})보다 큰 경우로서 결과성취동기 ($T_s - T_{af}$)가 플러스 값을 갖는 경우이며, 오른쪽 패널은 그와 반대 경우로 결과성취동기가 마이너스 값을 갖는 경우를 보여 준다(Beck, 1990: 294).

2) 실패회피경향성

인간에게 성공적인 결과는 만족감과 자부심을 유발하기 때문에 접근하려는 경향이 있지만, 실패는 수치심을 유발하기 때문에 회피하려는 경향이 있다는 것이 Atkinson의 쾌락주의적 접근의 기본 가정이다. 성취동기를 성취한 것에 대해 자부심으로 반응하는 것이라고 특징지을 수 있다면, 실패를 회피하려는 동기는 수행결과가 실패일 때 수치심과 당혹감에 대한 방어적 반응으로 생각할 수 있다. 이러한 성향이 개인 내부에서 생기면, 그 결과는 불안감과 그 상황으로부터 철수하려는 경향으로 나타난다(Atkinson, 1964, p. 244).

실패회피경향성(tendency to avoid failure: T_{af})은 ① 실패회피동기(motive to avoid failure: M_{af}), 즉 실패에 대한 두려움, ② 실패확률(probability of failure: P_f), ③ 실패에 대한 부적 유인가(negative incentive value of failure: I_f)라는 세 가지 요인의 곱셈적 함수관계(multiplicative function)의 결과다. 이 관계를 공식으로 제시하면 다음과 같다.

$$T_{af} = M_{af} \times P_f \times I_f$$

여기서, T_{af} = 실패회피경향성

M_{af} = 실패회피동기

P_f = 지각된 실패확률 = 1-지각된 성공확률

I_f = 실패에 대한 부적 유인가 = -지각된 성공확률

이 공식에서 T_{af}는 초기에 Atkinson은 T_{-f}라고 표기한 실패회피경향성으로 동기, 기대, 유인가 세 가지 요인들의 값을 곱해서 산출한다. M_{af}는 실패회피동기로 접근동기와는 별개의 동기로 Mandler-Sarason(1952)의 객관식 측정도구인 시험불안검사(Test Anxiety Questionnaire: TAQ) 결과를 가지고 측정하였다. P_f는 주어진 과제에서 $1-P_s$이며, I_f는 성공에 대한 유인가의 마이너스 값으로 만약 실패확률이 .90이라면 I_f는 -(1-.90)이므로-.10이다. 즉, 이 값은 성공확률에 마이너스 부호를 붙인 값이다. T_{af}의 최대값도 중간수준의 확률인 경우에 나타난다. 성공의 경우와 마찬가지로 $P_f \times I_f$는 P_f가 .50일 때가 가장 크지만 곱한 결과는 마이너스 값이다. [그림 3-1]의 아래쪽 패널을 보면 P_f가 .10에서 .90 사이의 다양한 값을 가질 경우, M_{af}가 8일 때와 3일 때

의 T_{af} 값을 보여 주는 그림이 제시되어 있다. [그림 3-1]에서 보듯이 과제에 대한 지각된 실패확률은 중간수준일 경우가 가장 낮고, 양극단으로 갈수록 증가하는 U자의 형태를 나타내며, M_{af} 값이 클수록 그래프의 형태가 더 뾰족해지는 것을 확인할 수 있다.

실패회피경향성은 실패에 대한 기대가 중간수준인 과제에서 가장 강한 것으로 예측되는데, 이것은 성취동기가 높은 경우와는 반대상황이다. 실패를 두려워하는 사람은 성공이 보장된 아주 쉬운 과제를 선택하거나 아니면 아주 어려워서 누구나 다 실패하기 때문에 자신이 실패한다 해도 수치스럽게 생각할 필요가 없기 때문에 아주 어려운 과제를 선택한다. 반면에 중간수준의 과제는 실패할 가능성이 높기 때문에 수치심을 느끼지 않고 자존심을 보호하기 위해 기피하게 된다.

3) 결과성취동기

Atkinson(1964)은 성취과제에 대한 개인의 접근경향성과 회피경향성을 합하면 결과성취동기(resultant achievement motivation: T_a)를 구할 수 있다고 하였다. 결과성취동기가 높은 사람들은 희망적이고, 자존감이 높으며, 기대가 충족될 것이라고 믿는 등 접근지향적 정서를 가지고 성취상황에 임하고, 이것이 낮은 사람들은 불만스럽고 방어적이며, 실패에 대한 공포감을 가지는 것과 같은 회피지향적인 정서를 가지고 성취상황에 임한다는 것이다.

Aktinson은 앞에서 제시한 성공접근경향성과 실패회피경향성의 두 가지 경향성을 산출하는 데 사용하는 모든 요인들을 통합하여 다음과 같은 공식을 제시하였다.

$$T_a = T_s - T_{af}$$
$$\text{혹은 } T_a = (M_s \times P_s \times I_s) - (M_{af} \times P_f \times I_f)$$

이 공식을 보면 성공접근경향성이 실패회피경향성보다 크면 결과성취동기는 플러스 값이 나올 것이고, 작으면 마이너스 값이 나올 것임을 알 수 있다. Atkinson은 이 공식을 적용해서 개인의 성취상황에서의 행동을 예측할 수 있다고 하였다. 결과성취동기가 높은 사람은 .5의 성공확률을 가진 과제, 즉 중간수준의 난이도를 가진 과제를 선호하고 낮은 사람은 기피한다고 예측하였다. [그림 3-1]의 왼쪽 패널에는 T_s가 T_{af}보다 커서 T_a가 플러스 값을 보이는 경우가 제시되어 있고, 오른쪽 패널에는 그 반대의 경우가 제시되어 있다. 이 두 그래프는 상하 대칭적인 형태임을 알 수 있다.

Atkinson과 그의 동료들은 이 수학적 모형을 검증하기 위하여 성취과제와 관련된 다양한 종속변인들을 도입하여 많은 경험적 연구를 수행하였다 (Atkinson & Litwin, 1960; Atkinson & Raynor, 1974; Feather, 1961; Hamilton, 1974; Isaacson, 1964; Karabenick & Youssef, 1968). 연구결과들은 모형이 예측하는 결과와 일치하는 것이 있고 그렇지 못한 것들이 있다. 성취 관련 과제들의 난이도 선택을 종속변인으로 한 연구들에서는 결과성취동기가 높은 사람들은 중간수준의 난이도를 가진 과제를 선택하였으나, 성취동기가 낮은 사람들이 극단적 수준의 과제를 선택하는 것은 보여 주지 못했다(Atkinson & Litwin, 1960; Hamilton, 1974). Atkinson과 Litwin(1960)은 남자 대학생들을 대상으로 고리던지기 과제를 사용해서 실험을 하였다. TAT와 TAQ를 사용해서 대학생들의 성취동기와 실패회피동기를 측정하여 둘 다 높은 집단(H-H), 둘 다 낮은 집단(L-L), 하나씩 높은 집단(H-L와 L-H)의 네 집단으로 분류하여 각자의 고리던지기 과제에서의 난이도를 선택하여 던지도록 하였다. 난이도는 타겟에서 떨어진 거리로 측정하였다. 연구에서 나타난 결과가 [그림 3-2]에 제시되어 있다.

[그림 3-2]에서 나타난 바와 같이 H-H와 L-L 집단은 중간에 위치한 두 개의 유사한 그래프를 보여 주고 있으나, 성취동기가 높고 실패회피동기가 낮은 H-L 집단은 중간수준의 난이도를 선택하는 경향이 가장 뚜렷하게 나타났

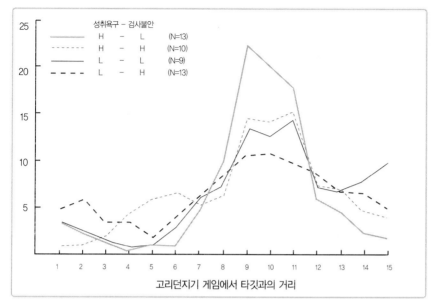

[그림 3-2] **고리던지기 게임에서 각 거리에서 던진 비율**(Atkinson, 1964)

＊각각의 그래프는 높고 낮은 성취욕구와 검사불안의 조합에 따라 분류하여 피험자 집단의 비율을 나타냄.

고, 실패회피동기가 높은 L-H 집단은 중간난이도 과제와 극단적인 과제 선택에서의 차이가 별로 크지 않았다. 이 결과는 결과성취동기 모형이 결과성취동기가 높은 집단은 잘 예측하지만 낮은 집단은 잘 예측하지 못하는 것을 보여 주었다. 이러한 결과는 그 후 Hamilton(1974)의 연구에서도 나타났다. 다만 Isaacson(1964)의 연구에서만 모형이 예측하는 것과 비교적 유사한 결과를 얻었다.

　결과성취동기 모형을 과제난이도 선택 이외의 종속변인을 사용해서 검증한 연구는, Feather(1961)가 실패 경험 후의 개인의 끈기를 종속측정치로 사용해서 검증한 것과 Karabenick과 Youssef(1968)가 연합학습에서의 수행을 종속측정치로 사용해서 모형이 예측한 바와 일치하는 결과를 얻은 연구가 있다. 특히 Karabenick과 Youssef의 연구에서는 높은 성취동기와 낮은 실패회피동기를 가진 피험자 집단은 중간수준의 과제에서 가장 높은 성취점수를 받았고, 쉬운 과제에서 가장 낮은 점수를 받았다. 반면에 낮은 성취동기와 높은 실패회피동기를 가진 피험자들은 중간수준의 과제에서 가장 낮은 점수를 받았고, 어려운 과제에서 가장 높은 점수를 받았으며, 그다음으로 쉬운 과제에서 높은 점수를 받은 것으로 나타남으로써 모형을 지지하였다([그림 3-3] 참고).

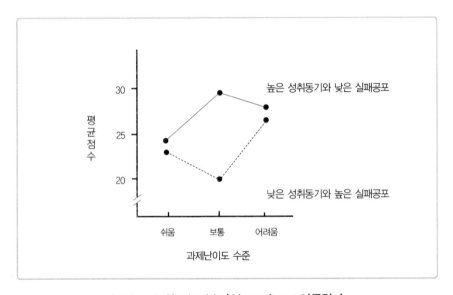

[그림 3-3] Karabenick과 Youssef(1968) 연구결과

2. Atkinson 이론의 문제점

Atkinson의 성취동기이론은 인간의 동기이론을 체계화하여 과학적인 검증이 가능한 수학적 모형으로 정형화했으며, 인간의 동기연구를 활성화시키는 데에 커다란 공헌을 하였다. 그러나 그동안 많은 연구자들에 의해 수행된 연구결과들과 논의에서 다음과 같은 문제점이 드러났다.

첫째, 결과동기 모형의 수학적 부적절성이다. T_s와 T_{af}를 계산하는 공식에서 P_s가 결정되면 I_s는 $(1-P_s)$로서 자동적으로 결정되며, T_{af}의 경우도 마찬가지로 이것은 수학적으로 적절하지 못한 논리를 보여 준다(Weiner, 1992).

둘째, 성취동기, 즉 성공접근동기인 M_s를 측정하는 데 사용한 TAT라는 투사적 측정도구의 타당성과 신뢰성의 문제다. 많은 연구자들이 제기한 TAT의 심리측정학적 양호도의 문제에 대해 McClelland와 Atkinson은 특별히 반응하지 않고, 실험결과에서 이론이 예측하는 결과를 가져온 것은 도구의 타당성을 보여 주는 것이라는 반응으로 일관하였다(Atkinson, 1964).

셋째, 이론이 예측하는 것과 불일치하는 경험적 연구결과가 상당히 많이 보고되었다. 그러나 성취동기가 낮은 집단에서 불일치가 심한 것에 대한 적절한 해명이나 원인 분석이 부족하다.

넷째, Atkinson이 모형개발 연구에서 사용한 실험과제가 진지한 성취상황보다는 고리던지기 게임이나 퍼즐풀이 등의 놀이상황에서 진행되었다는 것이 이론의 일반화 가능성에 제약이 된다.

다섯째, 이론 검증을 위해 사용된 표본이 대부분 남성집단으로 성-편파적인(sex-biased) 이론이라는 점이다. 초기 연구들에서는 여성 표본도 사용했었으나, 결과가 이론이 예측하는 대로 나타나지 않아 후기 연구는 남성만을 대상으로 하였다(예: Atkinson & Litwin, 1960; McClelland, 1958). 이러한 현상은 TAT에 포함된 그림의 내용들이 지적이고 지도력을 강조하는 남성적인 상황이 더 많기 때문에 여성의 성취동기를 측정하기에 적절하지 않기 때문이라는 것이다. 이와 같은 성-편파적인 이론에 대한 대안적 접근으로 제안된 개념이 다음 절에서 설명할 Horner(1974)의 '성공공포(fear of success)'라는 개념이다.

3. 재개념화와 정교화 시도

Atkinson의 성취동기이론은 많은 후속 연구들을 양산하였고, 이론이 예측하는 바와 일치하지 않는 결과 또한 많이 보고되었다. 이러한 이론과 불일치하는 결과를 해결하기 위한 몇 가지 시도가 진행되었다. 여기서는 그중에서 몇 가지를 살펴보기로 한다.

1) 미래지향성

Raynor(1969)는 개인이 성취하려는 과제는 모두 다른 의미를 가지고 있어서 어떤 과제는 현재 상황에서 중요한 반면, 어떤 과제는 미래 상황과 관련되어 의미를 가진다는 '미래지향성(future orientation)'이라는 개념을 첨가시켰다. 즉, 개인이 특정 과제에서의 성공이 중요한 최종 목적과 연결되어 있기 때문에 필요하다고 생각하면 그 과제의 성공 자체가 목적인 경우보다 성공하려는 동기가 더 클 것이라는 것이다(Geen, Beatty, & Arkin, 1984). 예를 들어, 현재 수강하고 있는 과목에서 좋은 성적을 받고자 하는 성취동기는 단순히 현재 과목에서 좋은 결과를 얻기 위해 공부하는 사람보다 대학을 가기 위해서 현재 과목에서 좋은 성적을 받으려고 하는 학생이 더욱 높을 것이라는 것이다. 이 개념은 내재동기이론의 하나인 Kruglanski(1975)의 '내인성 귀인이론(Endogenous Attribution Theory)'이 주장하는 것, 즉 어떤 과제를 수행하는 이유가 그 과제의 의미나 중요성 때문이 아니라 그다음 과제나 목표달성을 위한 수단으로 지각하는 경우, 후속 상황에서의 내재동기는 감소한다는 것과는 대치되는 것이다.

2) 행위의 역동성 모형

Atkinson과 Birch(1970)는 최초 모형을 정교화하고 보다 일반적인 동기이론을 만들려는 시도를 하였다. 이렇게 새롭게 시도한 이론을 '행위의 역동성 모형(Dynamics of Action Model)'으로 명명하고, 수학적 공식과 컴퓨터 시뮬레

이션 방법을 집중적으로 사용하여 이론 검증을 시도하였다. 그들은 개인의 일상생활은 끊임없는 행위의 흐름이라고 가정하고, 동기이론가들은 행위를 하는 상태에서 하지 않는 상태로의 변화 혹은 행위를 하지 않는 상태에서 하는 상태로의 변화를 설명하려고 할 것이 아니라, 한 가지 행위에서 다른 행위로의 변화를 설명하고 예측해야 한다고 주장하였다. 다시 말해서, 그들은 사람들이 왜 한 가지 행동에서 다른 행동으로 이동하는가를 설명하려고 시도하였다. 행위의 흐름은 부추김(instigation), 제재(inhibition), 종결(consummation, 즉 목표달성)이라는 세 가지 힘에 의해 결정된다. 부추김은 성공에 대한 접근과 같은 것이고 제재는 실패에 대한 회피와 같은 것으로 볼 수 있다. 다시 말하면, 일단 목표가 달성되면 그 행위에 대한 동기는 감소할 것임을 예측할 수 있고, 벌을 기대할 수 있는 상황에서는 동기가 감소할 것임을 예측할 수 있다는 것이다(Geen et al., 1984).

3) 관성적 경향

Weiner와 Schneider(1971)는 특정 과제에서의 반복적인 실패 경험은 누적되어 후속 과제에서의 성취동기에 영향을 미친다는 '관성적 경향(inertial tendency)'이라는 개념을 도입하였다. 어떤 과제에 있어서의 실패는 그 과제 수행 시 남은 동기를 계속해서 이어지는 다음 시도로 넘겨 동기의 증대를 가져온다는 것이다. 그리고 실패를 연속적으로 경험하게 되면 성공접근경향성이 높은 사람은 실패에 대한 두려움이 높은 사람보다 성취하려는 동기수준이 점점 강해짐을 경험할 것이라는 것이다. 이 개념은 심리적 저항감(reactance)과 유사한 현상으로 볼 수 있다.

4) 성취노력에 대한 인지적 해석

(1) 귀인적 해석

Atkinson(1964)의 이론에 따르면 성취동기가 높은 사람은 중간수준의 과제 난이도를 선호하고, 성취동기가 낮은 사람은 극단적인 과제난이도를 선호한 다고 하였다. 성취동기가 높은 사람은 성공이 제공하는 쾌감을 극대화하는 과제를 선호하고, 반면에 낮은 사람은 실패가 주는 혐오감을 최소화하는 과 제를 선호하기 때문으로 보았다. 이러한 해석은 인지적이기보다는 감정적이고 쾌락주의적인 것이다. 이에 대해 귀인(attribution)이론가들은 성취를 위한 노력은 감정적으로 동기화되기보다는 인지적으로 동기화되는 것으로 해석 해야 한다고 제안하였다(Weiner & Kukla, 1970). 귀인이론가들은 성취동기를 성공은 내적 요인이 원인이고, 실패는 불안정한 요인이 원인이라고 지각할 수 있는 능력이라고 주장하였다. 이들은 성취동기가 높은 사람은 성공을 자신의 능력이나 노력의 결과라고 귀인하고, 실패는 노력부족으로 귀인하였다. 반면 성취동기가 낮은 사람은 성공은 운이 좋았다거나 과제가 쉬웠다는 등의 외적 요인으로 귀인하고, 실패는 능력부족이라고 귀인하는 경향이 많다고 주장한다. 이와 같이 귀인이론가들은 성취동기이론에 인지적 측면을 추가하여 보다 체계적이고 종합적인 이론으로 발전시켰다. 이러한 접근은 Atkinson의 이론이나 원리들과 밀접한 관련성을 보여 주지만 해석의 방향은 인지적임을 말해 준다.

(2) 진단도

성취동기이론에 대한 또 다른 인지적 접근은 Trope과 Brickman(1975)의 '진단도(diagnosticity)' 개념의 도입이다. 중간수준의 난이도를 가진 과제에서의 결과는 노력과 능력에 관해 가장 많은 정보를 제공한다. 아주 쉽거나 어려운 과제에서의 성공이나 실패는 과제의 난이도 때문임이 분명하다. 따라서 아주 쉽거나 어려운 과제는 외적 조건에 대한 지식을 확인하는 것에 불과하지만, 중간수준의 과제는 성공과 실패 결과에 따라 개인의 노력과 능력에 대한 정보를 제공해 준다(Weiner, 1992). 여기서 진단도는 과제가 능력이 높고 낮은 사람들을 구별할 수 있는 정도를 의미한다.

선택에 대한 쾌락주의적 결정요인과 정보적 결정요인의 영향을 구분해 내기 위해서 Trope과 Brickman(1975)은 과제의 난이도 수준과 진단도를 동시에 조작하는 실험을 수행하였다. 예를 들어, 높은 능력집단의 90%와 낮은 능력집단의 60%가 성공할 수 있는 과제는 높은 능력집단의 52%와 낮은 능력집단의 48%가 성공할 수 있는 과제보다 진단적 가치가 더 크다. 그리고 52~48%의 성공가능성을 가진 과제는 90~60%의 과제보다 더 중간수준의 난이도에 가깝다. 이러한 실험조건에서 피험자들에게 어느 과제를 선택할 것인가를 물었다. 피험자들은 진단도가 높은 과제, 즉 90~60%의 과제를 선택할 것으로 답하였다. 이것은 이제까지 중간수준의 과제를 선호한다고 보고한 수많은 연구자들의 결과는 과제의 높은 진단도 때문이라는 것을 시사한다(Weiner, 1992).

Trope과 Brickman은 이 결과를 확인하기 위해서 피험자들의 성취동기를 함께 측정하여 높은 집단과 낮은 집단으로 나누어서 같은 실험을 수행하였다. 연구결과 두 집단 모두 진단도가 높은 과제를 선택하기는 했지만, 성취동기 수준이 높은 집단이 낮은 집단보다 훨씬 더 높은 진단도를 가진 과제를 선택하였다. 즉, 성취동기가 높은 집단과 낮은 집단의 정보추구 성향은 분명히 다르다는 것을 보여 주었다. 또한 과제난이도 수준 상, 중, 하 모두에서 높은 정보를 제공하는 과제를 선호하였다. 더욱이 진단도를 통제하였을 때는 중간수준의 난이도를 가진 과제를 특별히 선호하지 않고 차라리 쉬운 과제를 선호하는 것으로 나타났다. 이 밖에 Meyer, Folkes와 Weiner(1976)의 연구에서도 중간수준의 과제난이도에 대한 선호는 일반적인 경향으로 나타났는데, 이것은 그 과제의 진단도 때문인 것으로 보이며 특히 성공에 대한 동기가 높은 사람들에게서 더욱 두드러지게 나타나는 현상으로 보았다.

4. 성취동기의 측정

성취동기라는 개념 자체가 Murray의 TAT에 대한 반응 내용분석에서 나온 개념이기 때문에 성취동기이론에 대한 연구는 TAT에서 벗어나는 데 매우 오랜 시간이 걸렸다. 이론개발 초기부터 연구결과가 일관적이지 못한 것이 투사적 측정도구의 신뢰도와 타당도의 문제라는 지적이 많았음에도 불구하고, McClelland나 Atkinson을 비롯한 대부분의 연구자들은 대안적 측정에 관심을 두지 않았다. 다만 Mehrabian(1969)과 Smith(1973)가 성취동기 측정을 위한 객관식 설문지 형태의 자기보고식 척도를 개발한 것이 있다.

성취동기이론의 한계를 극복하기 위한 다양한 대안적 접근이 제기되고, 귀인이론과 접목된 접근이 학업성취 상황에서 주목을 받게 되면서 Atkinson의 결과성취동기이론에 대한 경험적 연구는 감소하였다. 1980년대 초 Spence와 Helmreich(1983)가 Atkinson 등의 성취동기이론에 대한 전면적인 비판을 제기하고 성취동기 개념에 대한 다차원적 구조를 제시하면서 이를 측정하기 위해 'WOFO(Work and Family Orientation)' 설문지를 내놓았다. WOFO는 개인의 성취동기를 세 가지 하위 요인으로 나누어 각각을 측정하기 위해 제작한 자기보고식 객관식 측정도구다. WOFO에 대해서는 다음 절에서 자세히 다루기로 한다.

5. 성공공포

Atkinson과 동료들의 성취동기이론이 성-편파적이라는 비판은 우선 TAT

에 의해 측정된 남녀의 성취동기 점수가 일반적으로 남성이 여성보다 높게 나타난 것과 관련된다. 실패에 대한 공포는 성취 관련 과제에 대한 회피를 동기화시키는 부정적 유인체계로서 효과적인 성공에 대한 접근경향성을 감소시킨다. 이와 유사한 부정적 유인체계로 Horner(1974)가 제시한 '성공공포(fear of success)'라는 개념이 있다. Horner는 성공공포도 실패공포와 같은 식으로 성취행동에 영향을 준다고 주장하였다. 성공공포와 실패공포 모두 성취경향을 억제하며, 경쟁적인 상황에서의 성취를 위한 노력을 억제할 것이라는 것이다. 즉, 성취 관련 상황에 직면하게 될 때 어떤 사람들은 실패가 두려워서가 아니라 성공이 가져올 부정적인 결과 때문에 성취를 기피하는 반응을 한다는 것이다. Horner는 특히 이러한 현상은 경쟁적인 대인관계에 연루된 경우 남성보다 여성에게서 더 흔히 관찰된다고 주장하였다. 다시 말해서, 여성은 성역할에 대한 사회화 과정에서 성취에 대한 노력은 여성답지 않으며, 여성이 성공하려는 시도를 하면 성역할 기대에 저촉되어 사회적 비난을 받을 것으로 믿기 때문에 성공을 기피하는 경향을 갖게 된다는 것이다.

Horner(1972)도 그의 연구에서 투사적 기법을 사용하여 성공공포를 측정하였다. 연구참여자들은 실험자가 제시하는 이야기의 서두를 가지고 시나리오를 만든다. 제시된 이야기의 서두는 다음과 같다. "첫 학기 기말고사에서 John(Anne)은 자기가 의과대에서 일등이라는 것을 알았다." 이러한 서두를 사용해 남성 참여자에게는 남성적인 과제를 제시하고, 여성 참여자에게는 여성적인 과제를 제시하여 이야기를 만들도록 한 후, 그 내용을 분석하여 성공공포를 측정하였다. 이 연구에서 Horner는 대학생 참여자들 중 여성의 65%, 남성의 10%가 성공공포를 나타냄으로써 성공공포가 여성에서 두드러지는 현상이라고 보고하였다. 그러나 이러한 결과는 후속 연구들에서 지지받지 못했다. 같은 대학에서 6년 후에 실시한 Hoffman(1977)의 연구에 참여한 대학생 집단에서는 여학생의 65%와 남학생의 65~77%가 성공공포를 가진 것으로 보고하여 남녀차이가 없는 것으로 나타났다. Tresemer(1977)나

Zuckerman과 Wheeler(1975)가 실시한 연구에서도 성공공포의 성차가 없는 것으로 나타났다.

한편, 성공공포가 성취에 미치는 영향 중에 성차가 있는가를 연구한 Karabenick(1977)은 성공공포가 여성의 경우에만 경쟁적인 수행을 억제한다는 것을 발견하였다. 또한 성공을 두려워하는 여성이 여성에게 '적합한' 사회적 역할에 대해 전통적인 태도를 지닌 경우와 자신의 남자친구에게 대항해서 경쟁을 해야 할 경우에 성취를 위한 노력을 억제한다는 연구결과도 보고되었다(Peplau, 1976). Hoffman(1977)의 연구에서 특이한 현상은 대학 재학시 성공공포를 가진 것으로 나타났던 여성에게 성공공포는 임신을 예측하였다는 것이다. 즉, 직업을 가진 여성 중에서 남성보다 먼저 승진할 기회가 생긴다거나 승진할 경우에 임신을 함으로써 이러한 상황을 기피하려 한다는 것을 관찰하였다. Hoffman은 이러한 상황에 처한 그의 연구참여자 14명 중에서 13명이 대학 때 높은 성공공포 점수를 받은 것을 발견하였다. 이러한 현상을 Hoffman은 '성공기피임신'이라 불렀다.

성공공포에서의 성차에 관한 후속 연구결과에서의 불일치를 Spence와 Helmreich(1983)은 성공공포를 측정하기 위해 사용된 도구와 방법의 신뢰성과 타당성의 문제로 설명하였다. 그들은 또한 성공공포를 측정하기 위해 이야기를 만들게 하는 방법을 사용한 연구에서 여성으로부터 얻어낸 가상적인 상황에 대한 내용은 성별에 따라 차이가 나는 성격특성과는 별로 관계가 없고, 반응자의 현 사회의 성역할 태도에 대한 지각과 그들이 역할에 동조하거나 거역할 때 생길 결과에 대한 기대를 반영하는 것이라고 주장하였다. 여성의 교육이나 직업에 대한 열망에 대한 사회적 수용의 확산과 더불어 성공공포에 있어서의 성차는 사라진 것으로 볼 수 있다.

성공공포에 대한 Horner식의 투사적 측정방법과 객관식으로 만들어진 성공공포에 대한 측정도구에 의한 연구결과를 종합해 보면, 성공공포에는 여러 가지 종류가 있을 수 있다는 결론을 내릴 수 있다(Karabenick, 1977; Tresemer,

1977; Zuckerman & Wheeler, 1975). 이를 뒷받침하는 증거로서 Hyland, Curtis와 Mason(1985)의 연구를 들 수 있는데, 이들은 성공공포에 관한 연구결과의 불일치는 성공공포를 측정한 도구가 동기적 측면을 측정했느냐 인지적 측면을 측정했느냐에 따라서 달라진 것이라고 주장하였다. 이 연구자들은 두 종류의 측정도구를 다 사용해서 비교해 본 결과, 성공공포는 동기적인 특성이며 문화적으로 고정관념화된 인지이기도 하다는 결론을 내리고, 이 두 차원은 서로 관계가 없는 것으로 나타났다고 보고하였다. 이들은 또한 성공공포에서의 성차도 고정관념화된 인지적 특성을 측정한 경우에는 나타나고, 동기로 측정한 경우에는 나타나지 않았다고 보고하였다.

여성에게 있어서 중요한 동기라는 개념으로 시작하여 확장되었던 성공공포에서의 성차는 Horner가 1960년대의 미국 사회에서의 여성의 성취동기에 대한 시대적인 관심을 반영한 것으로 시작해서, 그 후 1970년대 후반까지 연구되었다. 그러나 이제는 사회적 가치체계의 변화와 더불어 성공공포에서의 성차는 서구 사회의 관심의 대상에서 벗어난 것으로 볼 수 있다.

사회문화적으로 서구 사회의 일면을 답습하고 있는 한국 사회에서 성공공포 현상은 어떻게 나타나고 있는가에 대한 대답을 찾기는 쉽지 않다. 성취동기이론에 대한 국내 연구는 1963년도부터 학위논문과 학술연구 논문집에 수백 편이 나타나고 있지만, 성공공포에 관한 연구는 많지 않고 김효성(1983), 설인자(1989), 임수정(1987) 등의 석사학위 논문과 한정신(1987), 유계식, 이재창(1997) 등의 연구논문 몇 편이 발표되어 있을 뿐이다. 이 중 임수정의 논문을 제외한 모든 대학생들을 대상으로 한 연구결과에서 성차가 없는 것으로 나타났다. 이 연구들에서 사용된 측정방법의 차이와 도구의 양호도 검증의 부족은 역시 결과의 신뢰성에 문제를 제기하지만, 전체적으로 볼 때 한국 대학생들에게서도 성공공포는 성격에서의 개인차이고 남녀 성별에 따른 차이가 있는 특성으로 보기는 어렵다.

제3절 **Atkinson 이론에 대한 대안적 접근**

1. 다차원 구조로서의 성취동기

성취동기이론은 1960년대부터 1970년대 초반까지 다량의 연구를 파생시켰지만, 성취동기라는 개념의 불확실성, TAT라는 측정도구의 신뢰도와 타당도 문제, 객관식 측정도구를 사용해서 연구한 결과와의 불일치 문제, 이론이 예측하는 바와 경험적 증거에서의 불일치 등으로 한동안 연구가 주춤하였다. 그러는 동안 McClelland와 Atkinson이 발전시켰던 성취동기이론과는 다른 방향에서 접근이 시도되었다.

그중에 대표적인 것이 Janet Spence와 Richard Helmreich(1983)의 다차원 성취동기이론이다. 이 연구자들은 성취욕구로부터 조명한 초기 성취동기이론에서 성취동기를 단일차원적인 개념으로 보았는데, 이 점이 문제라고 주장하였다. 이들은 성취동기는 내재동기 측면과 외재동기 측면이 합쳐진 것으로, 내적 성취동기는 수행에서의 탁월성 그 자체를 추구하는 것이며, 외적 성취동기는 외적 보상이나 타인과의 경쟁에서 이기는 것을 중시하는 특성을 가지고 있다고 보았다. 따라서 성취동기는 단일차원적인 현상으로 나타날 수가 없고 숙달-지향성(mastery-orientation), 일-지향성(work-orientation), 경쟁-지향성(competitiveness-orientation)의 세 가지 다른 측면들을 포함하는 다차원적인 현상이라는 것이다. 그동안 성취동기이론이 예측하는 바와 실증적 자료 간의 불일치는 이 세 하위 동기요인들이 독립적으로 작용하기 때문이고, 세 가지 하위 동기들이 합쳐진 성취동기이론에서 도출된 가설은 지지될 수 없었다는 것이다. 예를 들어, 숙달-지향적 성취동기나 일-지향적 성취동기가 높은 사람은 경쟁-지향적 성취동기는 낮을 수 있고 그 반대의 경우도 가능하다. 따라서 이 연구자들은 세 가지 지향성을 나타내는 성취동기 측정도구인 WOFO를 개발하고, 다양한 연구대상 집단의 자료를 수집하였다. 이러한 접근은 특히 여성의 동기를 설명하는 데 적절한 방법으로 받아들여져 많은 연구를 유도하였다.

Spence와 Helmreich의 연구결과에서 경쟁-지향적 동기는 남성이 여성보다 높고, 박사학위를 받은 사람들이나 성공한 사업가들 그리고 유능한 운동선수 집단은 숙달-지향적 동기와 일-지향적 동기가 높은 반면에, 경쟁-지향적인 동기는 집단에 따라 다른 것으로 나타났다. 즉, 운동선수 집단에서는 경쟁-지향적 동기가 높았고, 심리학 박사 집단에서는 아주 낮은 것으로 나타났다. 이와 같은 경쟁-지향적 동기와 숙달-지향적 동기 그리고 일-지향적 동기 간의 상반된 영향력 때문에 기존의 성취동기이론이 경험적 지지를 받지 못했다는 주장은 타당한 것으로 보인다. 여기서 제시된 숙달-지향적 성취동기와 경쟁-지향적 성취동기라는 개념은 이후에 숙달목표지향성과 수행목표지향성 개념으로 구성된 현대의 성취목표지향성이론으로 수렴된 것으로도 볼 수 있다.

2. 성취상황에서 개인적 지향성의 차이

많은 연구결과들이 성공이나 실패의 효과는 성취동기에서의 개인차에 따라 결정된다는 것을 보여 주었다. 그러나 행동결과에 대한 개인의 성취동기 수준의 효과에 대해서 이론과 일치하지 않는 연구결과들도 자주 보고되었다.

Nicholls(1984)는 성취동기 연구들에 대한 집중적인 분석을 하고 Atkinson(1964)의 공식에서 유도된 예측과 상치되는 결과를 보여 준 실증적 결과를 설명하려고 시도하였다. 그는 서로 상치된 연구결과가 나온 원인은 연구 상황이 자아-관여(ego-involvement: 자기평가가 포함된 상황)와 과제-관여(task-involvement: 과제의 숙달이 포함된 상황)가 구별이 안 되고 혼재된 상황이었기 때문이라는 제안을 하였다. Nicholls는 자아–관여는 개인이 자신의 규준적 능력을 보이려는 노력을 하는 상황, 즉 경쟁적인 상황에서 적용되고 과제–관여는 자신의 숙달을 보이기 원하는 상황에서 적용된다고 한다. 개인이 과제–관여적이 되면 노력을 많이 할수록 더욱 숙달될 것이고 따라서 높은 능력을 보일 수 있다고 지각하지만, 자아–관여적이 되면 능력을 과시할 수 있는 가능성은 어느 정도 다른 사람들의 능력에 달려 있다는 것을 지각한다. 더욱이 자아–관여적 상황에서는 지각된 능력이 높은 사람은 중간수준의 과제를 선택하는 경향이 있고, 지각된 능력이 낮은 사람은 쉽거나 어려운 과제를 선택하는 경향이 있다고 주장한다. 그러나 숙달을 추구하는 과제–관여적 상황에서는 개인의 지각된 능력과는 상관없이 노력을 많이 투여하면 숙달은 이룰 수 있으므로, 목표수준의 선택에서는 개인차가 별로 없을 것이라고 주장한다. Nicholls의 성취동기이론에 대한 새로운 접근은 C. Dweck과 C. Ames 등으로 전수되어 현대의 성취목표지향성이론 발달의 초석을 제공하였다. 이에 대한 자세한 내용은 제10장에서 다룰 것이다.

제4절 성취동기이론의 현 상태

초기의 Atkinson의 기대–가치 개념에 기초한 성취동기이론은 앞 절에서 기술한 바와 같이 몇 가지 대안적인 접근으로 이론의 진로가 변경되기도 하였다. 그러나 여전히 기대–가치이론의 맥락 속에서 '성취동기이론'이라는 제목으로 인간의 수행과 과제선택 관련 상황에서의 동기적 개인차를 연구하는 이론가들도 있다. Michigan 대학의 J. Eccles와 A. Wigfield, T. Urdan 그리고 동료들은 Eccles의 1983년 여학생들을 대상으로 수학성취 영역에서 수행한 연구를 시초로 하여 지금까지 다양한 관련 변인들을 모델에 포함시켜 경험적인 이론검증 연구를 수행해 오고 있다.

  Eccles(1983)는 성취행동과 선택에 관한 기대-가치 모형을 제안하고 초기에는 수학성취 영역에서 연구하였다. 이 모형에서 연구자들은 기대와 가치는 성취 관련 선택에 직접적인 영향을 미치며 수행, 노력과 끈기에도 영향을 준다고 가정한다. Atkinson의 모형에서 기대는 성공확률로, 가치는 유인가로 개념화되었으나, Eccles-Wigfield 모형에서는 사회인지적 관점과 보다 상황적인 관점을 반영하여 기대와 가치는 능력에 대한 신념, 지각된 과제난이도 수준, 과제특수적 신념, 개인의 목표와 자기도식, 감정에 관한 기억 등에 의해 영향을 받는 것으로 가정된다(Wigfield & Eccles, 2000). 이러한 사회인지적 변인들은 자신의 과거 경험에 대한 개인의 지각과 다양한 사회화 효과들에 의해 영향을 받는다고 한다. [그림 3-4]에는 Pintrich와 Schunk(2002)가 단순화한 Eccles-Wigfield 모형이 제시되어 있다.

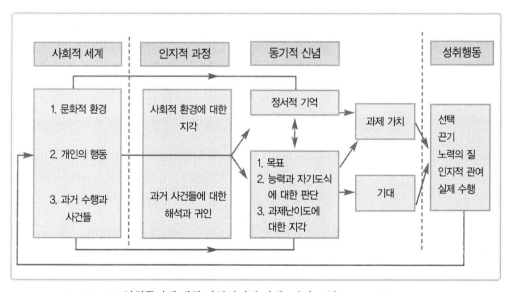

[그림 3-4] **성취동기에 대한 사회인지적 기대-가치 모형**(Pintrich & Schunk, 2002)

이와 같은 Eccles와 Wigfield의 기대-가치 모형은 성취와 관련된 광범위한 영역에서 나타나는 개인의 일반적 성취동기와 관련 변인들의 관련성을 설명하는 데 적용되고 있다(Wigfield & Eccles, 2000). 현재 이 모형은 보다 구체적인 상황에서의 성취결과를 예측하기 위한 목적에서 다양한 연구를 양산하고 있다(예: Durik, Vida, & Eccles, 2006; Eccles, 1983; Eccles, Simpkins, & Davis-Kean, 2006; Wigfield & Eccles, 1992, 2000).

Eccles와 Wigfield의 기대-가치 모형은 초기 성취동기이론을 확장하고 발전시킨 것으로 볼 수 있으며, 현대 동기이론에서 다루어지는 상당수의 동기변인들, 예를 들면 목표 개념, 능력에 대한 신념, 자기도식(자기개념, 자기효능감 등), 과제난이도 등을 모형에 포함시키고 또한 개인의 인지적 과정(사건에 대한 해석과 귀인, 사회적 환경에 대한 지각)과 사회적 환경을 모두 포함시켜 대단위 이론체계를 구성한 동기에 대한 통합 모형으로 평가할 수 있다.

현대 동기이론 발전을 촉진시킨 성취동기이론의 공헌은 지대한 것으로 평가할 수 있으며, '성취동기'라는 개념 자체는 심리학뿐만 아니라 교육이나 사회적 상황에서 개인의 수행에 관한 논의에서 기초 개념으로 자리 잡고 있다. 또한 수행이 관련된 상황에서는 비전문인들도 일상생활에서 성취동기라는 용어를 흔히 사용한다. 반면에 Atkinson 등의 초기 이론가들의 접근에 의한 결과성취동기이론 자체에 대한 더 이상의 연구는 후속 이론들에 의해 퇴색한 것으로 보인다. 그 대신 초기 성취동기이론의 기반이 되었던 기대-가치 부분에 초점을 맞추어 이론을 재정비한 Eccles와 Wigfield의 시도라든가 Nicholls, Dweck, Harakiewicz, Elliot 등의 성취목표이론 수립 등으로 성취동기의 개념은 새로운 방향으로 전환된 이론으로 그 맥을 이어 가고 있다.

제5절 교육현장에 대한 적용과 시사점

성취동기이론은 체계적인 인간의 동기이론이 흔치 않았던 1960년대에 많은 경험적 연구를 양산하며, 인간의 성취 관련 장면에서 행동의 원인을 설명하려는 이론으로 각광받았다. 앞에서 설명했듯이 성취동기이론은 McClelland와 Atkinson의 주도로 개발이 시작되었으나, 두 사람은 이론에 대한 발전을 각기 다른 방식으로 선도하였다. Atkinson은 이론의 정교화에 보다 관심을 기울인 반면, McClelland는 성취동기이론을 산업현장에서 경제성장을 이루기 위해 산업인력들의 성취동기 증진을 위한 방안이나 훈련프로그램 개발에 더 관심을 두었다. 그의 저서 『성취하는 사회』에서 McClelland(1961)는 경제발전 수준이 높은 나라와 낮은 나라 국민들의 성취동기 수준을 측정하여 비교한 결과, 경제 발전 수준이 높은 국민이 더욱 높은 성취동기를 가지고 있다는 것을 보여 주며 성취동기 훈련 프로그램의 도입을 주장하였다. 그는 실제로 성취동기 증진 프로그램을 실시한 후에 성취동기가 증진하였음을 보고하기도 하였다.

성취동기이론은 성취행동이 가장 중요한 교육장면에서도 많은 주목을 받았으며, 성취동기가 높은 경향성을 가진 개인을 바람직한 인간상으로 삼고 어릴 때부터 성취동기가 높은 사람으로 기르는 것에 관심을 가졌다. 예를 들어, Rosen과 D'Andrade(1959)나 Winterbottom(1958)은 자녀양육 시 독립성 훈련이 성취동기를 증진시킨다고 주장하였다. Winterbottom(1958)은 어머니들을 인터뷰한 결과에서 성취동기가 높은 아동의 어머니들은 성취동기가 낮은 아동의 어머니들보다 자녀가 옷을 혼자 입거나 이웃집을 혼자 찾아가는 등의 독립성을 더 어린 나이부터 기대하고 있다는 것을 발견하였다. 또한 McClelland(1985)도 어린 나이에 훈련을 시키는 것이 높은 성취동기를 갖게 한다는 주장을 하였다.

성취동기가 어떻게 형성되고 발달하느냐에 관한 연구들은 일관적인 결론을 제시하지 못해 왔다. 앞에서 제시하였듯이 성취동기 개념 자체의 다차원적 속성 때문에 어느 측면에 초점을 맞추느냐에 따라 성취동기의 근원과 발달적 변화는 다를 수 있다. 즉, 개인의 사회화과정에서 부모의 양육방식이나 사회 전체의 가치체계 등의 영향을 받을 것이고, 또한 개인의 능력에 대한 지각, 귀인양식, 성공에 대한 기대, 숙달지향성 등 인지적 특성들의 영향을 받을 것이다(Reeve, 2001).

제6절 한국 교육현장의 성취동기 연구

한국에서 성취동기이론에 관한 연구논문은 국회 전자자료실을 중심으로 탐색한 결과(2008년 기준), 1964년 서울대학교에서 발간한 『학생연구지』에 차재호와 정옥자가 「성취동기 측정에 관한 일 연구: 객관적 성취동기측정과 투사법적 동기측정」이라는 제목으로 발표한 것이 공식 기록상 최초로 나타난다. 학위논문으로는 1965년 서울대의 학사논문으로 이장호가 「성취동기 측정방법에 관한 연구」라는 제목으로 발표한 것이 최초인 것으로 보이는데, 두 논문은 측정방법을 다룬 것으로 이론 자체에 관한 연구보다 측정에 관한 연구가 선행된 것이 특징적이다. 그 후 전국 규모의 학술지에 성취동기이론을 주제로 한 연구는 1969년 한국교육학회의 학술지 『교육학연구』에 김충행이 「성취동기 육성을 위한 학급환경 조성에 관한 실험적 연구」라는 제목으로 발표한 것이 최초로 나타나며, 한국행동과학연구소가 1968년부터 성취동기에 관한 논문을 간헐적으로 발표한 것을 볼 수 있다. 이후 2006년까지 약 675편의 석사학위 논문과 50여 편의 박사학위 논문 그리고 213편의 학술지 논문이 교육, 예·체능 및 조직상황에서의 성취동기를 주제로 하고 있다.

국회 전자자료에 근거해 작성한 〈표 3-1〉을 보면 연도별 연구동향을 알 수 있는데, 1964~1970년 사이에는 27편, 1971~1980년 사이에는 70편, 1981~1990년 사이에는 164편, 1991~2000년 사이에는 315편, 2001~2007년 사이에는 362편으로 나타났다. 연구의 양적 증가가 2000년대에 들어와서까지 꾸준히 증가하고 있는 것은 성취동기이론의 근원지인 미국과는 다른 현상으로 보인다. 미국에서는 1980년도 이후에는 '성취동기'라는 개념 자체에 대한 다차원적 속성과 측정의 문제로 인해 McClleland와 Atkinson이 제안했던 성취동기이론에 대한 연구보다는 Eccles와 동료들의 기대−가치 모형의 형태로 혹은 보다 개념적으로 명확한 동기요인으로서 '성취목표지향성'에 연구가 집중되고 있는 것과는 대조적인 현상이다. 국내에서 학업 관련 동기에 관한 논문을 가장 많이 다루는 한국교육심리학회 발행『교육심리연구』에서는 1965년부터 2006년까지 5편의 논문만이 성취동기를 주제로 삼고 있다. 이러한 현상은 성취동기이론이 국내에서는 이론적 연구보다는 수행에 관심을 둔 적용 영역에서 관심을 둔 때문인 것으로 추정된다.

〈표 3-1〉 한국의 성취동기 관련 연구 현황

연도	학위논문			학술지 논문	총계
	석사	박사	소계		
1964~1970	10	0	10	17	27
1971~1980	29	1	30	40	70
1981~1990	117	9	126	38	164
1991~2000	235	22	257	58	315
2001~2006	284	18	302	60	362
총계	675	50	725	213	938

총 213편의 검토된 학술지 논문들 중에서 교육적 맥락에서 학생들의 성취를 다룬 것이 아닌 기업이나 학교 등 조직상황에서 성인들의 성취동기를 다룬 연구는 32편 정도였다. 이러한 연구들은 주로 학교나 기업조직에서 구성

원들의 성취동기를 알아보거나 직무만족도, 리더십, 수행수준 간의 관련성을 탐색하는 내용들이 많았다. 나머지 연구들의 대부분은 교육 관련 상황에서 이론 자체에 대한 탐색연구보다는 다양한 성취장면에서 개인차 변인으로 성취동기가 높고 낮음에 따라 학업 관련 수행과 어떤 관련이 있는가를 알아보는 연구가 주를 이루었다.

한국에서 성취동기를 측정하기 위해 개발된 척도는 그다지 많지 않다. 가장 초기에 나타나는 측정도구 개발 관련 연구는 이장호(1968)가 Aronson의 Graphic Expression Test를 '필사표현검사' 라는 이름으로 제작한 일종의 투사적 기법을 적용한 것이 있다. 대부분의 연구들에서는 김기석(1961)의 '학습습관검사' 중에서 동기 문항들을 사용하거나, 황정규(1965)의 Murray의 욕구이론에 근거하여 성격을 측정하기 위한 '욕구진단검사' 중에서 '성취의 욕구' 척도 문항들을 사용하는 것을 관찰할 수 있다.

국내에서 진행된 성취동기에 관한 연구결과는 같은 주제를 다루었음에도 불구하고 결과가 불일치하는 경우가 많았다. 이런 현상은 앞에서 제시한 바와 같이 성취동기라는 구인 자체의 다차원적인 속성 때문에 '성취동기' 라는 용어를 사용했어도 사실상 각각의 연구에서 측정한 구인은 서로 다르다는 것이 가장 큰 이유가 될 수 있다. 이러한 이유에서 이 이론의 발상지인 미국에서도 1980년대 이후에는 더 이상 성취동기라는 구인에 대한 연구에는 관심을 두지 않고, 보다 구체적이고 분명한 성취목표지향성이라는 개념을 중심으로 연구가 진행되는 것으로 추정된다.

ACADEMIC MOTIVATION

CHAPTER

4

귀인이론

귀인이론

귀인(歸因, attribution)이란 어떤 사건에 대한 인과적 설명이다. 그것은 "왜 이런 결과가 나타났는가?" "왜 내가 그런 행동을 했는가?" "그 아이는 왜 그런 일을 했을까?"와 같은 질문에 대한 답을 찾는 것이다. 일반적으로 사람들은 어떤 사건이나 행위에 대한 원인을 찾으려는 경향을 가지고 있다는 것이 귀인이론의 전제다. 이렇게 원인을 찾는 것을 '귀인'이라고 하고, 그 과정을 '귀인과정(attribution process)'이라고 한다. 귀인이론은 우리가 성공적인 결과를 얻었을 때 누구 때문에 혹은 무엇 때문에 성공했는지 그리고 실패결과를 무엇으로 혹은 누구에게 탓을 돌리는지를 설명한다. 또한 이렇게 해서 만들어진 귀인결과가 우리의 태도나 후속 행동에 어떤 영향을 미치는가를 설명한다.

제1절 이론발달 배경

만약 여러분이 독서실에서 공부를 하다가 잠깐 나간 사이에 중요한 참고서가 없어진 것을 알면 당황할 것이다. 그런데 이러한 상황에 대한 설명은 여러분이 전에도 그 참고서를 어떤 친구에게 빌려주었다가 돌려받은 적이 몇 번 있었던 경우와 이전에 한 번도 잘못 두거나 빌려준 적이 없는 경우가 매우 다를 것이다. 여러분의 감정과 반응은 친구가 참고서를 빌려갔을 것이라고 생각하는 경우이냐 아니면 어떤 나쁜 사람이 가져갔을 것이라고 생각하는 경우이냐에 따라 전혀 달라질 것이다. 이와 같이 객관적인 인과성이 아닌 개인이 지각하는 원인들이 귀인이론의 핵심이다.

동기에 대한 귀인이론은 어떤 결과에 대한 우리의 원인분석적 설명이 후속 상황에서의 행동을 결정하는 근본적 요인이라고 보기 때문에 인지적 동기이론으로 분류된다. 귀인이론은 중요한 기본 전제를 가지고 있다. 즉, 사람들은 자신과 관련된 사건들을 이해하고 설명하고 싶어 하는데, 특히 그 사건이 중요하거나 특이한 경우에 더욱 그렇다는 것이다. 다시 말해서, 사람들은 자신이 속한 환경의 인과적 구조에 대한 인지적 완숙을 추구하기 위해 동기화된다는 것이다(Kelley, 1967). 만약 모든 사람들에게 이러한 원인분석을 하려는 보편적인 속성이 있다는 것을 수용하지 않는다면 귀인이론은 성립하기 어렵다. 다행히 이러한 전제는 Weiner(1985)가 검토한 다양한 경험적 연구결과들에서도 확인되었다. 예를 들어, Wong과 Weiner(1981)의 연구결과는 사람들은 구체적으로 원인을 생각하라는 지시를 받지 않아도 왜 그런 일이 일어났는지에 대해 자발적으로 질문한다는 것을 보여 주었다. 귀인이론의 또 하나의 전제는 개인이 만들어 내는 인과관계에 대한 원인분석과 그에 따른 후속 행동 간에는 분명하고 직접적인 관련성이 있다는 것이다. 앞에서 제시한 예에서, 만약 여러분이 참고서가 없어진 것이 친구가 또 말하지 않고 빌려간 것으로 생각한다면 특별한 행동을 하지 않고 기다릴 것이지만, 그런 일이 한 번도 없었는데 없어졌다면 독서실 직원에게 가서 분실 신고를 하거나 주변을 돌아다니면서 찾아볼 것이다. 이와 같이 어떤 사건의 원인을 어디에서 찾느냐에 따라 후속 행동의 방향을 결정하기 때문에 귀인이론을 동기이론의 하나로 포함시키는 것이다.

귀인이론은 형태주의(Gestalt) 심리학적 배경의 '소박한 심리학(naive psychology)' 혹은 '보통 사람들의 심리학(ordinary people's psychology)'으로부터 출발했다(Heider, 1958). 귀인이론의 창시자는 사회심리학자 Fritz Heider라고 할 수 있는데, 그는 '보통 사람들' 의 타인의 행동에 대한 생각이 사회적 행동에 어떻게 영향을 미치는가를 알아내는 데 주로 관심을 두었다. 그의 이론은 평범한 사람들의 사회적 행동을 기술적인 용어가 아닌 일상적인 언어로 설명하려고 시도했기 때문에 '소박한 심리학' 으로 알려지게 되었다(Weiner, 1992).

Heider의 소박한 접근은 '과학자로서 개인(person as scientist)' 이라는 은유를 도입한 George Kelly로부터 전수받았다고 할 수 있다(Weiner, 1992). Kelly(1955)는 보통 사람을 행동을 예측하고 이해하려는 목적을 가진 직관적 과학자로 보는 '개인적 구성(personal construct)' 이라는 성격이론을 제시하였다. 그는 보통 사람들은 자신이 보는 세계와 자신에 관한 가설을 세우고, 이것을 확인하거나 반증하기 위한 자료를 수집한 다음, 새로운 자료에 맞도록 개인적 이론을 수정한다고 보았다. 물론 전문적인 과학자들이 보다 인지적으로 정확하게 이해하고 신중하기는 하겠지만, 보통 사람들도 과학자들과 같은 방식으로 기능한다는 것이다(Weiner, 1992 재인용). 이와 같은 인간을 과학자로 보는 모델은 실험을 수행하는 심리학자와 실험대상자를 동일한 수준에 놓았기 때문에 실험대상자들의 반응에 대한 소박한 분석에서 나온 결과가 이론 수립에 기초가 되는 것이다.

귀인이론은 세 가지 연구 영역으로 나누어 볼 수 있는데, 먼저 행동의 지각된 원인들을 내적 혹은 개인적 인과관계 그리고 외적 혹은 환경적 인과관계로 구분하고 구체화하는 Heider(1958)와 Bernard Weiner(1985)의 인과귀인(causal attribution) 연구 영역이 있다. 다음으로는 인과적 추론에 대한 선행 정보와 인지적 구조를 연결하는 일반적 법칙을 개발하려는 Jones와 Davis(1965)의 합치추론(correspondent inference) 영역 그리고 인과적 추론을 관찰된 행동의 다양한 지표들과 연결시키는 Harold Kelley(1967)의 행동귀인(behavior attribution) 영역이 있다(Weiner, 1992). 이러한 연구 영역들 중에서 Jones와 Davis가 주도한 합치추론에 관한 연구와 Kelley의 행동귀인 영역은 인간의 사회적 행동 전반을 이해하는 데 적절한 내용으로 사회심리학에서 많이 다루어지는 영역이다. 이 책에서는 학업상황에서 학생들의 학업동기와 관련시켜 볼 때 의미있고 실용적인 영역인 인과귀인 연구들을 중심으로 학생들의 학업행동과 관련된 내용들에 대해 주로 논의할 것이다.

제2절 **인과귀인**

1. Heider의 행동에 대한 '소박한 분석'

사람들은 행동의 원인을 해석하는 데 있어서 특정한 규칙을 따른다는 Heider의 아이디어는 보통 사람들의 행동에 대한 상식적인 분석을 통한 그의 이론에서부터 나왔다고 볼 수 있다(Geen et al., 1984). Heider(1958) 이론의 기본 가정은 앞서 귀인이론의 기본 가정과 마찬가지로 사람들은 자신의 환경 속에서 일어나는 사건들을 이해하고자 하는 욕구를 가지고 있고, 그에 대한 설명을 찾아내려는 속성을 가지고 있다는 것이다. 또한 어떤 사건을 이해하기 위해서 보통 사람들도 과학자들과 마찬가지로 논리적이고 합리적이며 과학적인 절차를 적용한다고 가정한다. Heider의 소박한 분석의 핵심은 보통 사람들도 전문가들과 마찬가지로 행동의 원인을 개인적 힘(personal forces)과 환경적 힘(environmental forces)의 두 가지 차원의 구성요인으로 지각한다는 것이다. 그리고 이 두 가지 차원은 각각 노력(trying)과 능력(ability) 그리고 과제난이도(task difficulty)와 운(運, luck)으로 분류할 수 있다는 것이다. [그림 4-1]에는 Heider의 행동에 대한 소박한 분석에서의 기본 차원이 제시되어 있다.

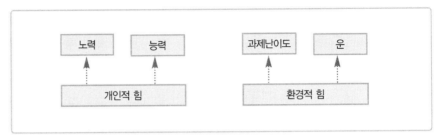

[그림 4-1]　**Heider의 소박한 분석의 기본 차원**(Geen et al., 1984)

Heider는 능력, 과제난이도 그리고 운이 합쳐져서 가능성(can)을 구성하며, 노력은 의도(intention)와 투여(exertion)로 나눌 수 있다고 하여 [그림 4-2]와 같은 모형을 제시하였다. 이 모형을 적용하기 위한 하나의 예를 들어 보자. 볼링을 잘 못하는 남자 대학생이 있다. 그런데 그가 만약 자기보다 더 못하고(능력) 재수도 없는(운) 사람과 시합을 하게 되면 시합에서 이길 가능성도 있을 것이다. 그런데 만약 그 볼링을 더 못하는 시합대상이 자신의 여덟 살 난 조카라면 그는 시합을 할 의도가 없고, 시합에 이기기 위해 필요한 노력을 투여하지 않아서 행동은 발생하지 않을 것이다.

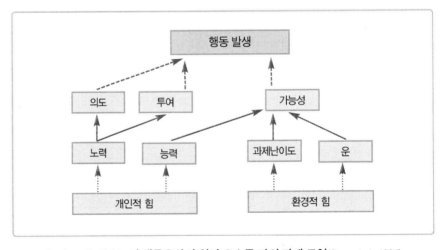

[그림 4-2]　**Heider의 행동유발의 원인 요소들 간의 관계 모형**(Geen et al., 1984)

Heider(1958)는 가능성, 투여, 의도 요소가 모두 행동을 설명하고 예측하는 데 필요하다고 믿었다. 그런데 이 요소들 간의 관계에 대해 그는 또 다른 주장을 덧붙였다. 즉, 능력과 과제난이도 요소는 더하기(additive) 관계로서 두 요소의 크기는 서로 합해져 가능성 요소의 강도를 결정한다. 그러나 투여와 가능성 요소는 곱하기(multiplicative) 관계로서 하나의 강도가 아무리 커도 다른 하나의 강도가 영(0)이면 행동이 성공적으로 이루어지기 어렵다는 것이다. 또한 한 요소가 낮음에도 행동이 발생했다면 다른 하나의 강도가 매우 높음을 시사하는 것이다. 투여는 과제난이도와 정적 함수관계를 가지며 능력과는 부적 함수관계를 가진다. 다시 말해서, 과제가 쉬우면 노력투여를 적게 해도 성공할 것이고, 능력이 낮으면 노력투여를 많이 해야 한다는 것이다.

2. Weiner의 귀인 차원

앞 절에서 제시한 Heider의 행동에 대한 소박한 분석은 막대한 후속 연구를 촉발시켰고, 시간이 지남에도 변치 않는 지지를 얻었으며, 모형에 대한 후속적인 수정안으로 제시되었다. 그 대표적인 예가 Weiner, Frieze, Kukla, Reed, Rest와 Rosenbaum(1971)의 네 가지 원인들에 대한 안정성 측면에서의 분류다. 즉, 비교적 안정적인 원인인 능력과 과제난이도 그리고 불안정적 원인인 노력과 운의 분류다. 이후 Weiner(1979)는 안정적 원인과 불안정적 원인이 각각 내적 원인과 외적 원인으로 구분된다는 사실에 입각하여 Rotter(1966)가 제안한 통제소재(locus of control) 차원을 도입하고 안정성(stability) 차원과 통합시켰다. 그 내용을 도식화하면 〈표 4-1〉과 같다. 〈표 4-1〉에는 [그림 4-1]의 Heider가 제시한 기본적 요소인 개인적 힘과 환경적 힘을 각각 내적과 외적 통제소재로 대치한 인과소재(locus of causality) 차원과 Weiner가 첨가한 안정성 차원에 따라 분류한 네 가지 귀인요소들이 포함되어 있다. Rotter(1966)는

〈표 4-1〉 Heider의 기본적 귀인요소들과 Weiner의 안정성 차원을 통합한 귀인 유형

		통제(인과)소재 차원	
		내적(개인적 힘)	외적(환경적 힘)
안정성 차원	안정적 요인	능력	과제난이도
	불안정적 요인	노력	운

어떤 목표달성에 대한 개인의 기대는 그 목표달성을 자신의 행동결과로 생각하느냐 아니면 운과 같은 다른 원인 때문인 것으로 생각하느냐에 따라 결정된다고 하는 통제소재 개념을 기대-가치이론의 확장으로 제안하였다. 그러나 Weiner(1979)는 개인의 목표달성에 대한 기대는 통제소재보다 안정성 차원의 영향을 더 많이 받을 것이라고 주장하였다. Weiner의 이와 같은 생각은 성취동기이론에 귀인이론을 접목시켜 성취동기이론 발전에 중요한 영향을 미쳤다.

Weiner(1992)는 귀인이론에서는 원인에 대한 이해(즉, 인지)가 행위의 기본적 원동력이며 인간은 과학자라고 보는 반면에, 성취동기이론에서는 성취에 대한 추구가 욕구, 기대, 정서적 결과에 대한 예측, 즉 희망과 두려움에 의해 결정된다고 본다고 주장한다. 다시 말해서, 성취동기이론에서 행동은 예상되는 정서(anticipated emotion)에 의해 좌우된다고 보았지만 귀인이론에서는 행동과 기대를 연결시켜서 행동은 경험된 정서(experienced emotion)에 의해서 좌우된다고 보았다. 즉, 기대와 정서는 이전 경험에서의 인과적 판단이나 귀인에 의해 결정된다는 것이다.

Weiner를 비롯한 귀인 연구자들은 특히 이 귀인 모형을 학업상황에 적용하여 학생들의 학업 관련 행동에서의 성공과 실패 결과에 대한 귀인을 집중적으로 연구하였고, 학업상황에서 성공이나 실패 결과의 원인을 찾을 경우에 가장 흔히 제시되는 성취결과에 대한 원인은 능력, 노력, 과제난이도와 운이라고 주장하였다. 예를 들어, 오늘 본 수학 중간고사에서 낙제점수를 받은 학생들

에게 그 이유를 물으면, '원래 나는 수학을 못하기 때문에' '중간고사 시험공부를 거의 하지 않았기 때문에' '시험문제가 너무 어려웠기 때문에' '재수가 없어서 모르는 문제만 나왔기 때문에' 등이 있을 수 있고, 그중에서도 능력과 노력부족이 가장 흔한 이유라는 것이다(Cooper & Burger, 1980; Frieze, 1976). 그리고 이러한 이유를 드는 것은 학생 개인의 비교적 안정적인 성향이라는 것이 초기 귀인이론가들의 주장이었다. 따라서 학생의 귀인양식(attribution style)을 알면 그 학생의 성취상황에서의 행동을 예측할 수 있다고 생각하였다. 즉, 실패를 노력부족으로 귀인하는 사람은 다음번에 열심히 하면 성공할 수 있다는 기대를 가질 수 있으나, 능력부족으로 귀인하는 사람은 능력이란 안정된 것이기 때문에 아무리 노력해도 소용이 없다고 지각하므로 자포자기할 것이다. 외부 귀인을 하는 사람은 실패의 원인을 외부 환경의 탓으로 돌리는데, 과제의 난이도와 행운은 각각 안정적인 특성과 불안정적인 특성을 가지고 있기는 하지만 자신이 통제할 수 있는 요소는 아니다. 따라서 이런 경우에 개인의 행동은 예측하기 어렵다. 이러한 측면에 주목하여 또 다른 차원인 통제가능성(controllability) 차원이 도입되었다(Rosenbaum, 1972).

통제가능성 차원은 성공이나 실패의 원인을 개인이 자신의 의지로 변화시키거나 조절이 가능한가에 따라 구분하는 것으로, 예를 들어 실패의 원인을 능력부족이나 운이 없는 것에서 찾는다면 이것은 어떻게 할 수 없는 것들이 되겠지만, 노력부족 때문이라고 한다면 후속 상황에서는 노력의 투여 정도를 조절하는 등의 통제가 가능할 것이다. 통제가능성 차원은 특히 실패를 통제불가능한 원인으로 탓을 돌릴 경우 학습된 무기력에 빠질 가능성이 높기 때문에 중요한 차원으로 포함되었다(Ames, 1985; Dweck, 1975). 이 세 가지 차원을 동시에 적용하여 Weiner(1992)가 실패에 대한 원인을 분류한 것이 〈표 4-2〉에 제시되어 있다.

〈표 4-2〉 인과소재, 안정성, 통제성 차원에 따라 분류한 학업실패 원인의 예
(Weiner, 1992)

| 인과소재 | 내적 | | 외적 | |
통제성 ＼ 안정성	안정적	불안정적	안정적	불안정적
통제가능	원래 공부 안 함	그 시험에 대한 공부를 안 함	교사가 불공평함	친구들이 도와 주지 않음
통제불능	적성이 낮음	시험 당일 아팠음	학교의 성적 기준이 높음	운이 나빴음

　이 세 가지 귀인 차원 외에도 새로운 차원이 제안되기도 했는데, 그 예로는 학습된 무기력의 연구에서 Abramson, Seligman과 Teasdale(1978), Miller와 Norman(1979)이 제안한 일반성(cross-situational generality 혹은 globality) 차원과 Passer(1977)와 Weiner(1974, 1983b)가 제안한 의도성(intentionality) 차원이 있다. 일반성 차원은 인과적 요인의 다른 상황이나 사람들에 대한 일반화 가능성과 관련된 것이며, 의도성 차원은 책임감과 목적과 관련된 것이다. 예를 들어, 한 학생이 수학시험에서 낙제점수를 받았을 때 그 이유를 ‘머리가 나빠서’라고 할 수도 있고, ‘내가 원래 수학을 못해서’라고 할 수도 있다. 전자는 일반성 차원에서 보면 일반적 귀인이고, 후자는 상황특수적 귀인이라는 것이 Abramson 등(1978)과 Miller와 Norman(1979)의 주장이다. 안정성 차원이 시간적 측면에 초점을 둔 것이라면, 일반성 차원은 장면에 초점을 둔 것으로 볼 수 있다. 의도성 차원은 내적이며 불안정적인 원인인 노력과 질병을 구분하기 위해 도입된 개념으로, 노력의 경우 책임이 따르지만 질병이나 피로 때문에 실패했다면 책임의 회피로 볼 수 없기 때문이다. 의도성 차원은 통제가능성과 구분하기 어려운 측면이 있다. 이러한 이유에서 학업장면의 귀인연구에서는 인과소재, 안정성, 통제성의 세 가지 차원에 관심이 집중되었다고 볼 수 있다.

3. 인과귀인의 효과

초기 귀인연구자들이 인과적 설명의 속성을 이해하고, 어떠한 조건에서 다양한 귀인 유형이 적용되는가에 관심을 두었다면, 후속 연구자들은 귀인의 효과에 대한 연구에 관심을 가졌다. 여기서는 학업상황에서의 귀인에 관한 Weiner와 그의 동료들의 주요 연구결과들을 요약하기로 한다.

사람들은 자신의 성공가능성을 비슷한 과제에서의 과거의 실패나 성공 경험 뿐만 아니라 왜 실패나 성공을 했는가에 대한 생각에 기초해서 추정하기 때문에 귀인은 지각된 성공가능성, 즉 기대를 결정하는 데 중요한 역할을 한다. Rosenbaum(1972)은 미래의 성공에 대한 기대는 성공을 능력과 같은 안정적인 원인으로 귀인할 때 상대적으로 높고, 실패를 노력이나 운과 같은 불안정적 원인으로 귀인할 때 상대적으로 낮아진다는 것을 발견하였다. 실패 후의 기대는 그 원인이 불안정적인 원인에 귀인할 때보다 안정적인 원인에 귀인할 때 훨씬 낮아진다(Weiner, Heckhausen, Meyer, & Cook, 1972). 기대의 변화는 개인의 인과적 설명이 내적이냐 외적이냐에 따라 달라지는 것보다 안정적이냐 불안정적이냐에 따라 더 영향을 많이 받는다(Weiner, Nierenberg, & Goldstein, 1976). 다시 말해서, 기대의 변화는 사건이 불안정적인 원인, 즉 노력부족이나 운과 같은 원인으로 귀인한 경우가 안정적인 원인, 즉 능력이나 교사의 편견으로 귀인하는 경우보다 좀처럼 변하지 않거나 아예 변하지 않을 것이라는 것이다.

귀인의 효과는 개인의 정서적 반응의 주요 근원이 된다는 연구도 수행되었다. Weiner, Russell과 Lerman(1978)은 성공은 행복과 만족감을 가져오고 실패는 슬픔과 불만족감을 유발함으로써 개인의 감정에 영향을 미친다고 주장하였다. 예를 들어, 성공적인 결과를 능력 때문이라고 하면 유능감이 생기지만, 노력 때문이라고 하면 계속적인 성공에 대한 희망을 갖게 된다. 반면에 실패 결과를 능력에 귀인하면 무능감이 유발되지만, 노력부족으로 귀인하면 죄책감이 유발된다. 만약 수행 초기의 실패를 불안정적인 원인으로 귀인하면 후속 과제수행에 있어서 강도와 끈기가 더 클 것이다. Weiner를 비롯한 많은 연구자들은 인과귀인이 개인의 감정(Weiner et al., 1978), 기대(McMahan, 1973; Meyer, 1972)와 수행(Dweck, 1975; Meyer, 1970)에 미치는 영향을 보여 주기 위한 수많은 연구를 수행하였다.

학생들의 실패나 성공에 대한 귀인은 후속 행동에 영향을 미치기 때문에 중요한 동기유발 변인으로서 교육적 함의가 높다. 만약 학생이 자신의 실패를 능력이 부족하기 때문이라고 귀인한다면, 후속 학습에서 무기력에 빠질 경향이 높다고 예측할 수 있다. 실제로 이러한 예측을 확인하는 증거는 쉽게 찾아볼 수 있다(예를 들어, Covington & Omelich, 1981; Dweck, 1975; Miller & Norman, 1979).

요약하면, 인과소재 차원은 자존감과 관련되어 있어서 성공은 자부심과 동기를 고양시킨다. 안정성 차원은 미래에 대한 기대와 관련이 있어서 성공이나 실패를 안정적인 요인에 귀인하면 이후에도 성공이나 실패를 예상할 것이다. 안정성 차원은 정서적 반응에도 영향을 주는데, 절망감은 미래도 현재처럼 가망이 없다는 기대를 할 때 발생한다. 그리고 통제성 차원은 분노, 동정, 감사, 수치심과 같은 정서적 반응과 관련이 되어 실패를 자신의 책임으로 생각하면 죄책감을, 성공을 자신의 책임으로 돌린다면 자부심을 느낄 것이고, 통제불능한 과제에서의 실패는 수치심이나 분노로 이끌 것이다(Weiner, 1992). 통제가능성 차원은 타인의 평가와도 관련되어서 어떤 사람이 노력부족과 같은 통제가 능한 원인 때문에 실패하거나 도움을 필요로 하면, 그 사람은 분노를 유발하고 부정적인 평가를 받게 된다. 반면에 신체적 불구와 같은 통제불능한 원인으로 실패하거나 도움을 필요로 하면, 그 사람은 동정심을 유발하고 긍정적으로 평가받게 된다. 학업상황에서 학생들에게 가장 큰 동기문제는 실패를 안정적이며 통제불능한 요인에 귀인할 때 발생하는데, 이러한 경우 학생들은 우울과 무기력에 빠져 동기화되지 않는 상태에 머물러 있게 된다(Weiner, 2000).

4. 새로운 귀인 유형의 첨가

이제까지 거론된 인과귀인의 유형들은 내·외 통제소재 차원 안정성 차원 그리고 통제가능성 차원에 따른 능력, 노력, 과제난이도, 운 등으로 많은 학업 관련 연구에서 사용되었다. 또한 학생들을 대상으로 한 대부분의 귀인경향에 관한 연구에서는 이 네 가지 원인으로 성공과 실패에 관한 연구를 수행하였다. 그 결과 학업이나 다른 성취상황에서 실패를 능력으로 귀인하는 것보다 노력으로 귀인하는 것이 후속 행동에 긍정적인 동기를 유발시킨다는 것이 확인되어, 이에 대한 귀인 재훈련 프로그램의 효과가 검증되기도 하였다.

그러나 실패를 노력부족으로 귀인하는 것도 한계가 있음이 제기되었고, Anderson(1983), Anderson과 Jennings(1980), Clifford(1984), Clifford와 McNabb(1983) 등은 노력귀인보다 더욱 건설적인 효과를 가져올 수 있는 전략귀인(strategy attribution)을 제안하였다. 예를 들어, 어느 학생이 자신은 더 이상의 노력을 할 수 없을 만큼 최선의 노력을 다 기울였는데도 불구하고 결과가 실패로 나타났다면, 그는 정말 무능한 학생이라는 것을 의미하는 것으로 해석할 수 있고, 이러한 결과는 자존감이나 자기가치감(self-worth)에 매우 부정적인 영향을 미칠 수 있을 것이다. 따라서 Anderson 등이 주장하는 전략귀인의 측면에서 결과를 재해석하면, 잘못된 공부전략을 사용해서 실패했다는 귀인은 실패 경험에 대한 부정적 영향을 줄일 수 있다는 것이다.

Clifford(1984)는 대학생들을 대상으로 노력귀인과 전략귀인의 효과를 비교한 연구를 수행하였다. 대학교 신입생들을 대상으로 C- 학점을 받은 이유를 공부전략(각 장의 개요를 읽지 않음, 핵심 개념을 확인하지 않음, 과목과 시험의 목표를 세우지 않음 등)이 잘못되었다는 이유를 제시한 경우가 노력부족(결석을 많이 했음, 강의시간에 집중을 하지 않음, 엉성하고 불완전한 노트 필기 등)이었다는 이유를 제시한 경우보다 교사와 학생 모두로부터 긍정적인 태도라는 평가를 받았고, 앞으로 향상될 가능성이 높다는 평가를 받았다. 또한 교사들은 잘못된 공부전략을 사용해서 시험을 못 본 고등학생들에게 노력을 하지 않아서 시험을 못 본 학생들에게 보다 유의하게 더 많은 도움을 제공할 것이라는 답을 하였다(Clifford & McNabb, 1983).

이러한 결과들은 학업적 실패나 실수를 노력부족보다는 부적절한 전략 때문이라고 설명해 주는 것이 학생들의 입장에서는 보다 건설적인 태도, 미래 수행결과에 대한 보다 긍정적인 기대, 더 많은 끈기, 향상된 수행, 더 많은 타인의 도움을 이끌어 낼 것이라는 것을 시사한다. 또한 전략귀인은 실패를 낮은 능력 탓으로 돌림으로써 학습된 무기력을 초래할 가능성을 줄일 뿐만 아니라, 학생들이 노력을 많이 투여하고 실패할 경우 자기가치감이 저하되는 것을 보호하기 위해서 노력의 투여를 기피하는 것을 방지함으로써 노력에 대한 투여를 극대화시킬 것이다. 마지막으로 전략귀인은 실질적으로 수행을 향상시킬 수 있는 다양한 공부전략 사용에 대한 실험을 독려하여 효과적인 공부를 하는 데 도움을 줄 것이다.

5. 동기에 대한 귀인이론

Weiner(1992)는 그의 저서 *Human Motivation: Metaphors, Theories, and Research*의 귀인이론을 다룬 장에서 동기이론으로서의 귀인이론(Attributional Theory of Motivation)을 소개하였다. 그는 여기서 그동안에 진행된 귀인 관련 연구결과를 종합하여 귀인과정에 포함되는 선행변인들과 결과변인들을 통합한 동기이론을 도식화하여 설명하고 있다(p. 278). [그림 4-3]에는 Weiner가 제시한 동기에 대한 귀인이론의 일부가 제시되어 있다.

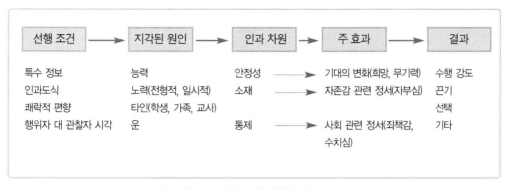

[그림 4-3] **동기에 대한 귀인이론의 일부를 제시한 도표**(Weiner, 1992)

　동기과정은 연속적으로 진행되는 과정으로서 개인이 긍정적이거나 부정적으로 해석하는 결과, 즉 성공이나 실패 결과로부터 시작된다. 즉, 사람들은 왜 그런 결과가 생겼는가를 알아내기 위해 원인에 대한 탐색을 하게 된다. 인과귀인에 도달하기까지 많은 선행 요인들이 영향을 미친다. 예를 들어, 개인의 과거 경험이나 타인의 수행과 같은 해당 사건에 관련된 특정한 정보, 해당 상황에 적용하는 인과도식의 유형, 쾌락적 편향성 그리고 행위자냐 관찰자냐 등 이미 알려진 귀인에 관한 선행 요인들이 [그림 4-3]에 제시되어 있다. 이러한 선행 요인들이 능력, 노력, 타인, 운 등과 같은 몇 가지 요인 중 하나로 원인을 찾게 한다. 이 원인들은 세 가지 귀인 차원에 위치하게 되는데, 이러한 차원은 기대와 감정에 관한 심리적 영향력을 갖는다. 원인의 안정성 차원은 미래의 성공에 대한 상대적 기대에 영향을 주고, 성공에 대한 기대는 희망이나 절망감을 불러일으킨다. 또한 인과소재 차원은 자존감과 자부심에 영향을 미치며, 통제성 차원은 사회적 맥락에서 죄책감이나 수치심을 유발하게 한다. 마지막으로 이러한 기대와 정서는 그 행위의 강도, 끈기, 선택 등의 동기적 특성을 결정지어 수행에 직접적인 영향을 미치게 된다(Weiner, 1992). 이와 같이 Weiner의 귀인이론을 동기이론으로 적용하는 것은 그 후 많은 동기이론들의 내용을 보다 풍부하게 만드는 데 공헌하였다.

6. 타 동기이론에의 적용

귀인이 개인의 태도와 행동에 영향을 미친다는 증거가 상당히 강력하기 때문에 다른 많은 동기이론들이 인과적 설명을 포함시켜서 수정해 왔다. 앞에서도 이미 거론하였고, 다음 장에서 보다 자세히 설명한 바와 같이 귀인은 학습된 무기력이론의 정련에 큰 영향을 미쳤다(Abramson et al., 1978; Miller & Norman, 1979). 또한 성취동기이론 연구에서 성취동기가 높거나 낮은 사람들의 행동특성에 대한 설명을 제공하였다. 성취동기가 높은 사람은 성공을 자신의 능력의 결과로 보고 실패는 노력부족과 같은 내적 요인으로 귀인하지만, 성취동기가 낮은 사람은 성공은 운이 좋았다거나 과제가 쉬웠다는 등의 외적 요인으로 보며 실패는 능력부족이라는 통제불가능한 요인으로 귀인하는 경향이 많다고 주장한다(Weiner & Kukla, 1970). 결과적으로 성취동기가 높은 사람은 실패 후에도 다시 시도할 가능성이 높고, 반면에 성취동기가 낮은 사람은 쉽게 포기한다는 것이다.

이와 같이 다양한 기존 이론에 대한 수정과 정련에 귀인과정과 귀인적 해석을 접목시키는 경우를 귀인적 이론(Attributional Theory) 혹은 귀인적 해석(attributional interpretation)으로 지칭한다. 대표적으로 Lepper와 동료들(Lepper & Greene, 1978; Lepper, Greene, & Nisbett, 1973)의 과정당화이론(Overjustification Theory), Kruglanski(1975)의 내인성 귀인이론(Endogenous Attribution Theory) 혹은 수단-목표분석(Means-End-Analysis) 가설 그리고 Bandura(1977)의 자기효능감이론(Self-Efficacy Theory) 등 다양한 동기이론들에서 인과귀인은 이론 수립에 중요한 역할을 하였다.

제3절　귀인이론 연구에서의 방법론 및 측정

1. 귀인 관련 연구방법

　초기 귀인연구에서 주로 사용한 연구방법은 Heider(1958)의 '보통 사람들'의 반응을 조사연구와 유사 실험연구를 통해 수집한 자료에 대해 '소박한 분석'을 수행하는 것이었다. 예를 들면, 조사연구의 형태를 취한 연구에서는 연구참여자들에게 "만약 당신이 학기말 고사에서 낙제점수를 받았다면 그 이유가 무엇이라고 생각하는가?"와 같이 제시한 상황의 원인을 직접적으로 질문하여 자유롭게 반응한 답을 원인의 유형으로 분류하는 방법이다. 또한 어떤 연구에서는 "자신 대신 타인이 성공이나 실패를 한 것에 대해 그 원인이 무엇이라고 생각하는가?"와 같은 질문을 하기도 한다. 때로는 실생활에서 경험한 성취 관련 상황에서의 성공이나 실패를 회상하게 하여 그 원인을 추정하게 하는 방식을 취하기도 한다. 피험자들의 반응은 자유반응식으로 원인을 답하게 하기도 하고, 때로는 원인들의 목록을 제시해 주고 각각의 원인이 어느 정도 영향을 미쳤는지에 관해 일종의 평정을 하게 한다(Weiner, 1985). 이러한 연구결과는 〈표 4-1〉이나 〈표 4-2〉와 같은 귀인 차원과 귀인 유형에 대한 분류체계(taxonomy)를 만들어 냈다.

　그러나 앞에서 제시한 것과 같은 초기의 연구방법들에 대해 타당성 문제가 제기되었는데, 가장 논란이 되는 부분은 연구자가 실험상황에서 피험자들의 반응을 인위적으로 유도한다는 것이었다. 즉, 피험자들이 자발적인 귀인반응을 하는 것이 아니라 실험상황에서 실험자가 원인을 생각해 보라고 요구하기 때문에 이미 지나간 행동의 원인을 찾도록 반응을 유도한다는 것이다. 따라서 이러한 초기 방법론은 귀인에 대한 연구에 심각한 제약이 되었다.

Weiner(1985)는 귀인과정이 실험실에서 유도되는 것이 아니라 자발적으로 일어나는 인간의 행동이라는 것을 주장하기 위해 기존에 수행된 귀인연구들에 적용한 방법과 결과를 분석하였다. 그는 1980년대 당시까지 사용된 세 가지 방법론을 적용한 17편의 연구결과들을 종합하였다. 첫 번째 방법은 실험자의 개입이 필요없는 방법으로 신문기사, 사업보고서, 편지, 개인이 쓴 일기 등의 기록을 분석하는 것이고, 나머지 두 가지 방법은 실험적 조작이나 개입이 필요한 것이었다. 하나는 피험자들로 하여금 과제를 하고 있는 동안 자신의 생각을 소리내서 말하게 하거나, 서로 상호작용을 하게 하여 말로 표현한 것을 기록하고 인과귀인에 대한 코딩을 하는 것이다. 마지막 방법은 보다 간접적인 방법으로 원인을 정보처리나 미리 읽은 재료에 대한 자유반응, 문장완성과 같은 인지적 과정으로부터 탐색해서 추론해 내는 것이다.

Weiner(1985)는 분석결과를 다음과 같이 요약하였다. 첫째, 자발적 귀인행동에 관한 17편의 논문이 검토되었는데 이 결과들은 모두 자발적인 귀인행동의 존재에 관한 논쟁을 종식시킬 것으로 보인다. 둘째, 귀인탐색은 예상된 사건의 경우보다 예상치 못한 사건에 대해서 더 많이 한다. 그 이유는 새로운 사건은 탐색행동을 증가시키는데, 귀인은 불확실한 상황에서 유도되는 일종의 탐색행동으로 볼 수 있기 때문이다. 셋째, 달성하지 못한 목표가 달성한 목표의 경우보다 더 많은 귀인탐색을 유도하는데, 이것은 유기체가 부정적인 사건을 중단시키거나 예방하는 방향으로 동기화된다는 효과의 법칙으로 설명할 수 있다. 왜냐하면 효과적인 대처는 실패의 원인을 찾는 것에 달려 있기 때문이다(p. 81).

2. 실험연구

귀인연구에서 가장 흔히 사용되었던 연구방법은 실험자가 지시나 피드백을 통해서 원인에 대한 지각을 직접 조작하는 것이었다. 예를 들어, 피험자들을 수행상황에서 직접 수행 경험을 하게 한 후 귀인 피드백을 주거나 아니면 피험자들에게 가상적인 수행상황을 기술한 시나리오를 제시한다. 결과에 대한 귀인 피드백이나 시나리오는 실험의 목적에 따라서 귀인 유형 중 하나 때문에 성공/실패를 하는 내용을 포함한다. 일반적으로 교육장면의 실험에서는 네 가지 귀인 유형, 즉 소질이 있어서, 열심히 노력해서, 쉬운 과제라서, 운이 좋아서 성공/실패했다는 시나리오 중 하나를 무선적으로 배정받는다. 그런 후에 피험자들에게 성공/실패 결과에 대한 원인을 직접 쓰게 하거나 아니면 미리 만들어진 원인에 대한 선택 또는 평정척도에 반응하게 한다. 실험에 따라서 시나리오의 주인공의 성공/실패 원인을 질문하기도 하고 때로는 "만약 당신이 주인공이라면……." 왜 그런 결과를 얻었을 것이라고 생각하는가를 묻기도 한다.

이러한 연구접근의 문제점들은 생태학적 타당성이 부족하다는 것이다. 즉, 실험상황에서 제시된 시나리오의 주인공이 그 상황을 어떻게 지각할 것인가를 추정한 결과와 피험자 자신의 지각이 같지 않다는 행위자-관찰자 간 불일치가 가장 큰 문제다. 또한 실험상황에서 사용된 과제가 과제난이도나 운으로 귀인하기에 부적절한 경우에도 네 가지 원인을 다 포함시켜야 하는 인위성 때문에 실험조작이 성공적이지 못한 경우가 많았다(Weiner, 1983a).

3. 상관연구

원인에 대한 지각을 실험적으로 조작하는 대신에 다수의 연구들에서는 피험자에게 특정 행동결과에 대해서 능력, 노력, 과제난이도, 운에 대한 인과귀인을 하도록 요구하였다. 때때로 연구자들은 성공적인 결과에 대해서는 과제난이도나 운과 같은 외적 요인보다는 능력이나 노력과 같은 내적 요인으로 더 많이 귀인할 것이라는 쾌락주의적 편파성에 대한 검증과 같이 귀인 자체에 관심이 있는 경우도 있다.

앞에서 제시했던 연구들 중에서도 Rosenbaum(1972, 1978), Weiner 등 (1978), Covington과 Omelich(1981)의 연구들의 경우 상관연구를 통해 귀인양식과 감정이나 행동과의 관련성을 탐색하였다.

4. 초기 연구방법의 문제점

Weiner(1983a)는 귀인 자체에 대한 연구에서 네 가지 원인을 제시하고 귀인하게 하는 방법은 심각한 단점을 가지고 있다고 주장하였다. 즉, 연구에서 제시한 상황이 발생한 이유가 이 네 가지 원인으로 충분히 대표되지 못하거나 때로는 전혀 부적절한 경우도 있을 수 있다는 것이다. 그는 특히 "성취 관련 사건의 결과를 해석하거나 예측할 경우에 개인은 네 가지 원인을 사용한다. 그 네 가지 인과요인은 능력, 노력, 과제난이도와 운이다(Weiner et al., 1971, p. 96)."라고 자신들의 논문에 기술한 것이 근시안적인 것이었다고 수차례 해명을 했지만 사람들이 듣지 않고 계속 오류를 범하고 있다고 경고하였다 (Weiner, 1983a, p. 533). 다시 말해서, 어떤 상황에서의 인과요인은 그 상황이 어떤 것이냐에 따라 다양하게 변할 수 있다는 것이다. 또한 귀인을 개인의 비교적 안정적인 특성을 나타내는 양식으로 보는 것은 위험하고, 각 상황마다 지각하는 핵심적인 원인이 다른 상황특수적(situation-specific)인 반응으로 보는 것이 타당하다는 것이 이후 귀인연구의 추세다.

앞에서 제시한 것과 같은 귀인연구의 문제점을 해결하기 위해서 Weiner(1983a)는 다음과 같은 방안을 제안하였다. 먼저 실험적 접근에서 특정한 원인으로 성공이나 실패를 귀인하는 시나리오를 사용하는 연구들에서의 조작 실패는 친숙하지 않은 능력이 요구되는 흔치 않은 과제를 사용하거나, 성공이나 실패의 결정요인이 애매한 과제를 사용함으로써 줄일 수 있다고 하였다. 또한 원인에 대한 평정을 도입하는 상관연구에서는 가장 분명한 원인을 확인하기 위해 예비연구가 필수적이라고 한다. 자유반응식 예비연구에 기초해서 대상의 행동결과에 대한 가장 뚜렷한 원인을 찾아내어 피험자들에게 제시하면, 연구에서 사용하는 과제와 지시 그리고 그 결과에 대한 피드백 간에 논리적이고 일관된 관련성을 확보할 수 있어 타당한 연구결과를 얻을 수 있다고 제안하였다.

5. 귀인 측정

앞에서 언급한 바와 같이 개인이 어떤 사건들의 결과에 대해 어떻게 귀인하는가를 알아내기 위한 측정은 많은 태도연구에서와 마찬가지다. 자기보고식 자유반응식 측정과 미리 조사해서 분류해 놓은 가능한 원인들을 제시하고 강제로 선택하게 하는 방법 그리고 각각의 원인들에 대해 자신이 동의하는 정도를 평정하게 하는 규준적 평정척도 사용으로 나누어 볼 수 있다.

1) 자유반응식 측정

자유반응식 측정은 어떤 사건에 대한 설명을 하고 이런 사건이 왜 발생하였는가에 대해 반응자들이 자유롭게 생각해서 답한 내용을 분석하는 것이다. 따라서 분석결과는 사건이 발생한 상황과 반응자의 개인적 특성에 따라 다양하게 나타날 수 있다. 이 방법은 다양한 반응을 얻을 수 있다는 장점을 가지고 있으나 바로 그 점 때문에 연구마다 각기 다른 원인들이 나타나 연구결과들을 직접 비교하기가 어렵다. 또한 보편적인 귀인 유형의 분류체계를 얻기가 어려우며, 얻어진 귀인 유형들의 타당성과 신뢰성을 보장하기 어렵다는 단점이 있다.

Weiner 등(1971)이 초기에 제시한 학업성취 상황에서 대표적으로 나타나는 노력, 능력, 과제난이도와 운이라는 네 가지 귀인 유형도 자유반응식으로 얻어진 것이다. 이 네 가지 유형은 모든 성취상황에 적용하기에 부적절함이 지적되었음에도 불구하고 많은 후속 연구에서 적용하고 있는 것은 잘못이라고 Weiner(1979, 1983a)는 경고하였다. 실제로 Falbo와 Beck(1979)이 피험자들에게 다양한 직업에서 성공적으로 일을 완수한(혹은 실패한) 이유를 쓰게 한 결과 네 가지 요인에 포함시킬 수 있는 원인은 25% 미만인 것으로 나타났다.

따라서 귀인 유형에 대한 자유반응식 측정은 특정 상황에서 특정 집단의 귀인 유형을 알아내고자 할 때나 또는 이런 상황에서 사용하기 위한 측정도구를 개발하기 위한 예비연구의 목적으로 사용하는 것이 적절할 것이다.

2) 강제선택식 측정

태도척도를 제작할 때는 두 가지 다른 접근을 취할 수 있는데, '강제선택형 척도(개인내적 척도, ipsative scale)'와 '규준적 척도(normative scale)'가 그것이다. 강제선택식 측정방법은 자유반응식 측정결과 얻은 귀인 유형들을 특정한 논리적 틀을 적용하여 분류한 후 척도로 구성해서 제시하는 방법이다.

강제선택형 척도에서는 귀인을 차원으로 분류해서 각 차원의 양극을 대표하는 원인들을 표현하는 내용들로 문항을 구성한다. 예를 들면, Rotter(1966)의 '통제소재(Locus of Control) 척도'나 Crandall, Katkovsky와 Crandall(1965)의 'IAR 설문지(Intellectual Achievement Responsibility Questionnaire)'에서와 같이 내적 통제와 외적 통제를 하나의 문항에 제시하여 둘 중 어떤 것이 원인인가를 묻는 문항들을 만드는 것이다. 귀인 유형의 측정에서는 두 가지 차원뿐만 아니라 네 가지 귀인 유형들에 대한 문항을 제시하고 그중 하나를 선택하게 하는 방법이 많이 사용되었다. 예를 들어, "어제 치른 수학시험에서 낙제점수를 받은 이유는 무엇인가?"를 질문하고, 선택지로 '원래 수학을 못하므로'

'시험공부를 안 했기 때문에' '문제가 너무 어려워서' '운이 나빠서' 중에서 하나를 선택하게 하는 것이다. 이와 같은 강제선택형 문항은 태도척도 제작에서 사회적 바람직성과 같은 반응경향성의 부정적인 영향을 배제하기 위해 사용된다. 그러나 이런 척도에서 얻은 결과는 각 개인의 네 가지 귀인 유형에 대한 빈도를 사용하여 유형들 간의 상대적 비교를 하거나 개인의 귀인성향 프로파일을 알아보는 데는 적절하지만, 네 가지 유형에 반응한 수를 모두 합친 총점이 누구나 동일하기 때문에 각 유형에 대한 빈도가 독립적이지 않다. 따라서 개인 간 비교에는 부적절한 방법이다. 또한 강제선택형 척도에서 얻은 자료는 상관분석이나 요인분석과 같은 통계적 분석을 할 수 없고, 척도의 내적 합치도도 매우 낮게 산출된다.

강제선택형의 또 다른 예로는 Nowicki와 Strickland(1973)의 내·외 통제소재 척도'다. 여기서는 내적 통제소재와 외적 통제소재를 하나의 쌍으로 묶어 '예', '아니요'의 양자택일로 반응하게 한 40개의 문항으로 학업 관련 행동에 대한 신념과 미신에 대한 일반적인 지각, 부모나 친구와 관련시킨 행동에 대한 평정을 하게 함으로써 개인의 인과적 신념을 측정하였다.

3) 규준적 평정척도

규준적 평정척도는 강제선택형의 단점을 극복하는 측정방법으로 귀인 차원의 양극단에 있는 귀인 유형(내적/외적, 안정적/불안정적, 통제가능/통제불능)들을 분리해서 피험자의 각 유형에 대한 찬성이나 반대 수준을 평정하게 하는 방법이다. 규준적 평정척도는 각 문항들에 대해 개인이 동의하거나 동의하지 않는 정도를 표시하게 하기 때문에 문항들이 독립적이고, 하나의 요인을 대표하는 척도를 구성할 수 있어 신뢰도와 타당도에 대한 확보가 가능하며, 다양한 통계적 분석의 적용이 가능하다는 장점이 있다(Gable & Wolf, 1993; Maruyama, 1982). 예를 들어, Clifford(1978)의 학업상황에서 통제소재를 측정하기 위한 척도인 '학업책무성척도(Academic Accountability Scale)'에서는 내적 요인과 외적 요인을 따로 분리해서 각각 9문항씩을 작성하여 찬성이나 반대 정도를 평정하도록 하였다. 개인의 통제성향은 내적 문항들의 반응점수의 합과 외적 문항들의 반응점수의 합으로 각각 계산된다. 이러한 접근의 전제는 내적 원인과 외적 원인에 대한 지각은 독립적이라는 것이다. 따라서 하나의 상황에서 내적 원인과 외적 원인 간에 관련이 있을 수도 있다. 그러나 이러한 평정척도는 사회적으로 바람직한 반응에 대한 통제가 어렵고, 개인의 각 귀인 요소들에 대한 중요성이나 성향에서의 강도를 직접 비교하기가 어렵다는 단점을 가지고 있다.

강제선택형 척도를 구성할 때는 논리적 근거나 경험적 자료에 기초해서 도입한 인과 차원들을 대표하는 귀인의 유형이 정해지게 된다. 따라서 연구들 간의 결과 비교가 가능하다. 반면에 규준적 척도를 사용하는 경우에는 연구자마다 도입하는 원인들의 종류와 개수가 다르기 때문에 연구결과들에 대한 직접적인 비교가 어렵다는 제한점을 가지고 있다.

제4절 교육상황에서의 귀인연구

1. 교육장면에서 귀인성향 발달 경향

귀인이론은 원래 '보통 사람들의 심리학'으로부터 출발하였기 때문에 '성인중심 이론'이라고 할 수 있다. 따라서 초기 Heider나 Kelley의 귀인이론에서는 발달적인 측면은 많이 다루어지지 않았다. 그러나 학업장면에서 개인의 인과귀인이 후속 행동에 대한 중요한 동기요인인 것이 밝혀졌기 때문에 발달수준에 따른 귀인경향의 차이가 있는가를 확인하는 것은 중요한 의미를 가진다. Pintrich와 Schunk(2002)는 귀인이론의 발달적 차이를 다음의 몇 가지 측면에서 볼 수 있음을 제안하였다. 첫째, 어린 아동들은 정보단서, 내용지식 그리고 귀인 형성을 위한 추론도식의 사용방법에서 발달수준에 따라 차이가 있을 것이다. 둘째, 귀인 차원에 대한 분석을 하는 데 있어서 귀인 유형들의 심리적 의미가 발달수준에 따라 다를 것이다. 셋째, 어린 아동들이 노출되는 상황이 서로 달라서 귀인과정에서의 차이가 생길 것이다.

앞의 내용을 살펴보면 아동들의 능력, 노력, 운, 과제난이도와 같은 개념들에 대한 정의가 발달수준에 따라 다를 것임을 추측할 수 있다. 앞 장에서 이미 거론하였듯이 Nicholls와 Miller(1984)는 어린 아동들의 지능에 대한 견해를 증가적 견해와 실체적 견해의 두 가지로 구분하였다. 증가적 견해는 열심히 노력하면 지능도 높아질 수 있다는 것이고, 실체적 견해는 능력과 노력은 반비례적 관계를 가지며 열심히 노력해도 지능은 달라지지 않는다고 믿는 것이다. 실체적 견해는 대부분의 성인들이 가진 지능에 대한 견해로서 이러한 견해를 가진 경우 성공이나 실패에 대한 귀인의 결과가 후속 상황에서의 정서나 동기, 행동에 미치는 영향이 다를 것이기 때문에 중요한 의미를 가진다. 즉, 실패를 능력으로 귀인한 아동이 능력에 대한 실체적 견해를 가졌다면, 그 아동은 실패 후에 노력을 투여하기보다는 무기력해질 가능성이 높을 것이다. 그러나 만약 그 아동이 능력에 대한 증가적 견해를 가졌다면, 다음번에는 좀 더 노력을 투여할 수 있을 것이다.

Nicholls와 Miller(1984)는 아동들의 능력과 과제난이도 사이의 관계와 능력과 운 사이의 관계도 연령에 따라 달라진다는 것을 보여 주었다. 능력으로부터 과제난이도를 구분하는 것은 3~4세경에는 자아중심적이던 것으로부터 5~6세경부터는 객관적으로, 7세가 넘으면 규준적으로 발달의 순서를 따른다. 자아중심적 수준의 아동들에게는 자신들이 할 수 있으면 쉬운 과제이고 할 수 없으면 어려운 과제다. 또한 과제가 쉬우면 자신들이 똑똑하거나 그 과제를 잘하는 것이고, 과제가 어려우면 똑똑하지 못하거나 그 과제를 잘 못하는 것으로 생각한다. 자아중심적 관점에서는 그 과제를 할 수 있는 아동이나 할 수 없는 아동들로부터 나오는 규준적 자료는 고려하지 못한다. 객관적 수준에 있는 아동들은 여러 가지 과제들이 그 특성에 따라 쉽거나 어려울 수 있다는 것을 이해한다. 7세 정도가 되면 과제난이도와 능력을 구분할 수 있고, 사람에 따라 과제가 어려울 수도 있고 쉬울 수도 있다는 것을 이해하며, 사회적 비교로부터 규준적 정보를 사용한다.

아동들은 운과 기술 혹은 능력을 변별하는 데 있어서도 발달적인 차이를 보인다고 한다(Nicholls & Miller, 1984). 어린 아동들은 처음에는 운과 기술을 구분하지 못하고 노력하면 운도 향상된다고 믿는다. 그러나 점차 발달이 진행됨에 따라 청소년기에 이르면 노력한다고 운이 달라지는 것이 아님을 믿게 된다는 것을 보여 주었다. Nicholls와 Miller의 연구결과를 종합하면 아동들의 귀인분석과 그에 따른 귀인반응경향성은 능력, 노력, 운, 과제난이도에 대한 이해와 관점에 따라 다른 양상을 보일 것이며, 발달이 진행해 감에 따라 보다 성인의 귀인양상으로 접근할 것임을 알 수 있다.

2. 학업성취와의 관계

Heider(1958)로부터 시작된 귀인이론은 서두에서 거론한 바와 같은 몇 가지 연구 영역을 중심으로 사회심리학, 성격심리학, 교육심리학 등 다양한 분야의 동기연구에 도입되었다. 특히 Weiner와 동료들은 귀인이 교사와 학생들의 태도와 행동에 미치는 영향에 관한 연구에 앞장섰다. 그들의 연구는 수많은 교육 관련 상황에서의 귀인연구를 촉발시켰고, 그 결과로 몇 가지 중요한 결론을 도출하였다.

첫째, 노력을 많이 해서 성공한 것으로 보이는 학생들은 노력을 하지 않아서 실패한 것으로 보이는 학생들보다 칭찬은 더 많이 받고 처벌은 적게 받는 것으로 나타났다. 이런 현상은 학생들의 능력이 높고 낮음에 상관없이 나타났다(Eswara, 1972; Rest, Nierenberg, Weiner, & Heckhausen, 1973; Weiner & Kukla, 1970). 또한 학업성취도가 높은 학생들이 내적 귀인을 많이 하는 것으로 나타났다(Bar-Tal, 1978; Phares, 1976)

둘째, 학생들은 자기가치감을 보호하는 방법으로 자신들의 실패를 노력부족으로 설명한다(Beery, 1975; Covington & Beery, 1976). 즉, 학생들은 자신들이 실패한 것에 대해 능력이 부족한 바보로 보이기보다는 차라리 노력을 하지 않는 게으름뱅이로 보이는 것이 더 낫다고 생각한다는 것이다. 이와 같은 결과들에 근거해서 연구자들은 노력을 '양날을 가진 칼(double-edged sword)'로 불렀다(Covington & Omelich, 1979). 만약 어떤 학생이 노력을 투여했음에도 불구하고 실패했다면 그는 교사로부터 비교적 관대한 평가를 받는 이득을 보겠지만, 동시에 자신의 실패가 낮은 능력을 반영하게 되는 손해를 보게 된다. 나아가서 자신이 만약 노력을 하지 않았다고 인정하면 죄책감을 느낄 것이고, 필요한 능력이 없다는 것을 인정하면 수치심을 느낄 가능성이 높다는 것이다(Covington & Omelich, 1984). 대부분의 교실에서 일어나는 이와 같은 갈등상황은 교사와 학생들로 하여금 능력의 가치와 최선의 노력을 다하는 미덕 간의 균형을 이루어야 함을 강조하는 것이다.

셋째, 자신의 학업에서의 실패를 노력부족이나 과제난이도가 아니라 능력부족 때문이라고 귀인하는 학생들은 상대적으로 낮은 인내심을 보이고, 미래 성공에 대해 낮은 기대를 가지고 있으며, 낮은 성적을 보이는 것으로 나타났다(Dweck, 1975). 또한 학업에서의 실패를 낮은 능력으로 귀인한 결과로 생기는 인지적, 감정적 결손은 자기개념이 낮은 학생들에게 비교적 빨리 나타난다는 결과가 보고되었다(Covington & Omelich, 1981). 이러한 연구들은 학습된 무기력 연구에 큰 영향을 미쳐 귀인이론을 도입한 수정 모형들을 촉발시켰다(Abramson et al., 1978; Miller & Norman, 1979). 학습된 무기력이론에 대해서는 다음 장에서 자세히 다룰 것이다.

넷째, 학생들은 자신의 인과적 설명을 바꾸도록 훈련을 받아서 학업과제 수행의 향상을 이룰 수 있다는 것이다(Diener & Dweck, 1978; Dweck, 1975). 연구결과들은 귀인이 교실에서의 행동을 결정하는 데 중요한 역할을 하고, 교사와 학생 모두 그들의 학업적 사건들에 대한 원인을 이해하고 분석하며 변경시킴으로써 혜택을 받을 수 있음을 시사하는 것이다. 다시 말해서, 학생들이 실패에 대해 어떻게 귀인하느냐에 따라 후속 상황에서의 동기를 결정한다는 많은 연구결과들은 학습된 무기력에 빠지기 쉬운 귀인양식을 확인하고 이를 훈련에 의해 변화시키는 연구를 촉발시켰다. 이 연구자들은 학업에서의 실패를 능력부족으로 귀인하는 학생들에게서 학습된 무기력에 빠지는 경향이 높음을 확인하고, 성취결과에 대한 귀인을 바꾸는 귀인 재훈련(attribution retraining) 프로그램을 실시하여 성공적인 결과를 얻었다. 귀인 재훈련 효과는 이후에도 학습부진아들을 대상으로 한 Schunk와 Cox(1986)의 자기효능감 증진, Borkowski, Weyhing과 Carr(1988)의 독해력 증진에 효과가 있었고, Perry와 Penner(1990)의 연구에서는 대학생의 학업성취도 증진에도 효과가 있는 것으로 보고되었다.

제5절 교육현장에의 시사점

이번 절에서는 이제까지 제시한 귀인이론과 경험적 연구결과들이 학생들의 학업 전반과 학습활동을 할 때에 필요한 동기유발에 어떠한 시사점과 적용가능성을 제시할 수 있는지를 정리하기로 한다.

1. 전반적 적용

첫째, 학생 자신뿐만 아니라 주변의 타인들의 성공과 실패에 대한 인과적 설명의 특징을 확인해 본다. 자신의 귀인성향이 불안정적, 내적, 통제가능한 원인들 중에서 어떤 특징으로 가장 잘 대표될 수 있을지 확인해 보는 것은 자신을 이해하는 데 도움을 주고 후속 상황을 예측하고 통제할 수 있게 해 준다는 점에서 의미 있는 일이다. 또한 다양한 성취상황에서 일관된 귀인을 하는지 아니면 상황에 따라 다른 귀인을 하는 경향을 가지고 있는지에 대한 확인도 중요한 정보가 될 것이다.

둘째, 학생들이 자신의 귀인성향을 의식하도록 권장한다. 즉, 학생들로 하여금 학업적 활동이나 스포츠, 사회적 행동결과를 설명해 보게 한다. 예를 들어, "어제 본 시험에서 점수가 나쁜데, 문제가 교과서에서 나오지 않아서 그랬던 모양인가?" 등의 대화로 학생들이 자신의 실패의 원인을 생각하는 습관을 갖게 하고, 해결방안을 생각하기 전에 원인을 규명하도록 도움을 준다. "시험점수가 나빠서 매우 실망했을 텐데, 앞으로 잘하기 위해서는 왜 평소보다 점수가 나쁜지를 알아야 한다."와 같은 원인규명을 하게 하고, 나아가서 능력부족보다는 노력부족이나 잘못된 공부방법 등의 통제가능한 원인으로 실패에 대한 귀인을 하는 습관을 키우면 후속 상황에서 동기유발에 도움이 될 것이다.

셋째, 어떤 사건에 대해 가능한 한 노력이나 흥미 또는 결단성 등을 증진시킬 가능성이 있는 원인에 초점을 맞추도록 한다. 예를 들어, 학생들의 폭력성, 계속적인 실패, 부모의 불평, 교사와 학생들 혹은 행정당국 간의 갈등과 같은 사건들은 대개 그 원인이 매우 복합적이다. 이러한 사건들은 많은 인과요인들을 포함하고 있다. 그러나 다양한 원인들 중에서 통제가능한, 내적, 불안정적 원인들, 예를 들어 의사소통의 문제, 피드백의 질 문제, 과제의 속성, 목표설정 과정에 학생과 부모가 함께 참여하지 않았기 때문에 생긴 문제 등으로 그 원인을 찾는다면 아마도 문제해결이 훨씬 쉬워질 것이다.

넷째, 다양한 교수전략을 사용하며 학생들로 하여금 여러 가지 다른 시험공부 전략, 친구 사귀기 전략, 노트 필기 전략 등을 개발하고 토론하며 비교하도록 장려한다. 학생들로 하여금 잘 정의된 공부방법이나 복습방법들 중에서 선택하게 하고, 다양한 전략들의 효과를 스스로 비교해 볼 수 있게 도와준다. 성공은 때로는 좋은 전략을 발견한 결과를 의미하는 것일 수 있고, 실패는 보다 적절한 전략을 계속 찾아봐야 하는 것을 의미할 수도 있다는 것을 강조한다. 이러한 접근은 노력을 최대화하고 실패에 대한 능력귀인의 사용을 지연시키는 데 도움을 줄 것이다.

다섯째, 학생들 자신이 지각하는 원인을 스스로 찾도록 유도한다. 학생들로 하여금 실패를 보다 건설적으로 귀인할 것을 권장하고, 교사가 학생들의 실패를 이러한 관점에서 설명해 줄 수 있다. 그러나 학생들 스스로가 성실하고 자발적으로 자신들의 성공과 실패를 건설적으로 귀인할 때 그 혜택은 더욱 클 것이다.

2. 귀인 변경

앞에서 성패귀인의 다양한 효과를 살펴보았다. 어떤 상황에 대한 귀인결과는 후속 행동에 긍정적인 영향을 미칠 수도 있고, 부정적인 효과를 미칠 수도 있음을 확인하였다. 따라서 교육현장에서 학습자의 귀인성향을 파악하면 그 개인의 행동을 예측할 수 있을 것이다. 귀인이론의 바로 이러한 측면이 현장 적용의 가능성을 제시하는 것이다. 귀인 변경과 같은 교육적 개입은 만약 인과귀인이 성취를 위한 노력에 영향을 준다면, 귀인을 바꾸면 행동도 달라질 것이라는 논리에 기초한다(Weiner, 1992). 예를 들어, 만약 어느 학생이 학교에서 실시한 시험결과가 성공적이지 못했을 때, 그런 결과를 얻은 원인을 자신의 능력이 부족했기 때문이라고 탓을 돌렸다고 하자. 귀인이론에 따르면 이 학생은 틀림없이 다음 시험준비를 열심히 하지 않을 것이라는 것을 예측할 수 있다. 그러나 실제로 그 학생이 자신이 생각하는 것처럼 능력이 모자라는 학생이 아닌 경우, 이 학생이 다음 시험을 위해 공부를 하게 하는 방법은 열심히 노력하면 성공적인 결과를 얻을 것이라고 생각하게 하는 것이다. 따라서 이 학생으로 하여금 지난번 시험에서 좋은 점수를 받지 못한 이유는 머리가 나빠서가 아니라 시험공부를 열심히 하지 않았기 때문이라고 생각을 전환하게 하는 것이 '귀인 변경' 혹은 '귀인 재훈련(attribution retraining)'의 절차다.

귀인 변경 훈련은 그동안 여러 연구자들에 의해 제안되고 수행되어 왔다. 교육장면에서는 Dweck(1975), Diener와 Dweck(1978)이 실패에 대한 원인을 능력부족으로 돌리는 아동들의 귀인을 노력부족으로 바꿈으로써 학업성취도를 증진시킬 수 있음을 보여 주었다. 그러나 Nicholls(1978)가 주장하였듯이 아동들의 능력에 대한 신념은 초등학교 저학년에서 고학년으로 올라감에 따라 증가적 견해에서 실체적 견해로 변화하며, 이에 따라 개인의 성취결과에 대해 지각하는 원인도 변화한다. 따라서 성패의 원인에 대한 지각도 발달수준에 따라 다를 것이라고 예측할 수 있다. 그러나 성패의 원인의 발달적 변화에 관한 연구들은 일관된 결과를 보여 주지 않고 있어서 발달수준에 따른 귀인양식에 대해서는 일반적인 결론을 내릴 수 있는 문제가 아니고 상황에 따라 다르다고 하는 것이 적절하다. 따라서 상황에 따라 바람직하지 못한 귀인을 바람직한 방향으로 수정해 줄 수 있는 귀인 변경 훈련은 교육현장에서 긍정적 효과를 지니는 방안이 될 것이다.

Wilson과 Linville(1985)은 대학 1학년을 마친 학생들 중에서 성공적으로 1년을 지내지 못했다고 생각하는 학생들을 확인한 후에 그들에게 2학년, 3학년으로 올라감에 따라 학교성적 체제가 점점 관대해진다는 내용을 담은 상급학년 학생들의 인터뷰 비디오를 보여 줌으로써 그들의 실패가 과제난이도 때문으로 탓을 돌리게 하는 조작을 가하였다. 그 결과 이러한 실험적 조작에 노출된 학생들은 그렇지 않았던 학생들보다 자퇴율이 낮았고 보다 높은 성적을 받았다. 즉, 불안정한 원인요인인 과제난이도로의 귀인 변경이 후속 성취에 긍정적 영향을 미친 것이다.

앞에서도 거론하였듯이 귀인 재훈련은 실패를 능력부족과 같은 안정적인 요인으로 귀인하는 것을 노력부족이나 과제난이도와 같은 불안정적 요인으로 바꾸는 것뿐만 아니라 잘못된 전략 사용으로 귀인하도록 훈련할 경우 더욱 바람직한 결과를 보였다(Clifford, 1984; Clifford & McNabb, 1983). 이러한 결과는 귀인 재훈련을 교육현장에서 적극적으로 도입해야 함을 시사하는 것이다.

제6절 귀인이론의 현 상태

이번 장에서 다룬 귀인이론은 학업동기를 설명하는 데 초점을 둔 내용을 중심으로 하였다. 그러나 Heider나 Kelley가 귀인이론을 발전시킨 것은 사회심리학적 맥락에서 인간의 행동을 이해하고 예측하기 위해서였다. 따라서 귀인이론은 학업동기뿐만 아니라 인간의 많은 행위를 이해하고 설명하는 데 적용되어 왔다.

모든 학업동기이론 연구의 주요 목적은 결국 바람직한 수행에 영향을 주는 변인과 조건이 무엇인가를 알아내는 데 있다. 따라서 앞으로는 학업장면에서 과제수행 시 개인의 인과귀인이 다른 요인들과 어떻게 상호작용하여 동기를 유발시키고, 수행수준을 높일 수 있는가에 초점을 두어 연구할 필요가 있다. 또한 바람직하지 못한 귀인경향을 바람직한 방향으로 수정할 수 있다면 이 또한 교육을 담당한 주체들이 필수적으로 고려해야 할 사항이다.

최근의 귀인에 대한 측정은 귀인성향은 개인의 일반적이고 안정적인 성향이 아니라 과제나 상황에 따라 다를 수 있다는 귀인연구 동향에 따라 귀인양식을 측정하는 척도에 대한 관심은 줄어들고 상황특수적인 귀인 패턴을 측정하는 방향으로 진행되고 있다. 따라서 개인의 일반적 귀인양식이나 통제소재를 측정하는 도구개발이나 연구는 거의 진행되고 있지 않는 상황이라고 할 수 있다.

제7절 **한국 교육현장의 귀인연구**

1. 전반적인 연구경향과 결과

Weiner(1985)가 "1970년대는 사회심리학에서 귀인이론의 시대(p. 74)"라고 말한 바와 같이 이 시기에는 귀인이론에 대한 연구가 홍수를 이루었다. 그러나 한국에 귀인이론이 소개된 것은 이보다 후인 1980년대에 이르러서였다. 심리학 분야에서는 김정오와 박영신(1980)이 아동의 사회적 인지에서 귀인과정의 발달을 주제로 한 연구가 처음으로 귀인이론을 탐색한 것이었고, 교육학분야에서는 이종숙(1986)의 귀인이 학업성취에 미치는 영향을 주제로 한 논문이 처음으로 귀인이론에 근거한 연구로 나타난다.

그 후 심리학 분야에서 귀인 관련 연구는 1980년도 중반부터 현재까지 꾸준히 발표되고 있다. 연구의 내용들은 귀인과정 자체(예: 차재호, 나은영, 1986; 최상진, 최순영, 1989)나 귀인발달에 관한 것들(예: 김동기, 1985; 김정오, 박영신, 1980; 김정오, 김태련, 1981)이 있었고, 그 이후에는 귀인성향과 다른 변인들과의 관련성에 대한 탐색 연구들(예: 김혜숙, 1993; 원호택, 이훈진, 1997; 박영신, 김의철, 1998)과 특히 임상과 상담 맥락에서 귀인양식의 영향에 관한 연구들(예: 이명원, 김중술, 신민섭, 2003; 이상민, 김계현, 2000; 이현우, 이훈진, 2006; 조성숙, 최훈석, 2007)이 많았으며, 이러한 추세는 현재까지 계속되고 있다.

교육심리학 분야에서 1980년대 후반부터 시작된 귀인 관련 연구는 귀인과 학업성취 간의 관련성에 관한 연구가 많았는데, 예를 들어 성패귀인과 학업성취도에 관한 연구들(박영신, 1986, 1988; 이종숙, 1986)이 있었고, 1990년대에 들어와서도 이러한 추세는 계속되었으며, 메타인지 훈련이 귀인양식에 미치는 효과(김애경, 1996), 학업에 대한 성패귀인과 동기 간의 관계(강혜원, 1998), 귀인 피드백이 학업성취도에 미치는 효과(김정환, 황학영, 1999), 학업수월성과 귀인 유형 간의 관계(신종호, 신태섭, 권희경, 2004) 등 학업성취와 관련된 연구 내용이 많았다. 또한 귀인양식 자체에 관한 연구가 1990년 말부터 계속 진행 되어 오고 있는데, 귀인양식의 변화에 대한 연구(박영신, 김의철, 1999), 한국인 의 귀인양식을 토착심리학적으로 접근한 박영신과 김의철(1998)의 연구를 비 롯해서 귀인양식이나 성향과 자아개념과 집단따돌림 행동과의 관련성 탐색 (최윤자, 김아영, 2003), 귀인 피드백과 학업성취도 간의 관계(김정환, 황학영, 1999) 등의 개인적 특성과의 관련성을 탐색한 연구 등이 발표되었다.

이와 같은 귀인이론에 근거하여 한국 학생들을 대상으로 한 연구결과들은 Weiner를 비롯한 미국 연구자들이 발표한 연구결과들과 대부분의 경우 일치 하는 것으로 나타났으나, 일치하지 않는 부분도 존재함을 보여 주었다. 국내 에서 보고된 연구결과들을 요약하면 다음과 같다.

첫째, 귀인 차원에 관한 연구결과는 대체적으로 Weiner(1979)의 세 가지 차 원이 한국 학생들에게서도 나타나는 것으로 보인다. 박영신(1988)이 한국 고 등학교 학생들을 대상으로 귀인요소들의 차원별 구조를 탐색한 연구에서는 인과소재, 안정성, 통제가능성 차원으로 분류할 수 있는 요소들이 나타났으 며, 김언주(1988)의 초·중·고·대학생을 대상으로 한 연구에서도 학교 학 습성취에 대한 원인 및 정의적 경험들에 대한 자유반응식 설문을 통해 얻은 귀인반응들을 세 가지 차원으로 분류하는 것이 적합함을 확인하였다. 그러나 귀인 차원 자체에 대한 연구보다는 대부분의 경우 Weiner의 세 가지 차원에 따른 분류에 의해 나타날 수 있는 원인들을 제시하고 선택하게 하는 연구들 이었다.

둘째, 귀인요인들 중에서 학업성취와 관련된 요인은 내적 통제소재였다. 구 체적으로 보면 모든 학교급 수준에서 높은 성취를 내적 원인에 귀인하는 경향 이 높은 것으로 나타났고(강혜원, 1998; 김아영, 1997; 박영신, 1986, 1995), 학업 성적 고성취 집단은 학업에서의 성공을 능력이나 노력 등 내적 요인으로 귀인하는 반면에 저성취 집단은 운에 더 많이 귀인하는 것으로 나타났다(박영신, 1986; 1995; 박영신, 김의철, 1997). 특히 박영신과 김의철(1997)의 연구에서는 초등학생부터 대학생까지 학업적 성취에 대한 귀인은 다른 어떤 요인들보다 노력귀인이 두드러지게 나타나고 있다는 점을 보여 주었고, 강혜원(1998)의 연구에서 대학생들도 성패결과에 대해 노력귀인을 많이 하는 것으로 나타났다. 김언주(1988)의 연구에서는 귀인 차원들과 학업 성패결과에 대한 정서적 반응 간의 관련성을 탐색한 결과 성공적인 결과를 안정적, 내적 요인에 귀인할수록 긍정적 정서반응을 보였으며, 실패는 안정적 요인에 귀인할수록 부정적 반응을 보였다. 그러나 실패를 내적 요인에 귀인한 경우에도 부정적 정서반응을 보이지는 않았다.

그러나 비교적 최근에 진행된 신종호 등(2004)의 연구에서는 고성취 학생들은 자신들의 학업성취의 원인을 내적 원인과 외적 원인 모두에 두고 있다고 보고하였다. 이 연구에서의 내적 요인으로는 노력과 경쟁의식을, 외적 요인으로는 부모의 기대를 들고 있으며, 두 요인 간에는 상관이 거의 없는 것으로 나타났다.

셋째, 귀인양식에서 성차에 대한 연구는 많지 않았다. 다만 초·중·고·대학교 모두에서 여학생이 남학생들보다 운(運)에 귀인하는 경향(박영신, 김의철, 1997)과 대학생들이 부모의 기대에 귀인하는 경향이 높다(신종호 외, 2004)는 연구결과가 보고되었다. 운과 부모의 기대라는 두 가지 원인은 모두가 외적, 통제불가능한 요인으로, 소극적이고 부모의 기대에 부응하는 것을 미덕으로 보는 전통적인 여성에 대한 고정관념이 여학생들의 귀인양식에 영향을 미친 것으로 해석할 수 있다. 유사한 연구로 미국 학생들을 대상으로 한 Deaux와 Farris(1977)는 과제가 남성적인 것일 경우 남자는 능력귀인, 여자는 운귀인을 했으며, 과제가 여성적일 경우 남녀의 귀인 차이가 없다는 것을 보고하였다. 이러한 결과를 Deaux(1984)는 남성과 여성의 성공에 대한 기대수준이 다른 만큼 결과적으로 나타나는 귀인도 다를 것이고 따라서 기대수준이 다르지 않으면 귀인에서의 성차도 없을 것임을 의미하는 것이라고 해석하였다.

이와 같은 성차가 나타난 원인에 대해 Eccles(1992)는 아동의 사회화 과정 중에 환경적인 차별대우가 귀인경향에서의 성차를 유발한다고 하였다. Eccles(1983)의 연구에서 나타난 바와 같이 동일한 수준의 수학성적을 받은 아들과 딸을 둔 부모가 아들보다는 딸에게 수학이 더 어렵다고 생각하고, 딸을 둔 부모는 수학보다는 언어나 사회과목에서 잘하는 것이 중요하다고 생각하였다. 이처럼 부모의 성별에 대한 고정관념이 아이들 자신의 능력에 대한 신념에 영향을 주어서 성공이나 실패에 대한 귀인 패턴을 결정한다는 것이다. 한편, Dweck, Davidson, Nelson과 Enna(1978)는 중학교 교사들이 남학생이 문제를 잘 풀지 못하는 것은 노력부족으로, 여아들이 못 푸는 것은 능력부족으로 귀인하는 것을 발견하였다. 이러한 연구결과들은 부모나 교사의 피드백이 아동의 귀인경향을 발달시키는 데 중요한 영향을 미치고, 나아가서 동기발달에 영향을 주는 것임을 시사한다. Eccles와 Dweck, Deaux 등의 미국 연구들에서 나타난 성차에 대한 연구결과들은 쉽게 한국 상황에 적용시킬 수 있는 것들로 학생들을 이해하기 위해 적용하는 데 큰 문제는 없어 보이며, 한국 학생들의 귀인경향에 관한 연구에서 성차가 나타난 것은 예측이 가능한 것이다. 그러나 국내에서 진행된 성차에 관한 집중적인 연구는 찾아보기 어려운 실정으로 보다 체계적인 연구의 필요성이 제기된다.

넷째, 귀인양식의 발달경향성에 관한 연구결과는 초등학생에서 대학생으로 발달이 진행됨에 따라 노력귀인은 줄고 능력이나 운 귀인이 증가하는 것을 보여 주었다(박영신, 김의철, 1997). 이러한 결과는 아동의 발달이 진행됨에 따라 능력에 대한 증가적 견해가 줄고 실체적 견해가 증가한다는 Nicholls(1978)의 주장과 일치한다.

결론적으로 국내에서 수행된 귀인연구들의 결과는 국외의 연구와 일치하는 측면과 불일치하는 측면을 동시에 보여 주고 있는데, 이것은 귀인과정이 안정적인 성향이기보다는 상황과 과제에 따라 변화하는 상황특수적 현상이기 때문일 수도 있고 문화적인 차이가 반영된 결과일 수도 있다. 그러나 체계적인 비교연구가 없는 현 상태에서 결론을 내리기는 어려운 실정이다. 따라서 귀인 과정은 특정 개인의 특정 시점에서 특정 과제수행에 영향을 주는 변인으로서 교육현장에서 그 활용성에 대한 논의에 집중하는 것이 의미 있는 작업이라 할 것이다. 또한 교육실천에서 그 효과가 확인된 귀인 변경이나 재훈련에 관한 연구는 석사논문 수준 외에는 별로 진행되지 않은 것으로 나타났고, 중학교 학습장애인을 대상으로 귀인 훈련을 실시한 이종삼(1996)의 연구에서는 귀인 훈련의 자기효능감에 대한 효과가 없는 것으로 나타났다. 따라서 귀인 재훈련 의 효과에 대한 체계적인 탐색이 요구된다.

2. 측정도구

한국에서 진행된 귀인연구들에서 귀인경향을 측정하는 방법으로는 개방형 질문방식과 평정척도의 사용이 주를 이루었다. 즉, 초기 Weiner 등이 적용했 던 개방형 질문 반응에 대한 내용분석을 통해 귀인 유형을 분류하거나(김언주, 1988; 신종호, 신태섭, 권희경, 2004; 이종숙, 1986), 기존에 분류된 유형에 기초하 여 귀인경향성을 측정하기 위한 평정척도를 개발하여 사용하였다(예: 김언주, 1988; 박영신, 1988, 이종숙, 1986).

개방형 질문에 의한 귀인 유형에 대한 연구는 자유반응에 대한 내용분석의 번거로움과 통계적 처리의 제한성 때문에 이후 연구들에서는 귀인의 각 요소 에 대한 구체적인 행동이나 태도 혹은 인식을 표현한 문항들을 개발하여 평정 척도의 형식을 취하는 자기보고식 설문지가 많이 사용되었다(예: 김아영, 1997; 김애경, 1996; 김언주, 1988; 박영신, 1988; 1995). 대부분의 귀인행동평정척도는 학생들에게 학습결과에 대한 원인이 자신이 생각하는 이유와 일치하는 정도 에 따라 몇 개의 단계로 평정하게 하는 형식의 척도이며, 설문내용은 학교학습성취 상황에서 성공과 실패 상황에 대한 것이다.

구조화된 설문지의 형태로 제작된 검사는 Rotter(1968)나 Nowicki와 Strickland(1973)의 강제선택형 척도를 한국어로 번역하고 수정한 것들을 사용한 것이 있다(박영신, 1988; 김애경, 1996). 규준적 형태의 척도를 사용한 연구는 Clifford(1978)의 통제소재척도를 번안하여 사용한 김아영(1997)과 이종숙(1986)의 연구를 찾아볼 수 있다. 박영신(1988, 1989)은 한국인의 성패귀인을 측정하기 위해 기존의 귀인연구들에 대한 탐색 후에 Kelley(1967)의 모형에 따라 8가지 요소들을 측정하기 위한 문항들을 제작하여 성패귀인척도를 개발하였다. 박영신(1995)은 또한 기존의 척도들을 참고로 하여 통제부위신념검사를 제작하였는데, 이 척도는 강제선택형이 아닌 규준적 평정척도의 형식으로 제작되어 내·외 통제소재를 독립적으로 측정하도록 하였다.

요약하면 한국에서 진행된 귀인이론에 관한 연구도 학업상황에 국한된 것이 아니고 사회심리학, 성격심리학을 비롯한 다양한 심리학 영역에서 연구되어 왔다. 또한 학업동기연구 분야에서 귀인에 관한 연구는 외국에서와 마찬가지로 그동안 많은 이론검증을 위한 반복 연구들이 진행되었고, 그 결과 일반적인 이론에 대한 검증은 이루어진 것으로 볼 수 있다. 이러한 맥락에서 볼 때 귀인은 인간의 행동을 설명하는 데 적용될 수 있는 개인차변인으로서 심리학의 다양한 분야에서 계속적으로 주목을 받게 될 것이다.

ACADEMIC MOTIVATION

CHAPTER
5

학습된 무기력이론

학습된 무기력이론

　'학습된 무기력이론(Learned Helplessness Theory)'은 실패나 실수가 개인에게 미치는 영향과 대응방법에 대해 많은 정보를 제공해 주는 동기이론의 하나다. 초기 심리학의 많은 이론들과 마찬가지로 이 이론도 동물연구에서부터 출발하였다. '학습된 무기력'이란 용어는 1960년대 중반에 Martin Seligman이 그의 동료들과 함께 개를 대상으로 한 고전적 조건학습 실험을 하던 중 관찰한 현상에 이름을 붙인 것이다(Overmier & Seligman, 1967; Seligman & Maier, 1967). 이러한 초기의 동물실험에서 나온 결과는 점차 인간을 대상으로 하여 학습된 무기력 현상이 인간행동도 설명할 수 있음을 보여 줌으로써 이론의 발전을 이루었다. 이번 장에서는 학습된 무기력이론이 출현하게 된 배경, 특히 동물실험에 관한 내용과 이러한 동물실험 결과들로부터 인간을 대상으로 진행된 실험연구 결과들을 살펴볼 것이다. 또한 귀인이론과 같은 심리학의 다른 이론들과 접목시켜 수정과 정련을 시도한 재구성된 이론들을 살펴보고 이 이론의 교육현장에 대한 시사점들과 실제적 적용을 논의하기로 한다.

제1절 **학습된 무기력 현상**

　Seligman과 동료들의 연구보고에 의하면 이들은 실험실에서 개들의 고전적 조건형성에 의한 도피학습을 실험하고 있었다(Overmier & Seligman, 1967; Seligman & Maier, 1967). 그들은 피할 수 없는 전기쇼크를 받은 개들이 후속 실험에서는 서틀박스 속에서 장애물을 뛰어넘음으로써 쇼크를 피하는 기술을 학습하지 못하는 것을 관찰하였다. 이전에 피할 수 없는 전기쇼크를 받지 않았던 개들은 그 기술을 빨리 학습하였다. 이것은 마치 피할 수 없는 쇼크를 받았던 개들은 "쇼크를 피하기 위해 스스로 할 수 있는 것은 아무것도 없다는 것"을 학습한 것처럼 보였다. 즉, 그 개들은 무기력을 학습하게 되었다는 것이다. 이러한 실험에서 관찰한 현상에 대해 Overmier와 Seligman(1967)은 '학습된 무기력(learned helplessness)'이라고 명명하였다. 그들은 학습된 무기력은 행동의 결손을 초래하는 반응과 결과의 독립성에 대한 지각으로 정의하였다. 다시 말하면, 내가 아무리 열심히 노력해도 상황이나 결과에 영향을 미치거나 변화시키거나 통제할 수 없다는 것을 깨닫는 것이다.

　비록 이 현상에 대한 정의에 반응과 결과의 독립성에 대한 '지각(perception)'이라는 의미가 포함되었기 때문에 인지적 접근으로 분류되지만, 시작은 파블로프식 조건형성 연구로부터 시작된 것이다. 학습된 무기력 현상을 좀 더 잘 이해하기 위해서는 이 초기의 실험과정에 대한 보다 자세한 설명이 필요하므로 동물실험을 중심으로 진행된 연구들을 구체적으로 다룰 것이다.

1. 동물연구

앞에서 설명한 바와 같이 학습된 무기력은 실험의 초기 단계에서 피할 수 없는 전기쇼크를 경험한 개들이 후속 상황에서는 피할 수 있는 상황임에도 불구하고 쇼크를 피하려는 행동을 하지 않는 행동결손을 보이는 현상을 지칭한 것이다. 실험의 초기 단계에서는 먼저 개들을 줄에 묶어서 전기쇼크를 받게 한다. 전기쇼크는 피할 수 있는 상황과 피할 수 없는 상황으로 구분하여 제시한다. 피할 수 없는 쇼크를 받은 개들은 다음 실험장치인 전기쇼크가 가능하도록 만들어진 셔틀박스에 들어가면 처음에는 전기쇼크를 기대한 것처럼 피하기 위해 이리저리 뛰는 행동을 한다([그림 5-1] 참고). 그러는 중에 가끔 어떤 개는 장애물을 넘어 쇼크가 없는 쪽으로 피하기도 한다. 그러나 몇 번의 쇼크를 경험하면 개들은 셔틀박스에 주어지는 쇼크를 저항하지 않고 그대로 받는 경향을 보였다(연구자들은 이러한 실험과정을 무기력 훈련 회기라고 불렀음). 이에 비해 통제불가능한 쇼크에 노출되지 않았던 개들은 한 번 우연히 쇼크를 피하는 방법을 발견하게 되면 비교적 빨리 장애물 넘기를 학습하

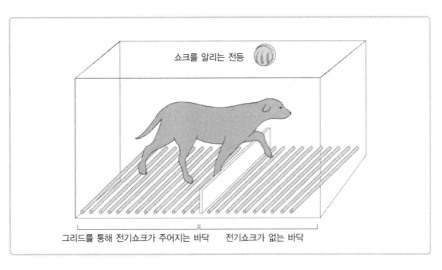

쇼크를 알리는 전등

그리드를 통해 전기쇼크가 주어지는 바닥   전기쇼크가 없는 바닥

[그림 5-1] **학습된 무기력 실험에서 사용된 셔틀박스의 예**

였다. 이러한 실험결과는 통제불가능한 사건들의 효과를 묘사하기 위한 '학습된 무기력'이라는 용어를 만들어 내게 하였다(Overmeir & Seligman, 1967).

1) 학습된 무기력 현상에 대한 대안적 설명과 실험

학습된 무기력에 관한 연구논문들이 발표되자, 이와 같은 개들의 행동결손을 가장 잘 설명하는 것이 통제불능성에 대한 지각인지 아니면 쇼크 자체인지에 대한 논쟁이 벌어졌다. 두 가지 쇼크와 관련된 설명이 가능한 대안으로 제시되었는데, 하나는 통제불가능한 쇼크가 개들에게 물리적인 영향을 주어서 후속 쇼크를 피하는 능력을 약화시켰다는 방해가설(interference hypothesis)이고, 또 다른 설명은 개들이 초기에 경험한 전기쇼크가 쇼크에 대한 높은 내성을 만들어 내게 해서 쇼크를 피할 필요가 없기 때문이라는 적응가설(adaptation hypothesis)이다(Seligman & Maier, 1967).

이와 같이 행동결손에 대한 두 가지 가설이 대두되자, 어느 가설이 타당한가에 대한 검증이 요구되어 Seligman과 Maier(1967)는 후속 실험을 수행하였다. 후속 실험은 세 집단의 개들을 대상으로 하였기 때문에 그들의 실험설계를 '삼원일조 설계(triadic design)'라고 부른다. 실험조건은 통제가능(controllable) 쇼크집단, 통제불능(uncontrollable) 쇼크집단, 쇼크 없는 통제(no-shock control)집단의 세 가지다. 앞의 두 집단에 대한 전기쇼크는 정도, 제시순서, 기간이 동일하도록 만들었는데, 이를 위해 두 조건의 개들을 멍에로 연결(yoking)시켰다. 이렇게 함으로써 통제불능 쇼크 조건의 개는 통제가능 쇼크 조건의 개와 같은 정도와 기간에 해당하는 쇼크를 받을 수 있다. 즉, 1단계 무기력 훈련 회기에서 통제가능 조건의 개가 전기쇼크를 정지시키는 장치를 눌러서 끄면 통제불능 조건의 개도 같이 쇼크가 중단되고, 만약 통제가능 조건의 개가 끄지 못하면 같은 정도의 쇼크를 계속 받게 되는 것이다. 2단계 실험에서는 도피가능 쇼크 조건, 도피불가능 쇼크 조건 그리고 쇼크 없는 통제조건의

개들의 도피학습 수행을 비교하였다. 쇼크 없는 통제조건의 개들은 1단계는
생략하고 2단계 도피학습만 수행하였다. 세 집단의 수행결과는 도피가능 쇼
크 조건의 개들은 통제집단의 개들과 비슷한 수준이었으나, 도피불가능 쇼크
조건의 개들은 8마리 중 6마리가 2단계 실험에서 도피학습에 실패하였다. 이
개들에게 1주일 후에 다시 실험을 했을 때도 5마리는 여전히 도피학습에 성공
하지 못하는 결과를 보였다.

  이 실험결과에 대해 Seligman과 Maier(1967)는 초기에 통제불가능한 쇼크에
노출된 개들은 그들이 쇼크를 통제할 방법이 없다는 사실을 '학습'한다는 것,
즉 그들은 무기력하게 되는 것을 학습한다고 결론을 내렸다. 통제가능 쇼크 집
단과 통제불능 쇼크 집단의 개들이 서로 멍에로 연결되었기 때문에 전기쇼크
자체가 행동결손의 원인이라고 하는 방해가설은 타당한 대안이 아니다. 또한
1단계에서 쇼크를 전혀 받지 않았던 통제집단과 쇼크를 받았던 통제가능 쇼크
집단의 수행수준이 유사한 것은 쇼크에 대한 내성이 생겼다는 적응가설도 적
절한 대안이 아님을 증명해 주었다. 따라서 통제불능성에 대한 지각이 이와 같
은 행동결손을 설명할 수 있는 타당한 요인임이 밝혀졌고, 후속 동물실험들에
서도 확인되었다(Seligman & Grove, 1970; Seligman, Maier, & Geer, 1968).

2) 학습된 무기력의 유해 효과

  Maier와 Seligman(1976)은 통제불가능 경험은 세 가지 유형의 유해한 효과
또는 행동결손(behavioral deficit), 즉 동기적(motivational), 인지적(cognitive) 그
리고 정서적 결손(emotional deficit)을 초래한다고 주장하였다. 동기적 결손은
실험동물들이 회피행동을 하려는 시도를 하지 못하는 것을 시사하고, 인지적
결손은 동물들이 반응(장애물을 뛰어넘는 행동)과 결과(쇼크를 회피하는 것) 간의
연결에 대한 학습에 실패하거나 학습속도가 느려지는 것을 시사하며, 정서적
결손은 특이한 신체적 행동이나 사회적 비정상성으로 나타난다. 그러나 현실

적으로 동기적 효과와 인지적 효과는 구분하기 어렵다(Miller & Norman, 1979). 다시 말해서, 행동결손이 생겼을 때 이것이 행동을 시도하려는 동기가 결여되어서인지 아니면 학습할 능력의 부족인지 알기가 어렵다는 것이다. 예를 들어, 한 상황에서 피할 수 없는 쇼크를 받은 고양이가 나중에 피할 수 있는 다른 상황에서도 쇼크를 견디면서 앉아 있는 것이 발견되었고(Thomas, 1974; Clifford, 1983a 재인용), 통제불가능한 쇼크를 받은 쥐들도 도피행동을 하지 못하는 것이 발견되었다(Seligman & Beagley, 1975). 문제는 동물들이 이렇게 도피행동을 하지 못하는 것이 노력을 하지 않아서(동기적 결손)인가 아니면 도피반응을 학습할 능력이 없어서(인지적 결손)인가를 구분하기가 어렵다는 것이다.

학습된 무기력의 정서적 결손은 Weiss(1968)의 실험에서 분명하게 보여 주었다. 세 집단의 쥐들을 사용해서 '집행부'라고 명명한 한 집단의 쥐들에게는 쇼크를 통제할 수 있는 기회를 주었고, 다른 집단의 쥐들에게는 통제할 기회를 주지 않고 쇼크를 주었다. 나머지 한 집단에게는 어떤 쇼크도 주지 않았다. Weiss는 쇼크를 받는 두 집단의 쥐들이 같은 양의 쇼크를 받도록 멍에로 연결시켰다. 연구결과 집행부라고 명명한 통제가능한 쇼크를 받은 집단의 쥐들은 통제불가능한 쇼크를 받은 집단의 쥐들보다 체중감소도 적었고, 배변 양도 적었으며, 심한 궤양도 적었다. Strobel(1969)이 수행한 실험에서는 원숭이들로 하여금 과열된 우리에서 냉방기 작동을 하게 하도록 훈련을 시켰다. 그는 또한 혐오적인 소음, 짜증나는 불빛과 약한 전기쇼크를 통제하는 훈련을 함께 시켰는데, 이 모든 혐오적인 자극들은 원숭이들이 우리에 있는 특수한 레버를 누르면 정지시킬 수 있도록 장치하였다. 실험자는 나중에 그 레버를 원숭이들의 눈에 보이기는 하지만 닿지 않는 곳으로 옮겼다. 레버를 옮긴 후에는 우리의 온도가 높지도 않고 시끄러운 소리나 짜증나는 불빛이 없었음에도 불구하고 원숭이들은 광적인 행동을 보였다. 원숭이들은 털 손질을 하지 않아 털이 뭉치고, 몸에 반점이 생겼으며, 뇌의 온도는 불규칙하였고, 기운이 없어보였다. 어떤 원숭이들은 강박적으로 털을 잡아당겼다. 분명히 이러한 예는 통제불능성에 대한 지각이 정서적 결손을 초래한다는 가설을 강하게 지지하는 것이다.

요약하면 통제불가능한 혐오적 자극에 대한 경험이 여러 종류의 동물들에게 수행과 정서적 결손을 초래하였다. 그러나 이러한 동물실험 결과를 인간에게도 적용할 수 있을 것인가는 알 수 없었다. 인간도 동물과 마찬가지로 통제불가능한 사건에 노출되면 학습된 무기력의 징조가 나타날 것인가? 만약 나타난다면 어떤 특성을 보일 것이며, 그 정도는 어떠할 것인가에 대한 궁금증으로 후속 연구들은 인간을 대상으로 실험을 하였다.

2. 인간연구

Seligman을 비롯한 여러 연구자들이 동물에 대한 연구결과를 발표하고 난 후 얼마 지나지 않아 인간을 대상으로 한 실험이 수행되었다. 인간에 대한 연구결과는 동물연구보다 훨씬 복잡한 것으로 나타났다. 일부 연구들은 학습된 무기력이론의 예측과 일치하는 결과를 보였으나, 그 밖의 연구결과에서는 일치하지 않는 결과를 보여 주었다. 인간의 무기력 현상의 속성을 이해하기 위하여 우울증 환자들과 그렇지 않은 사람들을 대상으로 한 무기력 훈련 효과를 비교하기 위한 연구들도 수행되었다. 여기에서는 이러한 연구들의 구체적인 내용을 살펴보기로 한다.

1) 이론과 일치하는 연구

인간을 대상으로 제일 처음 실시된 연구는 Fosco와 Geer(1971)의 연구였다. 이 연구에서는 인간 피험자들을 소음통제 과제에서 다양한 비율의 실패에 노출시켰다. 피험자들은 9개의 문제를 풀어야 했는데, 각기 다른 정도의 지각된 통제를 나타내는 것으로 가정하여 0, 3, 6, 9개의 풀리지 않는 문제를 포함한 과제를 수행하게 하였다. 그 후에 모든 피험자들에게 3개의 풀리는 문제가 주어졌다. 문제는 패널 위에 있는 단추를 눌러서 소음을 중단시키게 하는 정확한 순서를 찾는 것이다. 세 개의 풀리는 문제에서 범한 오류가 기록되었다. 실험결과 풀리지 않는 문제가 많이 주어진 피험자일수록 마지막 세 개의 풀리는 문제에서 오류를 더 많이 범했다. 이 결과가 학습된 무기력이론을 지지하기는 하지만, 가장 큰 통제불능성에 노출된 피험자들은 가장 많은 소음을 경험하였다는 것을 주목해야 한다. 다시 말해서, 이 피험자들은 통제불능성에 대한 지각뿐만 아니라 실제로 가장 많은 실패를 경험한 것이다.

그 후 Hiroto(1974), Hiroto와 Seligman(1975)은 유사한 실험을 수행하여 인간도 학습된 무기력 현상이 생긴다는 것을 확인하였다. Hiroto와 Seligman(1975)의 대학생을 대상으로 한 연구에서는 네 개의 실험을 동시에 진행시켰다. 실험과제로는 기계적인 소음통제 과제뿐만 아니라 글자수수께끼(anagram)와 변별문제를 사용하였다. 초기에 불가능한(통제불가능한 소음통제 과제나 풀리지 않는 변별문제) 문제에 노출되었던 피험자들은 가능한 문제를 풀었던 집단이나 아무 과제를 수행하지 않았던 통제집단에 비해 거의 대부분 후속 소음통제 과제에서와 글자수수께끼 과제에서 낮은 수행을 보였다. 통제불능성의 방해 효과는 초기에 통제불가능을 경험했던 과제와 전혀 다른 과제들에까지 영향을 주었다. 이 연구결과들은 무기력 가설에 대한 지지를 제공할 뿐만 아니라 인간에게서 무기력의 일반화가 가능하다는 더욱 중요한 사실까지 보여 주었다. 이네 개의 실험결과에서의 일관성은 연구자들로 하여금 학습된 무기력은 일단 경험하게 되면 다양한 상황에 걸쳐서 상당히 영속적인 행동 유형을 발생시키는 특질과 같은 것이라는 결론을 내리게 하였다.

이후에는 Gatchel, Paulus와 Maples(1975) 또한 인간 피험자들에게 학습된 무기력 현상의 일반화 가능성을 보여 주었다. 이 연구자들은 학습된 무기력을 경험하는 피험자들은 이런 경험에 노출되지 않았던 사람들에 비해서 보다 심한 우울, 불안, 적개심을 나타내는 것을 발견하였다. 이러한 모든 연구결과들에서 도출되는 결론은 학습된 무기력이 실제로 인간에게 나타나는 현상이고, 이러한 현상은 과제나 상황에 걸쳐서 일반화되며, 인지적 과제나 운동능력 과제에서의 수행이 오랫동안 계속되는 통제불능성에 의해 해로운 영향을 받는다는 것으로 요약할 수 있다.

2) 이론과 일치하지 않는 연구

학습된 무기력이론이 통제불능성에 대한 지각이 행동과 감정에서의 결손을 초래한다는 것을 확실하게 예측하는 반면, 일부 연구들은 통제불능성 때문에 생기는 수행에 대한 유해한 효과를 보여 주는 데 실패하였다. 또한 일부 연구들에서는 통제불능성이 사실상 후속 수행을 촉진시키는 것을 보여 주기도 하였다.

Thornton과 Jacobs(1971)는 인간의 학습된 무기력 현상을 탐색하기 위하여 80명의 심리학개론 수강생들을 대상으로 Fosco와 Geer(1971)가 사용했던 것과 같은 단추를 눌러서 전기쇼크를 통제하는 과제를 사용하여 실험하였다. 피험자들은 팔에 부착된 전극을 통해서 주어지는 중간 정도로 강한 쇼크를 중단시키기 위해 어느 단추를 눌러야 하는지를 알아내야만 하였다. 매 쇼크가 주어지기 전에 노란 불이 들어왔다. 따라서 일단 요령을 터득하고 나면 쇼크는 피할 수 있을 뿐만 아니라 중지시킬 수도 있다. 피험자들은 네 가지 실험조건에 배정되었다. 첫째 조건의 피험자들은 통제가능한 쇼크를 받았는데, 다시 말해서 그들이 패널 위에 있는 일곱 개의 단추들 중에서 1번이나 5번 단추를 누르면 쇼크를 중지시켜 피할 수 있었다. 두 번째 통제불능 쇼크 조건의 피험자들은 통제가능 쇼크 조건의 피험자들과 멍에로 연결되어 단추누르기를 하였는데, 자신들의 단추누르기 행동과 상관없이 통제가능 조건의 피험자들이 단추누르기 과제를 수행하는 동안 받는 것과 같은 양의 쇼크를 받았다. 세 번째 조건의 피험자들도 역시 통제가능 피험자들과 연결되어 쇼크를 받았지만,

단추누르기는 하지 않았다. 네 번째 조건의 피험자들은 노란 불을 끄는 방법을 알아내는 목적의 단추누르기 과제를 했지만, 전기쇼크는 전혀 주어지지 않았다. 이 연구의 2단계에서 네 집단의 피험자들은 모두 1단계 때와는 다른 종류의 쇼크 통제 과제를 제시받았다. 연구자들은 1단계에서 통제가능한 쇼크를 경험한 피험자들이 통제불가능한 쇼크를 경험한 피험자들보다 2단계 과제에서 훨씬 성공적인 것을 발견하였다. 그러나 놀랍게도 통제불가능한 쇼크를 받은 집단은 나머지 두 통제집단(과제수행 없는 쇼크와 쇼크 없는 과제수행 조건)보다 2단계 과제에서 유의하게 빠르거나 느리지 않은 것으로 나타났다.

그러므로 Thornton과 Jacobs(1971)가 인간의 학습된 무기력을 보여 주었다고 주장한 반면에 자료는 사실상 그러한 결론에 이르지 못한다. 그들이 통제가능한 쇼크와 불가능한 쇼크 간의 차이를 보인 것은 맞지만, 사실상 통제가능한 쇼크는 두 가지 통제조건으로부터 얻은 수행과 비교할 때 수행의 향상을 가져온 것이다. 통제불능 쇼크 조건은 통제집단과 비슷한 수행을 가져왔다. 이 결과를 그림으로 나타내면 [그림 5-2]와 같다.

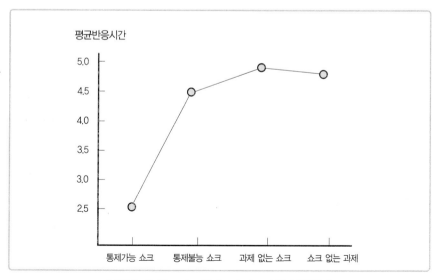

[그림 5-2] Thornton과 Jacobs(1971)의 실험결과

이 후에도 인간을 대상으로 한 학습된 무기력 연구들은 계속되었으며, 그 결과들을 종합하면 다음과 같은 결론을 얻을 수 있다. 첫째, 통제불능성은 항상 수행을 저하시키는 효과를 만들어 내는 것이 아닐 수도 있고, 때로는 수행의 향상을 가져올 수도 있다. 둘째, 수용되거나 기대된 통제불능성은 후속 수행을 향상시킬 수도 있고 반면에 예상하지 않았거나 설명되지 않은 통제불능성은 예측대로 유해한 효과를 초래할 수도 있다. 이와 같은 연구결과들은 잠시 후에 제시될 학습된 무기력의 초기 이론에 대한 재구성 모형들을 발전시켰다.

3. 학습된 무기력과 우울증

학습된 무기력 현상에 대한 연구보고들이 나오게 된 후 얼마 되지 않아 Seligman(1972)은 학습된 무기력 증상이 우울증을 가진 사람들이 보이는 행동과 유사한 측면이 많다고 주장하였다. 그는 이 둘은 유사한 증상을 보이므로 치료법과 예방 차원의 방안들을 공유할 수 있을 것이라고 주장하였다. 만약 이것이 사실이라면 무기력 훈련(통제불가능한 사건들)에 노출된 정상인이나 우울하지 않은 피험자들은 무기력 훈련을 받지 않은 우울증 환자들과 같은 행동을 해야 한다. 이러한 예측을 검증하기 위해 Klein, Fencil-Morse와 Seligman(1976)은 우울증 환자와 정상 피험자들을 대상으로 풀리는 변별학습 문제를 제시한 집단, 풀리지 않는 문제를 제시한 집단과 통제집단을 두고 글자수수께끼 문제를 제시하였다. 기대한 바대로 우울증 환자들이 정상 피험자들보다 그리고 풀리지 않는 변별문제를 풀었던 집단이 풀리는 문제를 풀었던 집단보다 수행이 저조하였다. 풀리는 문제나 풀리지 않는 문제 둘 다 주어지지 않았던 우울증 환자들은 초기에 풀리지 않는 변별문제를 경험했던 정상 피험자들보다 수행을 더 잘하지도 못하지도 않았다. 더욱이 변별문제 풀이의 실패가 문제가 매우 어려웠기 때문이라고 말해 준 우울증 피험자들의 글자수수께끼에서의 수행은 능력이 부족해서 그런 것이라고 믿도록 만든 우울증 피험자들보다 훨씬 나은 결과를 보였다.

이와 같은 연구결과는 사람들은 실패 자체만으로는 무기력에 빠지는 데 충분하지 못하고, 개인의 능력이 부족하다고 믿게 하는 실패 경험이라야 무기력에 빠지게 만든다는 결론을 내리게 한다. 또한 우울증 환자들에게서 볼 수 있는 수행의 저조는 그들의 실패를 능력부족과 같은 개인적 요인이 아니라 과제 난이도와 같은 환경적 요인 탓으로 돌리게 함으로써 어느 정도 완화될 수 있다는 것을 예측할 수 있다.

인간을 대상으로 한 학습된 무기력 연구들은 원래 수립했던 이론에 의해서 설명할 수 없는 결과들을 산출하였다. 연구결과들의 불일치와 함께 인간에게는 통제불능성에 대한 '기대'와 같은 인지기능(cognition)이 학습된 무기력 훈련의 효과를 중재한다는 것을 보여 주는 결과들은 학습된 무기력이론이 수정되어야 함을 제안하였다.

제2절 재구성과 수정 모형

Seligman과 동료들에 의해 진행된 학습된 무기력이론을 검증한 많은 연구결과들은 이론이 예측하는 바와 일치하는 결과뿐만 아니라 불일치하거나 모순적인 결과를 도출하기도 하였다. 따라서 이러한 비일관적인 결과들에 대한 원인을 찾아내기 위한 다양한 시도들이 있었다. 그중에서 가장 주목을 많이 받은 수정 모형들로는 Wortman과 Brehm(1975)의 심리적 반동이론과 접목시킨 통합 모형, Abramson, Seligman과 Teasdale(1978), Miller와 Norman(1979)이 귀인이론을 접목시킨 모형이 있고, Kuhl(1981)의 수정된 해석을 들 수 있다. 이 수정 모형들은 어떤 상황에서 왜 통제불능성에 대한 경험이 후속 수행의 향상을 가져오는가 그리고 학습된 무기력의 심각성과 그 효과를 결정할 때 인지의 역할은 무엇인가를 설명하기 위하여 제안되었다.

1. 심리적 반동이론과의 통합

학습된 무기력이라는 이론체계하에서 실험을 수행한 연구들 중에는 어느 정도의 통제불가능한 실패나 학습된 무기력 훈련이 주어진 피험자들이 후속 과제에서 이러한 초기 실패 경험이 없었던 피험자들보다 향상된 수행을 보여 준 결과들을 보고한 경우들이 있었다(Roth & Bootzin, 1974; Roth & Kubal, 1975; Thornton & Jacobs, 1972). 이러한 발견은 학습된 무기력이론으로는 설명이 불가능하고, 개인의 기술이나 능력이 실패에 의해 위협받는 것으로 보이면 노력을 더욱 투여할 것이라는 심리적 반동이론(Psychological Reactance Theory)을 지지하는 것이다. 다시 말해서, 자신이 할 수 있다고 기대하는 일에서 실패하면 그에 대한 저항이 생겨나서 더욱 노력을 투여할 것이라는 것이다. 따라서 심리적 반동이론과 학습된 무기력이론을 통합함으로써 지각된 통제불능성의 긍정적 · 부정적 효과를 다 설명할 수 있는 통합 모형이 만들어졌다(Wortman & Brehm, 1975). 이 통합 모형은 [그림 5-3]에 제시된 것처럼 약간의 지각된 통제불능성은 처음에는 수행의 증진을 가져오지만, 통제불능성의 정도가 증가되면 수행수준의 감소가 일어난다는 것을 보여 준다. 이 통합 모형은 긍정적이고 촉진적인 심리적 반동 효과와 부정적이고 약화시키는 학습된 무기력 효과는 과제중요도가 증가할수록 더욱 두드러진다는 것을 가정한다. 다시 말해서, 실패나 통제불능성을 경험하는 사건이 개인에게 중요한 것일수록 행동반응은 더욱 강해질 것이라는 주장이다.

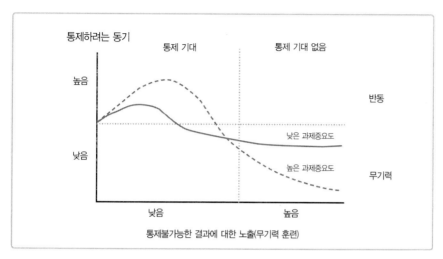

[그림 5-3] Wortman과 Brehm(1975)의 학습된 무기력과 심리적 반동현상의 통합 모형

2. 인지적 접근

1) Abramson, Seligman과 Teasdale의 재구성

학습된 무기력이라는 용어를 만들고 정의함에 있어서 학습된 무기력은 근본적으로 지각이나 인지적 현상이라는 주장을 하였다. 그러나 이론 개발 초기에 연구자들은 통제불가능한 쇼크나 실패, 소음 등의 혐오적 자극을 조작하여 실험수행을 하고 이러한 환경적 자극들이 과제수행에 미치는 영향을 측정하는 데만 관심을 가졌다. 또한 그 과정 중에 관여하는 인지의 속성이나 역할에 대해서는 무시하였다. 그러나 심리학자들이 실패에 대한 설명과 과제난이도에 관한 정보가 학습된 무기력을 감소시키는 데 사용될 수 있다는 것을 발견함에 따라 다시 인지에 초점을 맞추게 되었다. 두 팀의 연구자들이 학습된 무기력 현상을 결정하는 데 도움을 주는 사고의 종류가 어떤 것인가를 보다 잘 설명하기 위해 학습된 무기력이론을 수정하였다(Abramson et al.,

1978; Miller & Norman, 1979). 이들의 수정안은 우리가 통제불능성을 어떻게 설명하느냐가 그 효과를 결정하는 가장 강력하고 유일한 요인이라는 것을 강조하였다. 초기이론과 수정이론에 대한 구체적인 비교가 [그림 5-4]에 제시되어 있다.

우선 Abramson 등(1978)은 학습된 무기력의 원래 이론에서 두 가지의 부적절한 측면을 확인하였다. 첫째, 이전 이론에서는 무기력 형성을 세 단계로 보았으며, 개인적 무기력과 보편적 무기력을 구분하지 않았다는 점이다. '개인적 무기력(personal helplessness)'은 다른 사람들이 가지고 있는 통제성이 자신에게는 없다고 판단할 때 발생하는 것이고, '보편적 무기력(universal helplessness)'은 다른 사람들에게도 모두 없는 통제불능성을 지각할 때 발생하는 것이다. 초기 이론에서 학습된 무기력이 발생하는 과정은 [그림 5-4]의 상단에 제시한 것과 같은 3단계 과정이었으나, Abramson 등은 [그림 5-4]의 하단에 제시한 것과 같이 개인적 무기력과 보편적 무기력을 구분하기 위한 4단계 과정을 제안하였다. 3단계 과정에서는 통제불능성에 대한 지각이 통제불능성에 대한 기대를 형성하고, 이 기대가 학습된 무기력을 초래한다는 것이다. 그러나 4단계 과정에서는 통제불능성에 대한 지각은 통제불능성에 대한 인과적 설명(귀인)으로 유도되고, 그 귀인결과가 후속 통제불능성에 대한 기대를 형성하게 하여 학습된 무기력이 발생된다는 것이다. 만약 통제불능성에 대한 인과적 설명이 그 개인이 무

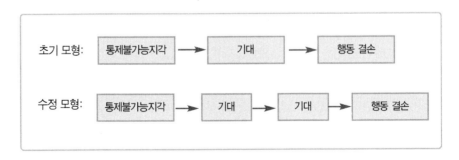

[그림 5-4] 학습된 무기력 현상의 발생과정에 대한 초기 모형과 수정 모형

능하다거나 어리석다거나 다른 사람들보다 능력이 부족하다는 것을 시사하면 개인적 무기력이 나타날 것이다. 만약 인과적 설명이 아무도 그 상황에서는 통제가 가능하지 않다는 것을 시사하면 보편적 무기력이 발생할 것이다. 개인적 무기력은 자기가치감이나 자존감의 저하 등 부정적 정서 경험을 초래할 것이며 이와 같은 부정적 정서는 많은 다른 행동에 영향을 미쳐서 무기력에 의한 결손을 강화시킬 가능성이 높다.

Abramson 등(1978)이 지적한 초기 학습된 무기력의 두 번째 한계점은 어떤 상황에서 학습된 무기력이 상대적으로 만성적(chronic)이고 어떤 상황에서 상대적으로 일반적(general)일 것인가를 예측하지 못한다는 점이다. 이러한 한계를 극복하기 위해 연구자들은 귀인 차원을 도입할 것을 제안하였다. 즉, 인과 귀인은 내재성(internality), 안정성(stability)과 총체성(globality) 차원에서 동시에 변화할 수 있다고 가정하고, 각각의 차원을 하나의 연속체로 보고 양 극단에 서로 대비되는 경우를 이분법적으로 제시하였다. 그 결과가 〈표 5-1〉에 제시되어 있다.

〈표 5-1〉 수학시험에서 실패한 후 나타날 수 있는 귀인 차원에 따른 귀인결과의 예

	내적		외적	
	안정적	불안정적	안정적	불안정적
총체적	학교공부는 그냥 못함	피곤하면 집중을 못함	검사제작자들은 어려운 문제들을 만듦	시험 보는 날은 항상 재수가 없음
특수적	나는 수학능력이 부족함	수학문제는 그냥 재미가 없음	검사제작자들은 어려운 수학문제를 만듦	수학시험에서는 재수가 없음

Abramson 등(1978)은 내재성 차원은 '무기력의 보편성(universality)'을 결정한다고 하였다. 즉, 외적 인과소재는 보편적 무기력과 연결되는데, 예를 들어 문제가 어려우면 모든 사람이 다 보편적으로 무기력을 경험할 것이라고 지각

하지만, 능력부족으로 실패를 귀인하면 자신만 무기력하다고 지각하는 것이다. 또한 결손의 만성성은 귀인의 안정성 차원에 달려 있다. 개인이 안정적 요인으로 실패에 대해 귀인하는 것은 현재뿐만 아니라 앞으로도 결과를 통제할 수 없음을 시사하기 때문에 만성적 결손을 초래할 것이다. 마지막으로 총체적 귀인은 무기력이 여러 상황들에 걸쳐서 나타나는 것을 의미하는 반면, 특수적 (specific) 귀인은 무기력이 원래 생긴 상황에서만 나타나는 것을 의미한다고 제안하였다. 예를 들어, 지능이 낮아서 실패했다는 귀인은 여러 상황에 영향을 미칠 것이나, 그 과제가 어려웠다고 귀인하는 것은 상황특수적인 것이다. 무기력에 의한 결손의 심각성 혹은 강도는 통제가능성의 중요성뿐만 아니라 통제불능성에 대한 기대의 강도나 확실성과 함께 증가할 것이라는 것을 예측할 수 있다. 그러나 만성성이나 보편성은 무기력의 심각성을 직접 예측하지는 못한다고 보았다.

　　Abramson 등(1978)은 그들의 수정 모형에서 학습된 무기력의 결과로 나타나는 행동양상으로 초기 이론에서와 같이 감정적, 인지적, 동기적 결손을 제시하고 이에 더해 '자존감 결손(self-esteem deficits)'을 추가하였다.

　　요약하면 Abramson 등(1978)은 인과귀인이 인간의 학습된 무기력의 속성을 설명하고 예측하기 위해서 필요하다고 주장하였다. 그들은 초기 이론과 불일치하는 결과들을 해석하는 데 귀인이 어떻게 활용될 수 있는가를 설명하였으며, 인과귀인의 속성이 학습된 무기력을 예방하고 완화시키기 위한 중요한 시사점을 가지고 있음을 강조하였다.

2) Miller와 Norman의 재구성

　　학습된 무기력의 최초 이론을 수정하고 정련시키려는 노력의 일환으로 Miller와 Norman(1979)의 연구를 들 수 있다. 이들도 Abramson 등(1978)과 비슷한 시기에 이론에 대한 정련을 시도하였는데, Miller와 Norman의 수정이론에서도 인과귀인의 기능, 귀인, 무기력한 행동 간의 관계에 초점을 맞추었다.

초기 이론과 관련된 연구들의 제한점을 확인하고 논의하면서 Miller와 Norman(1979)은 다음과 같은 네 가지 사항을 지적하였다. 첫째, 초기 이론은 통제불능성에 대한 지각을 유도하는 데 사용한 결과단서(예를 들어, 성공과 실패)와 상황단서(예를 들어, 실험에서 사용된 지시, 과제속성, 노출길이)를 구분하지 않았다. 지각된 비유관성(noncontingency)과 혐오적 결과에 더해서 상황단서들이 학습된 무기력의 강도뿐만 아니라 발생 여부를 결정하는 데 영향을 미칠 것이다. 둘째, 학습된 무기력의 인지적 결손과 동기적 결손 간의 명확한 구분을 하지 않고 수행 결손과 정서적 혹은 감정적 결손만 구분하였다. 셋째, Seligman은 비유관적인 혐오적 결과뿐만 아니라 비유관적인 긍정적 결과로도 학습된 무기력이 초래될 수 있음을 제안한 반면, 연구결과는 학습된 무기력에 의한 결손이 발생하려면 결과가 혐오적이어야만 한다는 것을 지적하였다. 따라서 비유관성은 무기력에 대한 충분한 원인이 아니라는 것이다. 넷째, 원래 모형에서는 학습된 무기력에 대한 민감성에 영향을 주는 것으로 발견된 통제소재, 성별, 발달수준 등의 개인차를 고려하지 않았다. 이러한 관찰결과는 Miller와 Norman으로 하여금 수정 모형을 제안하게 하였다. 학습된 무기력의 다른 상황들로의 일반화에 대해서 Miller와 Norman은 Abramson 등(1978)과 마찬가지로 총체성의 기능이라고 가정하였다.

Miller와 Norman(1979)은 학습된 무기력 증상의 완화를 위한 첫 단계는 개인의 인과귀인의 유형을 파악하는 것이라고 하였다. 만약 개인이 통제불가능한 혐오적 결과를 외적·불안정적·특수적 원인으로 귀인한다면 다음에는 긍정적 결과를 가지고 반응과 결과 간의 관련성을 경험할 수 있도록 성공 경험을 할 수 있게 해 주면 될 것이다. 반면에 만약 개인이 통제불가능한 혐오적 결과를 내적·안정적·총체적 원인으로 귀인한다면 무기력한 행동을 수정하기 위하여 개인의 귀인을 바꾸도록 직접적인 개입을 하는 것이 필요하다는 것이다.

Abramson 등(1978)과 Miller와 Norman(1979)의 수정 모형들은 모두 무기력을 학습하는 데 개인의 귀인경향이 매우 중요한 요인임을 강조하였다. 따라서 앞장에서 제시한 귀인변경 훈련에 관한 집중적인 논의가 진행되었는데, 자세한 내용은 다음에서 알아보기로 한다. 〈표 5-2〉에는 Seligman 등(1967), Abramson 등(1978)과 Miller와 Norman(1979)의 연구에서 제안된 인간의 학습된 무기력 요소들을 비교해 놓았다.

〈표 5-2〉 세 가지 연구들에서 제안된 인간의 학습된 무기력 요소 비교

	환경			개인차		인지		행동
	결과단서	X	상황단서	X	개인차 →	귀인 →	기대 →	학습된 무기력
Seligman 등(1967)	반응-결과 간 비유관성 (성공/실패)						반응-결과 간 비유관성	감정적 결손 인지적 결손 동기적 결손
Abramson 등(1978)의 수정	반응-결과 간 비유관성				인과소재 (보편성) 안정성 (만성성) 총체성 (일반성)		미래의 반응-결과 간 비유관성	감정적 결손 인지적 결손 동기적 결손 자존감 결손
Miller & Norman (1979)의 수정	반응-결과 간 비유관성 (실패)	지시문 노출기간 과제중요도 사회적 규준		성별 사전기대 기분(mood)	내재성 안정성 총체성		실패에 대한 반응-결과 간 비유관성	감정적 결손 수행 결손

3. 학습된 무기력이론에 대한 대안적 설명

학습된 무기력이론에 대한 수정 모형들은 초기 학습된 무기력이론이 현상을 설명하는 데 부족한 부분들을 보완하는 방향을 취한 것이었다. 이번에 소

개할 내용은 이러한 수정 모형과는 달리 초기 이론에 대한 비판과 대안적 설명을 제시한 Kuhl(1981)의 연구결과다.

   Seligman을 비롯한 연구자들의 초기 학습된 무기력이론과 경험적 연구들을 Kuhl(1981)은 기대-가치이론(Expectancy-Value Theory)적 틀을 적용하여 다음과 같이 비판하였다. 첫째, 기대-가치 모형에서 사용된 가치부분을 무시하고 통제에 대한 기대부분만을 너무 강조하였다. 다시 말해서, 통제에 대한 기대가 감소한 것을 통제불가능한 과제에 노출된 후에 오는 수행 결손에 대한 매개자로 가정하는 것을 지나치게 강조하였다. 둘째, 성취동기의 역동성을 고려하지 못했다. 즉, 단편적인 행동만이 아닌 계속적인 행동을 대상으로 해서 개인의 성취동기의 수준에 대한 결론을 내려야 하는데 그렇지 못했다. 셋째, 무기력의 일반성에 대해 너무 강한 가정을 하고 있으며, 기대가 전이되지 않는 과제들을 자주 사용하였다. 넷째, 지각된 통제불능성에 대한 직접적인 평가는 부족하고 행동으로부터 추론을 너무 많이 하였다.

   이와 같은 학습된 무기력이론에 대한 제한점을 보완하기 위해 Kuhl(1981)은 동기적 무기력이 아닌 기능적 무기력이론(Functional Helplessness Theory)을 강조하는 학습된 무기력의 3요인 이론을 제시하였다. 그는 학습된 무기력이 포함하는 세 가지 요인의 특성을 다음과 같이 설명하였다. 첫 번째는 기대요인으로서 성공이나 실패 확률의 감소가 항상 동기의 저하를 초래하는 것은 아니며, 실패에 대한 기대는 매우 다른 과제에 대해서만 전이가 제한된다는 것이다. 두 번째는 가치요인으로서 성취해야 할 두 개의 과제가 비교적 동등한 가치를 가진 경우, 기능적으로 동등한 대체적 동기가 발생할 가능성이 크다. 훈련과제와 실험과제가 유사한 경우, 대체적 동기는 기대할 수 없고 초기 무기력이론으로 수행을 설명하기에 충분하다. 그러나 무기력 훈련 후에 감소하는 것이 아닌 증가된 동기를 보이는 연구결과들이 나타났다는 것은 기능적 무기력과 동기적 무기력을 구분해야 함을 시사한다. 세 번째는 개인차요인으로서 무기력 증상은 개인의 '행위지향성(action-orientation)'에 따라 다를 수 있다.

'행위지향성'이란 현재 상태와 원하는 미래 상태 간의 불일치를 극복하기 위해 행동적 대안과 계획에 초점을 맞추는 인지적 행위를 말한다. 행위지향성과 대비되는 것은 '상태지향성(state-orientation)'인데, 이것은 현재, 과거, 미래의 상태에 초점을 맞추는 인지적 행위를 말한다. 통제불가능한 결과에의 노출은 우선 행위지향적 경향성을 증가시킨다. 결정적 수준을 넘어서는 증가된 노출은 상태지향적 행위를 유도한다. 상태지향적 행위는 복잡한 인지적 과제의 수행을 방해하는데, 이것은 동기적 무기력이 아닌 기능적 무기력이라고 해야 한다. Kuhl은 이 두 가지 무기력을 구분해야 함을 주장하는 것이다. 즉, 과제에 대한 편견을 갖게 하고, 주의를 분산시키는 상태지향성과 같은 방해요인 때문에 생기는 무기력은 기능적 무기력이며, 한 과제로부터 다른 과제로 일반화된 통제불능성에 대한 기대 때문에 생기는 무기력은 동기적 무기력으로 불러야 한다고 주장한다. 이와 같이 Kuhl은 기존의 학습된 무기력 연구결과들의 불일치를 해석할 때 개인의 지향성을 고려해서 차별적으로 해석해야 함을 제안하였다.

4. 건설적 실패이론

이제까지는 반복적인 실패 경험이 개인의 수행에 악영향을 미치고, 학습된 무기력이라는 부정적인 결과를 초래하는 것에 관한 내용에 초점을 맞추어 기술하였다. 그러나 실패 경험이 항상 부정적인 것만은 아니고 건설적인 측면도 있다는 '건설적 실패이론(Theory of Constructive Failure)'이 대두되었다(Clifford, 1983; Kim & Clifford, 1988). Kim과 Clifford(1988)는 실패에 대한 내성을 '실패 결과에 대하여 비교적 건설적인 태도로 반응하는 경향성'으로 정의하고, 실패의 긍정적 측면과 관련하여 그 중요성을 지적하였다. 교육상황에서 실패 경험 그 자체를 배제할 수는 없기 때문에 실패를 부정적으로만 생각하여 피하기

보다는 부정적인 감정을 빨리 정리하고 앞으로 좀 더 나은 결과를 얻기 위한 노력을 하는 것이 바람직하다는 것이다. 사람에 따라 그러한 감정상태를 쉽고 빠르게 정리하며 앞으로의 새로운 상황에 좀 더 나은 결과를 얻기 위해 노력하는 사람들이 있고 그렇지 않은 경우가 있을 것이다. 이러한 경향은 개인에 따라 차이가 있을 것이며, Kim과 Clifford(1988)는 자신들의 연구에서 이러한 개인적 차이를 보이는 실패에 대한 반응경향성이 어느 정도 안정적인 성격특성이 될 수 있다고 전제하였다.

이와 같은 건설적 실패이론에서 핵심 개념인 '실패에 대한 내성(failure tolerance)'은 실패 후에 개인이 보이는 감정적 반응과 행동적 반응의 긍정적인 정도와 어려운 과제를 선호하는 정도로 나타난다(Kim & Clifford, 1988). 김아영(1997, 2002)은 학업상황에서 실패에 대한 내성을 측정하기 위하여 실패내성척도의 구성요인을 다음과 같이 정의하고 한국판 실패내성척도를 개발하였다.

① 감정: 개인이 실패 경험 후에 보이는 감정적 반응의 긍정과 부정의 정도를 나타내며, 동기의 정서적 과정으로 표출된다. 자신의 실패 경험에 대해 건설적으로 대처할수록 부정적인 감정의 정도가 낮게 나타나며, 부정적 감정반응이 낮을수록 높은 실패내성을 가지고 있다고 할 수 있다.

② 행동: 인지적 측면과 행동적 측면으로 구성되는데, 행동요인의 인지적 측면은 실패 경험 후에 실패를 만회하기 위한 계획을 수립하고, 방안을 강구하는 정도를 알아보는 것으로서 그 정도가 높을수록 실패내성이 높은 것이다. 행동요인의 행동적 측면은 실패한 상황에서 앞으로 실패를 극복하기 위하여 어떠한 행동을 취할 것인가를 나타내는 요인이다. 개인이 실패 경험 후에 적극적, 구체적이고 현실적인 방법으로 실패를 극복하기 위한 행동을 보일수록 실패상황에 대해 보다 건설적으로 대처하는 것을 의미하며, 높은 실패내성을 가지고 있다고 볼 수 있다.

③ 과제수준 선호: 개인이 과제의 난이도에 대해 보이는 인지적, 행동적 측면

을 나타낸다. 선호하는 과제의 난이도 수준이 높을수록 개인의 실패에 대한 내성이 높은 것으로 볼 수 있다. 학업적 실패내성척도에서의 과제는 학업적 과제로 그 범위를 제한한다.

한국 학생들을 대상으로 수행한 경험적 연구들에서 실패내성은 학생들의 학업동기와 성취도를 잘 예측하는 개인차변인인 것이 확인되었다(김아영, 1997, 2002; 김아영, 신영회, 2005; 김아영, 주지은, 1999; 황매향, 장수영, 유성경, 2007).

제3절 학습된 무기력의 예방과 증상 완화

Seligman과 Maier(1967)가 학습된 무기력이라는 현상을 보고하고 명명하면서 심리학자들은 학습된 무기력을 없애고 예방하기 위한 방안들을 연구하기 시작하였다. 초기 연구들에서는 학습된 무기력의 유해한 효과는 예방이나 치료를 통해 감소시킬 수 있음을 보여 주었다.

예방적 처치로는 동물이나 사람으로 하여금 통제불가능한 혐오자극에 노출되기 전에 미리 혐오적 자극에 대한 통제 경험을 하게 하는 방안이 소개되었다(Seligman & Maier, 1967). Seligman과 Groves(1970)는 스스로 먹이를 구하고 생존해야 하는 주인 없는 길거리 개들이 연구실에서 갇혀서 자란 실험실의 개들보다 통제불가능한 전기쇼크를 사용한 학습된 무기력 훈련에 훨씬 더 잘 견디는 것을 발견하였다. 이 개들은 주인의 통제를 받지 않고 자유롭게 떠돌아다니면서 통제감을 경험했기 때문에 통제불가능한 상황에서 더 잘 버틸 수 있었다는 것이 연구자들의 해석이다.

인간을 대상으로 한 Jones, Nation과 Massad(1977)의 연구에서는 실험 초기에 50% 성공률을 가진 과제를 경험한 대학생들이, 100% 성공률을 가진 과제를 경험한 학생들보다 이후에 진행된 무기력 훈련에서 수행의 저하가 덜했음을 보여 주었다. 다시 말해서, 통제불가능한 사건들에 대한 경험이 이와 같은 혐오적인 상황에 대한 면역 효과를 가져왔다는 것이다.

치료적 개입에 관한 연구에서는 무기력 효과를 되돌리는 시도를 하였는데, 예를 들어 무기력 훈련을 받은 동물들을 집중적으로 통제가능한 경험을 하게 한 경우가 그렇지 않은 동물들보다 나중에 수행의 저하가 훨씬 적은 것을 발견하였다(Seligman, Maier, & Geer, 1968). 이 연구자들은 실험장치 위에서 전기쇼크를 주었을 때 장애물을 뛰어넘지 않는 개들을 실험자가 장애물 앞에서 손짓하여 넘게 하거나, 줄로 묶어 강제로 끌어당겨서 넘게 하는 등 전기쇼크의 충격에서 벗어나게 만들었다. 이렇게 개들이 전기쇼크에서 벗어나는 경험을 하게 하여 무기력 증상을 완화시키는 방안을 탐색하였다.

인간을 대상으로 한 치료적 개입은 실패에 대한 설명을 바꾸도록 조장하는 형태로 진행되었다. 무기력하게 행동하는 사람들은 자신의 실패를 쉽게 바꿀 수 없는 능력부족과 같은 원인으로 탓을 돌리는 경향이 있다. 그러나 자신의 실패를 노력부족으로 원인을 돌리도록 독려한 경우에는 수행이 향상되고, 무기력이 감소하는 현상이 나타났다(Dweck, 1975). 이와 같은 귀인 재훈련의 효과는 Dweck과 Repucci(1973), Chapin, Dyck(1976)과 Fowler와 Peterson(1981)의 연구에서도 확인되었다. 또한 피험자들에게 사전에 이 과제는 매우 어려운 것이라고 말해 주는 경우, 다시 말해서 실패에 대한 책임이 자신에게만 있지 않다는 것을 시사하는 상황에서는 무기력 훈련의 효과가 감소하는 것을 발견하였다(Tennen & Eller, 1977). 따라서 무기력 훈련 전과 후에 경험하는 성공적인 수행과 실패에 대한 선별적인 귀인을 사용하는 것은 무기력 훈련이나 실패경험의 유해한 효과를 완화시키거나 예방하는 데 도움이 될 수 있을 것이다.

제4절 교육현장에 대한 시사점과 적용

우리는 학습된 무기력과 유사한 현상들이 일상생활의 도처에서 다양한 연령의 사람들에게 영향을 주고 있는 것을 관찰할 수 있다. 통제가 불가능한 혐오적인 결과를 경험하면 긍정적 행동과 정서가 두드러지게 저하되어 우울감에 빠져들고, 무관심하게 되거나 냉담하게 되는 상태를 자주 경험하게 된다. 학습된 무기력에 관한 연구들은 이와 같은 행동의 많은 부분에 대해 사람들이 이러한 상황을 어떻게 지각하고, 그 원인을 무엇으로 돌리는가를 가지고 설명할 수 있음을 시사한다. 취직을 하지 못하거나, 실직을 당한다거나, 혹은 반복적으로 입시에서 실패하고, 친구를 사귀지 못하는 등의 일상생활에서 바람직하지 못한 사건들의 경험은 무기력한 행동을 유발할 수 있다.

연구결과들은 인간의 무기력에 대한 예방과 치료방법으로 다양한 제안을 하였다. 이러한 제안은 특히 교육현장에서 학생들이 학습된 무기력에 빠지게 하는 것을 사전에 방지하고, 이미 무기력감을 경험한 학생들이 무기력상태로부터 회복하게 하는 것을 촉진시킬 수 있는 방안들로 교육현장에 큰 시사점을 제공하는 것들이다. 구체적인 방안들은 다음과 같이 요약할 수 있다.

첫째, 실패 경험으로부터 과잉보호하지 말아야 한다. 학습된 무기력 연구결과들은 모든 실패 경험이 다 부정적이 아니라는 것을 보여 주었다. 다만 혐오적인 사건을 통제불가능한 것으로 지각하고 내적, 안정적, 일반적이며 통제불가능한 요인이 원인이라고 생각할 때 수행과 정서적 결손이 생긴다는 것을 보여 주었다. 실패 후에라도 통제가능한 결과를 경험하면 무기력은 생기지 않고 노력, 결단, 수행의 증가를 가져온다는 것을 보여 주었다. 적정 수준의 실패 경험은 무기력에 빠지는 것을 예방할 수 있다. 따라서 실패로부터 지나치게 보호하는 것은 학생들로부터 실패에 대한 통제를 경험할 기회를 박탈하는 것일 수 있다. 앞에서 건설적 실패이론도 이러한 측면을 뒷받침해 주고 있음을 보여 주었다.

둘째, 통제감을 경험할 수 있는 환경을 만들어 준다. 이것은 특히 위협적인 상황으로 발전될 가능성이 있는 사건들에서 더욱 중요하다. 개인이 이전에 통제를 경험했던 관련 행동들을 자주 생각하게 하고, 무기력을 유발하는 상황과 관련된 사건들에서 작은 통제라도 경험할 수 있도록 도와준다.

셋째, 부모나 교사와 같은 통제권을 가진 사람들은 반복적으로 너무 어려운 과제를 부여하는 것은 피한다. 특히 개인의 과거 실패 경험에 대한 전력을 파악해서 반복적인 실패 경험에 노출되었던 학생인지 아닌지에 따라 과제난이도를 조절할 필요가 있다.

넷째, 만약 실패가 예상되는 상황이 예견되면 실패결과를 수용할 준비를 할 수 있도록 사전에 상황에 대한 정보를 제공한다. 예를 들어, 중요하면서도 어려운 시험을 치러야 하는데, 준비가 덜 된 것으로 판단되면 실패할 수도 있다는 사실을 인지할 수 있게 해 주고, 이후에 어떤 대처를 해야 할 것인가를 미리 생각할 기회를 마련해 준다.

다섯째, 수행결과에 대한 피드백을 적절하게 사용한다. 분명하고 구체적인 피드백을 제공하여 학생들이 자신의 능력이나 실패의 원인을 정확하게 파악할 수 있게 해 준다. 아주 훌륭한 과제에서나 그저 그렇게 한 과제에서나 "나쁘지 않아."와 같이 변별이 되지 않는 애매한 피드백을 제공하는 것은 피하고, 무능함을 함축하는 "뭐 하나라도 제대로 할 수는 없냐?"와 같은 말이나 성공적인 결과가 나왔을 때 개인의 공을 인정하지 않는 등의 고의는 아닐지라도 학습된 무기력이 쉽게 발생될 수 있는 환경을 만들지 않도록 노력해야 한다.

여섯째, 귀인변경을 시도한다. 즉, 혐오적인 결과에 대한 설명을 달리해서 그 원인을 바꿀 수 있는 것으로 볼 수 있게 만든다. 실패를 능력부족으로 귀인하는 사람은 노력부족이나 방략부족으로 바꿀 수 있도록 설득한다. 만약 능력부족이 실제 실패의 원인으로 판단되면 과제난이도를 낮추어야 한다. 그러나 능력부족이 문제가 아니라고 판단되면, 학생으로 하여금 노력부족이나 부적절한 방법의 사용 등 실패의 다른 원인을 찾도록 도와준다.

제5절 한국 교육현장의 학습된 무기력 연구

학습된 무기력에 관한 이론과 연구가 국내에 소개된 것은 이미 미국을 비롯한 서구에서 학습된 무기력이론에 대한 검증작업과 현장에서의 많은 경험적 연구가 진행되고 난 이후였다. 국내에 학습된 무기력이론이 처음 소개된 시기는 1980년대 초인 것으로 보인다. 대규모 데이터베이스(예: Riss4U, 국회도서관)에서 '학습된 무기력'이나 '학습된 무력감'이라는 주제어를 사용하여 탐색하고, 교육학과 심리학과 관련된 주제를 찾은 후에 이 장에서 다루는 내용에 맞는 연구 43편을 선정하였다. 이 탐색에서 나타난 학습된 무기력에 관한 최초의 연구는 1982년 중앙대학교 논문집인 『심리학연구』에 신준섭과 조옥귀가 독립적으로 진행한 두 편의 연구인 것으로 나타난다. 신준섭(1982)의 연구는 「학습된 무기력에 있어서 행위자와 관찰자의 차이」라는 것이고, 조옥귀(1982)의 연구는 「성공에 대한 귀인이 학습된 무력감과 우울증의 경감에 미치는 영향」인 것으로 나타난다. 이 두 연구를 필두로 하여 2009년까지 교육이나 상담 혹은 임상장면에서 진행된 연구는 초등학생부터 성인에 이르는 다양한 연령대를 대상으로 하였다. 그러나 전국 규모의 학술지에 실린 논문의 수가 약 21편 정도로 앞에서 다루었던 성취동기이론, 귀인이론 그리고 이후에 다룰 자기효능감이론 등의 다른 동기이론들보다는 적은 편으로 나타났다. 나머지 논문들은 대학에서 발행하는 논문집이 대부분이었다. 이와 같이 국내에서 진행된 학습된 무기력 관련 연구의 양이 적은 것은 무기력을 학습시키기 위해 실패경험을 하도록 실험상황을 조작해야 하는 어려움과 연구윤리의 문제 때문인 것으로 추정된다.

연구에 대한 관심 정도를 연도별로 살펴보면 1980년대부터 10년 단위로 약

15편 정도의 논문들이 발표된 것으로 나타나 꾸준한 관심을 끌고 있는 것으로 보인다. 연구 분야는 교육심리학, 체육교육, 특수교육 등을 포함하는 교육학 분야가 단연 우세하였으며, 그다음으로 임상심리학과 상담학 분야 그리고 가정학과 스포츠 영역 등에 분포되어있다. 학습된 무기력이론은 학업수행의 저하를 효과적으로 설명할 수 있는 이론이기 때문에 특히 교육장면에서 관심의 대상이 된 것으로 볼 수 있다.

연구내용은 국내에서 수행된 초기에는 연구참여자들에게 무기력을 학습하게 한 후에 수행의 결손이 나타나는지를 확인하는 연구들이 발견된다. 예를 들어, 김남재(1983)는 대학생들을 대상으로 변별학습과제에서 비유관성을 경험한 후에 수행장애가 나타난 것을 보고하여 비유관성에 대한 지각이 무기력을 유발하였고, 이들의 주의 재배치를 통해 수행장애가 완화된 것을 관찰함으로써 학습된 무기력 현상이 인지적인 현상임을 확인하였다. 또한 김연(1985)은 대학생들의 우울증 정도를 측정하여 우울집단과 비우울집단으로 나눈 다음 각 집단을 해결가능 조건과 해결불가능 조건의 두 집단으로 나누어 철자맞추기 과제를 수행하게 하였다. 그 결과 해결가능 조건집단이 불가능 조건집단보다 수행의 결손이 적은 것을 보고함으로써 학습된 무기력이 수행 결손을 유발하는 것을 보여 주었다.

그러나 시간이 지남에 따라 대부분의 연구들이 개인의 학습된 무기력 정도를 자기보고식 측정도구를 사용해서 평가하고, 학업성취도나 우울증 정도와 같은 관련 변인들과의 관련성을 탐색하는 방향으로 진행되었다. 자기보고식 측정도구로 가장 많이 사용된 것은 신기명(1990)이 개발한 '학습된 무기력 진단척도'인 것으로 나타난다. 이 척도는 기존의 학습된 무기력을 측정하기 위해 사용했던 우울증 척도와는 달리 자신감, 우울 및 부정적 인지, 수동성, 의지력, 지속성, 과시욕, 책임감의 7개의 결여된 하위요인으로 구성한 것이다. 이 척도나 이를 개별 연구에 맞게 수정한 유사 척도들을 사용한 연구들의 예로는 김정규와 신기명(1991), 정수자(1996), 김아영과 주지은(1999), 김남희

(2002), 손향숙(2006) 등이 있으며 이 외에도 많은 연구들에서 계속적으로 이 척도를 사용해서 학습된 무기력을 측정하고 있다.

이와 더불어 다수의 연구에서 학습된 무기력에 영향을 미치는 개인의 귀인 경향에 대해 많은 관심을 보인 것(예를 들어, 백용매, 김영환, 1988; 이영재, 1994; 임양화, 오경자, 1989; 김성옥, 2001)은 학습된 무기력이론에 대한 Abramson 등(1978)과 Miller와 Norman(1979)의 귀인요인을 포함시킨 수정 모형의 영향이 연구에 반영된 것으로 볼 수 있다. 국외 연구결과와 마찬가지로 학습된 무기력 경향이 높은 사람들은 실패를 능력부족과 같은 내적 원인으로 귀인하고, 무기력 경향이 낮은 사람들은 운이나 과제난이도와 같은 외적 원인으로 귀인하는 것으로 나타났다. 이와 같은 국내 연구들의 결과는 모두 외국 연구결과를 확인하는 것으로 나타나 학습된 무기력 현상은 문화-특수적이 아닌 보편적인 현상인 것으로 확인되었다.

특히 교육열이 높고 경쟁지향적인 한국의 교육현장에서는 학습된 무기력은 가장 경계해야 하는 학습자의 특성으로 간주되어 왔다. 따라서 학습된 무기력과 학업성취도 간의 관계에 대한 연구관심이 높은 것은 당연하다. 한 예로 김정규와 신기명(1991)은 고등학생들을 대상으로 신기명(1990)이 개발한 자기보고식 설문지에 대한 학생들의 반응과 학업성취도와의 상관을 분석하였다. 그 결과 전체 성적 총점과 학습된 무기력 전체척도 점수 간의 상관은 $r = -.26$으로 나타났고, 7개의 하위척도 중 과시욕 결여와 자신감 결여, 지속성 결여 요인들과의 상관이 각각 $-.33, -.29, -.23$으로 별로 높은 상관은 아니지만 이론이 제시하는 방향으로 약간의 관련성이 있는 것으로 나타났다. 다시 말해서, 학습된 무기력이 낮은 것으로 지각할수록 학업성적이 높은 경향이 있었다. 하위요인별로 보면 과시욕 결여, 자신감 결여, 지속성 결여 점수가 낮을수록 학업성적이 높은 경향이 있음을 보여 줌으로써 학습된 무기력 경향이 학업성적과 부적인 관련성이 있음을 보여 주었다. 또한 김아영과 주지은(1999)의 연구에서도 지각된 무기력 경향과 학업성취도 간의 상관이 고등학교 여학생들의 경우 $r = -.33$, 남학생들의 경우 $r = -.18$로 나타났으며, 손향숙(2006)의 대학생 집단에서도 학업성취도와 신기명 척도의 하위요인 중 통제력 결여와의 상관이 $r = -.31$, 지속성 결여와는 $r = -.27$로 나타나 약간의 관련이 있는 것을 보여 주었다.

학습된 무기력과 학업성취도의 관련성을 직접 다루지 않은 연구들에서는 학업성취도에 영향이 있는 것으로 확인된 변인들과 학습된 무기력 간의 관련성을 탐색함으로써 궁극적으로는 학업성취를 잘 예측할 수 있는 요인들을 찾아내는 데 초점이 맞추어졌다. 예를 들어, 학업적 자기효능감(김남희, 2002), 학업 스트레스(강혜원, 김영희, 2004; 박성희, 김희화, 2008)와의 관련성을 탐색한 연구들이 수행되었다.

제6절 결 론

학습된 무기력이론은 그 시작이 동물들의 고전적 조건화 학습 실험현장에서 시작되었지만, 심리학의 어떤 이론들보다도 인간의 성취행동을 이해하는 데 중요한 이론으로 발전하였다. 특히 수행상황에서 목표에 도달하지 못하거나 포기하는 부정적인 결과에 대한 설명으로 가장 설득력 있는 이론으로 자리매김하고 있다. 또한 이 이론은 실패를 경험할 기회가 많은 교육현장에 도입되어 학생들의 실패 경험에 관한 많은 논란을 촉발시켰고, 실제로 교육현장에 제공한 시사성이 큰 이론으로 여전히 남아 있다.

학습된 무기력이론은 동기이론의 발전에 중요한 전환점을 제공하였다. 1960년대까지 행동주의 이론가들에 의한 동물실험에서 나타난 연구결과들과 생리학적 측면에서 생리적 욕구와 추동을 중심으로 전개되던 인간의 동기이론에 기대와 귀인과 같은 인지적 요소의 중요성을 강조하면서 인지주의 학자들을 동기연구에 끌어들였다는 점은 매우 중요한 공헌이라 할 것이다.

이론 개발 초기에 왕성하던 경험적 연구는 인간피험자 사용 시 문제가 되는 윤리적 측면 때문에 더 이상 무기력을 훈련시켜 그 효과를 검증하는 방식으로 실험연구를 진행할 수 없게 되었다. 특히 해결불가능하거나 답이 없는 문제를 제시하고, 통제불가능한 수행상황에서 그 결과에 대한 실패 피드백을 줌으로써 무기력을 유도하여 학습하게 하는 실험연구는 거의 불가능하게 되었다. 또한 답이 없는 문제를 제시하고 실패했다는 피드백을 주는 속임수까지 포함된 실험절차는 '인간피험자위원회(Human Subject Committee)'를 거의 통과할 수 없기 때문에 최근 연구에서는 찾아보기 어려운 실정이다. 따라서 최근의 연구는 실험상황에서 실패를 경험하고 무기력을 유도하는 연구보다는 개인의 우울경향성이나 무기력을 나타내는 자기보고식 문항들을 개발하고, 무기력 경향을 평가하여 상대적으로 높고 낮은 개인으로 구분하여 다른 변인들과의 관련성을 검토하는 방향으로 계속되고 있다(예를 들어, 대부분의 한국 연구들, Maatta, Nurmi, & Stattin, 2007; Shell & Husman, 2008).

인간은 일상생활에서 반복적인 실패나 좌절을 경험하면서 무기력을 학습하게 되는 상황에 끊임없이 노출된다. 따라서 개인의 객관적인 능력이나 노력 투여와 상관없이 실패 결과에 대한 개인의 지각이나 원인에 대한 설명이 무기력으로 유도하게 되는 원인이라는 학습된 무기력이론은 모든 성취 관련 상황에서 제외시킬 수 없는 요인이다. 특히 개인의 삶의 질 향상에 관심이 증대되고 있는 현대 연구자들에게는 지속적인 연구주제로 남을 것이다.

학습된 무기력 현상이 보고되자 미국 교육계에서는 실패 경험의 부정적 영향을 경계하여 일반 학교에서 시험을 폐지하고, 상대평가에 근거한 등수를 학생들과 부모들에게 보고하지 않는 관행이 만들어졌다. 이러한 교육현장에서의 실제는 한국에도 도입되어 지난 십여 년 동안 초등학교에서는 공식적인 시험이 없어지고, 성적표도 등수를 제시하지 않는 등의 실패 경험을 최소화하기 위한 제도들이 도입되었다. 또한 가정에서도 자녀들을 벌하거나 야단을 치는

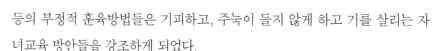

등의 부정적 훈육방법들은 기피하고, 주눅이 들지 않게 하고 기를 살리는 자녀교육 방안들을 강조하게 되었다.

그러나 앞에서도 보았듯이 이와 같은 실패를 기피하고, 성공 경험만을 강조하는 교육실제는 학생들로 하여금 실패에 대한 내성이 떨어지게 하여 작은 실패에도 쉽게 좌절하는 나약한 사람으로 만들 가능성을 증가시켰다. 최근에 쉽게 접하는 한국 청소년들의 자살 사례들은 무기력하게 되지 말라는 실패 경험으로부터의 보호가 반대로 작은 실패에도 좌절하는 나약한 인간으로 기르는 것은 아닌가 하는 우려를 낳게 한다. 최근에 초등학교에서 다시 학생들의 성취도에 대한 정확한 파악을 위해 시험제도가 부활하는 것은 이런 측면에서 볼 때 긍정적이라고 할 수 있다. 다만, 지나치게 점수와 등수를 강조하는 경쟁적인 평가위주의 규준참조적 시험이 아니라 학생들이 자신의 능력에 대한 정확한 정보를 제공받고, 성취를 이룬 부분과 아직 부족한 부분을 파악할 수 있는 준거참조적 평가체계를 도입하는 것이 중요할 것이다. 이렇게 학생들이 자신의 부족한 부분에 대한 정확한 피드백을 받게 되면 학습에 대한 동기를 유발시켜 수행의 향상을 이루게 되고, 궁극적으로는 자신감과 자존감 향상으로 이어질 수 있을 것이다. 요약하면, 한국 학생들도 건설적 실패이론이 제안하는 것과 같이 적절한 실패 경험을 하여 실패에 대한 내성이 높은 심리적으로 건강하고 강한 사람들로 성장할 수 있게 하는 것이 바람직한 방향일 것이다.

ACADEMIC MOTIVATION

CHAPTER
6

내재동기이론

내재동기이론

심리학연구 분야에서 동기의 근원에 대한 주제의 변천사를 보면, 행동주의
에 근거한 심리학연구들이 동물을 대상으로 진행되었던 1930년대 전후에는
실험동물의 수행을 유도하기 위한 긍정적 강화나 처벌 등 행동의 근원을 유기
체 외부에 둔 '외재동기이론(Extrinsic Motivation Theory)'에 초점을 맞추고 있
었다. 그러나 점차 심리학연구가 인간행동을 직접 연구하는 방향으로 전환하
고, 동시에 인지주의가 심리학의 새로운 패러다임으로 도입되기 시작하는
1950년대를 지나면서 인간의 행동은 강화와 관련된 외적 요인만으로 설명하
기 어렵고 사고나 신념, 태도와 같은 내적 요인의 필요성이 대두되었다. 다시
말해서, 외재동기이론에 대응하는 '내재동기이론(Intrinsic Motivation Theory)'
이 등장하게 된 것이다.

내재동기는 행동의 원인이 상이나 돈 혹은 학생들의 경우 칭찬이나 좋은 성
적을 받기 위해서와 같은 외적 요인으로부터가 아닌 개인 내부로부터 오는 동
기를 말한다. 어떤 과제를 하는데 내재적으로 동기화된 사람은 과제에 대한 흥
미 때문에 그 과제를 하는 자체가 즐겁거나 그 과제가 제공하는 도전감과 행위
에 대한 느낌 때문에 과제를 수행한다. 따라서 이런 경우 내재동기이론에서는
정서적인 측면에 관심을 가진다. 그러나 어떤 행동을 하고자 하는 동기를 유발
시키는 요인은 흥미나 즐거움과 같은 정서적인 것뿐만 아니라 신념이나 사고

와 같은 인지적 측면에 관심을 갖는 경우가 많다. 특히 학생들의 학업행동을 유발하는 동기화에 초점을 맞추는 학업동기이론들 중에는 인지적 측면에 관심을 가지고 개발된 동기이론이 대다수라는 것을 알 수 있다. 내재동기는 높은 수준의 학습과 창의력을 산출하는 데 중요한 요인이기 때문에 학업현장에서 특히 관심을 갖는 학생의 특성이다.

지난 반세기 동안 내재동기이론은 연구자들마다 내재동기를 유발시키는 결정인자와 내재적으로 동기화된 행위의 핵심 요인을 무엇으로 보느냐에 따라서 혹은 내재동기를 어떻게 측정하느냐, 즉 조작적 정의를 어떻게 내리느냐에 따라 다양한 이론들을 제시하였다. 이번 장에서는 대표적인 인지적 내재동기이론들을 중심으로 설명하고 관련 경험연구들을 고찰할 것이다.

제1절 내재동기의 정의

1. 개념적 정의

내재동기가 무엇이냐에 대해 모든 연구자가 동의하는 하나의 단일한 정의를 제시하기는 어렵다. 그러나 기본적으로 과제수행 후에 오는 결과 때문이 아니라 과제에 포함되는 활동 자체 때문에 어떤 과제를 수행하는 경우 우리는 내재적으로 동기화되었다고 말한다. 그러면 과제에 포함된 어떤 특성들이 해당 과제를 수행하고 싶게 만드는지에 대해서는 다양한 요소들이 제안되었다. Lepper와 Henderlong(2000)은 과제에 대한 호기심, 과제수행이 제공하는 도전감, 과제수행을 함으로써 느끼는 통제감 그리고 그 과제를 수행하는 맥락을 제시하고 있다. 그 외에도 과제수행을 함으로써 느끼는 유능감과 자율감(Deci & Ryan, 1985) 그리고 인지적 부조화의 해소(Festinger, 1957) 등이 행동을 유발하는 내적 요소로 제시되었다. 이러한 요소들을 포함시켜 Deci와 Ryan(1985)은 내재동기란 개인이 관심을 보이고, 자신의 능력을 발휘하고, 이를 위해 최적의 도전을 추구하고 달성하려는 타고난 성향이라고 정의하였다. 또한 Reeve(2005)는 내재동기는 심리적 욕구, 개인적 호기심 그리고 타고난 성장을 향한 노력으로부터 자발적으로 생기는 것이라고 정의하였다. 한편, 동기의 정서적인 측면을 강조하는 출현동기이론과 플로우 모형(Flow Model)에서 Csikszentmihalyi(1975)는 내재적으로 동기화된 활동은 목표와 보상이 과제를 수행하는 과정 속에서 발견되는 것이라고 하였다. 이러한 정의들을 요약하면 '내재동기'란 과제 외적인 어떤 결과 때문이 아닌 과제 자체에 대한 흥미와 수행 자체를 즐기기 위한 목적에서 행위를 하고자 하는 동기라고 정의할 수 있다.

2. 조작적 정의

내재동기를 연구하기 위해서는 내재동기를 어떻게 측정할 것인가를 결정해야 한다. 많은 연구자들이 내재동기에 대해 다양한 방식으로 조작적 정의를 내렸는데, 크게 두 가지 유형으로 나누어 볼 수 있다. 하나는 행동측정치로서 해당 과제에 대한 수행의무가 없는 상황에서의 자유선택 정도이고, 다른 하나는 자기보고로 나타나는 과제수행에 대한 흥미와 즐거움이었다(Ryan & Deci, 2000a). 첫 번째 자유선택유형은 실험과제 수행을 마치고 난 후에 자유시간을 주고 참여자들이 얼마나 자유의지로 다양한 과제들 중에서 해당 실험과제를 선택하는가 혹은 다시 수행하는가를 가지고 내재동기를 측정하는 것이다. 두 번째 자기보고에 의한 측정은 위와 같은 실험이 끝나고 난 후에 과제가 얼마나 재미있었는가 혹은 수행을 얼마나 즐겼는가를 묻거나, 미래에 이와 같은 과제를 수행할 기회가 생기면 얼마나 그 과제를 다시 선택할 것 같은가를 질문한 결과를 통해 내재동기를 측정하는 방법이다. 이 밖에도 잘 풀리지 않는 과제를 풀기 위해 보내는 시간이나 끈기 정도를 통해 내재동기를 측정하기도

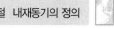

한다.

이와 같이 내재동기에 대한 조작적 정의를 적용하여 측정할 경우 몇 가지 문제가 발생하는데, 그중의 하나는 관찰된 행동이 내재동기가 아닌 다른 것을 나타낼 수도 있다는 점이다. 예를 들어, 자유선택 기회가 주어졌을 때 아동이 해당과제를 선택하는 것은 이전 실험상황에서 실험자가 그 과제를 수행할 것을 요구했기 때문이며, 의무적으로 다시 선택한 일종의 실험의 요구특성 때문일 수도 있다. 혹은 학생들을 대상으로 한 실험에서 그 과제가 얼마나 재미있었는가를 묻는 경우 사회적 바람직성의 영향으로 흥미나 즐거움의 정도를 부풀려서 보고할 가능성을 배제할 수 없다.

내재동기의 연구에서 나타난 또 다른 문제점은 서로 다른 조작적 정의에 의한 두 가지 이상의 측정치를 사용해서 내재동기를 측정한 경우 서로 일치하지 않는 결과를 보이는 것이다. 다시 말해서, 풀리지 않는 과제에 끈기를 가지고 매달렸던 학생이 자유선택 상황에서 해당과제를 선택하지 않는 경우도 있고, 그 과제가 별로 흥미롭지 않다고 보고하는 것이다. 이럴 경우 어느 측정치가 그 학생의 내재동기를 잘 반영하는 것인가를 결정하는 것은 연구자들의 숙제로 남게 된다. Mayer 등(2007)이 수행한 최근의 동기척도들에 대한 메타분석 연구에서도 유사한 결과를 보고하고 있다. 즉, 서로 다른 동기측정치들 간에 상관이 별로 높지 않게 나타난 것이다. 예를 들어, 성취욕구를 TAT를 사용해서 측정한 결과와 자기보고식으로 측정한 결과 간의 상관이 거의 없는 것으로 나타났다. 이러한 결과에 대해 연구자들은 서로 다른 측정도구를 사용했을 때 결과들이 수렴하지 않는 것은 이 척도들이 동기의 다른 측면들을 측정하는 것이기 때문에 당연한 결과라고 주장하였고, 동기연구자들은 한 연구에서 여러 가지 다른 접근방법을 사용하는 것을 피할 것을 제안하였다.

결론적으로 동기연구자들은 보다 정교화된 조작적 정의를 통해 이론에 대한 발전을 도모해야 할 것이며, 교육의 실제를 담당하고 있는 현장실천가들은 다양한 연구결과들이 자신이 교육하고 있는 학생들의 특성과 교육 맥락에 맞는지 확인하고, 그로부터 적절한 시사점을 도출해야 할 것이다.

3. 내재동기와 흥미

　앞에서 제시한 바와 같이 내재동기에 대한 개념적·조작적 정의를 할 때 대
표적으로 포함되는 개념으로 '흥미(interest)'가 있다. 흥미라는 말은 일상생활
에서 끊임없이 사용되는 일반적인 단어이면서 학업이나 직무에서의 수행을
이야기할 때 필연적으로 포함되는 단어다. 공부를 잘 못하는 이유는 그 과목
에 흥미가 없기 때문이며 컴퓨터 관련 업무를 성공적으로 처리하지 못하는 이
유는 컴퓨터와 같은 기계를 다루는 것에 흥미가 없기 때문이라는 말은 일상적
으로 듣는 말이다. 따라서 어떤 일을 하고자 하는 생각이 들기 위해서는 그 일
에 대한 흥미가 중요하다. 이러한 이유에서 내재동기를 과제에 대한 흥미 정
도를 가지고 측정하기도 한다.

　일반적으로 흥미는 인간의 정서적인 측면의 특성으로 간주되지만, 심리학
자들 중에는 과제에 대한 흥미는 정서적인 요소뿐만 아니라 인지적 요소도 함
께 포함하는 것으로 간주한다(Krapp, 1999). 그동안 흥미에 대한 연구는 독일
심리학자들이 주도해 왔다. 대표적으로 Krapp, Hidi와 Renninger(1992)의 흥
미에 대한 관점이 발표되면서 새로운 연구전통이 만들어져 왔다. 이 연구자들
은 흥미에 대한 세 가지 관점을 제시하였는데, 첫째 개인의 기질인 개인적 흥
미(personal interest), 둘째 맥락적 측면인 흥미로움(interestingness), 셋째 상황
적 흥미를 포함하는 심리적 상태로서의 흥미(interest as a psychological state)로
서 즐거움과 같은 정의적 요소뿐만 아니라 지식이나 가치와 같은 인지적 요소
도 포함하고 있음을 주장한다. 흥미 연구자들은 내재동기는 포괄적이고 지속
적이며 후속 행동에 영향을 주는 전 과정을 의미하고, 흥미는 특정 과제나 수
행에 대한 상태를 나타내므로 내재동기로 발전하기 위한 심리적 선행 단계로

인식되어야 하며, 동기와 독립적으로 연구될 필요가 있음을 주장하기도 한다 (김성일, 윤미선, 2004). 국내에서는 김성일과 그 연구팀이 학습장면에서의 흥미를 내재동기와 차별적으로 연구해 왔다(김성일, 2003; 김성일, 윤미선, 2004; 김원식, 김성일, 2005; 이명진, 김성일, 2003; 최정선, 김성일, 2004).

이 장에서는 대부분의 동기연구자들이 채택하는 접근인 흥미를 내재동기의 한 가지 측면으로서 내재동기가 발현된 상태로 접근하고자 한다. 따라서 흥미 연구에 대한 구체적인 내용에 관심 있는 독자들은 앞에서 제시한 김성일 연구팀의 결과들을 참고하기 바란다.

4. 내재동기이론

앞에서 제시한 바와 같이 내재동기에 대한 개념적 정의가 다양한 만큼 내재동기에 대한 이론들도 다양한 형태로 수립되고 수정되면서 발전해 왔다. 내재동기의 핵심 요인을 지각된 유능감으로 보는 효율동기이론(Harter, 1978; White, 1959)과 인지적 평가이론(Deci, 1971), 개인적 인과성으로 보는 개인적 인과이론(deCharms, 1968)과 인과지향성이론(Deci & Ryan, 2000), 귀인성향으로 보는 과정당화이론(Lepper, Greene, & Nisbett, 1973)과 내인성 귀인이론(Kruglanski, 1975), 자율성으로 보는 유기적 통합이론(Deci & Ryan, 1985; Ryan & Deci, 2000b) 등은 인지주의적 이론이라고 할 수 있다. 그러나 인본주의의 영향을 받은 것들도 있다. 예를 들어, Deci와 Ryan의 자기결정성이론은 몇 개의 미니 이론들로 구성되어 있는데, 그중에서 기본 심리적 욕구이론(Basic Psychological Needs Theory)은 Maslow의 욕구이론에 지대한 영향을 받았다. 또한 Csikszentmihalyi(1975)의 출현동기이론도 인본주의의 영향을 받은 이론으로 분류할 수 있다. 인본주의적 접근에서는 이러한 내재동기를 유발하는 욕구를 비롯한 인간의 속성은 태어날 때부터 갖고 태어나는 생득적인 것으로 본다. 다음 절부터는 이와 같은 대표적인 내재동기이론들을 가능한 한 출현 순서에 따라서 구체적으로 살펴볼 것이다.

제2절 효율동기이론과 숙달동기이론

'효율동기이론(Effectance Motivation Theory)'은 개인의 유능감(competency)을 핵심 요인으로 Robert White(1959)가 개발한 동기이론이다. White(1959)는 Piaget(1952)나 Harlow(1953) 그리고 Berlyne(1950)과 마찬가지로 행동하거나 행동을 조작하고, 호기심을 보이며, 숙달을 이루려 하거나 놀이를 즐기면서 끊임없이 탐색하는 행동은 모두 인간의 자연스러운 성향이라고 주장하였다(Clifford, 1983). 그러면서 그는 1950년대에 널리 퍼져 있던 관념인 인간행동은 항상 생리적 욕구나 개인이 기피하려는 불쾌한 상태에 의해 움직이는 것만이 사실은 아니라고 주장하였다. 인간은 자신의 삶이나 환경의 어떤 측면을 변화시키고 수정하거나 영향력을 미칠 수 있다는 것을 보여 주기 위한 목적에서 행동한다는 것이다. White는 또한 인간은 주변에 있는 사물들에 영향력을 행사하고, 그 영향력의 효과에 따라 유능감을 획득한다고 주장하였다. 다시 말해서, White는 효율성(effectance)과 유능성(competence) 개념을 포함시킨 동기이론을 제시한 것이다.

White(1959)는 이러한 주장을 뒷받침할 경험적 연구수행을 하지 않았다. 그러나 약 20년이 지난 후에 Susan Harter(1978, 1981a)는 White의 이러한 주장을 검증하기 위한 경험적 연구를 수행하고, 효율동기에 영향을 미칠 수 있는 요인들을 포함시켜 [그림 6-1]과 같이 White의 이론의 확장을 시도한 재구성이론을 제시하였다. Harter(1981a)는 효율동기의 결정인자들로 행위의 결과(성공 대 실패), 보상의 출처(자기보상 대 외적 보상), 과제난이도(적정수준 대 극단적 수준)와 숙달에 대한 도전(독자적 대 타인의존)을 포함시켰다. 그는 이 요인들이

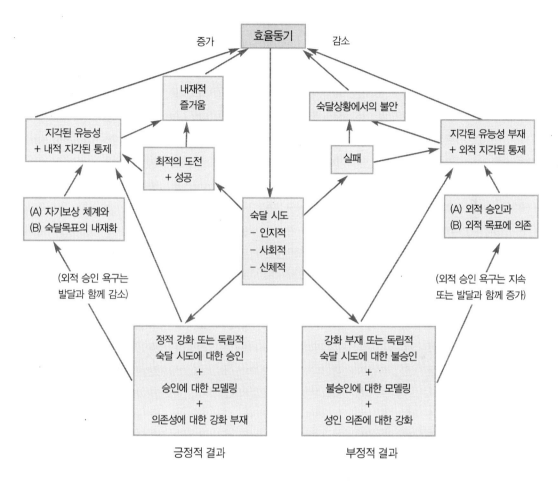

[그림 6-1] White(1959)의 **효율동기이론에 대한 Harter의 확장 모델**(Harter, 1981a)

환경과의 상호작용 결과로 나타나는 효율동기가 증진될 것인지 감소될 것인
지를 결정하는 데 도움을 줄 것이라고 제안하였다.

[그림 6-1]에서 볼 수 있듯이 Harter는 다양한 내적/외적 요인들이 어떻게
상호작용하여 효율동기를 증진시키거나 감소시킬 수 있을 것인가를 제시하
였다. 또한 효율동기의 강도를 결정하는 데 사회화뿐만 아니라 발달적 요인의
역할도 제시하였다. 구체적으로 보면 아동 초기나 중기에 독립적으로 숙달을

시도한 것에 대해 강화를 받은 아동들은 자기보상 체계와 성취나 숙달에 대한 기준을 점차적으로 내재화시킬 것이라고 예측하였다. 이러한 요인들이 내재화되어 감에 따라 외적 강화에 대한 필요성은 줄어든다는 것이다. 반면에 독립적으로 숙달을 시도한 아동이 부정적 결과를 경험하면 외적 승인에 대한 요구가 증진될 것이고, 외부에서 정해준 목표에 의존하려는 경향을 보일 것임을 기대할 수 있다는 것이다. 따라서 이러한 아동은 외재동기지향적이 될 것이고 낮은 유능감을 느끼게 되며, 외적으로 통제됨을 지각하고 숙달상황에서 불안을 경험하며, 숙달을 위한 행동을 하려는 동기가 감소되고, 효율동기의 감소를 보일 것이다. 이 모델에서는 숙달이 유능감을 느끼게 하고 효율동기를 유발하게 하는 핵심 요인이기 때문에 '숙달동기이론(Mastery Motivation Theory)'이라고 지칭하기도 한다(Pintrich & Schunk, 2002).

Harter(1981b)는 효율동기 모형에 대한 검증을 위하여 '아동용 지각된 유능성 척도(Perceived Competence Scale for Children)'를 개발하였다. 이 척도에서는 지각된 유능성을 맥락–특수적인 것으로 간주하여 인지적·사회적·신체적 영역으로 나누어 유능성을 평가하도록 문항을 구성하였다. 그는 여기서 지각된 통제, 교실학습동기(내재동기 대 외재동기 지향성)척도도 포함시켜 위의 모형에서 도출되는 가설에 대한 검증을 시도하였다. 이 연구에서 Harter(1981b)는 특히 발달경향성을 조사한 결과, 아동들이 초등학교에서 중·고등학교로 발달이 진행됨에 따라 전반적인 내재동기가 감소하는 것을 관찰하였다. 그러한 현상이 나타난 이유는 아동들이 학년이 올라감에 따라 규준–참조적 평가가 많아지고 학업적 성취에 대한 외재적 보상의 사용도 많아지게 되면서 능력과 관련된 사회적 비교가 증가했기 때문이라고 보았다. 학년 증가에 따른 내재동기의 감소 현상은 다양한 맥락에서 진행된 후속 연구들에서 반복적으로 검증되었다.

Harter(1978, 1981a, 1981b)의 효율동기는 여러 연구들에서 강화방안이 제시되었는데, 간단히 요약하면 다음과 같다. 첫째, 개인으로 하여금 도전적이고 성공 가능한 과제를 완숙하려는 시도를 하게 한다. 둘째, 스스로 성취하려고 노력하거나 주도성을 보이는 사람들을 강화하거나 칭찬한다. 셋째, 외부의 압력이 없이 자신의 목표를 스스로 설정할 것을 권장한다. 넷째, 자신의 수행을 평가하고 보강하도록 권장한다. 다섯째, 독립적인 숙달행동의 모델을 제공한다. Harter가 제안한 이러한 효능동기를 증진시키는 방안은 이후에 가장 강력한 동기이론으로 주목받은 Bandura(1977)의 자기효능감이론의 핵심과 매우 유사하다.

제3절 개인적 인과성이론

초기에 수립되어 후속 내재동기이론들의 발전에 큰 영향을 미친 이론으로 Richard deCharms(1968)의 '개인적 인과성이론(Personal Causation Theory)'이 있다. White(1959)와 마찬가지로 deCharms(1968)도 인간을 역동적인 유기체로서 자신의 환경을 변화시키기 위해 끊임없이 노력하는 존재로 보았다. 그는 개인의 행동은 어떤 일이 일어나게 만드는 원인이 자신의 능력이나 무능력이라고 믿는 신념, 즉 '통제감(perceived control)'에 의해 주로 결정된다고 주장하였다.

1. '주인' 의식과 '노예' 의식

deCharms(1968)는 개인적 인과성을 개인이 자신의 환경을 변화시키기 위한 목적에서 행동을 시작하는 것이라고 정의하고, 자신을 어느 정도로 그 행동의 주체로 지각하느냐 아니냐에 따라 내재동기가 결정된다고 주장하였다. deCharms는 전자를 '주인(origin)' 의식으로, 후자를 '노예(pawn)' 의식이라고 지칭하였다. 주인은 자신의 행동을 스스로의 선택에 의해 결정된 것으로 보는 사람을 말하고, 노예는 자신의 행동을 자신의 통제 밖에 있는 외적 힘에 의해 결정된 것으로 지각하는 사람을 말한다. deCharms(1968)는 주인과 같은 행동과 노예와 같은 행동은 비연속적 혹은 양분적인 변인이 아니라 연속적인 변인으로 간주하였다. 사람들은 어떤 상황에서는 주인의식을 더 많이 갖고 어떤 상황에서는 노예의식을 더 많이 갖는다고 한다.

주인은 개인적 인과성에 대한 강한 느낌을 가지며, 환경에서의 변화가 그들의 행위 때문이라고 귀인한다. deCharms는 주인으로 느끼는 사람은 자신감을 가지고 행동하고, 자의식을 느끼지 않으며, 자유와 힘을 느끼면서 행동을 할 때 불안감이나 위협을 느끼지 않는 반면에, 노예는 이와 반대로 느낄 것이라고 예측하였다. 또한 주인으로 지각하는 사람은 내재적으로 동기화된 행동을 하는 반면에, 노예로 지각하는 사람은 인과소재를 자신의 외부에 두기 때문에 외재적으로 동기화된 행동을 한다는 것이다. deCharms(1976)는 '주인의식 설문지(Origin Climate Questionnaire)'를 개발하여 연구하였는데, 이 설문지는 학생들이 교사와 학급에 대해 '주인지향적(자율성)'으로 지각하는가 '노예지향적(통제)'으로 지각하는가를 나타내도록 만들어졌다.

2. 경험적 연구 증거

deCharms(1972, 1976)는 몇몇 연구에서 학생들로 하여금 '노예'처럼 지각하도록 한 경우에 '주인'으로 지각하게 만든 경우보다 과제에 대해 덜 재미있게 느끼고, 강제성을 더 느끼며, 동기유발이 덜 되는 것을 보여 주었다. 또한 '주인' 피험자들은 과제에 대한 회상률이 높았고, 우수한 수행수준을 보여 주었음을 보고하였다.

대표적인 연구로 deCharms는 1967년 봄에 Carnegie 재단의 지원을 받아 저소득층 흑인 초등학교에서 근무하는 교사들을 대상으로 학생들의 개인적 인과성을 증진시키기 위한 4년짜리 종단연구 프로젝트를 시작하였다. deCharms(1984)의 이 프로젝트에 대한 자세한 설명을 요약하면 다음과 같다. 실험처치는 6학년과 7학년을 가르치는 교사들에 대한 '주인 훈련(origin-training)'을 포함하고 있는데, 교실에서의 동기증진 훈련을 사용하였다. 교사들은 학생들이 현실적인 목표를 설정하도록 권장하고, 학생들의 성취와 의사결정 행동을 강조하는 활동들에 참여를 독려하며, 학생들이 주인으로 지각할 수 있도록 상호작용하는 훈련을 받았다. 실험집단 학생들은 동기증진 훈련을 받은 교사들에 의해 수업을 받았고, 통제집단 학생들은 정규 교과과정에 의한 지도만 받았다. 학생들의 동기와 학업성취도에 대한 측정은 매 학년 말에 이루어졌다. 주인 훈련을 받은 교사들의 학급 학생들은 개인적 목표설정, 개인적 책임감, 자신감과 내적 통제감 측정으로 구성된 주인 지각에 대한 측정치와 더불어 학업성취도 점수에서도 통제집단 학생들보다 높은 결과를 보여 주었다. 이 종단 연구결과 훈련을 받은 교사들은 학교에서 진급을 더 많이 하고, 학생들의 교사 평가 설문지에서 보다 좋은 점수를 받았다. 반면 학생들은 지각과 결석률이 낮았고, 8학년과 11학년에 얻어진 동기 측정치와 학업성취도 평가에서 여전히 높은 점수를 받았으며, 훈련을 받은 교사들의 학급에서 공부한 남학생들의 고등학교 졸업률도 높은 것을 보고하였다(deCharms, 1980).

이와 같은 긍정적인 연구결과에도 불구하고 개인적 인과성 이론은 deCharms 이후에 많은 연구가 진행되지 않았다. 그러나 이 이론은 다음 절에서 제시할 Deci의 인지평가이론에서 그 기능을 발휘하게 된다(Deci, 1971, 1972a, 1972b, 1975).

제4절 인지평가이론

앞 절에서는 인간은 자신의 유능함을 느끼게 하거나 자신이 환경을 통제하고 있다고 느끼는 일을 하려는 경향을 가지고 있다는 생각에 기초해서 만들어진 내재동기이론들을 소개하였다. 이 이론들은 사람들은 자기 자신이나 외부 사건들을 얼마나 통제할 수 있다고 느끼느냐 그리고 자신이 얼마나 능력이 있다고 느끼느냐에 따라 내재동기가 결정된다는 것을 강조한다. 앞에서 제시한 White(1959)와 Harter(1978)의 효율동기이론은 주로 유능성에 대한 지각을 중심으로, deCharms(1968)의 개인적 인과성이론은 통제감을 핵심 개념으로 하여 개발된 이론이다. 반면 Edward Deci(1971, 1972a, 1972b, 1975)는 이 두 가지 개념을 모두 포함한 내재동기에 대한 '인지평가이론(Cognitive Evaluation Theory)' 을 제시하였다.

1. 이론의 기본 방향

Deci(1975)의 이론은 인간의 속성에 대해 몇 가지 기본 전제를 두고 있다. 첫째, 인간은 유능하며 스스로 결정하고자 하는(self-determining) 욕구를 가지고 있다. 둘째, 자신의 행동을 인지적으로 평가하고 설명하며 이유를 찾으려고 한다. 셋째, 자신의 능력에 비추어 최적 수준의 도전을 추구함으로써 유능성을 획득하고 보여줄 기회를 찾는다. 넷째, 개인의 유능감이 높을수록 심리적 안녕감도 높다. 이러한 인간에 대한 기본 전제는 인본주의적 경향을 가미하고 있음을 보여 준다.

인지평가이론에서는 개인의 내적 통제소재(internal locus of control)와 능력에 대한 지각이 높아질수록 내재동기가 증가한다고 주장한다. 여기서 내재적으로 동기화된 행위란 뚜렷한 외적 보상이 없는 상태에서 하는 행위를 의미한다. White나 deCharms가 자신들이 제시한 이론에 대해 정교화나 수정을 위한 경험적 연구에 별로 관심을 보이지 않았던 것과는 대조적으로 Deci는 자신이 제안한 내재동기에 대한 인지평가이론을 많은 동료들과 함께 경험적으로 검증하고, 정교화하기 위한 연구를 수행하였으며, 수많은 후속 연구와 이론개발을 촉발시켰다. 인지평가이론은 인지적으로 접근한 내재동기에 관한 초기 이론으로 이후에 개발된 많은 내재동기이론에 기초를 제공한 것으로 평가할 수 있다.

현재 인지평가이론은 Deci와 Ryan(1985, 2000)이 제안한 '자기결정성이론'이라는 매크로 이론체계를 구성하는 미니 이론의 하나로 포함되어 발전하였다. 따라서 인지평가이론의 최신 연구내용은 제7장에서 제시할 자기결정성이론에서 자세히 설명할 것이다.

2. 보상의 기능

deCharms와 마찬가지로 Deci(1971, 1972a, 1972b, 1975)도 보상은 내재동기를 결정하는 데 중요한 역할을 한다고 보았다. 그러나 보다 구체적으로 보상은 유능감과 통제감에 대한 지각에 두 가지 형태로 영향을 미친다고 주장하였다. 첫째, 보상이 수행의 질이 높다는 것을 알려 줄 때는 정보적 기능(informational function)을 하고, 이런 경우 보상은 지각된 유능성과 내재동기를 증진시킨다. 둘째, 보상은 행동에 대해 통제적 기능(controlling function)을 할 수도 있다. 예를 들어, 행동을 하면 상을 주겠다는 제안을 하는 경우에 보상은 지각된 내적 통제감과 내재동기를 감소시킨다. Deci는 내재동기가 개인의 유능성과 자율성에 대한 욕구로부터 자발적으로 나타나는 것이며, 개인의 능력에 관한 정보를 제공하는 언어적 보상은 내재동기를 증가시킨다는 연구결과를 보고하였다(Deci, 1972b).

Deci(1971)가 인지평가이론을 검증하기 위해 수행한 초기 실험연구 절차는 다음과 같이 진행되었다. 그는 대학생들에게 인기가 있었던 'Soma 퍼즐'이라고 불리는 블록을 만드는 일종의 게임과제를 하루에 한 시간씩 사흘 동안 풀게 하였다. 모든 피험자들에게 한 개에 13분씩 배정된 과제 네 가지를 풀도록 했다. 둘째 날에 참여 학생들의 절반(실험군)에게는 하나 푸는 데 1달러씩 보상을 해 주기로 약속을 하고 실험이 끝난 후에 지급하였고, 나머지 절반(통제군)에게는 그냥 퍼즐 풀이만 하도록 하였다. 매 회기 도중에 실험자가 8분 동안 볼일이 있다고 실험실을 나가면서 퍼즐을 더 풀든지 비치된 잡지를 보든지 자유롭게 하라고 말하고 나갔다. 실험실에는 여러 종류의 잡지가 비치되어 있었다. 자유시간 동안 일방경이 설치된 실험실 옆방에서 피험자들의 행동이 관찰되었고, 내재동기 측정치는 이 시간 동안 퍼즐을 푸는 시간을 기록한 것이었다. 예측한 대로 보상을 받은 집단은 세 번째 회기에서 자유시간 동안 퍼즐을 푸는 시간이 첫 번째 회기에 비해 줄어든 반면 통제군에서는 세 번째 회기에서 첫 번째 회기보다 증가된 풀이시간을 보였다. 두 번째 연구에서 Deci는 금전적 보상을 언어적 보상으로 대치시켰는데, 결과는 자유시간 퍼즐 풀이시간이 첫 번째 회기보다 세 번째 회기 때 실험군에서는 4.7초 감소하였으나, 보상이 없었던 통제군에서는 182.1초가 감소한 것으로 나타났다. 이 결과를 Deci는 언어적 보상은 내재동기를 감소시키지 않았고, 인지평가이론을 지지하는 결과로 해석하였다. Deci는 이 실험 후에 실험조건을 변화시켜 가면서 유사한 실험을 반복하여 보상의 내재동기에 미치는 효과에 대한 연구를 진행하였다. Deci의 연구들(1971, 1972a, 1972b, 1975)은 실험설계의 문제점과 불확실한 가설 검증결과로 인해 비판을 받았으나, 보상이 내재동기에 미치는 효과와 보상의 유형에 따른 기능을 제안하게 한 중요한 실험으로 평가되고 있다.

　　Deci와 Ryan(1985)은 모든 개인의 외적 사건들은 통제적인 측면과 정보적인 측면을 다 가지고 있다고 하였다. 인지평가이론은 사람들은 자율성과 유능성에 대한 심리적 욕구를 가지고 있음을 전제로 하며, 외부 사건들의 통제적 측면은 자율성에 대한 욕구에 영향을 주는 반면에, 정보적 측면은 유능성에 대한 욕구에 영향을 준다고 한다. 어떤 외적 보상이 주어지면 사람들은 이 보상이 자신의 행동을 조종하기 위한 목적인가 혹은 자신의 능력에 대한 정보를 주기 위한 목적인가를 평가한다. 쉬운 예로, 어떤 행동을 하기 전에 보상을 제공하면서 그 행동을 하게 하면 그것은 뇌물이 되는 것이고, 행동을 하고 난 후에 보상을 받으면 그것은 수행에 대한 보너스가 된다. 뇌물은 타인의 행동을 조종하기 위한 것이고 보너스는 타인의 행동에 대한 긍정적 평가결과로 주는 것이다. 따라서 뇌물을 받은 것으로 지각된 행동은 후속 상황에서 다시 그 행동을 반복하고자 하는 내재동기를 감소시킬 가능성이 커진다는 것이 Deci의 주장이다. 이러한 주장은 보상의 기능에 대한 연구를 활성화시키는 데 Lepper, Greene과 Nisbett(1973)의 연구와 함께 기폭제 역할을 하였다. 보상의 기능에 대한 논의는 나중에 다시 하기로 한다.

제5절 내재동기에 대한 귀인이론적 접근

앞 절의 인지평가이론에서 외적 보상은 상황에 따라서 내재동기와 수행에 대해 긍정적 혹은 부정적인 영향을 미치는 것을 보여 주었다. 그러나 이러한 연구결과와는 달리 내재적으로 동기화된 행동에 보상이 주어지면 내재동기가 감소하는 결과를 보이는 연구가 보고되면서 이와 같은 현상을 설명하기 위한 이론들이 등장하였다. 이 이론들은 보상이나 다른 외적 제약이 개인에게 어떻게 해석되는지 그리고 수행결과의 원인을 어디서 찾는지에 따라 내재동기가 달라진다는 원인귀인 혹은 인과적 설명에 초점을 맞춘 이론들이다. 이 이론가들은 귀인이론의 기본 전제인 인간은 자신의 행동에 대해 원인을 찾으려는 경향이 있는 것으로 믿고, 이러한 원인에 대한 설명이 후속 행동의 주요 결정요인이라고 믿는다. 이번 절에서는 이와 같은 귀인이론적 접근에 기초한 '과정당화이론(Overjustification Theory)'과 '내인성 귀인이론(Endogenous Attribution Theory)'을 소개하기로 한다.

1. 과정당화이론

Lepper와 동료들이 제안한 과정당화이론(Lepper, 1973; Lepper & Greene, 1978; Lepper et al., 1973)은 귀인이론의 기본 전제에 기초하여 사람들은 자신의 행동과 행동이 일어난 상황을 돌이켜보고, 인지적으로 판단하려 한다고 가정한다. 과정당화이론은 내재적으로 동기화되어 시작된 것으로 보이는 행동이 보상이나 다른 외적 제약과 연결이 되면, 사람들은 그 행동이 흥미와 같은 내적 요인보다는 위협이나 뇌물과 같은 외적 요인 때문인 것으로 귀인하는 경향이 있다고 예측한다(Lepper & Greene, 1978). 다시 말해서, 내적으로 동기화된 과제에 외적 보상이 더해지면 행동에 대한 원인이 복합적으로 지각되어 과정당화된다. 어떤 행동이 과정당화되면 행위자는 보다 분명하고 현저한 외재적 요인을 행동에 대한 원인으로 받아들여서 그 행위는 목적을 이루기 위한 수단(means to an end)이 된다. 따라서 원래 그 행동의 원인이었던 내재동기는 최소화되거나 절감되는 경향이 있다(Kelley, 1971). Kelley(1971)는 이러한 현상을 '절감원리(discounting principle)'라 지칭하였다. 외재적 요인을 더욱 현저하게 인지적으로 의식할수록 내재동기는 더욱 절감되거나 평가절하될 가능성이 높아진다(Ross, 1975). 이러한 가설은 여러 연구(Greene & Lepper, 1974; Lepper & Greene, 1975; Lepper et al., 1973)를 통해 경험적으로 검증되었다.

감독, 마감일, 지켜야 할 규칙, 보상, 위협 등을 포함한 어떠한 유형의 외적 통제요인도 과정당화를 초래할 수 있고, 그 결과 내재동기를 감소시킬 수 있다(Amabile, Dejong, & Lepper, 1976; Lepper & Greene, 1975). 반면에 죽어가는 사람을 도와주고 난 후에 받는 '모범시민상'과 같은 예상치 않은 보상은 과정당화를 초래하지 않는다. 왜냐하면 이러한 예상치 않은 보상은 이미 수행한 행동에 대한 가능한 이유가 될 수 없기 때문이다. 따라서 과정당화이론은, 내재동기에 영향을 결정하는 것은 보상의 존재 여부나 보상의 속성이 아니라 개인이 보상 또는 어떤 외적 요인에 의해 자신의 행동이 통제되었다는 것을 지각하는 정도에 달렸다고 주장한다(Greene & Lepper, 1974; Lepper & Greene, 1975; Lepper et al., 1973).

과정당화이론을 지지하는 가장 흔히 인용되는 연구의 내용을 보면 다음과 같다. Lepper 등(1973)은 사인펜을 가지고 그림 그리기를 매우 좋아하는 유아원 아동들을 데리고 실험을 하였다. 실험자는 아동들을 무선적으로 세 집단으로 나누고, 첫 번째 집단에게는 실험자에게 그림을 그려 달라고 부탁하면서 그림을 그린 것에 대한 상을 주기로 약속을 하였다. 두 번째 집단의 아동들은 아무 보상도 미리 약속하지 않고 그림을 그려달라고 부탁하였으며 그림을 그린 후에 깜짝 선물을 주었다. 세 번째 집단의 아동들은 아무런 약속을 하지 않고 그림을 그려 달라고 부탁하였으며 상도 주지 않았다. 보상을 약속한 집단에 속했던 아동들의 그림은 다른 집단의 아동들의 그림보다 질적인 면에서 떨어지고 단순히 그림 개수만 채우는 것으로 나타났다. 또한 일주일 후에 실험자들이 다시 유아원을 다시 방문하여 자유놀이시간에 일방경을 통해 관찰한 결과를 보면 보상을 미리 예상하고 받았던 집단의 아동들이 다른 두 집단의 아동들보다 사인펜을 가지고 노는 빈도가 낮은 것을 관찰하였다. 즉, 보상이 내재동기를 감소시킨 것이다. 이러한 결과에 대한 귀인적 해석에서는 내재동기가 있는 상태에서 보상이 소개되면 행위자는 행동의 원인을 내적인 것에서 보다 현저한 외적 요인으로 전환하여 귀인하기 때문이라는 것이다(김아영, 2008에서 재인용).

2. 내인성 귀인이론

이스라엘 심리학자 Kruglanski(1975, 1978)는 과정당화이론과 마찬가지로 내재동기는 행위에 대한 귀인에 의해 주로 결정된다는 '내인성 귀인이론'을 제시하였다. '내인성(endogenous)'이라는 말은 행동의 원인이 내부에 있다는 것으로 행위 자체가 목적(end in itself)인 경우 내인성 귀인을 하게 된다. 반면에 '외인성 귀인(exogenous attribution)'을 하게 하는 행동은 어떤 목적달성을 위한 수단(means to an end)으로 행동하는 경우를 말한다(Kruglanski, 1975, 1978).

내인성 귀인이론은 Kruglanski가 동료들과 수행한 몇 편의 연구들로부터 도출되었다. Kruglanski, Freidman과 Zeevi(1971)는 근처에 있는 유명 대학을 구경시켜 준다는 약속을 받은 고등학생 집단이 그런 보상의 약속을 받지 않은 집단보다 언어능력 과제에서 유의미하게 낮은 과제 흥미를 보고한 것을 관찰하였다. 또 다른 십대 남학생들을 대상으로 수행한 연구에서는 게임과 같은 활동에 대해 돈을 보상으로 받은 집단이 보상을 받지 않은 집단보다 더 큰 관심과 선호를 나타낸 것을 관찰하였다(Kruglanski, Riter, Amital, Margolin, Shabtai, & Zakah, 1975).

Kruglanski에 따르면 내인성 행위는 긍정적 감정, 만족감과 개인적 자유와 관련되어 있고, 외인성 행위는 부정적 감정, 불만족과 강박감과 관련되어 있다. 그리고 내인성으로 귀인하는 행위를 할 때보다 외인성으로 귀인되는 행위를 할 때 귀인분석을 더 많이 할 가능성이 있으며, 외인성 귀인행위를 할 때는 목표를 달성하는 데 절대적으로 필요한 측면들을 확인하고, 다른 모든 측면들은 무시하려고 노력할 것이라고 주장한다. 이것을 Kruglanski(1978)는 추정되는 최대한의 손실을 최소로 하려는 '미니맥스 전략(minimax strategy)'이라고 불렀다. 미니맥스 전략은 사람들은 최대의 보상을 얻기 위해 필요한 최소 수준의 수행만 할 것이라는 것을 시사한다. Kruglanski와 동료들은 사람들이 실제로 이 전략을 사용할 뿐만 아니라 이 전략은 상대적으로 저조한 수행으로 연결되는 것을 보여 주는 연구결과를 제시하였다(Kruglanski, Stein, & Riter, 1977).

내인성 귀인이론은 어떤 행동이 목적 자체로 지각되는 경우에 그 행동은 내재적으로 동기화된다고 예측한다. 행위에 부여되는 보상이나 다른 외적 제약들은 이러한 과제를 외인적으로 지각하게 만든다. 보상이나 외적 제약은 목적이 되고 그 행위들은 수단이 되는 것이다. 예를 들어, 부모가 "숙제를 다 끝낼 때까지 컴퓨터 게임을 하면 안 된다."라고 하면 컴퓨터 게임을 하는 것이 목적이 되고 숙제를 끝마치는 것은 수단이 된다. 과제의 속성이 내인성이 되느냐 외인성이 되느냐는 과제에 대한 개인의 지각에 의해 결정된다(김아영, 2008).

인지평가이론에서 보상과 다른 외적 제약들이 때로는 내재동기를 증진시킨다는 연구결과들을 보여 주었다. 이와 마찬가지로 과제 자체와 내재적으로 관련된 보상의 경우에 내인성 행위로 지각될 것이고, 내재동기는 증가할 것임을 예측할 수 있다. 예를 들어, 과학시험을 잘 본 학생에게 보상으로 가요 음반을 사준다면 과학공부는 외인성 행위로 지각될 것이나, 과학 잡지를 사준다면 과학공부는 내인성 행위로 지각되어 과학공부에 대한 내재동기가 증가할 것이다. 즉, 그 행동을 계속하게 하거나 향상하게 만드는 보상은 내인성 귀인과 내재동기를 증가시키는 경향이 있다(김아영, 2008).

3. 다른 외적 제약의 효과

외인성 귀인과 과정당화 효과는 외적 보상에 국한된 것이 아니고 다른 유형의 외적 제약들에서도 유사한 효과가 있다는 연구결과가 나왔다. Amabile 등(1976)은 흥미로운 단어게임에 대해 마감시간이 주어지자, 성인 피험자들이 과제에 대한 흥미가 줄어드는 것을 보여 주었다. Lepper와 Greene(1975)은 80명의 초등학생들에게 색깔이 있는 퍼즐 풀이 활동을 하게 함으로써 감시효과와 예상한 보상과 예상하지 못한 보상 효과를 동시에 조사하기 위한 연구를 수행하였다. 연구결과 비디오 카메라로 감시당하면서 퍼즐을 푼 학생들은 그렇지 않은 학생들보다 자유시간에 퍼즐 풀이를 하는 비율이 현저하게 낮은 것으로 나타났으며, 예상한 보상을 받은 학생들이 예상하지 않은 보상을 받은 학생들보다 자유시간의 퍼즐 풀이 행동비율이 낮은 것으로 나타났다. 흥미를 가지고 있었던 활동들에 주어지는 마감시간이나 행동에 대한 감시뿐만 아니라 위협이나 강요받은 목표나 기준 등의 모든 외적 제약은 외인성 귀인을 하게 함으로써 내재동기와 수행의 감소를 초래하는 것을 알 수 있다.

4. 귀인이론적 접근에서의 결론

과정당화이론과 내인성 귀인이론은 모두 사람들은 자기가 처한 상황을 인지적으로 분석하고, 자신의 행동이 어느 정도 내재적 혹은 외재적 요인들에 의해 동기화되었는가를 논리적 과정을 통해 판단한다고 가정한다. 두 이론 모두 절감과정이 내재동기의 감소를 설명하는 데 도움이 된다고 주장한다. 또한 두 이론 모두 개인이 자신의 행동이 내재적으로 동기화되었다고 판단하는 정도만큼 과제에 대한 끈기, 흥미와 선호를 보일 것이라고 예측한다. Kruglanski의 내인성 귀인이론은 과제에 대한 동기를 설명하기 위해 고안된 보다 일반적인 동기이론으로 볼 수 있고, Lepper와 동료들의 과정당화이론은 내재동기에 미치는 외재동기의 유해한 효과를 설명하기 위한 보다 구체적인 이론으로 볼 수 있다.

이 이론들을 검증하기 위해 진행된 연구결과들은 어떤 행위가 내재적으로 동기화되느냐 외재적으로 동기화되느냐 하는 개인이 자신의 행위를 목표를 위한 수단으로 보거나 아니면 목표 자체로 보는 정도에 따라 주로 결정된다는 것에 동의하는 것으로 나타났다. 이러한 결과는 "하던 굿도 멍석 깔아 주면 그만둔다."나 "비 들자 마당 쓸라고 한다."와 같은 한국의 오래된 속담을 보더라도 문화적으로 보편적인 현상임을 알 수 있다.

제6절 보상이 내재동기에 미치는 영향

이제까지 검토한 내재동기이론들에서 공통적으로 주장하는 것은 보상은 내재동기에 긍정적인 영향보다는 부정적인 영향을 더 많이 준다는 것이다. 인지평가이론에서는 외적 보상이 내재동기에 영향을 주는 과정은 지각된 인과소재의 변화로서, 내적 흥미 때문에 시작한 행동에 대해 외적 보상이 제공되면 행동에 대한 인과소재가 내재동기에서 외적 보상으로 이동하게 되고, 외적 보상이 있는 경우에만 그 행동을 하게 된다는 것이다(Deci, 1975). 과정당화이론에서도 행동의 원인이 내적인 것과 외적인 것이 동시에 존재하는 경우 모호한 내적 동기는 절감되고 보다 현저하게 지각되는 외적 보상이 그 행동의 원인으로 지각된다고 한다(Lepper et al., 1973). 또한 이러한 지각은 과제수행을 위한 행동을 목적이 아닌 목적을 위한 수단으로 보게 된다는 것이다. 이와 같은 현상을 Lepper와 Henderlong(2000)은 '놀이'를 '일'로 만드는 외재동기의 특성이라고 주장하였다.

그러나 교육현장에서 학생들의 학업동기 유발을 위해 표창장이나 좋은 성적과 같은 상징적인 것으로부터 상품, 스티커, 좋아하는 음식에 이르기까지 다양한 외적 강화인을 사용하는 것은 일반적인 현상이다. 또한 기업이나 산업현장에서는 과제가 무엇이든지 간에 내재동기와 외재동기가 합쳐져야 최대 만족과 생산성을 기대할 수 있다고 가정한다(Porter & Lawler, 1968). 강화이론과 기대이론(Vroom, 1964)은 모두 같은 주장을 한다. 즉, 외적 보상이 내재동기와 합쳐지면 과제를 더 좋아하게 되고, 결과적으로 수행의 증가로 나타나게 된다는 것이다.

내재동기가 있는 상황에 외적 보상이 주어지면 내재동기가 감소한다는 과정당화이론에 기초하여, 아동을 대상으로 한 연구결과들과 인지평가이론에서 보상의 종류와 주어지는 조건에 따라 내재동기가 감소한다는 초기 연구결과는 행동주의 강화이론에 정면으로 도전하는 것이었다. 특히 이러한 연구결과가 발표되면서 외적 보상이나 강화에 의존하는 동기유발 방안들이 팽배해 있던 교육현장에서는 내재동기 연구결과들에 주목하였다. 또한 그 중요성을 인식하는 교육실천가들이 증가하게 되어 외적 보상의 부정적 영향에 대한 부작용과 폐해를 보고하는 사례들이 부각되었다. 이와 같은 외적 보상의 부정적인 측면을 내재동기이론가들은 '보상의 숨겨진 대가(hidden costs of reward)'라고 한다. 1978년 Lepper와 Greene이 당시의 대표적인 내재동기 연구자들의 주요 이론과 경험적 연구들을 종합해서 편집한 단행본인 *Hidden Costs of Reward: New Perspectives on the Psychology of Human Motivation*은 심리학자들의 지대한 관심을 받았고, 그 속에 포함된 논문들은 지금까지도 자주 인용되고 있다.

그러나 Deci의 초기 인지평가이론과 경험적 연구들은 외적 보상은 항상 부정적인 효과를 보이는 것이 아니라 개인의 동기상태, 과제의 유형, 제시방법과 맥락에 따라 내재동기에 다른 효과를 나타낸다는 상호작용 효과를 보여 주었다. 즉, 내재적으로 동기화된 과제에 외적 보상이 첨가되면 내적 흥미, 수행, 생산성이 감소하는 반면에 흥미가 없는 과제에 외적 보상이 주어지면 흥미, 수행, 생산성이 증진됨을 시사하는 결과들을 제시하였다. 이러한 내재동기와 외적 보상의 합산적(additive) 혹은 상호작용적(interactive) 효과에 대해서는 인지평가이론이 발표된 이후 수많은 연구들에 의해 진행되어 왔다.

문제는 외적 보상의 내재동기에 미치는 영향을 긍정 혹은 부정으로 양분해서 일반화시키려는 데서 발생되었다. 양분적인 접근은 연구를 계획할 때 어떤 이론적 체계나 오리엔테이션 밑에서 연구가설을 수립하고 검증하느냐를 결정하고 진행하는 과학적 연구의 절차와도 무관하지 않은 것으로 보인다. 그 결과 행동주의 진영에서 주장하는 보상이 내재동기를 증진시킨다는 가설과 내재동기이론 진영에서 주장하는 보상이 내재동기를 감소시킨다는 가설의 대립으로 축소되어 연구가 수행되고, 연구결과에 대한 해석에서도 마찬가지로 대립적인 입장을 부각시켜 온 것이다. 따라서 보상이 내재동기에 미치는 영향에 대한 행동주의 강화이론과 인지주의 내재동기이론 간의 양립하기 어려운 주장은 Cameron과 Pierce가 1994년에 메타분석 연구를 발표한 이후 첨예하게 대립하여 수년에 걸쳐 같은 데이터베이스에 대한 여러 편의 메타분석 연구(Deci, Koestner, & Ryan, 1999, 2001; Eigenberger & Cameron, 1996; Lepper & Henderlong, 2000)를 생성하였다.

Cameron과 Pierce(1994)는 1971년 발표된 Deci의 연구부터 1991년 9월까지 발표된 96편의 연구를 대상으로 보상과 강화가 내재동기에 미치는 영향을 분석한 메타분석 논문을 *Review of Educational Research*에 게재하였다. 이들은 내재동기에 대한 종속 측정치를 (1) 자유시간 측정, (2) 자기보고에 의한 태도(과제흥미, 즐김, 만족감), (3) 자유시간 동안의 수행의 질, (4) 보상 없는 후속 연구에 대한 참여의사의 네 가지로 구분하였다. 독립변인으로 (1) 보상의 유형은 물질적(tangible) 보상과 언어적 보상, (2) 보상에 대한 기대는 예상한 보상과 예상하지 않은 보상, (3) 보상의 유관성은 과제-유관적 보상, 과제-비유관적 보상, 수행-유관적 보상의 세 가지로 분류하였다. Cameron과 Pierce는 이 메타연구의 전반적인 결론을 다음과 같이 내렸다. 첫째, 모든 유형의 보상을 합쳐서 분석했을 때 보상은 네 가지 측정치에서 모두 내재동기에 부정적인 영향을 미치지 않았다. 둘째, 조절변인들과의 상호작용 효과를 검토했을 때 언어적 칭찬은 내재동기의 증가를 가져왔다. 셋째, 보상의 부정적 효과는 예상된 물질적 보상의 경우에만 나타났고, 보상은 과제-유관적인 경우에만 내재동기의 감소를 가져왔다. 이와 같은 결론을 내리면서 연구자들은 보상의 부정적 효과가 내재동기이론가들의 연구에 의해 지나치게 부정적으로 받아들여지는 것을 경계하고, 교사들이 교실에서 유인체계를 도입하는 것을 기피할 이유가 없다고 주장하였다. 그들은 또한 메타분석 결과를 인지평가이론에 입각해서 해석하는 것이 부적절하다고 주장하면서, 인지평가이론에서 중요시하는 자기결정성, 목표의 정의, 내재동기와 같은 구성요인은 과학적으로 불분명하기 때문에 버리고, 행동에 초점을 맞추어야 한다(p. 396)는 행동주의적 제안을 하였다.

Cameron과 Pierce의 이 연구는 내재동기이론가들에게 커다란 반향을 불러일으켜서 1996년도 *Review of Educational Research*, 66권 1호에 Kohn, Lepper, Keavney와 Drake, Ryan과 Deci의 반박 논문들이 실렸다. 이러한 반박 논평들에 뒤따라 Cameron과 Pierce가 이를 반박하는 반응이 실렸으나, 지적된 문제나 논평에 대한 적절한 설명보다는 여전히 외적 보상이 내재동기를 감소시키지 않는다는 같은 주장을 되풀이하였다. 이와 같은 태도에 대해 Deci와 동료들은 Cameron과 Pierce(1994)의 원 논문과 이것을 요약 발표한 Eisenberger와 Cameron(1996)의 논문이 절차상의 문제와 메타분석상의 오류를 포함하고 있음을 지적하고, 새로운 메타분석을 실행하였으며(Deci et al., 1999, 2001; Ryan & Deci, 1996), 이에 대한 Cameron(2001)의 대응과 Deci와 동료들(Deci et al., 2001)의 대응이 뒤따르는 공방전이 재연되었다. 그중에서 가장 최근의 Deci, Koestner와 Ryan의 2001년도 메타분석 논문과 이에 대응하는 Cameron(2001)의 논문을 간단히 요약하면 다음과 같다.

Deci 등(2001)은 Cameron과 Pierce(1994)의 분석에 포함되었던 연구를 포함해서 총 128편의 연구에 대해 위계적 접근에 의한 메타분석을 실시했다. 그중 101편은 자유선택행동을, 84편은 자기보고에 의한 흥미를 내재동기의 종속 측정치로 사용한 것이었다. 위계적 접근이란 모든 일반적 범주로부터 시작해서 효과크기를 보고하고, 효과들 중에서 이질성을 보이는 것이 있으면 전체 범주를 동질적이고 의미 있는 하위범주로 나누어서 각각의 효과 크기를 다시 계산하는 방법이다. 이렇게 해서 초기에 분석대상으로 시작했던 128개의 연구들 중에서 이질성 때문에 분석에서 제외시킨 국외자(outlier)는 4%였다. Deci 등은 Cameron과 Pierce(1994)의 연구에서는 이러한 국외자가 20%에 달하기 때문에 전체 연구들에 대한 적절한 표집이 아니고 편파성이 개입되었다고 비판하였다. 그리고 나서 연구자들은 보상의 효과와 상호작용하는 조절변인을 확인하는 절차를 거쳐 17가지의 세부조건별로 효과분석을 시도하였다. 반면에 Cameron(2001)이 제시한 결과에서는 과제−유관적 보상을 다른 분류 기준을 적용하여 세 가지 조건이 늘어난 총 20가지 보상 조건으로 분류하였 다. 두 연구에서 제시한 결과가 〈표 6−1〉에 통합적으로 제시되어 있다.

〈표 6−1〉 Cohen의 효과크기(d)와 포함된 연구 수로 보여 주는 외재동기의 자유선택 내재동기와 자기 보고 흥미에 대한 주요 결과 비교*

보상조건	자유선택 행동		자기보고 흥미	
	효과크기(d)	연구 수	효과크기(d)	연구 수
모든 보상(all rewards)	−.24* (−.09*)	101 (114)	.04 (.12*)	84 (98)
언어적(verbal) 보상	.33* (.31*)	21 (25)	.31* (.32*)	21 (21)
대학생	.43* (.36*)	14 (15)		
아동	.11 (.22*)	7 (10)		
물질적(tangible) 보상	−.34* (−.17*)	92 (102)	−.07* (.08*)	70 (83)
예상하지 않은(unexpected)	.01 (.02)	9 (9)	.05 (.03)	5 (5)
예상한(expected)	−.36* (−.18*)	92 (101)	−.07 (.08*)	69 (81)
과제−비유관(task noncontin-gent)	−.14 (−.10)	7 (7)	.21* (.17)	5 (6)
참여−유관적(engagement contin-gent)	−.40* (−.35*)	55 (57)	−.15* (−.13*)	35 (38)
대학생	−.21* (−.24*)	12 (13)		
아동	−.43* (−.29*)	39 (39)		
완성−유관적(completion contingent)	−.44*	19	−.17*	13
수행−유관적(performance contingent)	−.28*	32	−.01	29
최대(maximal) 보상	−.15*	18		
최대가 아닌(not maximum) 보상	−.88*	6		
긍정적 피드백 통제(positive feed-back control)	−.20*	10		
부정적 피드백 통제(negative feed-back control)	−.03	3		

*Deci, Koestner, & Ryan(2001)와 Cameron(2001)의 결과 비교를 위해 두 연구에서 조작적 정의가 일치하는 효과크기를 비교한 것임. 괄호 속에 수치는 Cameron(2001)의 연구결과임. * $p<.05$ 이상으로 유의미한 결과를 나타냄.

〈표 6-1〉의 연구결과를 살펴보면 Deci 등(2001)의 연구에서는, 첫째 자유
선택 행동이 종속 측정치로 사용된 경우 모든 보상, 모든 물질적 보상, 예상한
보상, 참여-유관적 보상, 완성-유관적 보상, 과제유관적 보상과 수행-유관
적 보상은 유의미하게 내재동기를 감소시켰다. 둘째, 언어적 보상만 유일하게
전반적인 내재동기의 증가를 가져왔으나, 언어적 보상도 통제적 대인관계 방
식으로 주어진 경우에는 내재동기를 저해하였다. 셋째, 물질적 보상에 의한
내재동기의 저해는 대학생보다 아동들에게 더 심한 것으로 나타났고, 언어적
보상의 증진 효과는 대학생들보다 아동들에게서 약한 것으로 나타났다. 넷째,
가장 해로운 보상의 유관성은 모든 참여자가 다 최대 보상을 받지 못하는 현
장에서 흔히 사용되고 있는 수행-유관적 보상의 경우로 나타났다. 다섯째,
자기보고 흥미를 종속 측정치로 한 연구에서는 모든 물질적 보상, 모든 예상
한 보상, 참여-유관적 보상, 완성-유관적 보상, 과제-유관적 보상의 경우 내
재동기를 유의미하게 저해하였다. 이때 언어적 보상은 자기보고 흥미를 증진
시키는 것으로 나타났다. 이와 같은 메타분석 결과를 가지고 연구자들은 물질
적 보상에 의한 내재동기의 저하는 분명하고 매우 중요한 쟁점임을 강조하였
다. 또한 언어적 보상이 내재동기를 증진시키는 경향을 보이고, 예상하지 않
은 물질적 보상과 과제-유관적 보상이 내재동기에 영향을 주지 않는다. 반면
예상한 물질적 보상은 유의미하고 실질적으로 내재동기를 저해하였으며, 저
해 효과는 아동의 경우 더욱 심각함을 보여 주었다. 따라서 초 · 중등학교 교
실에서 물질적 보상을 사용하는 것은 학생들의 양질의 학습과 적응하려는 내
재동기를 저해하는 것으로 초 · 중등학교 교사들에게 특별히 중요한 발견임
을 강조하였다. 또한 이 결과는 인지평가이론에 대한 강력한 지지를 제공하는
것으로서 보상의 유형과 시행방법에 따라 내재동기에 대한 효과가 달라짐을
확인해 주었다. 연구자들은 이러한 결과가 특히 교육현장에서 교육자들이 보
상을 언제, 어떻게 사용할 것인가에 대한 중요한 시사점을 제공하는 것으로
매우 중요한 발견이라고 주장하였다(Deci et al., 2001).

반면에 Cameron(2001)이 제시한 새로운 메타분석 결과에서는 보상의 내재 동기에 미치는 영향은 모든 보상을 합쳤을 때 효과크기가 자유선택 행동에서 −0.08, 자기보고 흥미에서 0.12로 나타나 Deci 등(2001)의 연구에서의 −0.24와 달랐다. 이렇게 같은 자료에 대한 두 연구결과가 다른 것은 Cameron과 동료들의 모든 메타분석 연구에서는 실험시작 전 실험과제에 대한 흥미가 낮은 집단과 높은 집단을 합쳐서 모든 보상조건으로 포함되는 연구를 분석하였고, Deci 등은 초기 흥미수준이 높은 경우만을 포함시켰기 때문이라는 점에 대해서는 두 진영이 모두 동의하는 점이다. Deci와 동료들의 주장은 보상이 내재동기를 저하시킨다는 가설을 검증하기 위해 원래 흥미가 별로 없는 경우에 내재동기에 대한 보상의 영향을 확인하는 것은 의미가 없다는 것이다. 또한 전반적인 언어적 보상의 긍정적 효과와 물질적 보상의 부정적 효과는 두 진영의 연구에서 모두 유사한 결과를 보여 주었으나, 물질적 보상이 주어진 상황을 세분화하는 과정에서 두 연구진의 분류방식의 차이가 가져오는 효과크기의 차이는 여전히 쟁점으로 남았다.

이와 같은 계속되는 양 진영의 공방은 많은 사람들의 관심을 촉발시키기에 충분하였고, 아직도 끝나지 않은 공방의 방향에 관심이 모아지고 있다. 그러나 두 진영의 기본 이론적 오리엔테이션이 다르고, 가정이 다르며, 포함시킬 연구를 선정하는 기준이 다르고, 조절변인을 분류하는 방식이 다른 한 두 진영에서 나오는 종합적인 결론은 평행선을 달릴 수밖에 없을 것이다.

제7절 출현동기이론과 플로우 경험

앞에서 설명한 내재동기이론들과는 약간 다른 특성을 가진 동기이론으로 Mihalyi Csikszentmihalyi(1975, 1978, 1990, 1997)가 제안한 '출현동기이론 (Emergent Motivation Theory)'이 있다. 출현동기이론은 많은 활동들은 예상하는 목표나 보상의 관점에서 설명될 수 없고, 진행되는 행위 속에 직접 관여함으로써 나타나는 목표와 보상의 관점에서 설명해야만 한다고 전제한다(Csikszentmihalyi, 1978). 이러한 활동들은 목표와 보상이 행위로부터 '흘러나온다.'는 것을 함의하는 '플로우(flow)' 혹은 '깊은 흐름(deep-flow)' 활동이라고 이름이 붙여졌으며, 출현동기이론의 핵심이 되는 개념이다(Csikszentmihalyi, 1975). 특히 이 이론은 인지적 측면에 초점을 맞추는 인지평가이론이나 과정당화이론과 같은 내재동기이론들과는 달리 흥미나 즐거움 같은 정서적 측면에 초점을 두는 동기이론으로 인본주의에 기초를 둔 동기이론으로 정의할 수 있다. 국내에서 'flow'는 '몰입'이라고 번역해서 사용하기도 하는데, 몰입이라는 용어는 영어의 'committment'를 나타내기도 하므로 이 책에서는 '플로우'로 지칭하기로 한다.

1. 출현동기의 속성

출현동기이론에서는 인간행동에 대한 모델로 강화이론과 같은 폐쇄체계(closed system)가 아닌 개방체계(open system)를 상정한다. 외재적 보상이 기능하는 폐쇄체계에서는 생물학적 욕구나 추동 혹은 사회적으로 학습된 강화계획으로부터 행동이 예측될 수 있다. 그러나 내재동기가 기능하는 개방체계에서는 행동이 예측되기 어렵다. 목표나 보상은 미리 명시하기 어렵고 행위자가 그 상황 속에 있어야만 예측이 가능하다. 즉, 목표와 보상은 상황으로부터 출현하는 것이다(Csikszentmihalyi, 1978).

출현하는 목표와 보상은 대상 행위에 따라서 고유한 특성을 가진다. 이러한 조건하에서 수행하는 행동은 미리 고안된 외재적 보상이나 사전에 정의된 목표에 의해 유지되는 것이 아니다. 이는 그 상황 속에서 계속적으로 생성되는 도전과 그 도전을 성공적으로 극복한 후 생기는 잠재적 보상과 만족감에 의해 유지된다. 내재적으로 동기화되는 행위가 시작되기 위해서는 자신의 행위가 환경 속에 있는 도전들에 맞설 수 있다는 정보를 제공해 줄 수 있는 상황이어 야 한다. 따라서 기술의 습득은 내재동기에 필수적인 요소이며, 기술의 적용 은 자기목적적(autotelic), 즉 그 자체로서 목적이 되는 것이다(Csikszentmihalyi, 1978).

2. 플로우의 속성

출현동기이론은 기본적으로 플로우 활동을 하고 있는 것으로 판단되는 사 람들로부터 수집한 집중적인 조사와 인터뷰 자료에 기초해서 수립되었다. Csikszentmihalyi(1975)는 사람들이 가장 즐거울 때 어떻게 느끼고 왜 그렇게 느끼는가를 알아보기 위해 특정한 활동에 즐거움을 느끼며 몰두하는 다양한 영역의 전문가라고 할 수 있는 수백 명의 미술가, 운동선수, 음악가, 체스마스 터, 외과 의사들을 인터뷰하였다. 그는 이 전문가들이 이러한 활동을 할 때 얻 는 보상이 무엇인가와 이 활동들의 구조를 알아보기 위해 인터뷰 내용을 분석 하였다. 그 결과 Csikszentmihalyi는 이와 같은 즐거움의 핵심은 '플로우 경험 (flow experience)'이라는 것을 발견하였다.

플로우는 개인이 흥미를 느끼는 과제수행에 몰입하여 '최적 경험(optimal experience)'을 하는 심리적 상태다(Csikszentmihalyi, 1990). 최적 경험은 행동의 근원이 내재적으로 동기화되어 나타나기 때문에 '자기목적적 경험'이라고도 한다(Csikszentmihalyi & Csikszentmihalyi, 1988). 즉, Csikszentmihalyi에게 플로 우 활동과 내재적으로 동기화된 활동은 동의어라고 볼 수 있다.

플로우란 그 활동이 주는 즐거움 때문에 사람들이 반복적으로 그 활동을 하 려고 하는 것으로 행위에 완전히 몰입한 집중상태를 말한다. 이때 개인이 어떤 도전을 극복하기 위해 자신의 기술을 사용할 때 도전의 수준과 자신의 기술 간

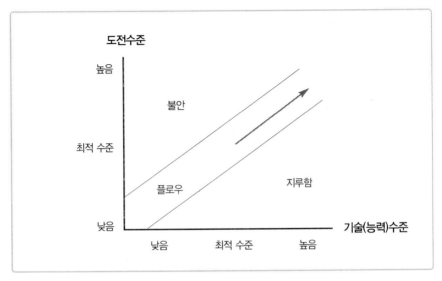

[그림 6-2] **플로우 모형**(Csikszentmihalyi, 1975)

의 적절한 조화를 이루면 플로우 상태로 들어가며, 이러한 상태에 들어가면 계속 흘러가게 된다는 것이다(Csikszentmihalyi, 1975; Csikszentmihalyi & Nakamura, 1989). [그림 6-2]는 가장 초기에 제시된 플로우 모형을 보여 준다.

플로우 모형을 보면 자신의 능력이나 기술과 과제의 도전수준의 적절한 조화가 이루어질 때 특히 최적 수준의 도전적인 활동을 할 경우 플로우 경험을 하게 된다. 또한 도전수준이 너무 높고 기술수준이 너무 낮은 경우는 불안상태에 빠지고 반대로 도전수준이 자신의 기술수준보다 너무 낮은 경우는 지루함을 느끼게 된다는 것을 알 수 있다. 따라서 플로우 상태를 경험하기 위해서는 적절한 기술이 필요하고 그 기술은 충분히 익힌 것으로 거의 자동적으로 처리될 수 있는 수준일 때에 플로우를 경험하기 쉽다. 사람들이 자기가 좋아하고 잘할 수 있는 활동에 몰두해 있을 때에 먹는 것도 자는 것도 잊어버리고 시간 가는 줄 모르고 빠져 있는 경우가 바로 플로우 상태에 있는 것이다.

3. 플로우 경험의 특징

Csikszentmihalyi가 처음으로 플로우 모형을 공식적으로 발표한 것은 그의 1975년도 저서인 『지루함과 불안을 넘어서(*Beyond Boredom and Anxiety*)』에 서였다. 이 책에서 그는 플로우 경험의 특징을 일곱 가지 요소로 제시하였다. 그 후 1993년에 발표한 저서에서는 '시간의 변형된 느낌' 요소를 첨가하여 여덟 가지 요소가 제시되었다. 이들을 요약 설명하면 다음과 같다.

① 도전과 기술의 균형(challenge-skill balance): 행위자가 어떤 상황에 도전할 때에 그에 적절한 개인의 기술이나 능력을 사용함으로써 이 둘 사이의 균형이나 조화를 이루는 것을 말하며, 플로우 모형의 가장 핵심이 되는 요소다. 개인이 자신의 능력에 맞는 수준의 과제에 도전을 하며, 그 도전을 이루기 위해 특정 기술을 사용할 때에 도전수준과 사용 기술의 균형 상태에서 비로소 플로우 경험이 가능하다. Csikszentmihalyi는 1975년도 저서에서 이 특성은 요소의 하나로 제시하지 않고 플로우에 대한 기초 개념으로 제시하였다.

② 행위와 지각의 일치(action-awareness merge): 플로우 상태에서는 행위와 행위에 대한 자신의 지각이 일치하여 행위가 자발적으로 거의 자동적으로 물 흐르듯 진행되는 경험을 한다.

③ 제한된 자극에 대한 주의집중(centering of attention on a limited stimulus): 플로우 상태에 있는 사람은 자신이 수행하고 있는 과제에만 전적으로 집중한다. 이는 플로우 경험의 가장 대표적인 특징으로 다른 사람 혹은 다른 과제에는 전혀 관심을 가지지 않고 자신의 과제에만 빠져 있는 현상이다. 행위와 지각의 일치는 이러한 집중이 없이는 가능하지 않다.

④ 자의식의 상실(loss of self-consciousness): 이 요인은 자아의 상실, 자기망각 등으로도 기술되는 상태로서 행위를 하는 동안 자기 자신의 존재를

인식하지 못할 만큼 행위와 자신이 하나가 되는 현상을 말한다. 플로우 상태에 있을 때는 명예, 성공, 위협과 같은 자신의 사적인 특징은 잊어버린다.

⑤ 행위와 환경에 대한 통제감(perceived control of actions and the environment): 플로우 상태에서는 자신과 환경에 대한 고도의 통제감을 경험한다. 플로우는 외부의 압력이나 강제에 의한 상황이 아닌 자발적인 상황이므로 개인은 자신이 처한 상황에 대해 통제감을 갖는다. 또한 자신의 상황을 통제하려는 실질적인 노력을 하지 않아도 저절로 통제감을 갖게 된다.

⑥ 자기목적적 경험(autotelic experience): 플로우 경험의 목적을 설명하는 요인으로 외적으로 부과되는 목표나 보상은 필요가 없으며, 행위 자체가 목표가 되고 즐거움과 만족감을 느낀다는 것이다. 이는 몰입 경험을 지속시키는 원동력이다.

⑦ 분명한, 일관된 과제 요구와 모호하지 않은 피드백(coherent, noncontradictory task demand and clear, unambiguous feedback): 이 요인은 수행 중의 활동에 대한 분명하고 일관된 과제 요구, 즉 목표가 분명하고 모호하지 않은 피드백을 의미한다. 사전에 자신이 무엇을 하려고 하는지에 대한 분명한 목표가 있어야 무엇을 하고 있는지에 대한 정확한 파악이 가능하고, 목표는 자신이 의도하지 않은 상황이 발생했을 때 행동을 수정하여 자신이 세운 상태에 다다를 수 있도록 도와준다. 또한 행위에 대한 즉각적이고 분명한 피드백이 있어야 한다. 즉, 자기 스스로가 자신에게 제대로 수행하고 있는지, 그 활동이 조화롭게 진행되고 있는지에 대해 순간순간 깨닫고 지적하는 구체적인 피드백이다. 구체적 피드백을 통해 자신이 세운 목표를 지속시킬 수 있는 정보를 제공할 수 있다. 플로우 상태에 있는 사람은 이러한 순간적이고 구체적인 피드백을 스스로 제공함으로써 수행을 더욱 발전시킬 수 있다.

⑧ 시간의 변형된 느낌(altered sense of time): 플로우 상태에서는 평소 자신이

지각하는 것과 다르게 시간을 빠르게 혹은 느리게 왜곡해서 지각한다. 플로우 상태에서 행위를 하는 경우, 지나간 시간을 돌이켜보면 평상시의 시간보다 빠르게 흘러갔음을 느낀다. 또한 자신이 몰입해 있는 순간에는 시간이 정지된 것처럼 느끼기도 한다. 어느 외과 의사가 수술과정에 대한 느낌을 기술한 바와 같이 "시간이 참 빨리 지나가지만, 끝나고 나면 어려운 수술인 경우 백 시간 동안 수술한 것처럼 느끼기도 한다."는 것이 대표적인 예가 된다(Csikszentmihalyi, 1993).

4. 마이크로 플로우 경험

플로우 활동은 게임이나 예술활동 혹은 직무와 같은 구조화된 활동에만 국한되는 것인가에 대한 질문에 Csikszentmihalyi(1975)는 일상생활에서도 사람들은 다양한 형태로 플로우를 경험하면서 살고 있다고 하였다. 사람들은 특별한 외적 보상이 없음에도 불구하고 거의 자동적인 행동을 하는데, 예를 들어, 특이한 습관적 행동, 백일몽, 흡연, 잡담, 껌 씹기, TV 시청, 음악 감상, 조깅, 산책, 책이나 신문 읽기 등이 그것이다. 이와 같은 하찮은 행동들도 플로우 상태의 특징을 가지고 있으며, 이러한 행위를 함으로써 사람들은 즐거움과 행복감을 느낄 수 있고 때로는 보다 구조화된 행동에 몰입하는 것을 촉진시키기 때문에 중요하다는 것이다. 예를 들어, 지루한 강의 중에 낙서를 하거나 어려운 책을 읽기 위해 집중하는 데 백일몽은 때로 도움을 주기도 한다. 이와 같은 활동들은 단순하지만 플로우 모형에 부합되는 측면들이 있기 때문에 '마이크로 플로우 활동'이라고 부른다.

마이크로 플로우 활동은 외재적으로 보상을 받지 않지만 자체로서 즐길 수 있는 구조화 정도가 낮고 자발적이며 자동적인 행동경향이 있어 깊은 플로우 활동에 참여하는 것을 촉진시킨다. Csikszentmihalyi(1975)는 대학생 20명을 대상으로 연구한 결과 이러한 활동들을 하는 데도 개인차가 있는 것을 발견하였다. 또한 이러한 활동을 이틀 동안 하지 못하게 한 결과 피로와 긴장을 더 많이 느끼고, 두통이 생겼으며, 창의적이지 못하고 비합리적인 사고를 하며, 인지과제에서 수행의 저조를 초래하는 것을 관찰하였다. Csikszentmihalyi는 이와 같은 실험은 여러 가지 변인들의 혼입 효과가 있음을 감안하더라도 별로 중요하게 취급되지 않는 마이크로 플로우 행위가 일상생활에서 중요한 기능을 한다는 것을 시사한다고 주장하였다. 또한 사람들에게 보다 즐거운 경험을 할 수 있고 보다 자주 플로우 경험을 하도록 가르칠 수 있는 방안은 없겠는가 생각해 볼 필요가 있음을 제안하였다.

5. 플로우 활동이 제공하는 보상과 효과

출현동기이론에서는 외적인 보상이 필요하지 않다고 하였다. 플로우 활동은 형식적이고 광범위한 에너지 배출이 요구되는 행위지만, 전통적인 물질적 보상은 별로 제공하지 않는다. 이런 보상이 깊은 플로우 활동에 수반될 때 그 보상은 만족감의 일차적인 근원이 되지 못한다(Csikszentmihalyi, 1975). 플로우 활동 자체가 보상이기 때문이다. 그는 이러한 플로우 상태가 제공하는 보상적인 측면이 무엇인가를 확인하기 위해서 173명의 고등학교 농구선수, 프로 체스게이머, 암벽등반가, 작곡가, 무용가 등에 대한 인터뷰 자료를 분석해서 다음과 같은 결과를 얻었다. 플로우 활동을 할 때는 자신이 가지고 있는 기술을 사용하는 것 자체가 보상이고, 기술을 사용함으로써 향상시킬 수 있는 기회를 갖게 되는 것이 보상이다. 또한 이러한 활동을 하고 있을 때 느낄 수 있는 그 활동의 패턴과 분위기, 정서적 해방감 그리고 함께 활동하는 사람들에게서 느끼는 우정과 동료애가 보상이 될 수 있다. 마지막으로 플로우 활동 중에 동료와의 경쟁과 자신과의 경쟁이 가능하여 자신의 이상에 비추어 자신의 수행결과를 측정해 볼 수 있는 점이 보상이 된다는 것을 확인하였다.

이러한 플로우 경험이 주는 보상들은 개인에 따라서 중요도가 조금씩 다른 것으로 나타났다. 그러나 고교 농구선수들을 제외한 모든 피험자들이 기술의 사용과 활동 자체가 제공하는 패턴과 환경, 즉 내재적 보상을 가장 중요한 것으로 평가하였고, 타인과의 경쟁을 보상이라고 가장 높게 평가한 집단은 농구선수들이었으며, 체스게이머들은 보통 정도로, 암벽등반가와 작곡가, 무용가들은 타인과의 경쟁을 전혀 보상이라고 평가하지 않았다. 이와 같은 결과에 대해 Csikszentmihalyi(1975)는 내재적 보상과 외재적 보상은 반드시 갈등을 유발하는 것이 아닐 수도 있다고 주장하였다. 다시 말해서, 외적 보상이 있음에도 불구하고 사람들은 플로우 활동을 경험할 수 있다는 것이다. 이러한 생각은 후에 제시될 자기결정성이론의 '유기적 통합이론'(Deci & Ryan, 2000)에서 동기유형을 내재적과 외재적의 양분적인 분류가 아닌 연속선상에서 분류하는 접근과 맥을 같이하는 것이다.

Csikszentmihalyi(1993)는 플로우 경험이 제공하는 이득 중에 가장 중요한 것은 행복이라고 하였다. 그는 사람들은 플로우를 경험할 때 행복하고, 행복은 존재의 기초이므로 삶의 질이 플로우 경험에 달려 있다고 주장한다. 그리고 다양한 영역의 예를 들어 플로우를 경험하게 하는 활동의 결과를 제시하고 있다. Csikszentmihalyi는 플로우 경험은 창의성과 탐구, 최고 수행, 재능 개발, 생산성, 자존감, 스트레스 감소에 중요한 영향을 미칠 수 있고, 임상장면에서 심리치료 기법으로 적용할 수 있음을 제안하였다.

6. 플로우 상태의 측정

출현동기이론과 플로우 모형은 인터뷰와 설문조사 방법과 더불어 Csikszentmihalyi(1975)가 고안한 독창적인 방법 '경험표집 방법(Experience Sampling

Method: ESM)'에 기초해서 개발되고 연구되었다. 초기에 그는 몰입 중인 피험자들을 직접 관찰하고, 인터뷰를 통해 그 순간의 느낌을 알아내는 방법을 적용하였다. 플로우를 경험하는 활동을 하고 있는 사람들의 행동을 직접 관찰하고 추후에 그들에게 설문이나 인터뷰를 통해 활동에 대해 직접 응답을 듣는 방법이다. 그는 많은 예술가와 발명가, 운동선수들을 인터뷰한 자료를 분석해서 플로우 경험의 요소와 플로우 활동이 제공하는 보상을 명세화하였고, 마이크로 플로우 경험에 대해 연구하였다.

그다음으로 Csikszentmihalyi가 동료들과 함께 주관적인 경험의 질을 측정하기 위하여 개발한 기술인 경험표집 방법(Csikszentmihalyi, Larson, & Prescott, 1977)에서는 연구에 참여한 사람들에게 전자호출기(electronic beeper)와 경험표집용지(experience sampling form)를 나누어 주고, 일주일 동안 하루에 8번씩 호출기 신호를 받을 때마다 어디에 있고, 무엇을 하고 있으며, 누구와 같이 있고, 무슨 생각을 하고 있는지를 기록한 후에, 20문항짜리 평정척도에 호출기가 울린 순간의 기분과 의식상태를 평가하게 하였다. 이렇듯 참여자들이 일주일 동안 내재동기 상태를 포함한 일상적인 생활에서 경험하는 상태를 기록한 것을 분석하는 것이 경험표집 방법이다. 이 방법의 단점은 플로우 상태에 있는 참여자들이 호출기 신호를 받게 되면 플로우 경험에 방해를 받게 된다는 것이다.

마지막 방법은 사회과학 분야의 연구에서 흔히 사용하는 설문지법이다. Jackson과 Marsh(1996)는 Csikszentmihalyi가 제안한 플로우 상태를 측정하는 데 설문지법을 최초로 도입하였다. 이들은 에어로빅 선수들을 대상으로 스포츠 상황에서 플로우 상태를 측정하기 위한 '플로우 상태 척도(Flow State Scale: FSS)를 개발하기 위해 플로우 경험의 9가지 특성을 하위요인으로 하여 36개의 5점 Likert식 문항으로 구성하였다. 요인별 내적 일관성 계수는 높은 것으로 나타났고, 9개의 하위 요인구조의 타당성을 확인하였다. 그 후 Mundell(2000)의 타당화 연구에서는 도전과 기술의 균형, 명확한 목표, 분명한 피드백은 플로우 상태에 이르게 하는 선행요인이고, 집중력, 통제감, 자의식의 상실, 시간의 변형은 플로우 상태를 나타내는 요인이며, 자기목적적 경험은 플로의 경험의 결과로 보았다.

최근에는 Engeser와 Reinberg(2008)의 연구나 Martin과 Jackson(2008)의 연구에서 플로우 상태를 측정하기 위한 척도 제작을 시도하였다. 설문지법에 의한 척도 제작은 이미 몰입상태를 겪은 뒤에 지나간 시간을 회상하며 답하는 방법이므로 경험표집 방법이나 관찰법에 비해서는 왜곡의 위험이 있지만, 사용방법이 편리하고 시간적, 공간적 제약이 비교적 적어 대규모 집단을 대상으로 하는 경험적 연구에서 상대적으로 많이 사용되고 있다.

7. 플로우 모델의 교육현장 적용 연구

플로우 모형의 함의는 우리가 매일같이 하는 활동에서 적절한 도전과 기술수준의 조화만 이루면 외적 보상이 없이 활동 자체가 목적이 되고 보상이 되는 즐거운 활동으로 만들 수 있다는 것이다. 학생들의 공부, 직장에서의 사무, 운동선수들의 연습, 심지어는 가사활동을 하면서도 플로우 상태에 들어가서 일을 놀이로 만들 수 있다는 것이다. 플로우 모형의 이러한 특성이 교육현장에 제공할 수 있는 가능성은 매우 고무적이라고 하겠다. 실제로 플로우 모형을 학생들의 학업 관련 활동에서의 내재동기를 탐색하는 데 활용한 연구들이 발표되었다.

Mayers(1978)의 연구에서는 고등학생들에게 학교에서 공부하는 과목과 활동에 포함된 도전과 기술수준을 평정하게 한 결과, 좋아하는 활동은 도전과 기술수준이 같은 플로우 영역에 위치하고, 텔레비전 시청하기와 음악 감상은 둘 다 낮은 영역, 친구관계는 중간 영역, 미술과 체육은 둘 다 높은 영역에 위치하는 것으로 나타났다. 인문학과 사회과학에서는 기술이 도전보다 높아서 지루함 영역에, 수학과 과학은 도전이 기술보다 높아서 불안 영역에 위치하였다.

　　Csikszentmihalyi(1989)는 ESM을 활용해서 이탈리아의 상위 수준 학교에 재학 중인 청소년 집단, 미국 시카고의 중상위급 고등학생 집단과 수학 영재학생 집단의 플로우 경험을 비교한 결과 이탈리아 청소년들이 미국 집단들보다 더 자주 플로우를 경험하고, 미국 영재학생 집단보다 전형적인 고등학생 집단이 플로우를 더 많이 경험하는 것으로 나타난 결과를 보고하였다. 특히 이 연구에서는 도전과 기술수준의 조합으로 여덟 가지 유형의 활동과 관련된 정서 경험을 포함하는 8-채널 모형을 제안하였다. 그 내용을 구체적으로 분류하면 다음의 〈표 6-2〉와 같다. 〈표 6-2〉는 도전과 기술수준이 모두 낮은 활동을 할 때는 무관심하고(apathy), 도전이 중간수준인데 기술은 낮으면 걱정(worry), 도전수준은 높은데 기술이 낮으면 불안(anxiety)을 경험한다는 것을 보여 준다. 도전수준의 하ㆍ중ㆍ상에 따라 기술수준이 중간인 경우 각각 이완(relaxation), 플로우, 각성(arousal)을 경험한다. 도전수준의 하ㆍ중ㆍ상에 따라 보유하고 있는 기술수준이 높은 경우 각각 지루함(boredom), 통제감(control), 플로우를 경험하는 것으로 분류할 수 있음을 보여 준다. 또한 학생들이 ESM의 설문 문항들을 통해 평정한 내재동기는 이탈리아와 미국 영재학생 집단에서는 플로우 채널에 있을 때 가장 높은 것으로, 미국 보통학생들의 경우에는 통제 채널에 있을 때 가장 높은 것으로 보고되었다.

　　이와 같은 결과는 교육환경의 사회문화적 배경에 따라 학생들이 경험하는 동기 관련 정서가 다르다는 것을 보여 주고, 학교현장에서 교수와 학습활동을 계획하고 고안할 때 고려해야 할 시사점을 제공하는 것이다. 실제로

〈표 6-2〉 도전수준과 기술수준의 조합이 만들어 내는 정서 경험

기술 도전	하	중	상
하	무관심	이완	지루함
중	걱정	플로우	통제감
상	불안	각성	플로우

Csikzentmihalyi와 Larson(1984)의 연구와 Csikzentmihalyi, Rathunde와 Whalen(1993)의 연구에서도 플로우 경험과 학업성취 간에는 유의미한 관련성이 있다는 것을 보여 줌으로써, 학업상황에서의 플로우 경험의 긍정적인 효과를 최대한 활용할 수 있는 학업환경을 마련해 주는 것이 중요하다는 것을 시사한다.

요약하면 인생에서 가장 변화가 많고 유연하며 다양한 지식의 흡수가 왕성한 생의 전반부인 아동기와 청소년기 동안 현대를 살아가는 대부분의 개인들은 학교라는 형식적인 틀 속에서 정해진 내용의 지식을 학습하고 받아들이도록 강요받는 것이 현실이다. 이와 같은 상황에서 학업에 관련된 과제 수행을 할 때 즐거움과 만족감을 느끼면서 할 수 있는 환경이 가능하다면, 그것은 당연히 고려해야 할 사안임에 틀림이 없다. 이런 측면에서 볼 때 학생들이 학교와 일상생활에서 경험하는 다양한 정서를 설명할 수 있고, 도전과 기술의 중간수준과 상위수준의 배합이 만들어 내는 플로우를 경험할 수 있는 상황을 많이 만들어 줄수록 학생들의 학업에 대한 내재동기가 증진된다. 또한 궁극적으로 삶의 질이 향상될 것임을 시사하는 플로우 모형은 교육현장에서 보다 적극적으로 받아들여야 할 내재동기이론일 것이다.

제8절 **내재동기의 발달**

이제까지 살펴본 바와 같이 학업상황에서 내재동기에 대한 연구가 시작된 지 반세기가 지나는 동안 다양한 이론체계하에서 내재동기의 긍정적인 효과는 분명하게 드러났다. 내재동기의 학업 관련 수행과 성취에 대한 효과는 이번 장에서 검토한 다양한 이론적 체계하에서 진행된 연구들에서 확인한 바와 같이 학년이나 학교급에 관계없이 일관성 있게 나타났다. 효율동기이론, 개인적 인과성 이론, 인지평가이론, 과정당화이론, 내인성 귀인이론, 출현동기이론 등 모든 이론적 체계에서 내재동기가 높을수록 공부하는 것 자체에 대한 흥미와 즐거움이 크기 때문에 학업성취 수준도 높게 나타나는 것을 보고하였다. 이와 같은 학업상황에서 내재동기의 중요성에도 불구하고 내재동기의 발달적 특성에 대한 연구는 상대적으로 큰 주목을 받지 못했다는 지적이 있다 (Otis, Grouzet, & Pelletier, 2005). 실제로 내재동기이론과 관련된 연구논문들을 검토하면 초기의 Harter와 동료들(Harter, 1981b; Harter & Jackson, 1992)의 초등학생들의 내재동기 발달경향성에 관한 연구와 Eccles를 중심으로 하는 미시간 대학의 연구자들(예를 들어, Anderman, Midgley, Wigfield 등)과 Nicholls의 아동의 능력에 관한 견해의 발달적 변화 연구를 제외하면 다른 연구자들은 아동들의 내재동기의 발달적 변화에 대해서는 큰 관심을 보이지 않은 것으로 나타난다.

내재동기 발달에 관해 가장 많은 관심을 가졌던 Harter의 연구는 앞에서 이미 살펴본 바와 같이 초등학생들이 중학교로 진급함에 따라 전반적인 내재동기 수준은 점차 감소하고, 반면에 외재동기 수준은 증가하는 것으로 나타났다. 그러나 이러한 현상을 Lepper, Corpus와 Iyengar(2005)는 Harter의 척도가 내재동기와 외재동기를 단일 차원에서 양극단을 나타내도록 만들어졌기 때문에 한쪽이 증가하면 다른 쪽은 필연적으로 감소하는 것으로 나타날 수밖에 없다. 그러므로 내재동기와 외재동기를 독립적인 차원에서 측정해 보아야만 정확한 상태를 파악할 수 있다고 주장하였다. 실제로 Lepper 등(2005)은 두 차원을 분리하여 척도를 구성하고 3학년에서 8학년에 걸친 아동들을 대상으로 실시한 결과 내재동기는 점차 감소하였으나, 외재동기는 별로 달라지지 않는 것으로 나타나 내재동기와 외재동기는 독립적인 요인임을 확인하였다.

내재동기의 학년 증가에 따른 감소는 Anderman과 Maehr(1994), Nicholls (1978), Gottfried, Fleming과 Gottfried(2001)의 연구에서도 보고되었다. 특히 Gottfried 등(2001)의 연구에서는 초등학교 4학년부터 고등학교 3학년에 걸친 종단 자료를 분석하여 학업에 대한 내재동기가 점차적으로 감소하는 것을 보여 주었다. 한국 학생들을 대상으로 한 연구에서도 안도희, 김지아, 황숙영

(2005)의 Harter 척도의 인지적 유능감으로 내재동기 수준을 측정한 결과 초등 학생들보다 중, 고등학생들의 수준이 낮은 것으로 나타났다. 다음의 제7장 자 기결정성이론에서 다룰 학업동기 유형에 따른 발달경향성에서도 초등학생들 보다 중, 고등학생들의 내재동기 수준이 줄어드는 것을 볼 수 있다. 한편, 한 국청소년정책연구원의 4년에 걸쳐 수집한 전국 규모 패널을 대상으로 종단 자료를 분석한 김아영, 이명희, 전혜원, 이다솜, 임인혜(2007)의 연구에서는 중학교에서 고등학교로 진행하는 동안 유능감이 높아지는 결과를 보여 주었 는데, 이 자료에서는 초등학생들을 다루지 않았기 때문에 장기간에 걸친 내재 동기의 발달이 정확히 어떤 상태로 진행되는가에 대해서는 분명한 결론을 내 리기가 어려운 상황이다.

학교교육 연한이 길어질수록 내재동기가 줄어드는 이유가 무엇인가를 밝히 는 것은 교육적으로 매우 중요한 사안이다. 동기이론가들이 제시하는 이유를 살펴보면, 우선 발달심리학적 해석으로 어린 아동들은 비현실적으로 높은 자 기개념과 성공에 대한 기대를 가지고 있다. 이러한 부풀려진 능력에 대한 자기 지각은 시험 점수와 다른 객관적인 측정치들 간에 일관된 관련성이 보이기 시 작하는 시기인 일곱 살 정도까지 지속된다(Stipek, 1984). 아동들은 점차 자신들 에게 주어지는 수행에 대한 피드백을 제대로 이해하고 해석할 수 있게 되며, 다른 아동들과 자신을 비교하기 시작하면서 자신에 대한 평가가 보다 정확하 고 현실적이 되어 간다는 것이다(Stipek, 1984). 이러한 객관적인 자기평가가 어 린 아동들이 가지고 있는 능력에 대한 증가적 견해의 즉각적인 변화를 가져오 는 것은 아니고, 약 열 살 정도가 되면서 열심히 노력한다고 지능이 향상되는 것은 아니라는 능력에 대한 실체적 견해가 생기면서(Nicholls & Miller, 1984) 자 기개념이나 유능감이 낮아지게 되며 내재동기 또한 감소한다는 것이다.

다음으로는 아동들이 처한 환경의 변화를 들 수 있는데, 학년이 올라감에 따라 개별 학생에 대한 교사의 관심이 감소하기 때문에 아동들은 자신의 수행 에 대한 긍정적 피드백을 받을 기회가 줄어든다. 동시에 준거참조적 평가보다는 규준참조적 평가가 증가하여 경쟁적인 환경에 노출될 기회가 많아지게 되어 잦은 실패나 좌절을 경험하게 될 것이다. 또한 학년이 올라감에 따라 다양화되는 교과목이나 학습내용들로 인해 자신감이 줄어들게 된다. 또한 초등학교에서 상급학교로의 진학은 새로운 환경으로 전환됨에 따른 책임감이나 자기관리 등의 문제로 발생하는 스트레스를 증가시키기 때문에 유능감이 감소하고 내재동기가 감소하게 될 것임을 예측할 수 있다.

학년의 증가에 따른 내재동기의 감소 현상에 대한 또 다른 이유에 대해 Deci와 Ryan(1985)은 학교와 가정에서 공부에 대해 끊임없이 제공되는 유관적 보상과 외적 제약요인들이 누적되어 발생하는 결과일 수 있다는 주장을 제기하기도 하였다. 이러한 주장은 특히 끊임없는 경쟁체계 속에서 이름 있는 상급학교 진학이 최상의 목표인 한국 학생들이 어린 시절부터 경험하여 누적된 외재동기에 의한 통제결과일 것이라는 추론을 가능하게 한다. 따라서 한국 교육상황에서 내재동기와 외재동기의 발달경향에 대한 장기적인 종단 자료 수집과 이에 대한 정밀한 분석이 요구된다. 또한 이와 병행해서 공부에 대한 내재동기의 증진과 외재동기에의 의존도를 줄이는 방안에 대한 연구가 필수적임에 주목해야 할 것이다. 내재동기의 발달경향성에 대해서는 유능감과 자율성, 관계성에 대한 욕구와 관련시켜 내재동기를 설명하는 제7장의 자기결정성이론에서 다시 거론될 것이다.

제9절 교육현장에 대한 시사점

이제까지 살펴본 내재동기이론들은 수행이 포함되는 어떤 상황에서든 개인의 행동의 원인이 무엇인가에 대한 이해를 가능하게 한다. 따라서 교육을 담당하는 부모나 교사, 상담가뿐만 아니라 직장이나 산업현장에서 사람들을 다루는 경영인이나 관리자들에게도 시사점을 제공할 수 있다. 다음은 Clifford(1985),

Pintrich와 Schunk(2002), Alderman(2008)을 비롯한 많은 교육심리학자들이 제시한 교육현장에서 내재동기를 증진시킬 수 있는 방안을 마련하는 데 도움이 될 수 있는 몇 가지 지침이다. 이러한 지침을 중심으로 각 이론에 대한 설명 후에 제시한 제안들을 보충하여 교육현장에서 적용이 가능한 시사점들을 제시하기로 한다.

① 외적 제약 사용의 최소화: 보상이나 감독과 같은 외적 제약의 사용을 최소화하여 꼭 필요할 경우에만 사용하고, 가능한 한 관심을 두지 않는 것이 좋다. 학생들이 한 번도 경험하지 않은 새로운 활동이나 과제를 시작하게 하기 위해서는 외적 유인물이 필요할 수 있다. 그러나 일단 수행 경험을 하고 난 후에는 과제 자체에 대한 관심과 흥미로 스스로 과제를 시작할 수 있도록 환경을 조성하는 것이 필요하다.

② 과제 선택의 자유와 가능성 제공: 자신이 수행할 과제의 종류나 수준 등 과제를 선택할 수 있도록 복수의 과제유형이나 수준을 제공하는 것이 좋다. 복수의 과제가 가능하지 않을 경우 적어도 수행을 위한 접근방법이나 순서, 절차 등에서의 선택가능성을 제공할 수 있다. 그러나 너무 많은 선택 옵션을 제공하는 것은 학생에 따라서는 역효과를 가져올 수 있다는 점을 명심해야 한다.

③ 실패결과에 대한 노력 귀인 권장: 학생들이 수행한 과제에 대한 실패결과는 자신의 책임으로 원인을 돌리는 습관을 형성하도록 하는 것이 좋다. 귀인이론에서 제안한 바와 같이 내적 귀인 중에서도 노력부족으로 귀인하면 다음 번에 좀 더 노력하면 성공적인 결과를 얻을 수 있다는 기대로 과제 수행에 대한 내재동기가 증진될 것이다.

④ 수행결과에 대한 구체적, 정보적 피드백 제공: 수행한 결과에 대해서는 가능하면 즉각적인 피드백이 주어지는 것이 좋다. 평가결과는 교사나 부모 등 과제를 관리하는 주체가 직접 제공하는 것이 신뢰를 주어 효과적이

다. 또한 피드백은 다른 사람과 비교하는 규준참조적인 것이 아닌 수행의 질적 측면에 초점을 둔 준거참조적인 형태인 것이 과제에 대한 관심을 증진시킬 수 있으므로 효과적이다. 또한 수행의 어떤 측면이 우수하고 어떤 측면이 부족한가에 대한 구체적인 정보를 제공하는 것이 좋다. 그리고 수행의 절대적인 수준에 대한 평가보다는 향상 정도에 대한 평가를 강조하는 것이 계속적인 진보를 위해 바람직하다.

⑤ 적정 수준의 과제난이도: 플로우 상태를 경험하기 위해서는 개인의 능력수준과 과제난이도 수준의 조화가 필요한 만큼 적정 수준의 난이도를 가진 과제를 제공하는 것이 필수적이다. 또한 너무 쉬운 과제는 호기심을 유발하기 어렵기 때문에 자신의 능력을 테스트할 수 있는 적당히 어려운 과제를 제시하는 것이 바람직하다. 그러나 개인의 특성에 따라 적정 수준에 대한 정의는 달라질 수 있음을 유념해야 할 것이다.

⑥ 적절한 보상 제시방법의 사용: 외적 보상을 사용할 때는 보상을 주는 주체의 가치나 기준에 의한 보상이 아니라 수행의 수월성에 대한 보상임을 강조해야 한다. 다시 말해서, '너의 수행이 우수하기 때문에' 상을 주는 것이지 '너의 수행에 내가 만족하기 때문에' 상을 주는 것이라는 인상을 심어 주는 것은 좋지 않다는 것이다. 후자의 경우에는 보상을 외적 통제로 지각하게 하기 때문에 이후의 내재동기의 저하를 초래할 수 있기 때문이다.

⑦ 즐거운 수행환경 마련: 공부건 일이건 환경이 어떠냐에 크게 영향을 받게 마련이다. 따라서 기분 좋고 편안하게 공부할 수 있도록 즐거운 분위기와 쾌적한 환경을 마련해 주는 데 신경을 써야 할 것이다.

앞에서 제시한 내재동기이론에서 도출된 교육현장에 대한 시사점은 다음 장에서 논의할 또 하나의 내재동기이론 체계인 자기결정성이론을 설명할 때 반복되는 내용들을 포함하고 있다. 그러므로 다음 장에 대한 공부를 마치면 보다 확실하게 적용가능한 시사점들에 대한 이해를 얻을 수 있을 것이다.

제10절 내재동기이론에 대한 평가 및 현 상태

1. 평 가

내재동기이론에 관한 연구결과는 외재동기가 유해한 효과를 발생시키기 쉬운 조건들을 명확히 해 주었다는 점에서 동기연구에 중요한 공헌을 하였다. 학생들로 하여금 공부하게 하기 위한 Skinner의 조건화 기술들과 다양한 보상의 사용이 만연되어 있는 교육현장에 이와 같은 조건화나 외적 보상이 학습동기에 유해할 수 있다는 것을 인식시켜 준 것은 중요한 공헌이라고 하겠다. 물론 외적 보상이 모두 유해한 것만은 아니기 때문에 어떤 상황과 조건에서 외적 보상이나 제약이 실행되는 것이 긍정적인 효과를 증가시키고, 부정적인 효과는 감소시킬 수 있는가를 알아내는 것은 중요한 일일 것이다. 내재동기이론은 이런 측면에서 행동주의 강화이론가들의 주의를 환기시킨 계기를 마련하였다고 볼 수 있다.

반면에 내재동기에 관한 연구에서 가장 문제가 되는 측면은 내재동기라는 개념에 대한 정의 자체라고 할 수 있다. 다시 말해서, 내재동기가 무엇이냐에 대한 개념적 정의와 그에 따른 조작적 정의가 연구자들마다 다르고, 각 연구에서 도입한 조작적 정의에 따라 측정된 것이 과연 무엇을 측정하고 있는가, 즉 구인타당도의 문제가 있다는 것이다. 또한 같은 연구 내에서 복수의 내재동기를 측정한 경우 서로 불일치하는 결과를 보여 줄 때 과연 어느 것이 현상을 말해 주는 것인가에 대한 판단이 어렵다는 점이다.

내재동기의 측정과 관련한 또 하나의 문제점은 많은 연구들에서 내재동기를 과제에 대한 흥미나 즐기는 정도 혹은 만족감, 과제의 자유선택 정도 등을 자기보고를 통해 측정한다. 이와 같은 자기보고식 반응은 사회적 바람직성이나 묵종경향성, 불성실한 반응 등 많은 문제점을 내포하고 있다는 것은 주지의 사실이다. 따라서 수집된 자기보고 반응이 얼마나 신뢰롭고 타당한가에 따라 연구결과의 타당성이 좌우된다. 이러한 문제점들을 보완하기 위해 내재동기 연구자들은 복수의 측정치를 사용하는 방안을 제안하지만, 복수의 측정치 사용은 앞에서 제시한 또 다른 문제점을 내포하고 있어서 완전한 해결책이 되지 못한다. 따라서 보다 객관적인 내재동기에 대한 측정치를 확보하기 위한 대책으로 행동에 대한 직접관찰 자료수집을 병행할 것을 권장한다. 또 한 가지 최근에 시도되고 있는 방법은 뇌기능을 측정하는 fMRI 기법의 도입이다. 피험자가 흥미 있는 과제를 수행할 때와 그렇지 않은 과제를 수행할 때 활성화되는 뇌의 부위를 관찰, 비교함으로써 내재적으로 동기화되었는가를 판단하는 방법이다. 혹은 내재적으로 동기화된 상태에서 수행할 때와 외재적으로 동기화된 상태에서 수행할 때 생리적인 지표에서의 차이가 있는가를 확인하는 방안도 적용해 볼 수 있을 것이다. 이와 같은 생리적 지표는 객관성을 확보하는 데는 유용할 수 있으나, 이 역시 동기상태와 생리적 지표 간의 일대일의 대응관계를 보장할 수 없다는 문제점을 내포하고 있다.

2. 이론의 현 상태

이제까지 살펴본 바와 같이 White, deCharms, Deci, Lepper와 Greene, Harter 등의 연구자들이 내재동기에 관한 이론을 개발하였다. 또한 경험적 증거를 수집하기 시작한 이후 50여 년의 세월이 지나는 동안 초기에 발표되었던 이론들은 정련되어 현재 몇 가지 핵심적인 내재동기이론들이 공존하고 있다. 초기에 관심의 대상이 되었던 주제는 당시 행동주의의 강화이론의 전성기임을 잘 드러내듯이 외적 보상이 내재동기와 수행에 미치는 영향에 대한 연구가 주를 이루었다. 외적 보상의 내재동기에 대한 부정적인 영향에 관한 경험적 연구가 누적되면서 교육이나 직무현장에서는 외적 보상으로 사람들의 수행을 조종하고 통제하는 것을 반대하였다. 또한 수행하는 과제나 업무 자체에 대한 흥미와 즐거움을 강조하는 내재동기의 증진방안에 대한 관심이 증가하게 되었다.

1990년대에 들어서서 계속적인 대규모 메타분석 연구들이 발표되면서 내재동기의 중요성은 더욱 강조되고, 교육현장에서는 외적인 동기를 유발하기 위한 전략 사용을 줄이고 내재동기 유발을 위한 전략에 대한 관심이 증대되었다. 이와 더불어 내재동기 유발과 관련된 개인차변인과 환경변인을 찾아내는 데 관심이 집중되었다. 이러한 관심은 목표지향성과 같은 다른 동기이론 체계에서 제시하는 개념들과의 관련성을 탐색하는 연구로도 나타나고 있다.

또한 구체적인 적용 영역으로는 개인의 지능이나 창의성과 내재동기 간의 관련성에 대한 관심이 증가되었다. Amabile는 개인의 동기성향은 상황과 시간에 따라 가변적이 아니고 안정적이며 지속적이라는 가정하에 동료들과 작업선호검사(Work Preference Inventory)를 개발하였고, 창의적 수행의 질은 외재동기보다 내재동기에 의해 더 영향을 받는다는 연구결과를 발표하였다 (Amabile, Hill, Hennessey, & Tighe, 1994). Amabile의 이와 같은 내재동기에 대한 접근은 조직현장에서 광범위하게 받아들여지고 있다.

초기에 내재동기이론이라는 포괄적 제목 아래서 다루어졌던 인지평가이론, 개인적 인과성이론은 Deci와 Ryan(2000)에 의해 자기결정성이론(Self-Determination Theory: SDT)이라는 새로운 동기이론의 체계 속에 통합되었다. SDT는 이 두 소형 이론들과 '유기적 통합이론(Organismic Integration Theory)' '기본 심리욕구이론(Basic Psychological Needs Theory)' 들을 포함시켜 새로운 이론체계를 구축하면서 최근에 가장 주목받는 동기이론으로 발전하고 있다. 따라서 이 책에서도 SDT는 내재동기이론과 별개의 독립적인 장으로 구성하였다.

제11절 **한국의 내재동기 연구**

1. 내재동기이론 전반

국내 전자자료를 탐색하면 국내 연구논문에서 내재동기 개념이 거론되기 시작한 것은 1980년대 중반경부터 한국심리학회지, 생활과학 관련 학술지, 스포츠 관련 학술지와 대학에서 발간되는 연구논문집들에서 볼 수 있다. 예를 들어, 이종숙(1984)의 유아교육 분야와 한덕웅(1984)의 『한국심리학회지: 사회 및 성격』에서 내재동기이론에 관한 소개 논문에 이어, 이상희와 안신호(1988), 안신호와 장형석(1989)의 외적 보상이 내재동기를 저하시키는 현상에 관한 실험 논문들이 발표되었다. 이후 내재동기에 관한 대부분의 연구들은 스포츠나 유아교육 영역에서 나타나고, 교육학이나 교육심리학 영역에서는 크게 관심을 보이지 않았던 것으로 나타난다. 1990년대에는 내재동기이론에 관한 연구를 찾아보기가 더욱 어려워졌고, 한성열(1995)의 내재동기이론 개관논문과 장재윤과 구자숙(1998)의 보상이 내재동기와 창의성에 미치는 영향에 관한 일종의 개관논문이 있으며, 강혜원(1998)의 대학생의 동기요인들의 관련성을 검토한 연구에서 내재동기가 논의된 것을 제외하고는 별로 찾아보기 어렵다.

그러다가 2000년대에 들어 자기결정성이론이 국내에 소개되고, 플로우 모형이 소개되면서부터 교육심리학 연구자들의 다양한 내재동기이론 전반에 대한 관심이 증가하기 시작했음을 알 수 있다. 이러한 관심을 반영하는 것으로 Amabile의 내재동기와 창의성 간의 관계에 대한 연구(하대현, 2002), 내재동기이론과 연구들에 대한 검토와 교육현장에 대한 시사점을 논의한 논문(하대현, 2003)과 Amabile의 내재동기이론에 근거하여 동기유형의 분류를 시도한 연구논문(하대현, 최형주, 송선희, 2003)들이 발표되었으나, 후속적인 연구는 진행되지 않았다.

2000년대 초반부터 시작된 조현철(2000, 2003)과 김아영(김아영, 오순애, 2001; 김아영, 2002)의 자기결정성이론에 관한 탐색연구, 김정환과 이기택(2001), 이은주(2001)의 플로우 관련 연구들을 선두로 한국 교육현장에서의 내재동기이론에 관한 연구가 증가되기 시작하였다. 자기결정성이론을 기초로 한 내재동기연구는 제7장에서 구체적으로 다룰 것이므로 여기서는 생략하기로 한다.

한편, 내재동기에 대한 개념적 정의나 조작적 정의에서 포함시켰던 과제나 활동에 대한 흥미에 초점을 맞추어 연구하는 경우들이 김성일과 연구팀에 의해 발표되었다. 이들의 주요 주제는 학습재료나 과제유형 혹은 학습환경에 따른 학습흥미의 차이 그리고 학습자의 개인적 특성에 따른 흥미에서의 차이 등으로 나타난다. 연구결과들은 흥미와 학업성취도 간의 정적인 상관이 있으며 (윤미선, 김성일, 2004), 개인적 흥미와 학업성취도 간의 상관이 상황적 흥미와의 상관보다 높은 것으로 보고하였다(윤미선, 2007). 학생들의 내재동기가 학년이 올라감에 따라 감소하는 것과 마찬가지로 흥미도 학년이 올라감에 따라 특히 초등학교에서 중학교로 올라가면서 대부분의 학과목에서 감소하는 것으로 나타났다(윤미선, 김성일, 2003).

2. 한국의 플로우 모형 연구

국내에 플로우 모형을 소개한 것은 시카고 대학의 Csikzentmihalyi 교수 제자인 한성열 교수가 1995년 내재동기이론을 개관한 논문인 것으로 나타난다. Csikzentmihalyi가 플로우 모형을 공식적으로 발표한 것이 1975년인 것에 비추어 볼 때 국내 도입은 한참이 지난 후로서 늦은 감이 있다. 국내에서는 '플로우'를 '몰입'으로 번역해서 사용하는 경우가 대부분이나, 이 개념의 정확한 의미가 전달되지 않을 것을 우려해서 이 책에서와 같이 '플로우'로 사용하는 경우도 있다. 교육 관련 영역에서의 논문으로는 이은주(2001)가 학생들이 수업시간에 어느 정도의 몰입 경험을 하고 있는지를 연구한 것이 처음인 것으로 나타난다. 같은 시기에 김정환과 이기택(2001)은 Maslow의 정상 경험(peak experience) 개념에 기초하여 제안된 정상학습 증진 훈련이 몰입 경험에 미치는 영향을 연구한 실험연구를 수행했는데, 이 연구에서는 정상학습 증진 프로그램 시행이 초등학교 6학년생들의 몰입 경험을 증진시켰음을 보여 주었다.

그 후 2008년까지 발표된 연구물에 관한 데이터베이스를 검색하면 약 70편 정도의 플로우 관련 연구논문이 나타난다. 스포츠나 여가활동에 관한 주제가 50여 편으로 대부분을 차지하고, 다음으로 소비자 행동과 건강이나 일상생활에서의 몰입 경험에 관한 주제를 다루고 있으며, 학습과 관련된 연구는 극히 드물게 나타난다.

교육장면에서 수행된 연구로는 앞서 거론한 김정환과 이기택(2001)의 연구, 이은주(2001)의 연구, 석임복과 강이철(2007)의 학습몰입척도 개발에 관한 연구, 석임복(2008)의 학습몰입의 특성을 분석한 교육공학 분야에서 나타난 것이 있다. 또한 중, 고등학교 교사들을 대상으로 한 교수몰입척도 개발에 관한 김아영, 이채희, 최기연(2008)의 연구 정도를 꼽을 수 있다. 나아가 고등학생들이 일상생활에서 경험하는 몰입 경험의 정도와 유형을 연구한 엄나래와 정영숙(2002)의 연구와 최인수, 김순옥, 황선진과 이수진(2003)과 김기욱, 현은자, 최인수, 유현정(2004)의 연구가 있으나 학업상황에 관한 것은 아니었다.

국내에서 플로우에 관한 연구 수행에서 사용된 방법은 엄나래와 정영숙(2002)의 연구나 최인수 등(2003)과 김기욱 등(2004)의 연구에서와 같이 일상생활에서의 플로우 경험에 관한 연구에서는 경험표집방법을 사용하였다. 그러나 이 연구방법은 수행상의 어려움 때문에 연구가 활발하지 못한 것으로 보인다. 따라서 이 후에 진행된 연구들에서 경험표집 방법을 사용한 연구는 찾아보기가 어렵다.

김정환과 이기택(2001) 그리고 이은주(2001)는 Jackson과 Marsh(1996)의 스

포츠 상황에서의 플로우 상태를 측정하기 위해 개발한 '플로우 상태 척도'를 학업상황에서의 몰입상태 척도를 측정하는 것으로 수정하여 사용하였다. 이태정(2003)과 이채희와 서애리(2004) 그리고 김아영, 탁하얀, 이채희(2010)는 학업상황에서의 몰입척도 제작을 시도하였으며, 김아영, 최기연, 이채희(2008)는 교사들의 '교수몰입척도'를 제작하였다. 최인수와 이미나(2004)는 창의성과의 관련 연구에서 Csikszentmihalyi의 몰입설문지를 수정·보완하여 사용하였고, 박근수와 유태용(2007)은 산업 및 조직 분야에 사용할 수 있는 '한국형 일몰입 척도'를 개발·타당화하였다. 손영수, 최만식, 문익서(2002)도 FSS를 한국어로 번안하여 타당화하였다. 이와 같이 국내에서 진행된 플로우 모형을 도입한 학업상황에서의 동기에 관한 연구는 미국에서와 마찬가지로 방법론상의 어려움으로 활성화되지 못하였으나, 보다 수월하게 플로우 상태를 측정할 수 있는 설문지 형태의 척도 개발 덕분에 연구의 활성화를 기대할 수 있게 되었다.

3. 이론발전 전망

내재동기이론 전반에 대한 연구전망을 보면 당분간은 플로우 모형과 자기결정성이론에 대한 연구가 계속될 것으로 보인다. 동기이론 개발과 적용 연구의 중추가 되고 있는 북미의 연구경향을 보아도 점차 자기결정성이론의 교육현장에서의 적용 연구가 증가되는 추세로 보인다. 이러한 경향은 국내의 동기연구 분야에서도 유사하게 진행될 것임을 예측할 수 있다. 또한 플로우 모형에 대해서는 그동안 연구방법에서의 제한점 때문에 활성화되지 못하던 것이 점차 자기보고식 설문지 형태의 척도 개발과 더불어 교육현장에서의 학생들의 플로우 경험에 관한 연구는 예전에 비해 증가할 것임을 예측해 볼 수 있다. 특히 인간의 행복 추구를 주제로 삼는 긍정심리학이 많은 주목을 받고 있는 최근 심리학의 발전동향에 비추어 볼 때 내재동기이론 전반 그리고 구체적으로는 플로우 모형과 자기결정성이론은 계속적인 연구의 관심주제로 남을 것이다.

모든 동기이론에서와 마찬가지로 내재동기의 증진방안에 대한 연구 또한 현장에서는 지대한 관심을 받는 주제다. 특히 장기적으로 볼 때 외재동기에 비해 내재동기가 다양한 측면에서 바람직하다는 연구결과들이 계속적으로 발표되는 현 상황에서 내재동기를 증진시키는 데 효과적인 중재 프로그램이 개발된다면 이는 교육실제에 큰 공헌을 하게 되는 것으로 교육관련자들의 주목을 받을 것임을 쉽게 예측할 수 있다.

ACADEMIC MOTIVATION

CHAPTER

7

자기결정성이론

자기결정성이론

'자기결정성이론(Self-Determination Theory: SDT)'은 미국 Rochester 대학의 Edward Deci와 Richard Ryan을 중심으로 한 연구팀에 의해 1980년대 중반부터 빠른 속도로 발전하고 있다. 이는 오늘날의 심리학 분야에서 인간동기를 설명하기 위한 이론적 체계로 가장 포괄적이며 실증적 연구의 지지를 많이 받고 있는 내재동기이론 중 하나다. 자기결정성이론은 학업상황과 임상상황뿐만 아니라 일, 운동, 건강, 육아를 비롯한 사회생활의 거의 모든 영역에서 인간의 동기와 행동을 이해하는 데 적용되고 있다고 해도 과언이 아닐 것이다.

자기결정성이론은 Deci(1975)의 '인지평가이론(Cognitive Evaluation Theory)'에 '유기적 통합이론(Organismic Integration Theory)'을 통합하여 체계화함으로써 시작된 동기이론으로 인본주의적 접근을 기본으로 하고 있다. Ryan과 Deci(2002)가 정립한 최근의 자기결정성이론 체계는 네 개의 미니 이론들로 구성된 '매크로 이론(macrotheory)'으로, 각각의 미니 이론들은 자기결정성과 관련된 현상들의 특정한 부분을 설명하기 위해 만들어진 것이다. Ryan과 Deci(2002)도 거론한 바와 같이 그동안 발표된 연구논문이나 저서들에서는 이 미니 이론들의 다양한 측면이나 주제들이 관련 미니 이론의 제목 아래에서 제시되기도 하였다. 그러나 때로는 단순히 자기결정성이론이라는 큰 제목 아래에 제시되었다. 이러한 일관성 없는 비체계적인 접근 관행은 이 이론 체계를 처음 접하는 사람들에게 혼란을 야기하기도 한다.

이번 장에서는 자기결정성이론을 구성하는 네 가지 미니 이론들인 인지적 평가이론, 유기적 통합이론, 인과지향성이론(Causality Orientation Theory), 기본심리욕구이론(Basic Psychological Needs Theory)을 각각 설명하고, 이 미니 이론들 간의 관련성을 살펴봄으로써 자기결정성이론이라는 매크로 이론에 대한 전체적인 이해를 도모하고자 한다. 그리고 이 이론적 틀 밑에서 교육현장에 적용한 경험적 연구들을 살펴보고, 교육현장에 대한 시사점을 제안해 보기로 한다.

제1절 자기결정성이론의 기본 가정 및 구성요소

1. 기본 가정

자기결정성이론은 이론의 명칭이 말해 주듯이 '자기'라는 개념을 핵심으로 하는 내재동기이론이라고 할 수 있다. Ryan과 Deci(2002)는 이 이론이 유기적 변증법적 관점(organismic dialectical perspective)을 취한다고 주장하였다. 여기서 '유기적'이란 개념은 살아 있으며, 환경과의 능동적인 상호작용을 통해 생존하고 끊임없이 변화하고 발달한다는 의미를 나타낸다. 이러한 관점에서 보면 자기결정성이론은 인간은 심리적 성장과 통합을 향한 능동적인 경향성을 가지고 태어났기 때문에 보다 정교화되고 통합된 자기개념을 발달시키려는 자연스러운 건설적 경향성을 가지고 있다는 것을 가정하고 시작한다. 다시 말해서, 사람은 자신의 정신적인 측면들뿐만 아니라 자신이 속해 있는 사회 속의 다른 사람들이나 집단들과 연결하려는 기본적인 경향성을 가지고 있다는 것을 전제로 한다. 이러한 통합하려는 경향성은 'autonomy', 즉 내적 조직화와 전체적 자기조절을 향한 경향과 'homonomy', 즉 자기자신과 타인들과의 통합을 향한 경향을 모두 포함하며, 건전한 발달을 하기 위해서는 통합을 향한 경향성의 두 측면 간의 상호보완적인 작용이 필요하다고 하였다(Ryan & Deci, 2002).

이들은 또한 이러한 '자기'에 대한 견해는 정신분석학과 인본주의의 성격이론들과 발달에 관한 인지주의이론들에서 찾아볼 수 있는 것이라고 하였다. 따라서 자기결정성이론에서는 현존하는 심리학이론들을 양립적인 두 이론체계로 구분하는데, 한쪽은 인본주의, 정신분석학, 발달이론들과 같이 유기적 메타이론체계를 수용하는 쪽이고, 다른 쪽은 행동주의, 인지주의, 포스트모던 이론들과 같이 이를 수용하지 않는 진영으로 특징지을 수 있다고 주장하였다. 그러면서 자기결정성이론은 이와 같은 서로 대립되는 견해들이 설명하는 현상들을 통합하기 위한 체계를 제공한다고 주장하였다(Ryan & Deci, 2002).

자기결정성은 개인의 의지를 사용하는 과정으로서 자신의 강점과 한계점을 수용하고, 자신에게 영향력을 행사하는 외부의 힘을 인지하며, 선택을 결정하고 욕구를 충족시키는 방식을 결정하는 것을 필요로 한다. 따라서 자기결정적이기 위해서는 환경에 대해 어떤 행위를 취할 것인가를 스스로 결정(Deci, 1980)해야 하기 때문에 자기결정성은 자율성(autonomy)과 유사한 개념으로 받아들여진다. 내재동기가 발달하기 위해서는 개인의 행위가 자기결정적, 즉 자신이 스스로 결정한 것으로 경험해야 하기 때문에 내재동기이론가들은 이러한 자율성을 설명하기 위해 통제성에 관심을 갖는다.

제2장에서 초기 동기이론 발달에 중요한 기초를 제공한 Adler의 개인심리학을 설명할 때 거론된 바와 같이, 사람들은 독립심이나 개인적 통제(personal control)를 얻으려는 목표를 달성하기 위하여 독특한 삶의 방식 혹은 행동계획을 발달시킨다. 이러한 개인의 목표는 자신의 잠재력을 충분히 개발시키려는 소망이라는 주장에 기초하여 Deci와 Ryan(1985)은 내재동기를 설명하는 데 기본심리욕구가 중요한 기초를 제공한다고 보았다. 그리고 유능성(competence), 자율성(autonomy), 관계성(relatedness)에 대한 욕구를 기본심리욕구로

도입하고, 이 욕구들이 학습, 성장, 발달을 위한 자연적 동기를 제공한다고 보았다. 이 욕구들이 충족되어야 사람들은 자기결정적인 행동에 자유롭게 착수할 수 있게 된다. 이 세 가지 욕구는 사람들은 독립심이나 개인적 통제를 얻으려는 목표를 가지고 있고, 개인이 우월감을 가지고 있다는 것은 자기확장, 자기고양, 개인적 유능감을 가지고 있음을 시사하는 것이라는 Adler의 주장과 맥을 같이하는 것으로 볼 수 있다.

자기결정성이론에서는 개인이 속한 사회적 맥락의 어느 한 측면이 욕구충족을 허용하는 만큼 개인의 과제 참여, 숙달, 종합하는 정도가 결정되고, 반면에 그것이 욕구충족을 방해하는 만큼 개인의 동기, 성장, 존엄성과 삶의 질은 떨어지게 된다고 믿기 때문에 기본심리욕구의 개념은 이 이론이 성립되기 위한 기초를 제공한다. 그리고 이러한 욕구충족을 촉진시키거나 방해하는 사회적 환경 내의 요인들을 밝혀내기 위해 다양한 상황과 영역 그리고 문화권에서의 경험적 연구가 필요하다.

2. 미니 이론

자기결정성이론은 미니 이론들로부터 시작하여 점차 이 이론들을 통합하여 현재의 이론체계로 형성된 것이다. 앞에서 제시한 바와 같이 네 가지 미니 이론들은 여러 동기이론가들에 의해서 만들어지고 연구되어 오면서 중요한 이론으로 인정받은 것들이다.

Ryan과 Deci(2002)는 자기결정성이론에 포함시킨 미니 이론들을 다음과 같이 설명하고 있다. 인지평가이론은 사회적 맥락이 사람들의 내재동기에 미치는 영향을 기술하기 위해 도입되었으며, 유기적 통합이론은 가치와 조절의 내재화(internalization)와 통합(integration)에 관한 것으로서 외재동기의 발달과 역동성을 설명하기 위해 도입되었다. 이 이론에서는 자율성지지적(autonomy supportive) 또는 정보적(informational), 통제적 그리고 무동기(amotivation)라는 맥락 요소들을 기술하고 이와 같은 맥락 요소들의 유형을 서로 다른 동기들과 연결시킨다. 인과지향성이론은 사회적 환경에 대한 지향성에서의 개인차, 즉 무동기적·통제적·자율적 동기지향성을 기술하기 위해 도입되었으며, 개인의 비교적 지속적인 지향성으로부터 경험과 행동을 예측할 수 있게 해 준다. 기본욕구이론은 개인의 가치 형태와 조절양식을 심리적 건강과 연결시켜 기술함으로써 개인의 건강이나 심리적 안녕과 동기와 목표 간의 관련성을 시대와 성별, 상황, 문화적 다양성을 넘어서서 설명하기 위해 도입되었다.

Ryan과 Deci는 1995년 처음 개최된 제1차 SDT 학회에서 발표된 논문들을 정리해서 2002년 SDT에 대한 핸드북을 출간하였으며, 이 책은 SDT 이론가들의 교과서적인 기능을 하는 대표서적이 되었다. 따라서 이 책에서도 자기결정성이론의 창시자들인 Deci와 Ryan의 기본적인 철학과 전제 및 가설 등이 상술된 이 핸드북에 포함된 내용과 Ryan과 Deci(2000b)가 미국심리학회에서 발행하는 대표 저널인 *American Psychologist*에 발표한 논문과 그동안 발표된 다양한 경험적 연구들을 기본으로 하여 이론을 설명할 것이다.

제2절 인지평가이론

인지평가이론의 발달과정과 연구에 대해서는 앞의 내재동기이론에서도 다루었기 때문에 여기서는 자기결정성이론 체계와 특히 관련된 부분들을 중심으로 설명할 것이다. Deci(1971, 1972, 1975)의 인지평가이론에서 유능감과 개인적 통제가 내재동기의 중요한 결정요인이라는 것은 앞에서도 지적하였다. 사람들이 내재적으로 동기화되면 그 행위에 자유롭게 참여하고, 흥미와 즐거움 때문에 행위를 계속하게 되므로 내재동기는 자기결정적 혹은 자율적 행위의 원형이라고 본다. 내재동기는 행위 자체로부터 오는 만족감 때문에 행위를 하려고 하는 것으로 도구적인 기능은 없지만, 외재동기는 행위 자체가 아닌 행위에 수반되는 결과에 초점을 맞추고 또 의존한다(Ryan & Deci, 2002). 인지평가이론에서는 특히 내재동기를 촉진시키거나 저해하는 환경에 관심을 두는데, 개인은 적절한 사회환경적 조건에 처할 때 내재동기가 촉발되고, 유능성, 자율성, 관계성에 대한 기본심리욕구가 만족될 때 내재동기가 증진된다고 본다.

인지평가이론에서는 deCharms(1968)와 마찬가지로 개인적 인과성을 내재동기를 결정하는 핵심 요소로 보고 내재적으로 동기화된 행동은 지각된 인과소재가 개인 내부에 있다는 것에 동의한다. 그러나 deCharms가 행동의 시작과 조절이 외적인 것으로부터 발생했다고 지각하는 모든 상황을 다 외재동기로 간주하는 것에는 동의하지 않는다. 다시 말해서, 외재동기를 보다 세분화해서 이해해야 한다고 주장하면서 제안한 미니 이론이 다음 절에서 설명할 유기적 통합이론 체계 속에서 제시하는 '동기의 유형론(Taxonomy of Motivation)'인 것이다.

또한 앞 장에서 논의한 바와 같이 인지평가이론에서는 모든 외적 사건 혹은 제약(예: 보상, 칭찬, 벌, 감독 등)은 통제적인 측면과 정보적인 측면을 가지고 있으며, 사람들에게는 자율성과 유능성에 대한 심리적 욕구가 있기 때문에 통제적인 측면은 자율성 욕구에 영향을 주고, 정보적인 측면은 유능성 욕구에 영향을 준다고 보았다. 다시 말해서, 사람들은 자신이 유능한 사람이기를 원하고, 기회가 주어지면 능력, 기술, 재능을 향상시키고자 하는 기본 욕구를 가지고 있으며, 나아가서 유능성에 대한 지각은 자율감 혹은 지각된 내적 인과성에 의한 행위로 귀인할 때만 내재동기를 증진시킨다는 것이다(Ryan & Deci, 2000b).

따라서 자기결정성이론의 하위 이론으로서의 인지평가이론에서는 내재동기에 영향을 주는 요인들로 지각된 유능감, 지각된 인과소재, 보상의 기능을 중점적으로 조명하고 있다. 그와 더불어 사회적 맥락 속에서 타인과의 관계성에 대한 욕구의 기능도 간접적이기는 하지만 내재동기를 증진시키는 중요한 요인으로 간주한다.

제3절 유기적 통합이론

제6장의 내재동기이론에 대한 검토에서 동기연구자들은 동기유형을 내재동기와 외재동기의 두 가지 유형으로 구분하고, 절감원리에서와 같이 두 가지 유형 간에는 상호대립적인 관계가 있다는 것을 보여 주었다(Lepper & Greene, 1975; Lepper et al., 1973). 그러나 한편으로는 내적 흥미가 있는 상태에서 외적 보상이 주어지면 동기가 증가된다는 '증대원리(augmentation principle)'를 제시하거나 혹은 상호보완적인 견해를 제시한 경우도 있었다(Harackiewicz, 1979; Kruglansky et al., 1975). 또한 인지평가이론에서 살펴본 바와 같이 내재동기가 바람직한 동기유형이기는 하지만 그렇다고 모든 외재동기가 부정적인 영향만을 미치는 것은 아니다. 이러한 관점에서 유기적 통합이론에서는 동기를 내재/외재의 두 가지가 아닌 다양한 유형으로 접근하고 있다(Deci & Ryan, 2000; Ryan & Connell, 1989; Ryan & Deci, 2000b).

1. 조절의 내재화

유기적 통합이론에서는 외적인 이유 때문에 어떤 행동을 해야 하는 상황에 대한 개인의 태도는 전혀 동기가 없는 무동기에서부터 수동적인 복종, 적극적인 개입까지 다양하다고 보았다. 이러한 다양성은 개인이 수행해야 하는 행동의 가치와 조절이 내재화되고 통합된 정도가 다른 것을 반영하는 것이라고 본다(Ryan & Connell, 1989; Ryan & Deci, 2000b). Ryan과 Deci(2000b)는 이 이론을 자기결정성이론의 하위 미니 이론으로 통합시켜 설명하면서, 사람들은 조건이 갖추어지면 자신의 경험을 내재화하려는 자연스러운 경향을 가지고 있다고 전제한다. 사람들은 자신에게 중요한 타인이나 참조집단이 흥미 없는 행위, 즉 내재적으로 동기화되지 않는 행위를 하도록 외적 자극이나 지원을 통해 조장하면 처음에는 외적 조절을 하던 것이 점차적으로 내재화되는 경향을 보일 것이라는 것이다. 다시 말해서, 내재화란 개인이 어떤 외적 가치나 조절을 받아들이는 것을 말하며, 통합은 그 조절을 자신의 것으로 변형시키는 것을 말한다. 이와 같이 자기결정성이론은 내재적으로 동기화되지 않은 행동들이 내재화를 통해 자기결정적이 되는 과정과 사회적 환경이 이 과정에 영향을 미치는 방식에 대해 설명한다(Ryan & Deci, 2000b).

Ryan과 Deci(2002)에 의하면 사람들이 얼마나 문화적 가치와 규율을 종합해서 자기 속으로 통합할 수 있느냐와 관련된 행위를 할 때 자신들의 기본심리욕구가 얼마나 충족되느냐에 달려 있다고 한다. 즉, 관계성과 유능성 욕구충족에 대한 지원은 조절이나 가치의 내재화를 부분적으로 촉진시킬 것이며, 자율성 욕구충족에 대한 지원 또한 통합의 내재화가 진행되는 것을 가능하게 할것이다. 실제로 자신의 환경에 대해 주인으로 느끼는 아동일수록 결과에 대해보다 더 내적 통제와 높은 지각된 유능감과 숙달동기를 보고하는 것으로 나타났다(Ryan & Grolnick, 1986).

2. 동기유형

유기적 통합이론에서는 자기결정성 혹은 자율성이 내재동기의 중요한 요인이지만, 내재동기만이 자기결정적 동기의 유일한 유형은 아니고 실제로 사람들의 행동이 전적으로 내재적으로 동기화되어 있는 경우는 드물다고 지적한다(Ryan & Connell, 1989; Ryan & Deci, 2000b). Ryan과 Connell(1989)은 이제까지 보여 주었던 내재동기와 외재동기 간의 상호대립적 관계와 이 두 가지 동기유형은 경계가 분명하다는 주장에 대해 새로운 시각을 제시하였다. 내재적으로 동기화되지 않은 경우에도 개인은 그 행위나 과제수행을 시도하려고 노력하며, 끈기를 보이거나 수행을 이루고 난 후에 긍정적인 정서를 느끼면서 만족감을 경험할 수 있다는 것이다.

이러한 관점에서 볼 때 외재동기는 개인이 지각하는 상대적인 자율성 정도에 따라 달라지기 때문에 스스로의 사고와 행동을 조절하는 자기조절의 정도에 따라 다양한 외재적인 동기들이 존재한다. [그림 7-1]에서와 같이 자기결정성의 정도가 달라짐에 따라 각기 다른 유형의 외재적 동기가 하나의 연속선 상에 놓이며, 아무런 동기도 없는 무동기로 시작하여 극단적인 외재동기와 내재동기 사이에 각기 다른 종류의 외재동기들이 존재하게 된다(Ryan & Connell, 1989; Ryan & Deci, 2000a, 2000b).

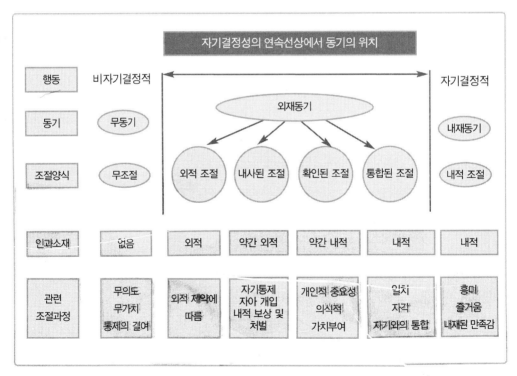

[그림 7-1] 조절양식, 인과소재, 관련 조절과정과 동기유형을 보여 주는 자기결정성 연속선
출처: Ryan & Deci(2000b).

자기결정성이론 체계 내의 유기적 통합이론에서는 개인의 행동조절 유형을 자율성 혹은 자기결정적 기능을 나타내는 정도로 구분하며, 이것은 외적 동기가 내재화된 정도를 통해 이룰 수 있다. 즉, 외적 동기가 점점 더 충분히 내재화되고 자신과 통합될수록 자율적 행동을 위한 동기가 증가할 것임을 시사한다. Ryan과 Deci(2000b)는 [그림 7-1]에서와 같이 자기결정성의 연속선상에 위치시킨 다양한 유형의 동기와 각각에 해당하는 조절양식, 인과소재, 관련된 조절과정 등을 제시한다.

[그림 7-1]을 보면 자기결정성 정도에 따라 다섯 가지 자기조절 유형이 제시되었다. 즉, 외적 조절(external regulation), 내사된 조절(introjected regulation), 확인된 조절(identified regulation)[1]의 세 가지의 외재적 조절과 더불어 내적 조절이기는 하지만 과제 자체에 대한 흥미 때문은 아닌 통합된 조절(integrated regulation)로 구성된 외재동기와 과제 자체에 대한 흥미에 의한 내재적 조절(intrinsic regulation)에 의한 내재동기를 포함하여 다섯 가지다. 이에 따라 자기결정성의 개입이 낮은 것부터 순서대로 학생들의 학업동기 유형을 분류할 경우에 동기가 결핍되어 있는 무동기(amotivation), 외적 동기, 내사된 동기, 확인된 동기, 통합된 동기, 내재동기가 연속선상에 놓이게 된다.

Ryan과 Connell(1989)이 학업상황에서 학생들의 다섯 가지 동기유형에 대한 설명과 이 연구자들이 동기유형을 측정하기 위해 개발한 자기조절 설문지와 이 설문지에 무동기와 통합된 조절을 첨가하여 개발한 '한국판 학업적 자기조절 설문지(Korean Academic Self-Regulation Questionnaire; Kim, 2002)'의 문항, 예를 들어 동기유형들을 설명하면 다음과 같다.

첫째, 무동기는 자기결정성이 전혀 없는 상태로 행동하려는 의지가 결핍된

---

1) 국내에서는 'identified'를 '동일시'로 번역하기도 하지만, 이 한글 용어들의 정신분석학적 함의가 자기결정이론에 포함되는 용어로 적절치 않은 것으로 판단되어 이 책에서는 원래 이론의 의미를 보다 잘 전달하는 '확인'이라는 용어를 사용하였다.

상태다. 무동기상태의 학생들은 공부를 아예 하지 않거나 한다 해도 자신의
의지가 없는 상태에서 한다. 따라서 인과소재도 찾기 어렵다. 무동기 문항의
예로는 "공부는 왜 하는지 모르겠다."가 대표적이다.

둘째, 외적 조절동기는 외재적 동기 중에서 가장 자기결정성이 부족한 상태
로 보상이나 마감시간과 같은 전형적인 외적 제약 때문에 공부하려는 것을 의
미한다. 학생에게 공부는 의무이니까, 부모님이나 선생님이 시키시니까 혹은
상을 받거나 처벌을 피하기 위해 공부하는 것으로 자기결정성이 거의 없는 상
태에서 공부하는 것이다. 교사나 부모의 명령이나 강요에 의해 공부하거나 공
부를 하면 상을 준다고 했기 때문에 공부하는 등의 이유로 인과소재는 외부에
있다. 외적 조절은 Skinner와 같은 조작적 조건화 이론가들이 중요하게 생각
하는 동기유형(Ryan & Deci, 2000b)으로 이에 대한 종합적 논의는 앞 장에서 다
룬 바와 같다. 대표적인 문항으로 "공부를 하면 부모님이 상을 주시기 때문에
공부한다."와 "공부하지 않으면 선생님이 벌(야단, 체벌)을 주시므로 공부한
다."가 있다.

셋째, 내사된 조절동기는 행동에 대한 원인을 이제 막 내재화시키기 시작하
는 단계로 자신의 의지가 어느 정도 개입되는 상태다. 그러나 근본적으로는 외
부의 압력에 기초한 것이므로 자신과 다른 사람들의 인정을 받거나, 비판을 회
피하기 위해 행동하거나, 어떤 행동에 대한 자존감에 기초한 압력, 즉 죄의식이
나 수치심을 통해 형성된다. 이 경우에 보상이나 압력은 자신에 의해 부과되는
것이지 타인에 의한 것이 아니기 때문에 조절의 근원은 어느 정도 개인 내부에
있지만 진정한 자기결정적인 것이 아니다. 내사는 자아관여(ego-involvement)
의 형태로 나타나기 때문에 자신의 가치감을 유지하기 위한 목적에서 자신의
능력은 드러내고 실패는 기피하는 방식으로 동기화가 진행된다고 한다(Ryan &
Deci, 2000b). 이러한 동기적 성향을 성취목표지향성이론(Achievement Goal-
Orientation Theory)에서는 '자아관여적 목표지향성'(Nicholls, 1984) 혹은 '수행목
표지향성(performance goal orientation)'(Ames & Archer, 1988; Dweck, 1986)으로 지

칭한다(목표지향성에 관한 이론은 제10장에서 자세히 다룰 것임). 내사된 조절동기를 가진 학생들은 "부모님을 기쁘게 해드리기 위해 공부한다." "선생님에게 인정받기를 원하기 때문에 공부한다."라고 반응할 것이다.

넷째, 확인된 조절동기는 개인이 행동의 목표를 자신의 것으로 완전히 내재화시키지는 않았어도 그 가치를 인정하고 수용한 상태를 말한다. 따라서 스스로 공부하는 것은 가치 있는 일이라고 판단하여 공부하지만, 공부하는 것 자체에 대한 기쁨이나 자기만족보다는 어떤 목표를 달성하기 위해 행동하기 때문에 완전히 내재화된 것은 아니므로 외재동기로 분류가 된다. 척도 문항의 예로는 "실생활에서 유용하게 사용할 수 있기 때문에 공부한다."가 대표적이다.

다섯째, 통합된 조절동기는 자율적인 형태로서 개인이 자신에 완전히 동화되어 선택한 조절에 의해 행위를 하지만, 여전히 행위 자체의 고유한 속성 때문에 행동을 하는 것은 아닌 상태다. 조절이 내재화되면 개인은 자신의 가치나 정체성의 다른 측면들과 조화를 이루는 조절을 함으로써 그 행동의 원인을 완전히 수용한다(Deci & Ryan, 2000). 동기유형 분류에 관한 첫 경험적 연구인 Ryan과 Connell(1989)의 연구에서는 통합된 조절이라는 개념이 포함되지 않았으나, Ryan과 Deci(2000a, 2000b)의 후속 연구에서는 통합된 조절을 외적 원인이 가장 완전하게 내재화된 상태로 포함시켰다. 그러나 통합된 조절은 확인된 조절이 개인의 가치나 신념과 통합되어 내재화된 상태이기 때문에 확인된 조절이나 내재적 조절의 결과로 나타나는 행동과 구분하기가 어렵다. 또한 명시적인 방식으로 표현하기 어렵다고 보아 대부분의 자기결정동기 유형에 대한 측정에서 별도로 포함시키지 않고 있다. 실제로 통합된 조절을 별도의 하위요인으로 측정을 시도한 한국의 연구결과들은 통합된 조절과 확인된 조절 간에 매우 높은 상관을 보고하였다(예: 김아영, 2002; 박병기, 이종욱, 홍승표, 2005; Kim, 2002). 문항의 예로는 "공부하는 것이 나에게 가치 있는 일이라고 믿기 때문에 공부한다."와 "사회에 필요한 사람이 되고 싶어서 공부한다."와 같은 것들이 있다.

여섯째, 내재동기는 순전히 내재적 조절의 결과로 나타나는 유형으로 과제 자체에 대한 관심과 만족감 때문에 행동하는 것으로 공부가 재미있기 때문에 하는 가장 자율적이고 자기결정성이 높은 동기유형이다. "어려운 도전들로부터 기쁨을 얻기 때문에 공부한다."와 "공부하는 것을 즐기므로 공부한다."와 같은 문항들이 대표적인 예가 된다.

이러한 서로 다른 유형의 외재적인 동기에 대한 증거는 미국(Ryan & Connell, 1989), 캐나다(Vallerand & Bissonnette, 1992), 일본(Hayamizu, 1997), 러시아(Chirkov & Ryan, 2001) 등에서 경험적 연구를 통해 나타났다. 한국에서도 김아영(2002), 김아영과 오순애(2001), 고경희(2003), 김아영, 차정은, 이채희, 서애리, 최기연(2004), 박병기 등(2005)의 중학생과 고등학생들을 대상으로 한 연구에서 유사한 동기유형들이 나타나는 것이 확인되었다.

3. 동기유형들 간의 관계

내재동기와 외재동기로 양분하는 전통적인 동기유형에 대한 접근과는 달리 자기결정성이론에서는 앞에서 살펴본 바와 같이 동기유형을 보다 세분화하였다. 그리고 여러 문화권에서 수행된 경험적 연구결과들은 이러한 세분화된 유형의 존재를 확인해 주었다. 그러나 이 동기유형들은 자기결정성이라는 하나의 연속체 위에서 그 정도에 따라 분류한 것이기 때문에 유형들 간의 상관은 예측가능한 사실이다. 또한 동기유형들을 자기결정성 연속선상에 위치시켰을 때 인접해 있는 정도에 따라 상호상관의 크기가 달라지는 것을 기대할 수 있다. 이러한 현상을 Ryan과 Connell(1989)은 Guttman(1954)의 레이덱스 모형(radex model)을 도입해서 '단일구조(simplex structure)'라는 개념으로 설명하였다. 단일구조란 단일차원적인 연속체 위에 정도가 다른 다수의 개념들이 존재할 때 이 개념들의 상관행렬에서는 바로 인접한 개념들끼리의 상관은 상대적으로 떨어져 있는 개념들과의 상관보다 높고, 연속체의 양 극단에 있는 개념들 간의 상관이 가장 낮거나 부적인 형태를 보이는 순서화된 상관계수 구조를 말한다. 따라서 자기결정성이라는 연속선 위에 위치시킨 다섯 가지 동기유형들 간의 상관행렬을 산출하면 단일구조를 기대할 수 있다는 것이다. Guttman에 의하면 단일구조를 형성하기 위해서는 적어도 다섯 개 이상의 변인들이 포함되어야 하는데, 이들의 연구에서는 네 가지 동기유형만이 포함되었기 때문에 '유사단일구조(simplex-like 혹은 quasi-simplex structure)'라고 지칭한 것으로 보인다. 단일구조는 구인들 간에 정도와 질적 특징들의 차이를 반영하는 것이라고 해석할 수 있다(Ryan & Connell, 1989).

유사단일구조는 〈표 7-1〉에 제시된 김아영과 오순애(2001)의 연구에서 보여 준 네 가지 동기유형들 간의 상관행렬에서 볼 수 있다. 표를 보면 외적 조절 동기는 내사된 조절과 가장 높은 상관을 보이고 확인된 조절과는 거의 상관이 없으나, 내재동기와는 부적 상관을 보인다. 반면에 내재동기는 가장 근접한 확인된 조절과 가장 높은 정적 상관을 보이고 내사된 조절과는 상관이 낮아지며, 연속선상의 반대 방향의 끝에 위치한 외적 조절과는 부적 상관을 보인다. 이러한 상관행렬의 패턴은 유사단일구조를 지지하는 것이다.

〈표 7-1〉 유사단일구조를 보여 주는 동기유형들 간의 상관행렬(김아영, 오순애, 2001)

	외적 조절동기	내사된 조절동기	확인된 조절동기	내재동기
외적 조절동기	–			
내사된 조절동기	.30	–		
확인된 조절동기	-.07	.36	–	
내재동기	-.37	.32	.71	–

4. 동기 합성체와 자율성 지수

〈표 7-1〉의 상관 패턴을 자세히 살펴보면 내재동기와 확인된 조절동기가 매우 높은 상관이 있는 것을 알 수 있다. 이런 결과는 이처럼 세분화한 유형 분류가 타당성과 유용성 측면에서 적절한가에 대한 논의를 불러 일으켰다. 이를 반영하듯이 최근의 자기결정성이론 연구에서는 유사한 조절유형인 확인된 조절, 통합된 조절과 내재동기를 합쳐서 '자율적 동기 합성체(autonomous motivation composite)' 혹은 '자율적 동기'로, 외적 조절동기와 내사된 조절동기를 합쳐서 '통제동기 합성체(controlled motivation composite)' 혹은 '통제된 동기'로 통합해서 연구하기도 한다(김아영 등, 2008; Deci & Ryan, 2000; Ryan & Deci, 2000b; Vallerand, 1997; Vansteenkiste, Zhou, Lens, & Soenens, 2005).

때때로 동기유형을 세분화하는 것보다는 전반적인 자율적 동기수준에 관심을 둔 연구에서는 '상대적 자율성 지수(Relative Autonomy Index: RAI)를 계산해서 개인이 지각하는 자율동기지향성 정도를 측정하기도 한다(예: 김아영, 2002; Grolnick & Ryan, 1989). Deci와 Ryan은 Rochester 대학의 SDT 웹사이트에서 RAI에 대한 계산방법을 제시하고 있다(http://www.psych.rochester.edu/SDT/questionnaires.php). RAI는 자기결정성 연속선상에서 내재적 경향을 나타내는 요인들의 강도와 외재적 경향을 나타내는 요인들의 강도 간의 상대적인 크기의 차이로 결정된다. 계산공식은 다음과 같다.

$RAI = [(2 × 내적 조절) + 확인된 조절] - [내사된 조절 + (2 × 외적 조절)]$

결과적으로 통제적 동기는 마이너스 값으로 합산되고, 자율적 동기는 플러스 값으로 합산되므로 두 가지 통합된 동기유형 간의 점수차이가 개인의 상대적 자율성 정도를 보여 주는 것이다. 따라서 만약 통제적 동기가 자율적 동기 경향보다 큰 사람은 RAI가 마이너스로 나올 것이고, 자율적 동기 경향이 큰 사람은 플러스로 나올 것이다.

5. 동기유형들과 학업 관련 변인들 간의 관계

동기유형이 학업상황의 다른 변인들과 어떤 관련성이 있는가를 살펴본 연구결과들을 검토하면 조절동기의 유형들은 각기 다른 성향을 보이는 것으로 나타난다(Reeve, 2005; Ryan & Deci, 2002). 외적 조절동기가 높은 학생들은 성취에 대한 흥미나 가치를 높게 생각하지 않는다. 따라서 성취를 위한 노력도 별로 하지 않고, 부정적인 결과에 대해 책임감도 거의 느끼지 않으며, 실패를 다른 사람의 탓으로 돌리는 경향을 보였다. 내사된 조절은 노력 투여와 약간의 정적 관련성이 있지만, 불안감이나 실패결과에 대한 부적응적 대처나 내성 부족과도 관련성을 보이는 것으로 나타났다. 반면에 확인된 조절은 학교에 대한 높은 흥미와 즐거움과 정적인 관련이 있고 보다 긍정적으로 실패에 대한 대처를 하고 노력을 투여하는 것으로 나타났다(김아영, 오순애, 2001; 신영희, 김아영, 2005; Kim, 2002; Ryan & Connell, 1989).

외적 조절과 내사된 조절을 통합한 통제적 조절과 확인된 조절과 내재동기를 통합한 자율적 조절 개념을 도입한 연구에서도 유사한 결과를 보였다. 다시 말해서, 자율적 동기가 높을수록 학업성취가 높았고(Fortier, Vallerand, & Guay, 1995; Guay & Vallerand, 1997; Soenens & Vansteenkiste, 2005; Vansteenkiste et al., 2005), 자율적 동기가 통제적 동기에 비해 높은 학생들은 중도 탈락률이 낮았으며(Vallerand et al., 1997), 보다 깊이 있는 학습을 하고(Grolnick & Ryan, 1987) 표면적 정보처리 정도가 낮았다(Vansteenkiste, Simons, Lens, Sheldon, & Deci, 2004).

한 가지 흥미로운 연구결과는 Burton, Lydon, D'Alessandro와 Koestner(2006)의 캐나다의 초등학생들과 대학생들을 대상으로 한 자료에서 나타난다. 이 연구에서는 학생들의 확인된 조절동기는 학업성취도를 유의하게 예측하고, 내재동기는 긍정적 정서와 같은 심리적 안녕을 잘 예측하는 것으로 드러났다. 또한 심리적 안녕의 변화가 학업성취도와 직접 관련되지 않는다는 것도 확인하였다. 즉, 내재동기가 높을수록 학업수행과 상관없이 안녕감은 증진되었다. 이러한 결과에 대해 연구자들은 확인된 조절동기는 목표가 개인에게 얼마나 의미 있고 중요한지를 나타내 주며, 도전과 스트레스 혹은 지루함과 같은 장애물에 직면할 때 목표를 추구하기 위한 에너지와 노력을 유지하는 기능을 한다고 주장하였다. 그리고 내재동기는 이러한 목표를 추구할 때 조절자의 역할을 하는 것으로 보았다. 왜냐하면 특정한 목표와 관련된 내재적인 흥미나 즐거움이 없으면 심리적 안녕은 기대하기 어렵기 때문이다. 그러나 내재동기와 안녕감은 수행과는 관련되어 있지 않아서 내재동기를 가지고 있으면 좌절을 당할 때에도 안녕감을 유지할 수 있다고 해석하였다(Burton et al., 2006, p. 761). 이들의 주장은 자기조절동기 유형의 세분화가 학업상황에서 학생들의 심리적 상태나 학업수행을 이해하는 데 중요한 기능을 하는 것을 시사하는 것이다.

제4절 인과지향성이론

자기결정성이론에 포함된 미니 이론들 중에서 인지평가이론은 주로 동기, 행동, 경험에 대한 특정 사회적 맥락 효과에 관한 것이다. 그리고 유기적 통합이론은 외재동기의 내재화 정도에 따라 외적 조절동기를 구별하는 것과 외재동기를 내재화하는 데 있어서 사회적 맥락이 미치는 영향에 보다 관심이 있는 것이다. 반면 인과지향성이론은 개인의 내적 자원, 즉 사회적 세계를 향한 개인의 동기적 지향성에서의 비교적 안정적인 개인차를 설명하기 위해서 개발되었다(Ryan & Deci, 2002). 다시 말해서, 인과지향성이론은 성격이론의 측면에서 자기결정성을 기술하기 위한 것으로 볼 수 있다.

1. 일반적 인과지향성과 측정

사람들은 자신으로 하여금 행동하도록 만드는 원인에 대한 이해가 달라서, 어떤 사람은 자신의 행동이 내부에서 스스로 결정된 힘으로부터 온다고 생각하는 반면에 어떤 사람은 주로 사회적인 원인이나 환경에서 유래되는 유인자극 때문에 행동한다고 생각한다. 이러한 맥락에서 개인이 자신의 욕구나 흥미와 같은 내적 요인에 습관적으로 의존하는 정도가 자율적 인과지향성 정도를 나타내며, 환경적 유관성이나 압력 등과 같은 외적 요인에 습관적으로 의존하는 정도가 통제적 인과지향성 정도를 나타낸다(Reeve, 2005).

자율지향성(autonomy orientation)은 개인의 흥미와 스스로 확인한 가치에 기초한 행동조절을 수반하는 것으로 내재동기와 충분히 통합된 외재동기를 향한 일반적 경향성을 나타낸다. 통제지향성(controlled orientation)은 어떻게 행동해야 하는가에 대한 타인의 통제와 지시를 따르는 경향성으로 외적 조절, 내사된 조절과 관련되어 있다. 무동기지향성(impersonal orientation)[2]은 무력함, 무동기, 무의도적인 행동에 대한 지표에 초점을 맞추고 있다(Ryan & Deci, 2002). 이러한 성격에서의 개인차를 측정하기 위해 Deci와 Ryan(1985b)은 '일반적 인과지향성척도(General Causality Orientations Scale: GCOS)'를 개발하였다.

Deci와 Ryan(1985b)이 초기에 만든 '일반적 인과지향성 척도'는 개인의 행동과 경험의 조절이 광범위하게 통합되어 나타나는 성격적 측면들을 지표화하기 위한 목적에서 개발되었다고 한다. 이 척도는 자기결정성을 나타내는 정도에서의 차이에 따라 세 가지 경향성으로 구분되는 하위척도로 구성되어 있다. 이 척도는 성인을 대상으로 하여 직무나 일상생활에서 부딪힐 수 있는 12가지의 짧

<hr>

2) 'impersonal orientation'은 원어를 직역하자면 '비개인적 지향성'으로 해야 할 것이다. 그러나 이 개념을 측정하는 문항들의 내용을 보면 무동기상태를 나타내는 것이기 때문에 의미를 충분히 전달하기 위한 목적에서 '무동기지향성'으로 지칭하기로 한다.

은 상황묘사가 주어지고, 해당 상황에 대한 세 가지 경향을 나타내는 총 36개의 반응들이 함께 제시되어 있다. 수검자는 그러한 상황에서 각각의 지향성 반응에 어느 정도 동의하는지 평정하도록 되어 있다. 최근에 사회적 상황을 보충한 척도는 17개의 상황묘사와 51개의 진술문으로 구성되어 있으며, 다양한 연구에서 사용되고 있다(http://www.psych.rochester.edu/SDT/measures/GCOS_text.php).

2. 인과지향성의 관련 변인

성격특성으로서의 개인의 인과지향성 개념은 그 사람의 일상생활 전반에 걸친 행동에 영향을 주는 것으로 본다. 따라서 관련 연구결과들을 살펴보면 우선 자율지향성은 자기실현, 자존감, 자아발달, 안녕감과 정적으로 관련되어 있으며, 통제지향성은 안녕감과는 정적으로 관련되지 않고 공적 자의식, 외적 통제소재, Type-A 행동 패턴과 정적으로 관련된 것으로 나타났다. 그러나 통제지향성이 항상 기능부진이나 불충분한 발달과 연결된 것은 아니다. 다만 무동기적 인과지향성은 사회적 불안, 우울, 낮은 자존감, 자기손상, 자의식, 외적 통제소재와 같은 발달이나 기능의 부진과 관련되어 있는 것으로 보인다(Deci & Ryan, 1985b).

일반적 인과지향성은 자기결정성이론의 다른 미니 이론들에 비해 학업상황에서는 상대적으로 경험적 연구가 활성화되지 않은 미니 이론이다. 자율지향성은 조직행동 영역의 연구에서 중요한 기본심리욕구 만족의 예측변수인 것으로 제시되었고(Gagné & Deci, 2005), 실제로 자율지향성은 기본심리욕구(Baard, Deci, & Ryan, 2004)와 자율적 동기(Lam & Gurland, 2008)를 매개로 하여 조직 성과를 예측하였다. Gagné와 Deci(2005)는 자율성지지 작업환경과 자율지향성 변인 외에 직무특성(도전성, 선택 제공, 합리적 설명, 긍정적 피드백)을 포

함시킨 작업동기에 대한 모형을 제시하고, 이에 대한 후속 검증의 필요성을
강조하였다. 이들은 직무특성과 작업환경 내의 자율성지지와 개인의 자율지
향성이 기본심리욕구를 매개로 하여 자율적 동기를 예측하고, 자율적 동기는
직무수행, 심리적 안녕감, 조직신뢰 및 직무만족 등의 결과변수들을 예측할
것이라고 주장하였다.

3. 학업상황 적용 연구의 활성화 방안

성취상황에서 상황특수적인 요인을 다루는 인지평가이론과 유기적 통합이
론에 비해 인과지향성이론은 자기결정성의 비교적 안정적인 성격적 측면을
설명하기 위한 것이기 때문에 학업장면에서 학생들을 이해하는 데 유용한 개
인차변인으로 기능할 수 있다. 따라서 현재 직무상황이나 일상생활 전반에서
성인용으로 제작된 척도를 교육상황에서 학업 관련 변인에 대한 연구에 적용
할 수 있도록 수정하거나 혹은 학생들에 맞는 새로운 척도를 개발하는 것이
연구 활성화를 위해 시급한 사안이다.

Deci와 Ryan(1985b)의 초기 연구에서 제안한 바와 같이 자율지향성이 자기
실현, 자존감, 자아발달, 안녕감과 정적으로 관련되어 있다면, 학생들의 인과
지향성을 파악하여 그에 적절한 중재나 교육을 시도하는 것은 교육적 가치가
있는 노력일 것이다.

제5절 기본심리욕구이론

기본심리욕구의 개념은 많은 경우 명시적으로 드러나지는 않지만 자기결정

성이론에서 중요한 역할을 한다. 자기결정성이론에서 제시하는 기본심리욕구는 유능성에 대한 욕구(need for competence, 유능성 욕구), 자율성에 대한 욕구(need for autonomy, 자율성 욕구), 관계성에 대한 욕구(need for relatedness, 관계성 욕구)의 세 가지로 이 욕구들은 개인의 심리적 성장과 발달에 필요한 특성을 설명하는 데 중요하다. 뿐만 아니라 이러한 성장과 발달을 지원하거나 방해하는 환경적 특성을 이해하는 데도 필수적인 요소다. 다시 말해서, 기본심리욕구이론은 유기적 변증법 내에서 연결고리의 역할을 하는 심리적 건강과 안녕감과의 역동적 관계에 관한 이론이다. 따라서 이 이론은 개인의 성격발달과 특수 상황에서의 행동과 경험의 질적 측면에서 최적의 결과와 그렇지 못한 결과를 초래할 조건을 예측하는 기초를 제공한다(Ryan & Deci, 2002).

Ryan과 Deci(2002)는 이 세 가지 기본심리욕구는 생물이 생존하기 위해 영양분이 필수적인 것과 마찬가지로 인간이 심리적으로 제대로 기능하기 위해서 필수적으로 충족되어야 하는 영양소라고 하였다. 그렇기 때문에 이것들이 충족되지 않으면 성격과 인지구조에서의 성장과 안녕에 문제가 생긴다고 보았다. 또한 이러한 욕구들은 보편적인 것이며, 획득되는 것이 아니라 타고나는 필수요소이며, 모든 문화권의 전 발달단계에서 분명히 나타나는 것으로 간주된다. 다음에서는 이 세 가지 기본심리욕구이론과 관련된 연구들에 대해 구체적으로 살펴보기로 한다.

1. 유능성 욕구

앞의 제6장에서 거론한 바와 같이 유능성은 White(1959)와 Harter(1983)의 효율동기이론의 핵심 개념으로 인간은 누구나 자신이 능력 있는 사람이기를 원하고, 기회가 주어지면 자신의 능력이나 기술과 재능을 향상시키기를 원한다고 하였다. 유능성 욕구는 개인으로 하여금 자신의 능력에 비추어서 최적의 도전을 추구하고, 행위를 통해서 이러한 기술과 역량을 유지하며, 향상시키려고 끊임없이 노력하게 한다. 따라서 유능성 욕구는 획득한 기술이나 역량 자체라기 보다는 개인이 자신의 유능하다고 느끼고 싶어 하는 지각에 대한 것이다. 이러한 이유 때문에 '유능성 욕구'는 맥락에 따라서 '유능감'이라고 말하는 것이 더 적절할 수도 있다. 유능성 욕구는 사회적 환경과 지속적이고 효과적으로 상호작용할 기회가 주어질 때 충족된다.

학생들의 유능성 욕구 충족과 관련된 경험적 연구들의 결과를 살펴보면, 첫째 긍정적 피드백은 유능성 욕구를 충족시킴으로써 내재동기를 증진시킨다는 것이 확인되었다(Deci & Ryan, 1980). 둘째, 내재동기에 미치는 피드백의 효과를 유능성에 대한 지각이 매개하는 것이 관찰되었다(Deci & Cascio, 1972; Vallerand & Reid, 1984). 셋째, 학습에 대한 학생의 자율적 동기와 교사가 지각한 학생의 유능감은 정적인 상관을 보였다(Deci & Ryan, 1991). 넷째, 지각된 유능감이 학교에서의 긍정적 태도와 수행을 예측하였다(Miserandino, 1996). 이와 같은 연구결과들에 대해 Ryan과 Deci(2002)는 유능감은 기술과 능력을 획득하는 것보다는 행동을 통해 자신감과 효율성을 느끼도록 하는 것임을 보여 준다고 하였다. 또한 유능감에 대한 지지는 동기의 내재화를 촉진하고, 외적으로 동기화된 행동의 자기조절을 촉진하는 데 기여한다고 주장한다. 다시 말해, 목표행동 수행에서 유능감을 느끼지 못하면 행동의 조절을 내재화할 수 없다는 것이다(Ryan & Deci, 2002).

2. 자율성 욕구

자율성 욕구 역시 제6장에서 제시했던 deCharms(1976)의 개인적 인과이론에서 이미 거론된 개념이다. 이는 사람들은 행동의 근원이나 주체가 자신에게 있다고 느끼기를 원하고, 스스로 목표를 세우고 행동하는 조절자라고 믿으며,

자기에게 중요한 것과 가치 있는 것이 무엇인가를 결정할 수 있는 자유를 원한다는 것이다(Ryan & Deci, 2000). 자율적인 행동은 귀인이론의 관점에서 보면 내적으로 지각된 인과소재에 따른 행동으로 스스로 조절하고, 자신의 생각을 반영하는 행동을 말한다(Deci & Ryan, 2000). 자율성은 1980년 Deci가 '자기결정성'이라는 용어를 제안할 때부터 통제된 의도와 대비시켜 논의되기 시작하였다. 또한 자율성이 보장되어야 비로소 유능감이 제대로 발휘될 수 있다고 보고, 자율성을 자기결정성이론의 가장 핵심적인 요소라고 하였다(Ryan, 1982).

자기결정성이론에서는 자율성을 외부의 영향력에 의존하지 않는 것인 독립성과 구별되는 개념으로 보고, 자율성과 의존성은 대립되는 개념일 필요가 없다고 주장한다(Ryan & Deci, 2002). 독립성이 타인에 대한 비의존성이라는 개인 간(interpersonal)의 문제임에 반해, 자기결정성이론에서 정의되는 자율성은 개인 내적(intrapersonal)인 것이고, 의지와 선택에 대한 현상학적 경험을 반영한다고 보았다. 따라서 자율성의 반대는 타인의 지원이나 안내에 대한 의존성이 아니라 통제당하고 있고 조종당하고 있다고 느끼는 경험인 '타율성(heteronomy)'이라는 것이다(Ryan & Lynch, 1989). 그러므로 자율성이라는 개념과 독립성이라는 개념은 대부분 서로 상관이 없는 직교적인 것으로 본다(Ryan, 1993). 다시 말해서, 자율성은 항상 다른 사람에 의존하는 것을 부정하고 관계로부터의 분리를 요구하는 것은 아니라는 것이다(Ryan & Deci, 2002). 다른 사람에게 의존할 것을 스스로 선택한다면 자율적인 행동이라는 것이다.

Ryan과 Grolnick(1986)은 deCharms(1976)가 개발한 '주인의식 설문지'를 사용하여 아동이 지각하는 교사의 태도와 학급풍토를 측정하고, 아동들의 지각된 유능성, 지각된 통제성과 숙달동기를 측정하여 그 관련성을 조사하였다. 그 결과 아동들이 교실에서 주인같이 느낄수록 학습결과에 대한 내적 통제감을 더 많이 경험하고 더 높은 유능감과 숙달동기를 갖는다고 하였다.

또한 선택에 관한 연구결과들은 선택권이 주어졌을 때 사람들은 자신이 선택한 과제에 대한 즐거움과 만족감을 더 많이 느끼는 등 높은 내재동기를 보인다고 하였다(예: Cordova & Lepper, 1996; Deci & Ryan, 1985; Reynolds & Symons, 2001; Swann & Pittman, 1977; Zuckerman, Porac, Lathin, Smith, & Deci, 1978). 그러나 단순한 선택권이 항상 내재동기를 높이는 것은 아니라는 연구 결과들도 보고되었다(예: 김원식, 김성일, 2005; d' Aailly, 2003; Iyengar & Lepper, 2000; Reeve, Nix, & Hamm, 2003).

자기결정성이론에서는 개인은 자신의 흥미와 통합된 가치에 따라 행동하고 자 하며, 자율성이 보장되어야 유능감이 발휘될 수 있다고 보아 자율성 욕구 를 세 가지 욕구 중 가장 핵심적인 것으로 취급해 왔다. 앞에서 이미 제시한 유기적 통합이론은 이 자율성의 정도에 따른 외재동기 유형의 분류를 시도한 미니이론이다.

3. 관계성 욕구

'관계성'은 타인과 관계를 맺고 있다는 느낌을 말한다. 사람들은 타인과 연 결되어 있다고 느끼고, 타인에게 관심을 갖고 타인이 자신을 배려한다고 느끼 며, 자신이 어떤 사회에 속해 있다고 느끼고 싶은 욕구를 가지고 있다는 것이 다(Ryan & Deci, 2000). 관계성 욕구는 사람들이 자신이 속한 집단이나 지역사 회에 소속되어 있다고 느끼기를 원하는 소속감에 대한 욕구(need for belong-ingness)나 친애의 욕구(need for affiliation)와 유사한 개념이라고 할 수 있다. 관 계성 욕구는 Harlow(1958), Bowlby(1979), Baumeister와 Leary(1995)에 이어 Ryan(1995)의 연구에서 도입한 개념으로 타인으로부터 어떤 특정한 결과를 얻어내거나 공식적인 지위를 획득하는 것에 대한 관심이 아니다. 이는 타인과 안정적인 교제나 조화를 이루고 있다는 심리적 지각에 관한 것이다. 자기결정 성이론에서는 관계성에 대한 욕구충족이 유능성과 자율성에 대한 욕구와 같 이 직접 내재동기와 관련된 것은 아니지만, 내재동기를 유지하기 위해서는 유능성과 자율성에 대한 욕구와 함께 관계성에 대한 욕구 충족이 필요함을 주장한다(Ryan & Deci, 2002).

Harlow(1958)나 Bowlby(1979)와 같은 초기 연구자들은 관계성을 애착이론으로 접근하여 영유아들을 대상으로 연구하였다. 연구결과를 보면 안정적인 애착을 형성한 유아들에서는 양육자의 자율성지지 정도와 탐색활동 정도 간에 정적 상관이 나타났으며, 관계성 욕구가 충족되는 경험을 하는 유아들이 더욱 내적으로 동기화된 탐색활동을 하는 것으로 나타났다(Frodi, Bridges, & Grolnick, 1985). 이와는 대조적으로 자신들을 무시하는 성인과 같이 있는 아동들은 활동을 하더라도 내재동기 수준은 낮은 것으로 나타났으며, 차갑고 냉담한 교사 밑에서 공부하는 학생들이 상대적으로 내재동기 수준이 낮은 것으로 보고한 연구도 있다(Anderson, Manoogian, & Reznick, 1976).

관계성에 대한 욕구 충족은 유능성이나 자율성 욕구 충족에 비해 내재동기 증진에서 원격적인 혹은 간접적인 역할을 하지만, 외적 원인의 내재화를 증진시키는 데 있어서는 결정적인 역할을 하며, 개인 간의 활동에서 내재동기를 유지하게 하는 데 중요한 것으로 여겨지고 있다(Ryan & Deci, 2002). 일반적으로 다른 사람에 의해 외재적으로 동기화된 행동은 그 자체로서 흥미롭지 못하기 때문에 개인은 쉽게 행동하지 않는 경향이 있지만, 동기부여를 하는 타인이 자신에게 의미 있는 중요 타인일 경우 행동은 보다 쉽게 시작될 수 있다. Ryan, Stiller와 Lynch(1994)는 부모나 교사와 안정적인 관계를 형성하고 있는 아동들이 긍정적인 행동을 더 내재화한다는 것을 확인하였고, 관계성이 외적 조절의 내재화를 증진시키는 데 핵심적인 역할을 할 수 있다고 제안하였다.

관계성에 대한 연구는 이제까지 사회적 상황에서 관계성 욕구 충족이 제대로 되지 않을 경우 개인의 심리적 안녕에 어떠한 부정적인 효과가 나타나는가에 연구의 초점이 맞춰져 왔다(김아영, 이명희, 2008; 김아영 외, 2007; Anderson et al., 1976; Frodi et al., 1985; Patrick, Knee, Canevello, & Lonsbary, 2007; Ryan & Deci, 2000). 그러나 최근에는 관계성에 관한 부모의 자녀에 대한 훈육태도로 부모의 조건부 관심(parental conditional regard)에 대한 연구가 주의를 끌고 있다(Assor, Roth, & Deci, 2004; Roth, 2008; Roth, Assor, Kanat-Maymon, & Kaplan 2006; Roth, Assor, Niemiec, Ryan, & Deci, 2009). 사회화를 위한 한 가지 실천방법으로 자녀에 대한 부모의 조건부 관심은 흔히 사용되는 방법이며, 긍정적 혹은 부정적인 형태로 나타날 수 있다. 많은 가정에서 흔히 사용되는 방법임에도 불구하고 이러한 접근은 부정적 결과를 초래할 수 있다는 것이 보고되고 있다(Assor et al., 2004). 자녀에 대한 양육태도로서의 조건부 관심에 비교할 수 있는 긍정적인 대안은 부모의 자녀에 대한 자율성지지적 태도다. 부모의 자율성지지적 양육태도와 조건부 관심이 자녀에게 어떠한 영향을 미치는가에 연구의 관심이 모아지고 있다. 자세한 내용은 다음에서 논의하기로 한다.

4. 기본심리욕구와 심리적 안녕과의 관계

1) 욕구들 간의 관계

자기결정성이론 체계에서 기본심리욕구들은 항상 같이 움직이는 것은 아니고, 이러한 욕구 중 어느 하나가 다른 것을 선행하는 관계가 되어야 하는 것도 아니다. 그러나 상황에 따라서 세 가지 욕구들 간에 특수한 관계가 형성되기도 한다. 예를 들어, 유능감은 자율성의 영향을 받는 것으로 나타나기도 하고(Vallerand et al., 1997), 관계성은 유능감의 영향을 받는 것으로 나타나기도 한다(김아영 외, 2007).

그러나 대학생이나 일반 성인들을 대상으로 한 연구들은 전반적으로 이 세 가지 욕구들 간에는 중간 이상의 상관이 있는 것으로 보고하고 있다. 예를 들어, Vansteenkiste, Lens, Soenens와 Luyckx(2006)의 대학생을 대상으로 한 연구에서 자율성과 유능성 욕구 간에 r = .54, 자율성과 관계성 욕구 간에 .57, 유능성과 관계성 욕구 간에 .69의 상관계수를 보고하고 있다. Baard 등(2004)의 성인 직장인들을 대상으로 한 연구에서도 이들 간의 상관은 각각 $r = .56, .44, .40$을 보여 중간 정도의 상관이 일관성 있게 나타나고 있음을 보여 준다.

유능감이 제대로 기능하기 위해서는 자율성이 충족되어야 한다는 자기결정 성이론의 주장은 유능감을 동기유발의 핵심으로 받아들이고 있는 Bandura의 자기효능감이론과는 대비되는 측면을 포함하고 있다. 즉, Bandura(1989)의 자기효능감이론에서는 자율성의 기능적 중요성을 부정하고 있다는 것이다 (Niemiec & Ryan, 2009). 그러나 자율성은 유능성 욕구를 충족시키기 위해 필요한 조건이라는 주장(Ryan & Deci, 2000)과 이를 지지하는 연구결과들이 보고되었다(Guay, Ratelle, Senécal, Larose, & Deschênes, 2006; Levesque, Zuehlke, Stanek, & Ryan, 2004). 다시 말해서, 유능감을 가지고 있지만 자율성이 충족되지 않은 학생들은 학습에 대한 내재동기를 유지하지 않는다는 것이다(Niemiec & Ryan, 2009).

한국 청소년들을 대상으로 한 Jang, Reeve, Ryan과 Kim(2009)의 연구에서도 표본에 따라 자율성과 유능성 욕구는 $r = .61 \sim .73$의 높은 상관을 보였으며, 자율성과 관계성 욕구는 $r = .44 \sim .68$, 유능성과 관계성 욕구는 $.52 \sim .55$의 상관을 보였다. 김아영과 이명희(2008)의 중, 고등학생을 대상으로 한 구조모형 검증연구에서도 자율성과 유능감, 관계성 간의 상관은 $r = .70 \sim .75$를 나타내고, 기본심리욕구들 간에 강한 관련성이 있음을 보여 주었다. 이 연구들에서는 자율성과 유능성 지각 간의 인과관계에 대한 직접적인 확인은 하지 않았기 때문에 앞으로 이들 간의 인과관계에 대한 확인이 필요할 것이다.

2) 심리적 안녕과의 관계

기본심리욕구는 말 그대로 인간이 효율적으로 기능하기 위해서 필수적으로 충족되어야 하는 욕구다. 따라서 기본심리욕구 충족과 심리적 안녕 간의 관계에 대한 관심을 갖게 되는 것은 당연한 일일 것이다. 기본심리욕구 충족을 통해서 개인은 효율성과 관계형성 그리고 내재동기를 성취하는 경험을 하게 되고, 욕구가 좌절되는 경험을 할 때 개인은 일상생활에서 안녕감을 느끼지 못하게 된다. Sheldon, Ryan과 Reis(1996)는 성인들을 대상으로 조사한 결과 전반적으로 자율성과 유능성에 대한 욕구가 많이 충족된 것으로 느끼는 날일수록 긍정적 정서와 활력을 더 많이 경험하고 부정적인 정서와 두통, 위장장애나 불면증과 같은 신체적 증상을 덜 경험하는 경향이 있다는 것을 보고하였다. 세 가지 욕구를 모두 포함시킨 Reis, Sheldon, Gable, Roscoe와 Ryan(2000)의 연구와 La Guardia, Ryan, Couchman과 Deci(2000)의 연구에서도 유사한 결과를 보여서 개인의 일상생활 전반에서 기본심리욕구 충족은 개인적 안녕과 관련되어 있음을 보여 주었다.

기본심리욕구 충족은 개인의 일상적인 생활뿐만 아니라 직무상황에도 영향을 미치는 것으로 나타났다. Ilardi, Leone, Kasser와 Ryan(1993)은 직장인들이 느끼는 자율성·유능성·관계성에 대한 욕구충족이 자존감과 전반적인 건강과 관련이 있음을 보고하였다. 그 외에도 Kasser와 Ryan(1999)은 양로원에 기거하는 노인들도 일상적인 자율성과 관계성 욕구 충족이 안녕감과 지각하는 건강과 정적으로 관련되어 있음을 보고하였다. 또한 Baard 등(2004)도 직무상황에서 직장인들의 수행과 심리적 적응이 개인의 유능성, 자율성, 관계성에 대한 욕구 충족과 관계가 있음을 보여 주었다. 이들은 또한 매니저의 자율성지지 풍토가 직장인들의 내재적 욕구 충족에 직접적인 영향을 주고, 이러한 내재적 욕구 충족이 업무수행과 적응에 영향을 주는 것을 보여 주었다. 또한 Vansteenkiste 등(2006)은 관계성 욕구 충족은 자율성 욕구 충족 효과를 매개하여 우울감을 낮추는 결과도 보고하였다.

앞서 제시한 연구들은 기본심리욕구 충족이 성인들의 일상생활 전반에서 그리고 직무상황과 같은 특수한 상황에서 개인이 지각하는 신체적 건강이나 심리적 안녕에 중요한 영향을 미치는 요인이라는 것을 보여 준다. 그러나 아직까지 청소년들의 일상생활이나 학교생활에서의 심리적 안녕과 관련된 기본심리욕구 충족에 관한 해외 연구는 쉽게 찾아보기 어렵다. 다만 국내에서 청소년을 대상으로 하여 기본심리욕구 충족과 심리적 안녕 간의 관계를 탐색한 몇 편의 연구를 찾을 수 있을 뿐이다. 김아영과 이명희(2008)의 연구에서는 자율성과 유능성 욕구가 우울을 예측하는 유의한 변인으로 나타났으며, 특히 관계성에 대한 욕구 충족은 학교생활 적응과 정적 상관이 있음을 보고하였다. 또한 이명희와 김아영(2008)의 연구에서는 자율성 · 유능성 · 관계성 욕구의 세 가지 기본심리욕구 충족이 학교생활 만족도, 가정생활 만족도, 자기존중감과 우울로 측정한 심리적 안녕감을 예측하는 유의한 변인임을 보여 주었다. 최희철, 황매향, 김연진(2009)의 초등학생을 대상으로 한 한국청소년패널조사 자료를 분석해서 얻은 결과에서도 아동들의 부모와의 관계성에 대한 욕구가 아동의 자기존중감을 예측하는 유의한 변인으로 나타났다. 이민희와 정태연(2008)의 중 · 고등학생들을 대상으로 한 연구에서는 기본심리욕구 만족이 자율적 학습동기(내재동기와 확인된 조절동기)와 주관적 삶의 질을 정적으로 예측하는 것으로 나타났다.

결론적으로 유능성, 자율성, 관계성에 대한 욕구가 충족되는 사회적 환경은 내재동기를 유지시키고, 외재동기를 보다 자기결정적인 형태로 변화시키도록 촉진시킨다. 이러한 세 가지 기본적 욕구 충족을 허용하는 교실환경, 즉 새로운 아이디어를 접하고 새로운 기술을 실행할 때 관계를 맺으며, 효율적이고 스스로 결정했다는 느낌을 갖기 원하는 타고난 욕구가 지지되는 환경은 학생들로 하여금 성장과 안녕감을 촉진시키는 최적의 조건을 제공한다. 뿐만 아니라 학생들의 참여의 질을 최고의 수준으로 높일 수 있을 것이다(Ryan, 2003).

5. 자율성지지의 영향

앞에서 살펴본 바와 같이 외적 조절을 내재화하기 위해서는 환경적 조건이 중요한 기능을 한다. 자율성을 지지하는(autonomy-supportive) 환경은 개인에 게 선택권과 스스로 방향설정을 할 기회를 제공하고, 압박감을 느끼는 평가와 부과된 목표나 요구사항을 최소화하는 환경이다. 또한 자율성지지적 환경은 긍정적인 정보적 피드백을 제공하고, 학생들의 관점을 고려하는 환경을 의미 한다(Deci & Ryan, 1985, 2000; Reeve, 1998).

1) 교사의 자율성지지

일상생활의 많은 시간을 학교에서 생활하는 학생들은 학교나 교실의 풍토 에서 행동에 대한 많은 영향을 받는다. 그중에서도 학교생활의 중심이 되는 교실에서는 교사의 태도와 행동이 학생의 학업 관련 영역을 포함해서 모든 인 지적, 정의적 혹은 사회적 행동에 영향을 미친다. 자기결정성이론에서는 특히 교사가 학생들의 자율적 행동을 지지하느냐 아니면 교사가 만든 규칙과 규율 을 따를 것을 요구하는 통제적인 태도를 가지느냐에 따라 학생들의 행동발달 이 크게 달라진다는 것에 주목한다.

실제로 교사의 자율성지지 태도는 학생들의 학업성취에 직접/간접적인 영 향을 미친다는 것이 많은 경험적 연구결과로 나타났다(Grolnick & Ryan, 1987; Guay & Vallerand, 1997; Jang et al., 2009; Reeve & Jang, 2003; Vallerand et al., 1997; Vansteenkiste et al., 2005). 이러한 연구들은 자율성지지가 세 가지 기본심리욕 구를 충족시키기 때문에 이와 같은 교실환경에서 생활하는 학생들은 다양한 영역에서 긍정적인 결과를 보이는 것임을 보여 주고 있다. 예를 들어, Chirkov 와 Ryan(2001)은 자율성지지 환경이 심리적 욕구를 충족시키고, 이러한 욕구 충족은 과제 참여, 불안, 자기실현과 자존감을 예측하는 것으로 보고하였다.

또한 Reeve와 Jang(2006)의 연구와 Jang 등(2009)의 연구에서도 교사의 자율성
지지는 세 가지 기본 욕구와 비교적으로 높은 상관이 있는 것으로 나타났다.
다시 말해서, 교사가 학생들이 자율적으로 판단해서 결정하고 행동하는 것을
권장하는 분위기를 만들어 주면, 학생들은 자율성에 대한 욕구뿐만 아니라 유
능성에 대한 욕구도 충족되고 관계성에 대한 욕구까지 충족된다는 것을 보여
준 것이다. 더욱이 이렇게 세 가지 기본 욕구가 충족되면 내재동기가 증진되
고, 심리적 안녕감도 증진되는 것으로 나타났다. 더불어 교사의 자율성지지는
학생들의 자율성과 유능성에 대한 욕구 충족을 매개로 하여 학업성취도에 영
향을 준다고 하였다(Jang et al., 2009).

한편, 교사의 학생행동에 대한 직접적인 통제는 학생들로 하여금 부정적인
감정을 유발하게 하고, 이러한 부정적 감정이 무동기를 유도하는 것을 보여
주었다(Assor, Kaplan, Kanat-Maymon, & Roth, 2005). Assor 등(2005)은 이스라
엘 초등학생들을 대상으로 교실에서 교사가 학생들을 직접적으로 지시하고,
학생 스스로 학습 속도를 유지하지 못하게 자주 간섭하며, 비판적이거나 독립
적인 의견을 내지 못하게 하는 것이 학생들로 하여금 분노와 불안과 같은 부
정적인 감정을 유발시키게 한다고 하였다. 결국 교사로 인해 학생들의 학습에
대한 무관심과 적극적인 학습참여가 감소되는 것을 관찰하였다.

최근에 내재동기와 학습과의 관련성에 대한 연구들을 종합하여 Niemiec과
Ryan(2009)이 내린 결론은 다음과 같다. "첫째, 자율성지지적으로 지각되는
교사의 지향성이나 학습과제의 특정 측면이 모두 학생들의 내재동기화에 공
헌하는 반면에, 통제적인 교육풍토는 내재동기를 훼손시킨다. 둘째, 학생들은
특히 개념이해가 요구되는 과제수행에서 내재적으로 동기화될 때 더 잘 배우
고, 창의적인 경향이 있다. 셋째, 교사가 학습과제를 소개하는 방식은 학생들
의 자율성과 유능성에 대한 기본심리욕구 만족에 영향을 준다. 이 방식이 어
떠한가에 따라 깊이 있고 왕성한 학습에 대한 내재동기가 촉진될 수도 있고
방해를 받을 수도 있다(p. 136)."

2) 부모의 자율성지지

가정은 인간의 일차적이고 사회적인 환경으로 인간은 영유아기부터 가정 내 부모와의 상호작용을 통해 사회화를 이루어 간다. 가정환경에서 중요한 요소인 자녀에 대한 부모의 양육태도나 방식은 심리학자들의 지대한 관심사로 연구되어 왔다. 초기 심리학연구들에서는 부모의 양육방식을 통제적 또는 자율적으로 구분하여 그 영향을 탐색했는데, 부모의 통제적인 양육방식은 아동의 사회화를 지연시키고(Baldwin, 1955), 공격적으로 만들어 환경에 적응하는 능력을 떨어뜨린다(Hoffman, 1960). 반면 부모의 자율성지지적 양육방식은 아동의 자율성과 유능감 및 이해수준과 정적인 관련성이 있는 것으로 나타났다 (Schaefer, 1965).

최근의 연구들에서도 유사한 결과를 쉽게 찾아볼 수 있다. 예를 들어, Grolnick과 Ryan(1989)의 연구에서는 4∼6학년 자녀가 있는 부모의 자율성지지는 학생들의 높은 자율성과 자기결정성, 유능감, 교사의 높은 평정, 학교생활 적응, 성적과 관련이 있는 것으로 나타났다. 이때 자율성지지 수준이 높은 부모의 자녀가 통제수준이 높은 부모의 자녀들보다 유능감과 독립적인 자기조절이 높고, 학교에 대한 적응문제를 적게 가진 것으로 나타났다. 또한 Grolnick, Ryan과 Deci(1991)의 초등학교 4∼6학년 그리고 중학교 1학년 학생들을 대상으로 한 연구에서는 어머니와 아버지의 자율성지지와 관여도는 아동의 지각된 유능감과 정적인 상관을 보였다. 한편, Soenens과 Vansteenkiste(2005)는 어머니와 아버지의 자율성지지가 학업 및 친구관계에서의 자율성 수준과 유의미한 정적 상관이 있음을 보고하였다. 또한 부모의 자율성지지와 학생의 자율성 수준의 관계에 대한 구조방정식 모형 분석결과 어머니의 자율성지지는 학업과 친구관계에서의 자율성 수준에 유의미한 영향을 미치는 것으로 나타났으며, 학업적 유능감과 사회적 유능감에 유의미한 간접 효과를 나타냈음을 보고하였다.

이와 같이 많은 연구들에서 부모의 자율성지지는 자녀의 학업수행과 적응, 흥미, 동기 등 다양한 영역에 강한 정적인 관련성을 가지는 것으로 나타났으며(Deci & Ryan, 2000; Grolnick & Ryan, 1989; Ryan, 1995; Vallerand, 1997), 이는 자기결정성이론에서 주장하는 바를 지지해 준다. 국내에서는 부모의 자율성지지가 중학생들의 학업성취에 긍정적인 영향을 주며, 특히 어머니의 자율성지지는 중학생의 학업적 자기효능감을 매개로 하여 학업성취에 유의미한 영향을 준다는 결과가 보고되었다(임지현, 2004). 또한 김아영, 차정은, 이다솜, 임인혜, 탁하얀, 송윤아(2008)는 초등학생들을 대상으로 아동이 지각한 부모의 자율성지지와 아동의 자기조절동기 유형 그리고 자기조절학습효능감 간의 관련성을 구조방정식 모형을 통해 확인하여 [그림 7-2]와 같은 결과를 얻었다. 연구결과를 구체적으로 살펴보면 부모의 자율성지지가 높으면 자녀의 자율적 조절은 높고 통제적 조절은 낮다는 것이다. 연구자들은 이러한 결과를 아동이 부모와의 관계를 통해서 관계성에 대한 욕구를 충족시키고 자율성, 유능감에 대한 욕구를 충족시키기 때문에 부모의 자율성지지 정도는 학교에서의 학습에 관한 조절유형에 영향을 주는 것이라고 해석하였다. 부모의 자율성지지 정도는 학생들의 자기조절학습효능감에 직접적인 정적 효과를 보이는 것으로 나타났다. 이러한 연구결과는 앞에서 제시한 부모의 자율성지지 정도가 학생들의 자기효능감 수준에 긍정적 효과를 보이는 것으로 보고한 Soenens와 Vansteenkiste(2005)의 연구결과와도 일치하는 것이다.

이러한 연구결과에 대해 김아영 등(2008)은 교육현장에 제공하는 시사점을 다음과 같이 제안하였다. 즉, 부모의 자율성지지 행동에 따라서 자녀들의 학습에 대한 동기유형이 달라지고 자기조절학습효능감의 수준도 달라진다는 사실을 부모교육을 통해 주지시킬 필요가 있다는 것이다. 또한 학생들의 학업성취에 지대한 영향을 미칠 수 있는 자기조절학습효능감을 변화시키기 위해서는 학생들이 자신의 학습을 자율적으로 조절할 수 있도록 돕는 것이 필요하다는 것이다.

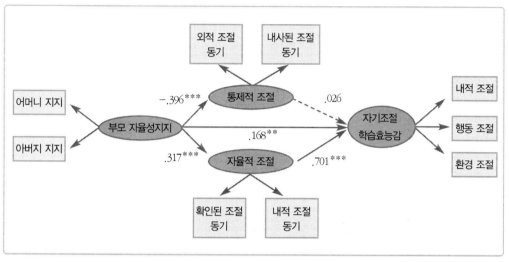

***p< .001 통계적으로 유의한 경로계수는 실선으로, 통계적으로 유의하지 않은 경로계수는 점선으로 표시함.

[그림 7-2] **초등학교 고학년의 자기조절학습효능감을 예측하는 부모의 자율성지지와 자기결정동기 유형 간의 경로 모형**(김아영 외, 2008)

마지막으로 내재화를 촉진시키는 것으로 나타난 자율성지지의 또 다른 중요한 측면은 교사들이 학생들에게 왜 학습활동이 필요한가에 대한 의미 있는 근거를 제공한다는 것이다. 실제로 학습활동의 중요성을 설명해 주는 자율성지지적 설명이 학생들의 내재화를 촉진시키고, 학생들의 학습을 위한 노력 증진과 관련되어 있다는 것을 보여 준 연구(Reeve Jang, Hardre, & Omura, 2002)가 발표되어 자율성지지가 학업상황에서 얼마나 중요한가를 알 수 있다.

6. 조건부 관심

'조건부 관심'이란 부모의 애정과 관심이 아동의 행동에 따라 조건화되도록 주어지고, 결과적으로 아동으로 하여금 부모의 애정을 얻기 위한 방향으로 행동하게 만드는 사회화 전략이다(Assor et al., 2004). 조건부 관심은 일상생활에서 부모가 자녀를 대할 때 혹은 교육이나 훈육할 때 취하는 방법의 하나로 동서양을 막론하고 오랫동안 활용되어 왔다. 이스라엘 심리학자 Assor와 Roth는 최근 동료들과의 일련의 연구를 통해 부모의 조건부 관심과 자녀의 부모기대의 내재화와 행동실행 간의 관계를 탐색하였다(Assor et al., 2004; Roth, 2008; Roth, Assor, & Eliot, 2004; Roth et al., 2009).

부모의 조건부 관심에 관한 초기 연구에서 Assor 등(2004)은 대학생들과 그 부모들을 대상으로 조사한 결과, 대학생들은 자신의 부모들이 학업성적을 높이기 위해 조건부 관심 전략을 사용한 것에 대해 부모의 낮은 안녕감과 통제적 양육태도와 관련되어 있다고 하였다. 또한 그 대학생 자녀에게 부모가 조건부 관심 전략을 사용한다고 느끼게 하여 결국 부모로 인해 대학생 자녀가 부정적인 정서를 갖는 것을 보여 줌으로써 세대 간의 전이도 보여 주었다. 또한 이 연구에서는 부모의 조건부 관심이 자녀들로 하여금 부모의 기대에 부응하고자 하는 내적 강압을 증가시켜서 행동을 하게 만든다는 것을 보여 주었다. 또한 자녀들이 실패 후에 죄책감을 느끼고 성공한 후에 오는 만족감이 오래 가지 않으며, 부모의 인정을 받지 못한다는 느낌과 원망과 같은 부정적 정서를 갖는다는 것을 보여 주었다(Assor et al., 2004). 내적 강압은 자기결정성이론에 의하면 외적 조절에 대한 내사에 의한 내재화를 의미하는 것으로 피상적이고 갈등적인 내재화 유형이라고 할 수 있다(Niemiec, Ryan, & Brown, 2008).

최근에 Roth 등(2009)은 조건부 관심을 두 가지 유형으로 분리하였다. 자녀가 바람직한 행동이나 태도를 보일 때 평상시보다 더 많은 관심과 애정을 제공하는 '조건부 관심강화(conditional positive regard) 전략'과 바람직하지 않은 행동이나 태도를 보일 때 평소의 애정과 관심을 보여 주지 않는 '조건부 관심철회(conditional negative regard) 전략'으로 분리하여 각각이 자녀의 행동에 미치는 영향을 연구하였다. 역시 이스라엘 청소년들을 대상으로 이 변인들 간의 관계구조를 분석함으로써 제시한 연구결과는 다음과 같다. 첫째, 조건부 관심 철회는 부모에 대한 원망을 예측하고 이것은 다시 부정적 정서와 학업이탈을 예측하였다. 둘째, 조건부 관심강화는 내적 강압을 예측하고 이것은 다시 부정적 정서에 대한 억압적 조절과 성적에만 관심을 두는 학업참여를 예측하였다. 셋째, 자녀가 지각하는 부모의 자율성지지적 태도는 선택의 자유를 예측하고 이것은 다시 부정적 정서에 대한 통합된 조절과 흥미에 초점을 맞춘 학업참여를 예측하였다. 연구자들은 이러한 결과는 부모가 자녀의 사회화 전략의 일환으로 조건부 관심강화, 즉 긍정적 통제조절을 사용하는 것도 자율성을 지지하는 것에 비하면 해로운 효과를 초래함을 시사하는 것으로 해석하였다.

부모의 조건부 관심에 대한 연구결과는 학교에서 생활하는 시간이 많은 학령기 아동이나 청소년들의 사회화에 교사의 영향 또한 지대할 것임을 쉽게 예측하게 해 준다. 그러나 아직까지 교사의 조건부 관심에 대한 경험적 연구는 보고된 것이 없어 확신할 수 없으나, 교사의 학생에 대한 통제적 태도의 영향이 지대할 것으로 추정할 수 있어서 이에 대한 연구가 시급한 것으로 판단된다.

제6절 외재동기의 내재화와 자기결정동기의 발달 경향

앞에서 자기조절동기 유형을 제시할 때 이미 거론한 바와 같이 외재동기는 개인이 그것을 얼마나 자신의 것으로 내재화하느냐에 따라 자기결정성의 연속선상에서의 위치가 다르다([그림 7-1] 참고). Ryan과 Deci(2002)는 상대적 자율성 연속선이 자기결정성 개념을 중심으로 조절의 유형을 구성하기 위해 만들어지기는 했지만, 이것이 발달적 연속체 자체를 의미하는 것은 아니라고 하였다. 또한 발달이 각 조절에 대한 내재화 단계를 따라 순차적으로 진행해야만 한다는 의미도 아니라고 말한다. 개인의 이전 경험이나 속해 있는 환경이 자율성을 충분히 지지한다면 누구든지 연속선상의 어느 지점에 해당하는 조절이라도 가능한 것으로 보기도 한다. 반면에 Piaget의 발달이론에서와 같이 인지능력과 자아의 발달이 진행됨에 따라 자신에게 동화시킬 수 있는 행동의 범위가 증가할 것이라는 가정도 가능하다. 실제로 아동들의 일반적 조절양식이 나이와 함께 점차 더 많이 내재화되는 경향이 있다는 것을 보여 주는 경험적 증거도 있다(Chandler & Connell, 1987). 더불어 시간이 흐름에 따라 개인의 인지적 능력과 자아발달의 증가와 함께 이루어져 자기에 동화될 수 있는 행동의 범위가 증가할 수 있을 것이라는 주장(Loevinger & Blasi, 1991; Ryan & Deci, 2000b에서 재인용)이 있다. 아동의 사회화과정은 타율성 단계에서 자율성 단계로 진행한다는 Piaget의 인지발달이론에 비추어 볼 때, 실제로 아동들의 전반적인 조절양상이 시간의 흐름에 따라 보다 내재화되고 자기조절적이 된다는 것을 보여 준다. 경험적 연구증거들(Chandler & Connell, 1987; Ryan & Deci, 2000b에서 재인용)은 자기결정성의 발달적 경향성에 대한 분명한 결론을 내리기 어렵게 한다.

그러나 아직은 이러한 동기유형의 발달적 경향을 집중적으로 탐색한 경우가 별로 없고, 더욱이 종단적인 연구는 찾아보기 어렵기 때문에 앞으로 이 부분에 관한 연구가 요구된다. 학생들의 동기유형의 발달적 특성을 파악하는 것은 교육환경 마련의 기초 정보가 될 수 있기 때문에 더욱 중요한 측면이라 하겠다. 다만 국내에서 초등학교 고학년부터 고등학생에 이르는 학생들을 대상으로 수행된 횡단자료 수집에 의한 연구들에서는 학년이 올라감에 따라 외적 조절동기가 낮아지는 것이 아니라 내적 조절동기가 낮아지는 경향을 보이는 것으로 나타났다(김아영, 2002; 이은주, 2000; 임지현, 류지헌, 2007). 이 부분에 대해서는 보다 체계적이고 심도 있는 연구가 요청된다.

자기조절 발달의 진행과정과 이에 따른 자기결정동기 유형의 발달경향성에 대한 정확한 이해는 교육현장에서 매우 중요한 사안이라고 할 수 있다. 만약 동기적 조절의 내재화가 성숙이 진행됨에 따라 함께 증진되는 요인이라면 나이가 들수록 통합된 조절에 따른 동기유형이 증가되어야 할 것이다. 그러나 적어도 한국 학생들을 대상으로 한 경험적 연구들은 일관된 결과를 보여 주지 않는다. 만약 학교환경이 조절의 내재화를 촉진시킬 수 있는 환경, 즉 기본심리욕구를 충족시키는 환경이라면, 학년이 올라감에 따라 자기결정성동기 유형의 발달이 촉진될 것이다. 그렇지 않은 경우에는 자기결정성이 낮은 동기유형에 머물러 있는 학생들이 증가하게 될 것이다. 외재동기의 내재화는 학생들이 과제 자체가 재미없거나 즐겁지 않은 공부를 할 때 자기주도적일 수 있고, 의지력을 유지하는 데 필수적이다. 그렇기 때문에 학습에 대한 외재동기를 충분히 내재화시킬 수 있을 때 학습이 더욱 향상하고, 심리적 건강수준도 높아질 것이다(Niemiec & Ryan, 2009). 이처럼 외재동기의 내재화는 모든 연령과 교육수준의 학습자들이 효율적인 심리적 기능을 하는 데 그리고 학업상황에서 효과적으로 기능하는 데 필수적이기 때문에 교육현장에서 특히 주목해야 할 사안이다.

제7절 교육현장에의 적용 및 시사점

자기결정성이론이 주는 중요한 시사점은 보상이나 벌과 같은 외재동기는 부정적인 것이고, 흥미나 만족감 등의 내재동기만이 긍정적이며, 내재동기가 있을 때 보상과 같은 외적 제약이 제공되면 내재동기는 저하될 것이라는 초기 내재동기이론에 대한 재고의 필요성을 강조한 점을 들 수 있다. 자기결정성이론은 어떠한 성취와 관련된 활동을 하는 데 있어서도 내재동기의 증진은 개인이 경험하는 만족감과 수행수준에 영향을 주고, 나아가 심리적 안녕감에도 영향을 준다고 가정한다(Chirkov, Ryan, Kim, & Kaplan, 2003; Kasser & Ryan, 2001;

Reeve, Deci, & Ryan, 2003; Ryan & Deci, 2000; Sheldon & Kasser, 1995). 또한 이 이론에서는 기본적으로 자기결정동기, 즉 내재동기를 증진시키는 일은 기본 심리욕구 충족을 통해서 외재동기를 내재화시킴으로써 가능하다고 본다.

이 책에서 소개하는 다양한 동기이론들은 제시하는 형태나 방법에 차이가 있을 뿐이지 근본적으로 거의 동일한 내재동기 증진방안들을 제안하고 있다. 따라서 아래에서 제안하는 기본심리욕구 증진방안들은 이 책에서 다루는 동기이론들에서 모두 찾아볼 수 있는 내용들의 종합이므로 해당 이론의 내용을 상기하면 이해가 쉬울 것이다.

1. 유능성 욕구 충족

유능성에 대한 욕구 충족은 다양한 성공 경험을 제공함으로써 자신의 유능성을 인식하게 하는 것으로 가능하다. 유능감을 증진시키기 위해서는 과제유형의 선정도 중요한 요인이다. 즉, 항상 새로운 과제를 선택하고 적정 수준의 난이도를 가진 과제를 선정하여 도전과 기술 간의 균형을 이루도록 하면 플로우 상태에 빠져 들어갈 수 있게 될 것이다. 너무 쉬운 과제는 금물이지만, 그렇다고 너무 어려운 과제를 선택하는 것은 숙달로 이끌지 못하게 된다. 따라서 학습된 무기력을 유발시켜 참여동기를 저해하고 무동기를 증진시키게 될 것이다.

유능감 증진에 영향을 주는 또 다른 요인으로는 즉각적이고 구체적인 피드백이 있다. 이러한 피드백은 특히 현재 자신의 위치와 앞으로 얼마나 가야 하는지에 대한 정확한 감각을 제공하는 것이 중요하다. 보상 또한 통제적인 것이 아닌 정보적인 보상이어야 하며, 결과보다는 참여 자체에 대한 보상이 바람직하다. 무기력을 극복할 수 있는 실패내성을 기르기 위해서는 실패 경험에 대한 대처 훈련을 제공하여 부정적 감정에 빠지지 않고 미래를 위한 계획과 적극적 행동방안을 마련할 수 있게 해 주는 것이 효과적이다. 실패결과에 대해서는 능력귀인보다는 노력귀인이나 전략귀인으로 유도하는 것이 바람직하다.

2. 자율성 욕구 충족

학생들의 자율성 지각은 교사나 부모의 교육태도나 양육태도에 따라 달라진다. 교사는 수업 중에 학생의 수행이나 행동에 대해 끊임없이 평가하고 다른 학생과 비교함으로써 심리적인 압박감을 주는 것을 피해야 한다. 또한 학생의 행동을 직접 통제하는 것은 긍정정인 것보다는 부정적인 측면을 더 많이 내포하고 있음을 앞에서도 반복적으로 확인하였다. 많은 선행 연구에서 보여 주었듯이 학생들이 교사와 부모가 자율성을 지지하는 것으로 지각하면 학업동기의 내재화가 촉진되어 자기결정동기가 증진될 것이다.

또한 통제적인 교사의 학생들의 내재동기 수준이 낮은 것으로 나타났으므로 학습내용이나 순서를 스스로 결정할 수 있도록 자유로운 학습분위기를 조성하는 것이 중요하다. 선택이 가능하면 재미없는 과제에 흥미를 느낄 가능성이 더 많다. 선택은 결과에 대한 책임의식을 고양시키므로 과제내용이나 목표설정 시 참여시키는 것이 필요하다. 선택의 자유가 있음을 느끼도록 하는 것이 중요하기는 하지만, 너무 많은 선택사양은 역효과를 낼 수 있다는 것도 명심해야 할 것이다.

3. 관계성 욕구 충족

기본심리욕구의 하나인 관계성에 대한 욕구 충족은 외적 조절의 내재화를 촉진시켜 내재동기를 증진시킨다고 하였다. 학생들은 자신과 친밀한 관계를 맺고 있다고 느끼고 또 관계를 맺고 싶은 대상 그리고 소속감을 느끼기를 원하는 집단의 가치나 관습을 내재화하여 자신의 것으로 수용하려는 경향이 있다(Nieniec & Ryan, 2009). 관계성 욕구 충족을 위해서는 학생들의 흥미와 복지에 관심을 보여야 하며, 교사가 자신을 진정으로 좋아하고 존중하며 가치 있는 사람으로 대우한다고 느끼는 자기가치감이 고취될 때, 학생들의 관계성 욕구가 충족되고 내재동기는 향상된다.

학생들이 자기들끼리 개인적으로 혹은 소집단으로 만나서 공부할 수 있는 시간을 많이 제공하는 것 또한 관계성 욕구를 증진시킬 수 있다. 자기가 좋아하는 동료나 친구와의 협동학습을 통해 자신의 가치를 확인할 수 있고, 이들과 함께 과제를 수행함으로써 외재동기를 내재화시킬 기회 또한 얻을 수 있기 때문이다.

앞에서 제시한 바와 같은 학생들의 기본심리욕구 충족을 위한 방안들이 중요한 만큼 또 한 가지 간과해서 안 될 사항은 교사들의 기본심리욕구 충족이다. 학생들의 욕구 충족이 원활해지려면 교사들의 욕구 또한 좌절되지 않아야 한다는 것이다. 예를 들어, 교사효능감이나 교수몰입, 열정 등의 개인적 특성들이 관계성 증진에 중요한 요인으로 기능할 것이다. 즉, 교사가 자신의 삶과 학생의 흥미를 연결시키기 위한 노력을 하는 것은 관계성 증진에 중요한 요소가 된다. 또한 교사가 자율적으로 자신의 학생들을 지도할 교육의 내용이나 교육방식을 스스로 선정하고 결정하며 수행해 나갈 때 교사의 학생지도에 대한 내재동기는 증진될 것이다. 교사가 얼마나 자율성 욕구가 만족되었다고 느끼는지에 따라 학생들에 대한 자율성지지 정도가 결정된다는 것은 경험적으로도 확인되었다(Pelletier, Séguin-Lévesque, & Legault, 2002; Roth et al., 2007).

제8절 **이론의 현 상태**

서두에서도 언급했듯이 자기결정성이론은 현재 심리학 분야에서 동기와 관련된 모든 영역에서 자기효능감이론, 성취목표지향성이론과 함께 가장 많은 주목을 받고 있는 동기이론들 중에 하나다. Bandura(1977, 1986)의 자기효능감이론은 이론 발표 초기인 1980년대부터 꾸준한 주목을 받고, 이론 정립에 관한 연구는 1990년 이전까지 왕성하였다. 그 이후에는 주로 적용 연구가 주를 이루고 있는 것을 볼 수 있다. 이에 비해 자기결정성이론은 이론 발표 초기인 1985년경부터 2000년까지는 Rochester 대학의 Deci와 Ryan을 중심으로 한 자기결정성이론가들의 이론 정립에 관한 연구가 주를 이루었고, 2000년이 지나면서 스포츠 분야와 교육 분야에서의 적용연구가 급속도로 증가하면서 조직과 직무상담, 건강관리 분야를 포함한 다양한 영역으로 확대되고 있다.

연구의 양적인 측면에서도 2000년대 중반부터 급속도로 증가되어 현재 전 세계적으로 자기결정성이론에 관한 연구는 기하급수적으로 늘고 있는 추세다. 이러한 추세는 Rochester 대학의 SDT 웹사이트에서 제공하는 관련 연구 목록을 통해서도 확인할 수 있다(http://www.psych.rochester.edu/SDT/publications_browse.php). 이 웹사이트에서 제시하는 자기결정성이론의 기초적인 연구주제는 기본심리욕구, 인과지향성, 발달과 양육, 내재동기와 자기조절, 목표와 가치, 내재화와 자기조절 유형, 마음챙김(mindfulness), 문화 비교, 심리적 건강과 안녕, 관계성, 자기와 자존감 등의 다양한 주제에 관한 연구논문과 보고서들의 목록이 제시되어 있다. 또한 이론의 적용 분야별로 구분하여 제시한 연구목록들은 교육, 환경, 건강관리, 조직 및 직무, 정신병리, 심리치료 및 상담, 스포츠와 체육교육, 가상환경, 노인, 정치, 종교 등 다양한 분야에서 이 이론이 적용되고 있음을 보여 준다.

이 중에서 특히 교육 분야의 적용연구는 2009년 말 현재 100여 편의 논문 목록이 제시되어 있는데, 그중에서 약 70편 이상이 2000년 이후의 연구이며, 스포츠 관련 연구는 총 170편 이상의 연구논문 목록이 제시되어 있고, 이 중에서 150편 이상이 2000년 이후의 연구인 것을 보더라도 SDT가 앞으로도 크게 발전하고 확산될 가능성을 가진 이론이라는 것을 예측할 수 있다. 특히 주목을 끄는 점은 교육과 스포츠, 운동, 체육교육 영역에서 자기결정성에 관한 연구가 다른 영역에 비해 압도적으로 많은 것이다. 이들 중에 많은 연구들이 학습자나 운동선수들의 수행 관련 동기를 다루고 있다. 예를 들면, 자율적 조절동기와 타율적 조절동기를 가진 경우 학생이나 선수들의 수행수준에 차이가 있는가, 교사나 코치의 자율성지지 정도에 따라 수행수준이 달라지는가를 탐색한 연구들을 많이 찾아볼 수 있다.

요약하면 자기결정성이론은 비교적 역사가 짧은 동기이론이지만 인간행동의 전 영역에서 그 근원이 되는 동기를 설명할 수 있는 이론으로 앞으로도 광범위한 적용이 확산될 것임을 예측할 수 있다. 이 이론은 특히 인간의 기본심리욕구를 이론의 기초로 삼고 있어 인간의 행복추구에 관심을 두는 긍정심리학과 함께 계속적인 지지를 받을 것이 확실하다.

제9절 한국의 자기결정성이론 연구

1. 이론 도입 및 연구 도구

자기결정성이론이 국내에 소개되기 시작한 것은 2000년도 초반으로 조현철(2000), 김아영, 오순애(2001), 김아영(2002) 등의 연구논문들이 한국교육학회와 교육심리학회지에 게재되면서부터라고 할 수 있다. 조현철의 연구는 Vallerand 등(1992)이 사용한 학업동기척도를 사용해서 동기유형을 무동기, 외적 동기(외적 조절, 내사된 조절, 확인된 조절), 내적 동기(지식동기, 성취동기,

자극추구동기)로 구분하여 고등학생들의 학업동기를 측정하였다. 반면에 김아영, 오순애(2001)와 김아영(2002)과 Kim(2002)의 연구에서는 기본적으로 Ryan과 Connell(1989)의 '자기조절설문지-학업(Self-Regulation Questionnaire - Academic: SRQ-A)' 척도를 변용하였다고 볼 수 있다. 즉, 김아영, 오순애는 Ryan과 Connell의 척도를 과학공부에 대한 동기를 묻는 맥락-특수적 척도로 만들어 사용하였으며, 김아영(2002)은 Ryan과 Connell의 척도를 기초로 하여 일반적 학업상황에서 사용할 수 있는 '한국판 학업적 자기조절 설문지'로 개발한 Kim(2002)의 한국판 SRQ-A 척도를 사용하였다.

이후 연구들에서는 Kim, Koh와 Ryan(2004)의 수정된 한국판 학업적 자기조절 설문지를 사용하거나 Vallerand 등(1992)의 척도를 사용하는 연구들이 발표되었다. '한국판 학업적 자기조절 설문지'(Kim et al., 2004)는 자기결정동기를 외적, 내사된, 확인된, 통합된 조절동기와 내재동기로 나누어 측정할 수 있도록 구성하였다. 그러나 통합된 조절 하위척도는 명시적으로 측정되기 어렵다는 원저자들의 주장(Ryan & Deci, 2000b)과 한국의 자료분석에서 통합된 조절이 확인된 조절과 분명히 구별되지 않는 결과[3]에 기초하여 최근에 수정된 최종본에서는 통합된 조절은 제외시켰다. 그 대신 Vallerand 등(1992)의 학업동기척도의 무동기 문항을 수정하고 새로운 문항들을 보충하여 무동기 하위척도를 추가하였다(김아영, 2008). 최종적으로 수정된 척도가 〈표 7-2〉에 제시되어 있다. 이 외에도 박병기, 이종욱, 홍승표(2005)가 개발한 척도가 교육 관련 연구에서 사용되기도 한다.

2. 연구 분야 및 경험적 연구주제

자기결정성이론을 주요어로 국내 학술 데이터베이스 검색사이트(KISS와 RISS)를 탐색하면 2009년 말을 기준으로 약 45편의 학술논문이 검색된다. 이 중 2005년까지 발표된 것이 7편이고, 2006년에 6편, 2007년에 9편, 2008년에 10편 그리고 2009년에 13편으로 집계된다. 발표된 연구 분야를 보면 교육과 심리학 관련 분야가 가장 많아서 32편이고, 스포츠 분야가 7편, 경영과 경제 분야가 5편 그리고 언론 분야가 1편이었다. 이처럼 한국의 자기결정성이론 연구는 인간행동의 전 영역으로 확산되고 있는 서구와 달리, 아직은 교육과 심리학 분야의 연구가 대부분이고, 스포츠 분야와 경영학 분야에서 점차 관심을 보이는 정도라고 할 수 있다.

〈표 7-2〉 한국판 학업적 자기조절 설문지(K-SRQ-A) 개정판(2008)

문항번호	무동기(amotivation)
1. 나는 내가 학교에서 뭘 하고 있는지 모르겠다. (AM1)	
2. 나는 공부를 왜 해야 하는지 모르겠다. (AM2)	
3. 나는 솔직히 학교에서 시간을 낭비하는 것 같은 느낌이다. (AM3)	
4. 나는 왜 학교에 가는지 모르겠고, 솔직히 전혀 신경을 쓰지 않는다. (AM4)	
5. 인생에서 공부는 중요한 것이 아니다. (AM5)	
6. 공부는 나의 관심사가 아니다. (AM6)	

문항번호	외적 조절(external regulation) 동기
1. 나는 공부하지 않으면 부모님이 화를 내시므로 공부한다. (EX1)	
2. 나는 공부를 하면 부모님이 상(용돈, 선물, 칭찬 등)을 주시므로 공부한다.(EX2)	
3. 나는 공부를 하면 선생님이 칭찬을 하시므로 공부한다. (EX3)	
4. 나는 공부하지 않으면 선생님이 벌(야단, 체벌)을 주시므로 공부한다. (EX4)	
5. 나는 부모님이 하라고 시키시므로 공부한다. (EX5)	
6. 나는 선생님이 하라고 시키시므로 공부한다. (EX6)	

문항번호	내사된 조절(introjected regulation) 동기
1. 나는 선생님께 인정받기를 원하기 때문에 공부한다. (IJ1)	
2. 나는 선생님이 나를 무시하는 것을 원하지 않으므로 공부한다. (IJ2)	
3. 나는 성적이 나쁘면 창피하기 때문에 공부한다. (IJ3)	
4. 나는 부모님이 실망하시는 것을 원하지 않기 때문에 공부한다. (IJ4)	
5. 나는 친구들이 나를 똑똑한 학생으로 봐주기를 원하므로 공부한다. (IJ5)	
6. 나는 경쟁상대를 이기기 위해서 공부한다. (IJ6)	

---

3) Kim(2002)의 연구에서 통합된 조절과 확인된 조절 간에는 비신뢰성에 대해 고정한 후의 상관은 $r = .97$로 나타나 이 두 요인은 변별되는 개념으로 볼 수 없었다.

문항번호	확인된 조절(identified regulation) 동기
1.	나는 수업내용을 이해하는 데 도움이 되므로 공부한다. (ID1)
2.	나는 공부하면서 모르는 것들을 알아 가기 위해서 공부한다. (ID2)
3.	나는 지식을 쌓아 가는 것은 가치 있는 일이라고 믿기 때문에 공부한다. (ID3)
4.	나는 공부를 하면 실생활에 유용하게 쓰일 수 있으므로 공부한다. (ID4)
5.	나는 나중에 공부할 때 좀 더 어려운 내용을 이해하는 데 도움이 되므로 공부한다. (ID5)
6.	나는 수업시간에 배운 내용을 확인하려고 공부한다. (ID6)

문항번호	내재적 동기(intrinsic motivation)
1.	나는 공부하는 것을 즐기므로 공부한다. (IN1)
2.	나는 어려운 도전들로부터 기쁨을 얻기 때문에 공부한다. (IN2)
3.	나는 지식을 키우는 것이 재미있어서 공부한다. (IN3)
4.	나는 공부하는 것이 재미있기 때문에 공부한다. (IN4)
5.	나는 생각하기를 좋아하기 때문에 공부한다. (IN5)
6.	나는 모르는 것에 대한 해답을 알고 싶어서 공부한다. (IN6)

＊척도를 만들 경우, 하위 척도의 문항들을 무선적으로 섞어서 Likert식 6점 척도로 구성한다.
　(① 절대로 아니다, ② 아니다, ③ 약간 아니다, ④ 약간 그렇다, ⑤ 그렇다, ⑥ 정말 그렇다)
척도의 출처: 김아영(2008). 한국형 학업적 자기조절설문지 개발. 미간행 연구논문.

　연구주제는 자기결정성이론에서 다루는 동기유형, 내재동기, 기본심리욕구 개념에 대한 탐색과 이 개념들과 학업성취, 학교적응, 심리적 안녕, 만족감 등 수행이나 결과 변인들과의 관련성을 탐색한 것들이었다. 특히 초기 연구들은 대부분 유기적 통합이론에서 제시하는 자기조절에 따른 동기유형에 관한 연구가 많았다. 그러나 점차적으로 세 가지 기본심리욕구를 중심으로 자율성과 관계성이 적응과 성취, 심리적 안녕에 어떠한 영향을 미치는가를 탐색하는 주제가 점차 증가하고 있다. 이러한 추세는 최근에 국내의 심리학 분야에서도 긍정심리학에 대한 관심이 증가하면서 개인의 주관적 안녕감이나 삶의 질에 관한 연구가 많아진 것과 맥을 같이하는 것이다.

3. 한국 학생들의 동기특성

　한국 학생들을 대상으로 수행된 자기결정동기 유형에 관한 연구결과는 미국을 중심으로 한 북미 연구와 일치하지 않는 측면이 있다. 특히 자기조절동기 유형은 문화적 차이가 있는 것으로 나타난다. 예를 들어, 김아영(2002)과 Kim 등(2004)의 중·고등학생들을 대상으로 한 연구에서는 확인된 조절이 가장 높고, 그다음으로 내사된 조절이 높았으며, 바람직한 동기유형인 내재동기는 이 두 유형보다 낮은 것으로 나타났다. 북미 학생들 자료에서 내사된 조절동기보다는 내재동기가 높은 것(Ratelle, Guay, Larose, & Senecal, 2004)과 대조적이다. 그리고 임지헌, 류지헌(2007)의 초등학교 4~6학년 학생들을 대상으로 한 연구에서도 확인된 조절동기가 가장 높고, 학년이 올라감에 따라 내재동기는 낮아지며, 외적 조절동기는 높아지는 경향을 보여 이론이 예측하는 것과 다른 결과를 보여 주었다.

　국내 연구들을 보다 분석적으로 검토한 김아영(2008)에 의하면 전반적으로 한국 학생들은 초등학교보다 중·고등학교에서 내사된 조절과 확인된 조절동기의 평균이 높았으나, 내재동기는 초등학교가 제일 높고 고등학교가 제일 낮은 수준을 보였다. 또한 중학교와 고등학교만을 비교한 연구들에서는 중학교가 내사된 조절과 확인된 조절 모두에서 고등학교보다 높은 수준을 보였다고 한다. 이러한 연구결과는 발달이 진행됨에 따라 외적 가치의 내재화 때문에 적어도 외적 조절과 내사된 조절이 감소되는 경향을 예측하는 자기결정성이론과 모순적인 결과다. 더불어 초등학교 시절부터 이미 외적 가치의 내재화가 가장 많이 진행되어야 나타날 수 있는 확인된 조절동기가 가장 높은 것에 대한 원인 파악이 어려운 상황이다. 한 가지 가능한 원인으로 추정되는 것은 Kim(2002)의 연구에서 보여 준 바와 같이 부모와 관련된 내사된 조절 문항, 예를 들어, "부모님이 실망하시는 것을 원하지 않기 때문에 공부한다."라는 문항은 요인분석 결과 확인된 조절에 더 높이 부하되었다. 이것은 서구 문화권에서는 내사된 조절로 분류되어야 하는 문항이지만, 대부분 한국 학생들 사이에서는 부모님의 가치를 자신의 것으로 내재화하여 확인된 조절로 나타나는 것으로 문화적 차이 때문이라는 해석이 가능하다. 또 다른 가능성은 한국의 가정에서는 어릴 때부터 가족이라는 공동체 속에서 부모가 자녀에게 자신이 지향하는 가치를 끊임없이 주입시키고, 이러한 가치를 따르는 것을 자녀가 부모에게 해야 하는 미덕으로 인식하는 문화적 특성 때문에 아동들은 자연스럽게 부모님을 실망시키지 않는 것을 자신의 가치로 내재화한 결과일 수도 있다. 따라서 앞으로 자기결정성 관련 연구결과에 대한 문화적 차이에 따른 차별적 해석과 적용에 신중을 기할 필요가 있다.

한국 학생들에서 나타나는 이와 같은 동기특성, 즉 확인된 조절동기에서 발달이 멈춘 것과 같은 현상과, 학년이 올라감에 따라 무동기가 증가하는 경향 그리고 공부를 의무감과 죄책감으로 하는 내사된 조절동기의 계속적인 유지와 같은 현상에 대해 김아영(2008)은 다음과 같이 원인을 분석하였다. 즉, "한국 중·고등학교 현장은 대학입시와 관련된 과도한 경쟁과 스트레스로 무기력을 학습시키고 실패에 대한 내성의 감소를 초래하였으며, 이에 적응하지 못하는 다수의 학생들의 외적 조절동기에 의한 타율적인 학업수행과 무동기의 증가로 인한 현상일 것으로 보았다. 또한 이와 같은 원인으로 인해 학업수행 자체에서 얻는 흥미나 만족감보다는 의무감과 책임감, 대학입학이라는 외적 목표달성이 학생들의 내재동기 저하를 초래하였을 것"(p. 128)이라는 해석이다. 이와 관련해서 한 가지 주목할 현상은 중학교 영재학생 집단들에게서 외적 조절동기가 가장 낮고, 내사된 조절, 확인된 조절, 내재동기의 순으로 점점 높은 결과를 보인 것이다(신영희, 김아영, 2005). 이것은 영재학생들은 발달의 진행과 함께 외적 기준이나 가치를 자신의 것으로 점차 내재화하였다는 것을 시사하는 결과로 해석할 수 있다. 영재학생들에게 나타난 이러한 현상은 이들이 학업적 성공이 어느 정도 보장되었거나 아니면 높은 성적을 받아야 한다는 압력으로부터 자유로울 수 있는 환경적 여건 때문일 수도 있다. 물론 이러한 해

석이 타당하기 위해서는 종단적 자료에 기초해서 발달경향을 파악하는 것이
필수적으로 보완되어야 할 것이다.

4. 학업성취와 심리적 안녕의 관련 변인

한국 학생들을 대상으로 한 연구에서 확인된 조절과 내재동기가 학업성취
수준과도 직접적인 관련이 있는 것으로 나타났다. 즉, 외적 조절동기보다 확
인된 조절과 내재동기 수준이 높은 학생들이 학업성취도가 높았으며(김태은,
현주, 2007; 박병기 등, 2005; 심우엽, 2001; 이은주, 2001; 임지현, 류지헌, 2007), 내
재동기와 확인된 조절동기로 구성된 자율적 동기는 학업성취도와 정적으로
관련되고, 무동기, 외적 조절, 내사된 조절로 구성된 통제적 동기는 학업성취
도와 부적으로 관련되어 있는 것을 보여 주었다(이민희, 정태연, 2008).

국내에서 청소년을 대상으로 한 심리적 안녕이나 삶의 질에 관한 연구는 아
직 많지 않아서 앞에서 논의한 기본심리욕구 충족과 심리적 안녕 간의 관계를
탐색한 김아영과 이명희(2008), 이명희와 김아영(2008)의 연구가 있고, 유사한
결과를 보고한 안도희, 박귀화, 정재우(2008)의 연구가 있다. 안도희 등(2008)
은 부모, 교사, 친구의 자율성지지가 자율성·유능성·관계성에 대한 욕구충
족을 통해 심리적 안녕감에 영향을 주는가를 검증하기 위해 구조방정식 모형
을 사용하였다. 연구결과는 부모의 자율성지지는 심리적 안녕감에 직접적인
영향과 세 가지 욕구를 통한 간접적 영향을 모두 나타냈다. 교사의 자율성지
지는 심리적 안녕감에 직접적 영향과 자율성 욕구을 통한 간접적 영향을 보여
주었으나, 유능감과 관계성과는 관련이 없는 것으로 나타났다. 반면 친구의
자율성지지는 심리적 안녕에 직접적인 효과는 없었으나 세 가지 욕구를 통해
서 안녕감에 영향을 주는 것으로 나타났다.

한편, 문은식(2007), 문은식과 강승호(2008)는 Hardre와 Reeve(2003)가 제안

한 구조 모형을 중학생과 고등학생들에게 각각 적용하여 연구를 수행하였다. 문은식(2007)의 중학생 연구에서는 학생들이 지각하는 부모와 교사의 자율성지지 행동은 심리적 안녕에 직접 영향을 주기도 하고, 자기조절동기(상대적 자율성 지수, RAI로 측정)와 유능감을 매개로 하여 간접적인 영향을 주기도 하는 것으로 나타났다. 또한 교사의 자율성지지 행동은 학생의 유능감을 매개로 학업성취에 영향을 주고, 계속해서 심리적 안녕에 영향을 주는 것으로 나타났다. 이에 비해 문은식과 강승호(2008)의 고등학생 연구에서는 부모의 자율성지지는 심리적 안녕에 직접 영향을 주기도 하고, 자기조절동기와 유능감 그리고 학업성취를 통해 심리적 안녕에 간접 영향을 주는 것으로 나타나 중학생 자료와 일치하는 결과를 보였다. 그러나 교사의 지지행동이 심리적 안녕에 주는 직접적인 영향은 유의하게 나타나지 않고, 중학생 자료에서와 같은 간접적 영향만 주는 것으로 나타났다. 이러한 결과는 고등학생들의 경우 교사와의 관계가 중학생들처럼 친밀하지 않기 때문이라는 추론도 가능하다. 다시 말해서, 교사의 자율성지지 행동은 학생의 유능감 충족을 통해서만 학업성취에 영향을 주어서 결국 심리적 안녕을 가져오게 하는 것으로 해석할 수 있다.

김아영 등(2007)은 한국청소년정책연구원에서 실시하고 있는 청소년패널조사 1차부터 4차까지 수집된 자료를 다변량 잠재성장 모형을 적용하여 분석하고, 청소년의 지각된 유능감, 관계성 그리고 비행 간의 관련성이 시간경과에 따라 어떻게 변화하는가를 알아보았다. 중학교 2학년부터 고등학교 2학년까지 4차에 걸쳐 수집한 자료에서 얻은 결과는 유능감의 변화가 부모, 교사, 친구와의 관계성의 변화와 관련이 있는 것으로 나타났다. 이러한 관계성에서의 변화는 청소년들의 비행의 변화와 관련이 있음을 보여 주었다. 구체적으로 보면 중학교 2학년에서 고등학교 2학년까지 4년 동안 유능감이 향상된 학생들의 경우, 부모, 교사, 친구와의 관계성이 더 향상된 결과가 나타났으며, 교사와 부모와의 관계성이 높을수록 비행 경험이 줄었고, 관계성의 변화가 정적일 때 비행의 변화 역시 감소하는 것을 확인하였다.

최희철, 황매향, 김연진(2009)의 초등학생을 대상으로 한 한국청소년패널조사 자료를 분석해서 얻은 결과는 아동들의 부모와의 관계성에 대한 욕구가 아동의 자기존중감을 예측하는 유의한 변인이라는 것을 보여 주고 있다. 또 다른 연구로는 이민희와 정태연(2008)의 중·고등학생들을 대상으로 한 것이 있는데, 이 연구는 기본심리욕구 만족이 주관적 삶의 질을 정적으로 예측하는 것으로 나타났다. 그러나 자율적·통제적 학습동기와 학업성취도는 주관적 삶의 질을 유의하게 예측하지 못하는 것으로 나타났고, 자기결정성이론의 가설을 완전히 지지하지는 못하였다. 이와 같은 국내에서 진행된 연구들의 결과는 부모나 교사와의 긍정적인 관계가 청소년의 전반적인 적응에 영향을 줄 수 있음을 시사한다.

5. 자율성지지 연구

앞에서 논의한 바와 같이 성취상황에서 최근에 많은 관심을 모으고 있는 주제는 자율성지지에 관한 것이다. 자율성에 관한 욕구가 내재동기에 중요한 영향을 미치는 것으로 나타났기 때문에 학교나 직장에서 자율성을 지지하는 분위기나 풍토를 제공하는 것이 학업수행이나 직무수행에 과연 어느 정도 직접적인 영향을 줄 것인가를 확인하는 연구에 관심이 증가되고 있다.

현재까지 한국 학생들을 대상으로 한 자율성지지에 관한 연구는 앞에서 논의한 연구들 외에 대학 운동선수들을 대상으로 코치의 자율성지지가 세 가지 기본 욕구를 매개로 스포츠 동기를 예측하는 것을 보여 준 김기형, 박중길(2009)의 연구가 최근에 발표되었고, 학업상황에서는 Jang 등(2009)의 고등학생을 대상으로 한 연구가 있다. 이 연구에서는 학생들이 지각하는 교사의 자율성지지가 학생들의 자율성·유능성·관계성 욕구를 통해 네 가지 준거변인인 학업성취, 학업참여, 내재동기와 부정적 정서성에 영향을 미칠 것이라는 가설을 검증하였다. 일련의 연구를 통해 반복적으로 자료수집을 하고 분석한 결과 두 개의 연구에서 학생의 자율성과 유능성의 매개를 통해 교사의 자율성 지지는 학생들의 학업참여, 내재동기와 부정적 정서성을 예측하였고, 한 개의 연구에서는 학업성취까지 예측하였다. 그러나 이 연구에서 관계성은 어떠한 준거변인도 예측하지 못하는 것으로 나타났다. 특히 관계성 욕구불만이 부정적 정서성을 예측할 것이라는 가설도 지지되지 않았다. 이러한 결과에 대해 연구자들은 한국 고등학생들에게 학습활동은 주로 유능성과 성취 관련 활동으로 사회적이거나 관계적인 활동이 아닌 것이기 때문일 것이라고 해석하고, 이러한 측면은 서구문화권과 다른 측면이 나타난 것이라고 하였다. 자기결정성이론이 보편적인 이론이 되기 위해서는 보다 체계적이고 심층적인 문화 간 차이에 대한 연구가 필요함을 시사한다.

그러나 앞에서 살펴보았듯이 자기결정성이론에 기초한 국내 연구들은 일관성이 부족한 것이 사실이다. 물론 아직까지 충분한 연구가 진행되지 않았기 때문에 결론을 내리기 어렵다. 앞으로 한국 학생들을 대상으로 한 보다 많은 경험적 연구들이 수행되어 자기결정성이론이 한국 학생들의 동기, 정서, 수행 그리고 심리적 안녕을 예측하고 설명하는 데 얼마나 타당한 이론인가에 대한 체계적인 검증이 진행되어야 한다. 그래야만 이 이론에 근거한 교육 현장에 대한 적절한 함의가 도출될 수 있고 효과적인 적용이 가능할 것이다.

ACADEMIC MOTIVATION

CHAPTER
8

자기효능감이론

자기효능감이론

이번 장에서는 심리학이론 중 다른 어느 이론보다도 다양한 수행 관련 장면에서 적용되어 온 '자기효능감이론(Self-Efficacy Theory)'을 소개하기로 한다. 자기효능감이론이 전문 학술지에 처음 소개된 것은 1977년 Albert Bandura가 미국의 *Psychological Review*에 「Self-efficacy: Toward a unifying theory of behavioral change」라는 제목의 논문을 발표한 때이므로 이제 30여 년이 지났다. 그동안 Bandura는 셀 수 없이 많은 연구논문들을 독자적으로 혹은 미국과 유럽의 많은 연구자들과의 공동저술 형태로 발표해 왔다. 2006년 Pajares가 보고한 바로는 자기효능감과 관련된 논문은 전 세계적으로 4,000편이 넘는다고 하였고, 여기에 그동안 증가된 논문의 수를 더하면 훨씬 많은 연구가 진행되었다는 것을 알 수 있다. 또한 인터넷의 검색엔진 Google을 사용해서 'self-efficacy'라는 단어를 가지고 검색을 하면 2009년 1월을 기준으로 149만 개 이상의 웹페이지가 나타난다.

심리학이라는 학문의 특성이 인간행동을 다루는 것이기 때문에 심리학이론들은 실제적 적용이 활발하다. 그러나 그중에서도 자기효능감이론만큼 다양한 영역에서 광범위하게 적용된 이론은 없다고 해도 과언이 아닐 것이다. 연구적용 분야는 심리학과 교육학은 물론이고, 경영학을 위시한 사회과학의 거의 모든 영역과 의학, 예능, 스포츠 등 인간의 성취행동과 관련된 전 학문 분야에 이르고 있다. 그중에서도 특히 성취가 중요한 교육장면에서의 적용은 두드러진다. 이를 반영하듯이 Bandura는 1999년 미국심리학회(American Psychological Association)로부터 교육학에 특별한 공헌을 한 심리학자에게 수여하는 공로상인 'Thorndike Award for Distinguished Contribution of Psychology to Education'을 수상하였다. 이번 장에서는 자기효능감이론을 설명하고, 학업과 관련된 연구들을 종합하여 한국 동기 분야에서의 연구결과들을 검토해 보기로 한다.

제1절 이론발달 배경

1. 자기도식이론

제1장에서 거론했듯이 현대 동기학자들의 관심의 대상이 되고 있는 동기이론들 중에는 자기도식(self-schema) 개념에 기초를 두고 있는 것들이 많다(Woolfolk, 2001). 자기도식은 자신의 능력, 성격, 흥미, 가치관 등에 관한 인지적 구조 혹은 지식의 구조를 의미한다. 학습자가 자기 스스로에 대해서 어떻게 생각하는가에 따라 행동으로의 실천이 달라지기 때문에 학습자의 자기도식을 파악하는 동기이론들이 발달하게 된 것이다. 자기도식에 관한 개념을 동기이론의 근간으로 삼을 때의 기본 전제는 개인이 자신에 대해 만들어내고 발달시키며 사실이라고 믿는 신념이 인간 작인(作因, human agency) 혹은 수행의 기초를 형성하고, 모든 노력에서의 성공과 실패의 필수적인 힘(Pajares, 2002)이라는 것이다. 자기효능감이론도 개인이 자신의 능력을 어떻게 지각하느냐가 수행수준에 영향을 미친다는 것에 기초한 자기도식이론의 하나다.

2. 사회인지적 기초

자기효능감이론은 Bandura(1977)의 사회학습이론에서 발전된 것이다. 행동주의이론에 기초해서 발전된 사회학습이론은 1980년대에 들어서면서부터 인간의 사고와 이에 관한 정보처리적 접근을 포함시키면서 '사회인지이론(Social Cognitive Theory)'으로 명칭을 바꾸었다. 특히 Bandura가 자기참조적(self-referent) 현상의 역할을 강조하고, 성격에 대한 주체적 견해(agentic view)를 채택하면서 급속히 부상하였다. 사회인지이론의 기본 전제는 인간의 행동은 자기조절 체계(self-regulatory system) 속에서 이해되어야 한다는 것이다(Bandura, 1986). Bandura에 의하면 자기조절 체계는 개인의 인지적·정의적 구조 속에 내재되어 있는 자기체계(self-system)로서 들어오는 자극을 상징화하고, 타인으로부터 배우며, 다양한 전략들을 계획하고, 자신의 행위를 조절하며, 자기반성적으로 사고하는 능력을 포함한다. 또한 사회인지이론에서는 개인의 지각과 행위 간의 관계를 중재하는 동기요인으로 자기참조적 사고(self-referent thought)를 제시한다. Bandura가 제시하는 자기참조적 사고는 자기효능감(self-efficacy)이다. 즉, 개인의 자신의 능력에 대한 신념은 행동에 영향을 미치기 때문에 자신이 얼마나 잘할 수 있다고 생각하는가에 따라서 행동의 수준이 결정된다는 것이다.

3. 이론적 틀

사회인지론적 관점에서 보면 인간은 내부의 힘이나 외적 자극에 의해 자동적으로 조종되는 것이 아니다. Bandura는 인간기능과 성취에 대한 기본 모델로 '삼자상호작용론(triadic reciprocality)'을 제시하고 있다([그림 8-1] 참고). 즉, 환경 속에서 일어나는 사건, 개인요인, 행동의 세 가지 모두가 서로에 대해

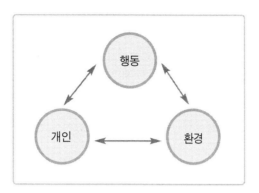

[그림 8-1] Bandura(1986)의 삼자상호작용론 모델

상호적으로 결정한다(상호결정론, reciprocal determinism)는 인과관계에 대한 상호작용 모델을 받아들인다(Bandura, 1986, 1997). 개인요인은 인지적·정의적·생리적 사건들을 포함하며, 인지적 개인요인으로 학습자의 자기참조적 사고의 역할이 심리사회적 기능을 하는 데 있어서 매우 중요하다(Bandura, 1986). 자기참조적 사고는 지각과 행위 간의 관계를 중재한다. 어떤 행위를 하는 데 있어서 관련된 지식과 그 지식을 조작하고 변형시키는 구성기술은 필요한 조건이다. 그러나 한편으로는 수행을 완성시키기에 충분하지 못하다. 사람들은 흔히 지식과 기술을 갖추고도 수행을 잘하지 못하는데, 이것을 Bandura는 자기참조적 사고가 지식과 행위 간의 관계를 중재하기 때문이라고 하였다. 이것이 바로 일반적으로 동기라고 부르는 개념체계다. 따라서 사람들이 자신의 능력을 어떻게 판단하고, 효율성에 대한 자기지각을 어떻게 하느냐가 그들의 동기와 행동에 영향을 미친다는 것이다. 이와 같이 사회인지이론은 개인이 자신의 능력기대에 대한 신념과 성취상황에서의 맥락적 요소들에 대한 지각에 강조를 두고 있다.

Bandura의 자기효능감에 대한 이와 같은 견해는 근접동기기제적 접근이라고 볼 수 있다. 이 접근은 특정한 맥락 속에서 특정 과제를 수행할 때 개인이 어떻게 동기유발을 하고, 수행에 영향을 미치며, 관련 요인들은 무엇인가

등을 알아보는 것을 의미한다. 그러나 자기효능감을 일종의 성격특성으로 취급하여 보다 일반적인 성취상황에서 개인의 동기와 수행을 예측하려는 원격동기기제적 접근을 지지하는 연구자들도 있다(김아영, 박인영, 2001; 김아영, 차정은, 1996; Chemers, Hu, & Garcia, 2001; Chen, Gully, & Eden, 2001; Eden & Aviram, 1993; Jerusalem & Schwarzer, 1992; Kim & Park, 2000; Owen & Froman, 1988; Pintrich & De Groot, 1990; Riggs, Warka, Babasa, Betancourt, & Hooker, 1994; Sherer & Adams, 1983; Sherer, Maddux, Mercandante, Prentice-Dunn, Jacobs, & Rogers, 1982). 이것은 일반화 정도에 관한 문제로서 개인의 가치관이나 능력에 대한 신념을 적용할 영역을 어느 정도로 제한하거나 확대시키는가에 관한 것이며, 어떠한 인지 혹은 동기이론에서도 짚고 넘어가야 하는 문제다. 다시 말해서, 영역의 범위는 무엇이며 어떤 수준이어야 하는가를 명세화해야 한다는 것이다(Pintrich & Schunk, 2002). 일반화를 위한 영역을 어느 수준까지 확대하느냐에 따라 학업적 자기효능감, 교사효능감, 사회적 자기효능감 등의 맥락-특수적(context-specific) 수준으로 다루기도 하고, 수학과제, 작문과제, 그림 그리기 등의 매우 구체적인 과제특수적(task-specific) 유능감이나 효능감으로 다루기도 한다.

제2절 자기효능감의 본질

1. 정 의

Bandura(1977, 1986, 1997)는 자기효능감을 학습자가 과제수행에 필요한 행위를 조직하고 실행해 나가는 자신의 능력에 대한 판단이라고 정의하였다. 이것은 학습자가 자신의 효능성에 대한 기대를 어떻게 하느냐 또는 자기 자신의 효능성을 어떻게 보느냐에 대한 판단의 결과이기 때문에 지각된 효능성(perceived efficacy), 자기효능성에 대한 신념 혹은 기대(belief or expectation of self-efficacy)라고 부르기도 한다. 또한 자기효능감은 과제수행에 필요한 동기, 인지적 원천, 행동의 방향을 결정하는 개인의 능력에 대한 판단이며 (Gist & Mitchell, 1992), 성공에 필요한 신체적·지적·정서적 근원을 움직이게 하는 개인의 능력에 대한 신념(Eden & Aviram, 1993)이라고 정의하기도 한다. 효능성에 대한 신념은 행동에 대해 영향력을 행사할 뿐만 아니라 사고과정에 대한 자기조절, 동기 그리고 정서적·생리적 상태와도 관련되어 있다 (Bandura, 1997).

2. 특성과 관련 개념

Bandura는 자기효능감은 결과기대(outcome expectancy)와 구별되어야 한다고 주장하였다. 결과에 대한 기대감은 특정한 행동 후의 결과에 대한 믿음이기 때문에 후견(afterthought)의 개념이고, 효능성에 대한 기대는 앞으로 수행할 행동이 성공적이라는 것에 대한 확신이기 때문에 선견(forethought)의 개념이라고 한다(Bandura, 1977, 1988, 1989a). 사람들은 과거 경험에 비추어 선견, 즉 효능기대를 설정하여 동기를 유발시키고 행위를 예상한다. 그리고 행위를 하고 난 후에 결과에 대해 예상하기 때문에 두 가지 기대는 구분되어야 한다는 것이다. [그림 8-2]에서는 효능기대와 결과기대의 차이를 보여 주고 있다. 한 예로 어느 학생이 체육시간에 멀리뛰기 수행평가를 받고 있다고 가정하자. 자기 순서가 되기를 기다리는 동안 이 학생은 여러 가지 생각을 할 것이다. '지난 번 연습 때는 최고로 150cm를 뛰었는데, 이번에도 그만큼을 뛸 수 있을까?' '그런데 오늘은 몸 컨디션이 좋아. 150cm는 거뜬히 넘을 것 같아.'라고 생각하면서 자기 차례가 오자 힘껏 뛰었다. 이 학생은 착지하면서 '160cm도 넘을 것 같네!'라고 생각하였다. 여기서 이 학생이 뛰기 전에

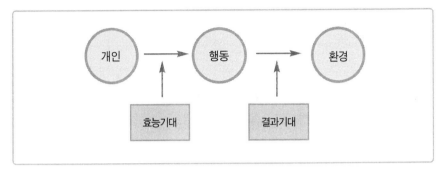

[그림 8-2] **효능기대와 결과기대의 차이**(Bandura, 1977)

150cm는 거뜬히 넘을 것 같다는 선견은 효능기대이고, 착지하면서 160cm도 넘을 것 같다고 생각하는 후견은 결과기대다. 여기서 중요한 것은 아직 뛰지 않은 상태에서의 선견인 효능기대가 수행을 잘 예측할 수 있다는 것이 동기변인으로서 자기효능감의 강점인 것이다.

이러한 효율성에 대한 기대는 근접동기기제로서 성취상황에서 개인으로 하여금 활동을 선택하고 노력을 투여하며, 어려운 상황에서도 끈기를 보이는 정도에 영향을 미친다(Bandura, 1977). 효율성에 대한 기대가 긍정적이고 클수록 그 개인은 과제수행 시 희망과 확신을 가지고 적극적으로 임한다. 나아가 어려움이 있을 때도 많은 노력을 투여하며 더욱 끈기를 가지고 매달릴 것이다. 또한 이론개발 초기에 Bandura(1977)는 자기효능감이 높은 사람들은 실패를 능력부족보다는 노력부족으로 귀인하는 경향이 있어서 성공지향적인 사람들이라고 보았다. 이런 사람들은 실패 후에도 빠른 속도로 효능감을 회복한다. 반면에 효율성에 대한 기대가 부정적이고 낮은 사람일수록 실패를 능력부족으로 귀인하는 경향이 있어서 두려움과 절망을 가지고 마지못해 그 과제수행에 임하거나 아니면 피하려 한다. 따라서 과제수행 결과는 개인의 자기효능감에 따라 결정되는 것이지 개인의 객관적인 능력 자체에 의해 결정되는 것은 아니라는 것이다.

사람들이 자신의 수행에 대해 평가한 결과는 긍정적이거나 부정적인 정서를 수반한다. 긍정적인 정서반응은 자기효능감을 증진시킨다. 이렇게 증진된 효능감은 후속적인 목표설정과 자기조절 기능에 긍정적인 영향을 준다. 이론개발의 초기에 Bandura(1977)는 한 번 증진된 자신감은 다른 상황에 접하는 경우에도 일반적으로 적용된다고 하였다. 즉, 자기효능감은 다른 상황에도 전이된다고 보았다. 그 후 구체적 임상장면에서 얻은 경험적 자료들을 기초로 자기효능감을 다양한 상황에 걸쳐서 일관성 있게 나타나는 일반적인 개인의 특성으로보다는 과제에 따라 변화하는 과제특수적 신념이라는 주장을 펴고 있다(Bandura, 1986, 1997). 이와 같은 Bandura의 제한된 영역에서의 적용은 Schunk와 Pajares 등의 후속 연구자들의 연구범위를 과제특수적인 주제로 제한하는 결과를 초래하였다. 그러나 Bandura(1997) 자신도 그의 저서에서 "개인적 변화에 영향력을 미치고, 자신의 능력에 대한 두드러진 증거를 제공하는 강력한 숙달 경험들은 다양한 기능 영역에서 나타나는 효능신념을 변형시켜 재구조화할 수 있다."고 보았다. 또한 "이러한 개인적 승리는 경험을 변형시키는 방법으로 기능할 수 있다."(p. 53)고 함으로써 자기효능감의 다른 영역으로의 일반화를 인정하였다.

　Bandura(1977, 1986)는 자기효능감의 본질을 분명히 하기 위해 유사한 개념들과 비교해서 설명하였다. 우선 자기효능감은 구체적인 상황에서의 '자신감(self-confidence)'이라고 볼 수 있으며, 자기가치(self-worth)에 대한 평가결과 얻어지는 자존감(self-esteem)과는 구별된다고 하였다. 자신감이란 자신의 가치와 능력에 대한 개인의 확신 또는 신념의 정도라고 할 수 있다. 따라서 자신의 능력에 대한 개인의 확신 정도는 그 능력을 요하는 행위를 할 때 얼마나 잘할 수 있을 것이라는 효능성에 대한 판단을 결정하게 된다. 이러한 자신감은 자신의 능력에 대한 인지적 판단과정을 통해 성립되고, 정서적 반응으로 표출된다(Bandura, 1986, 1993).

　자기효능감을 결정하는 또 다른 개념으로 목표와 관련된 과제수준 선호

(task difficulty preference)를 포함시킬 수 있다. 자기효능감이 높은 사람일수록 도전적이고 어려운 목표를 선호하며(Schunk, 1991), 높은 목표는 높은 수행을 가져온다(Locke & Latham, 1990). 그 결과는 다시 긍정적인 정서반응으로 나타나 다시 높은 효능감을 갖게 하는 긍정적 순환 속으로 들어간다. 과제수준 선호는 자신이 통제하고 다룰 수 있다고 생각하는 도전적인 과제를 선택하는 과정을 통해 표출된다(Bandura, 1993).

Bandura(1986, 1997)는 인간의 행동을 자기조절 체계 속에서 이해해야 한다고 생각하기 때문에 개인이 행동을 할 때 자기조절을 얼마나 잘할 수 있다고 믿느냐, 즉 자기조절효능감(self-regulatory efficacy)이 자기효능감을 구성하는 하나의 구성요인이라고 보았다. 자기조절효능감이란 달성해야 할 목표가 있는 수행상황에서 목표달성을 위해 자신이 소유하고 있는 자기조절 전략 혹은 기술이 얼마나 효과적이라고 생각하는가에 대한 확신 정도를 의미한다. Zimmerman(1989)은 자기조절학습 과정에 포함되는 내용으로 초인지적·동기적·행동적 요소를 들고 있고, Bandura(1986)는 자기조절 과정은 자기관찰, 자기평가, 자기반응의 하위기능적 요소들을 포함한다고 보았다. 이 요소들은 개인이 목표지향적인 행동을 할 때 인지적 전략들을 사용하고, 초인지적으로 통제하며, 행위를 진행시켜 나가는 과정을 의미하는 것이다. Bandura(1986, 1989a, 1997)는 이러한 자기조절을 얼마나 잘할 수 있을 것인가에 대한 개인에 대한 효능기대가 성취상황에서 자기효능감을 결정하는 데 중요한 하위요소라고 본다. 자기조절효능감은 자기관찰, 자기판단의 인지적 과정, 자기반응의 동기과정의 세 가지 주요 과정을 통해서 표출된다(Bandura, 1993, 1997).

3. 자기효능감의 발현과정

자기효능감은 인간의 동기, 정서, 행동을 결정하는 데 있어서 인지적·동기적·정서적 그리고 과제선택의 네 가지 과정을 통해서 영향력을 행사한다 (Bandura, 1993). 이 과정들을 구체적으로 살펴보자.

1) 인지적 과정

인지적 과정은 새로운 행동을 습득하고 유지하는 데 중요한 역할을 한다. 개인은 특정한 행동이 특정한 결과를 초래하였을 때 그 관계에 대해 재해석을 하는 인지적 과정을 통해 인과관계를 파악하고, 자신의 삶에 영향을 주는 미래의 사건들을 예측하는 데 적용한다. 개인의 능력에 대한 인식, 사회적 비교, 피드백, 지각된 통제가능성, 분석적 판단 등이 인지적 과정을 통해 자기효능감에 영향을 준다.

2) 동기적 과정

자기효능감은 목표를 설정하고, 노력을 기울이며, 어려움이 있을 때 끈기를 보이는 정도와 실패 후에 얼마나 대처를 잘 할 것인가와 같은 동기적 과정에 영향을 미친다. 이러한 동기적 과정은 귀인경향, 결과기대, 인지된 목표 등의 영향을 받는다. 성취결과에 대한 원인을 능력부족보다는 노력부족이나 전략부족으로 인지할 때 후속 상황에서 동기는 저하되지 않을 것이며, 결과에 대한 긍정적인 기대는 동기를 유발할 것이다. 그러나 그동안에 수행된 경험적 연구결과들에 대한 분석결과에서 제시하는 개인의 귀인경향은 상황특수적이다. 따라서 불안정하며 동시에 예측력이 낮다는 잠정적인 결론(김아영, 박인영, 2001; Bandura, 1991, 1997)은 귀인경향의 안정성과 일반성에 대한 재검증을 요구한다. 또한 자기효능감은 목표설정을 통해 동기적 과정에 영향을 미쳐서 효능감이 높은 사람은 스스로 높은 목표를 설정할 것임을 예측하게 한다.

3) 정서적 과정

자기효능감은 위협적인 상황에서 얼마나 스트레스를 받고 우울해지는가
에 영향을 준다. 이러한 정서적 반응은 사고의 본질과 과정을 변화시킴으로
써 행동에 영향을 미칠 수 있다. 자기효능감은 목표의 성취 여부에 따라 변화
하고, 자기효능감의 증진이나 저하는 불안수준에 영향을 미친다.

4) 과제선택 과정

사람은 환경의 선택과 구성을 통해서 자신의 생활을 변화시킬 수 있다. 높
은 자기효능감은 유리한 환경을 만들고, 환경에 대처할 수 있게 하며, 효능감
에 대한 판단은 행동과 환경의 선택에 영향을 미친다. 이와 같이 자기효능감
은 과제선택 과정을 통해서 동기, 정서, 행동을 결정하는 데 영향을 미친다.

4. 자기효능감의 정보원과 발달

1) 정보원

사람들은 자신의 효능성에 대한 정보를 네 가지 정보원(source)으로부터 얻
을 수 있다. 자신의 수행을 관찰하고 판단함으로써(성취 경험), 모델이 수행하
는 것을 관찰함으로써(vicarious experience; 대리 경험), 사회적 설득으로부터
그리고 자신의 생리적 지표(심장박동, 땀의 분비 등)를 통해서 알아낼 수 있다
고 한다(Bandura, 1977, 1986). 이런 정보원을 통해서 알아낸 정보는 개인의
효능감에 자동적으로 영향을 주는 것이 아니고 인지적 평가를 거치게 된다.
효능성에 대한 평가를 하는 데 있어서 개인은 자신이 지각하는 능력수준, 투

여한 노력 정도, 과제난이도, 상급자의 도움 그리고 다른 상황적 요인이나 성공과 실패의 형태 그리고 귀인 등을 고려한다.

자기효능감은 계속적으로 발달하고, 교육이나 훈련에 의해 향상될 수 있다고 보는 것이 Bandura의 기본적인 생각이며, 그는 구체적으로 자기효능감을 증진시키는 방법을 제시하고 있다(Bandura, 1977, 1986). 이 방법들은 앞에서 제시한 효능감에 대한 정보원과 연계시켜 설명할 수 있다. 첫째, 자신의 성취에 따른 직접적인 성공 경험을 통해서 해당 과제를 잘할 수 있다는 효능기대를 증진시킬 수 있다. 둘째, 모델의 성취행동을 관찰함으로써 자신의 효능기대를 증진시킬 수 있다. 특히 자신과 비슷한 모델의 성취와 그 성취결과에 대한 보상을 받는 것을 관찰하는 경우 더욱 효과적이고, 대처를 잘하는 모델을 관찰하는 것도 효능감을 높일 수 있다. 셋째, 사회적 설득은 언어적인 것이 주가 되는데, 권위자나 중요한 타인의 "너는 할 수 있다."라는 설득이 효능감을 증진시킨다. 넷째, 자신의 생리적 상태에 대한 해석은 효능감에 영향을 주는데, 예를 들어 스트레스를 유발하는 상황에서 자신의 생리적 지표를 그 상황을 잘 대처하지 못해서 생긴 결과로 해석할 경우 효능감은 떨어지게 된다. 생리적 각성은 과제에 집중하게 하는 데 중요한 요인이지만 너무 높은 집중은 불안을 야기하여 과제를 기피하거나 부정적으로 생각하게 함으로써 효능감이 낮아지게 할 수 있다.

Usher와 Pajares(2008)는 1977년부터 2008년까지 진행된 자기효능감 관련 데이터 베이스를 검토하여 자기효능감의 정보원과 각각에 대한 효과를 탐색하는 메타분석 연구를 수행하였다. 그들은 양적 연구뿐만 아니라 질적 연구 결과들도 함께 통합하기 위해 통계적 메타분석 접근이 아닌 서술적 메타분석을 수행하였다. 그 결과는 Bandura가 주장했던 바와 같이 성취 경험이 가장 강력한 효능감 증진의 원천이었지만, 성취 경험도 성별, 인종, 학업능력과 학업 영역과 같은 맥락요인에 따라 효능감을 증진시키는 기능이 달라진다는 것을 보여 주었다. 그러나 모델을 관찰함으로 얻는 대리 경험과 권위자의 말에 의한 사회적 설득은 모든 연구에서 효능감을 증진시키는 것으로 나타나지 않고 일관성이 없는 연구결과를 보여 주었다. 또한 생리적 각성도 일관성 없는 결과가 나타났는데, 이러한 결과에 대해 Usher와 Pajares(2008)는 연구 표본들의 다양성과 측정방법의 차이에 기인하는 것으로 해석하고 추후 연구의 필요성을 제안하였다.

2) 발달

한편, 자기효능감의 발달에 대한 논의에서 Schunk와 Pajares(2001)는 영유아기부터 가정 내에서 부모와 양육자들은 자기효능감을 발달시키는 데 중요한 영향을 주는 경험을 제공한다는 것을 강조하였다. 자기효능감에 관한 생의 초기 정보는 가정 내에서 경험하는 부모와의 양방향적 상호작용의 형태로 제공된다. 예를 들어, 아동의 호기심을 자극하고 숙달 경험을 허용하는 환경을 제공하는 부모는 아동이 자기효능감 발달을 촉진시키는 데 도움을 주고, 아동 또한 호기심과 탐색적 활동을 많이 보이면 부모의 반응적 태도가 증가하게 된다(Schunk & Pajares, 2001). 이것이 바로 Bandura(1986)가 말하는 상호결정론에 의한 성취인 것이다. 이처럼 자기효능감은 가정 내에서 아동 자신의 성공적인 숙달 경험을 통해서 그리고 부모들이 성공적으로 성취하는 모습과 어려움 속에서도 끈기를 보이는 태도를 보여 줌으로써 발달이 촉진된다. 또한 부모의 격려와 지지인 "잘할 수 있다."라는 언어적 설득에 의해서도 아동의 자기효능감은 증진될 것이다.

학령기에 도달하면 아동들은 학교라는 보다 큰 사회적 장면에 노출되고 가족 이외에 학급 또래나 교사 등의 중요한 타인들과의 교류가 많아진다. 아동들은 학급에서 또래 학생들의 성공이나 실패를 관찰하면서 자신의 효능기대에 긍정적이거나 부정적인 영향을 받는다. 또한 어떤 또래집단에 속하느냐에 따라 자신의 효능기대가 달라지기도 하며, 교사와의 관계에서도 효능감은 긍정적 혹은 부정적인 영향을 받게 된다. 높은 자기효능감을 가진 집단에 속하는 아동은 자신의 효능기대도 높아지게 될 것이며, 낮은 자기효능감을 가진 집단에 속하는 아동은 반대의 결과를 경험한다고 한다(Schunk & Pajares, 2001).

5. 자기효능감 개념에 대한 위계적 접근

자기효능감은 이제까지 제시된 다양한 동기변인들 중에서 가장 많은 관심을 받아 오고 있다. 이러한 이유 중 하나는 자기효능감이라는 개념이 다양한 해석과 적용을 가능하게 하고, 다양하게 조작적 정의를 내릴 수 있기 때문으로 볼 수 있다. 그러므로 자기효능감에 대한 측정도 연구마다 다양하게 진행되어 온 것은 자연스러운 현상이다. 이제까지 선행 연구에서 개념화되고 조작적으로 정의가 내려져서 측정된 자기효능감의 차원들은 연구자에 따라 약간씩 용어사용의 차이가 있으며, 가장 일반적인 것에서부터 특수한 것까지 다섯 가지 차원으로 구분할 수 있다. 그 차원들은 일반적(general), 맥락-특수적(context-specific; 학업적, 사회적, 직무, 교사 등), 영역-특수적(domain-specific; 언어 영역, 이과 영역, 양적 영역 등), 과목-특수적(subject matter-specific; 국어, 수학, 과학 등), 상황특수적(situation-specific; 수업시간, 시험 공부할 때, 시험 칠 때 등), 과제특수적(task-specific; 읽기, 작문, 산수계산 등) 자기효능감을 포함한다. 이와 같은 위계적 구조는 맥락이나 영역, 상황에 따라 포함시킬 수 있는 수준이 달라질 수 있을 것이다. 자기효능감의 위계적 구조가 적용될 수 있는 한 가지 예를 도식으로 표현하면 [그림 8-3]과 같이 나타날 수 있다(Kim, 2005). 이 그림에서는 상황특수적 수준이 포함되지 않았지만, 학업맥락에서 학업적 자기효능감의 경우를 예로 들면, 과목수준과 과제수준 사이에 상황특수적 수준을 포함시킬 수 있을 것이다.

Kim과 Park(2000)은 이제까지 선행 연구에서 개념화되고 조작적으로 정의가 내려져서 측정된 자기효능감의 차원들은 어떤 것이 있는가를 살펴보았다. 또한 위계적인 관계구조의 존재를 알아보기 위해 경험적 연구를 수행한 결과, 일반적인 것에서부터 특수한 것까지 네 가지 차원을 확인하였다. 일반적, 맥락-특수적(학업적;, academic self-efficacy), 영역-특수적(문과 영역[verbal domain], 이과 영역[quantitative domain]), 과목-특수적(국어, 수학, 과학, 사회, 영어) 자기효능감이 그것이다. 이와 같은 자기효능감의 위계적 구조는 학업 영역의 연구에서 제안되기도 하였다(Bong, 1997; Pajares, 1996; Schunk, 1991).

일반적으로 자기효능감에 대한 연구는 주로 산업이나 조직장면에서 직무동기와 관련된 연구에서 수행된 경우가 많다(예를 들어, Eden, 1988; Chen, Gully, & Eden, 2001; Judge, Locke, & Durham, 1997; Jerusalem & Schwarzer, 1992; Speier & Frese, 1997). 이 연구자들은 모두 일반적 자기효능감의 수행에 대한 직접적인 예측변인 혹은 매개변인으로의 기능을 보고함으로써 일반적 자기효능감의 존재를 확인해 주었다.

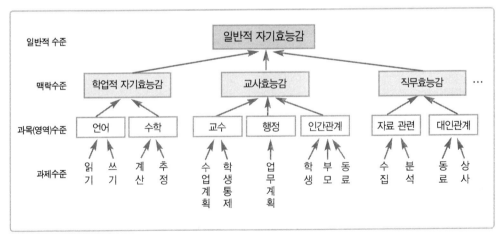

[그림 8-3] 일반적 관점에서 본 자기효능감의 가설적 위계구조(Kim, 2005)

Bandura(1997)는 자기효능감이 학업성취를 결정하는 인지적 능력의 발달에 중요하게 공헌하는 형태를 크게 세 가지로 제시하고 있는데, 첫째, 다양한 학과목에서 완숙을 이룰 수 있다는 학생들의 신념, 둘째, 학생들의 동기와 학습을 촉진시킬 수 있다는 교사들의 개인적 효능에 대한 신념, 셋째, 학교가 의미 있는 학문적 진보를 이룰 수 있는 교수진의 집단적 효능기대로 작용할 수 있다는 것이다. 이들은 각각 학생들의 학업적 자기효능감, 교사들의 교사효능감과 집단효능감의 형태로 나타낼 수 있는 것들로 이후의 절들에서 자세히 논의하기로 한다.

제3절 자기효능감의 측정

Bandura(1997)는 자기효능감을 측정할 때는 수준(level), 강도(strength), 일반성(generality)의 세 가지 측면을 고려해야 한다고 주장하였다. 이론개발 초기에 '크기(magnitude)'라고 지칭하였던 수준은 과제의 난이도와 관련된 측면으로 과제가 어려워짐에 따라 효능기대가 달라지는 정도를 측정하는 것이다. 즉, 난이도에 따라 배열된 일련의 과제 중 수행자가 어느 수준의 과제까지 해결할 수 있는가를 스스로 판단하게 함으로써 측정한다. 강도란 어려움이나 장애가 있을 때 효능감이 어느 정도 지속되느냐의 정도를 나타내는 것으로 수행자가 주어진 과제를 해결할 수 있다는 확신 정도를 스스로 평정하게 해서 측정한다. 일반성은 과제의 유형에 따라 달라지는 효능기대로서 성취 경험의 파급 효과가 어디까지 퍼질 것인가에 관한 것이다. 즉, 사람들은 다양한 과제에 대해 다른 효능기대를 가지기 때문에 자기효능감을 측정할 때 일반성을 고려해야 한다는 것이다. 다양한 행동 영역을 상황적 맥락과 연결시켜 측정한 결과 사람들마다 자신의 효능기대의 일반성에서 어떤 경향을 보이고 또한 정도의 차이도 보이는 것으로 나타났다.

대부분의 연구에서 자기효능감을 측정할 때는, 자기효능감은 개인과 환경의 상호작용적 맥락 안에서 이해되어야 한다는 Bandura(1977, 1986)의 견해를 수용하여 특정 과제에 국한된 효능감을 측정하기 위해 수준(예: Bandura & Jourden, 1991; Bandura & Wood, 1989; Schunk, 1982, 1991)이나 강도(예: Cervone & Palmer, 1990) 중의 하나를 자기보고식으로 평정하게 함으로써 측정하거나 아니면 두 가지를 동시에(예: Locke, Frederick, Lee, & Bobko, 1984) 사용하였다. 그동안 이와 같은 과제특수적 자기효능감을 측정하기 위하여 제작된 자기효능감척도는 컴퓨터 자기효능감, 운동 자기효능감, 음주거절 자기효능감, 박사논문작성 자기효능감 등 셀 수 없이 많다(Pajares, 2002).

특정 과제를 수행할 때 그 수행을 가장 잘 예측하는 변인이 그 과제수행에 대한 개인의 효능기대라는 사실은 과제특수적 자기효능감의 측정과 해석에 전혀 문제를 제기하지 않는다. 다시 말해서, 특정 시험을 앞두고 자신이 이 시험에서 얼마나 잘 할 수 있을 것인가에 대한 효능기대는 앞에서 소개한 Bandura(1977, 1989b)가 제시한 방법을 적용하여 수준이나 강도로 쉽게 측정할 수 있다. 이러한 척도들은 특정 과제나 영역과 밀접하게 관련되어 있기 때문에 특정 과제나 영역에 대한 수행수준은 잘 예측할 수 있다. 그러나 주어진 상황과 과제가 변화함에 따라 척도 또한 달라져야 하기 때문에 척도의 신뢰도를 확보하기가 어렵고(Vispoel & Chen, 1990), 경제적인 측면에서의 유용성이 낮다. 또한 이러한 척도들은 성취 경험에 따른 자기효능감의 증감은 성공적인 수행을 한 과제와 유사한 과제는 물론 상이한 과제로까지 전이된다는 Bandura(1977) 자신의 주장을 간과하는 접근방법이다. 더욱이 특수 상황에서 특수한 과제수행을 잘 예측할 수 있다는 것은 교육장면에서 학생에 대한 전체적인 이해와 지도계획에 직접적인 도움을 많이 주지는 못한다. 특정 과제에서의 효능기대로는 새로운 문제나 과제에 당면했을 때 그것이 유사한 과제가 아닌 한 그 학생의 수행에 대해 예측할 수 없다. 그러므로 개인이 다양한 과제에 직면했을 때 그에 대한 수행이나 결과적으로 오는 정서적 반응을 예측할 수 있는 일반적 혹은 학업적 자기효능감은 교육현장에서 유용한 것이 될 수 있다.

한편, Bandura(1989b)는 개인의 자기효능감은 특정 상황에서 목표달성을 위한 수행에 대한 상황특수적 효능감을 알아보아야 한다고 주장하며, 상황특수적 자기효능감에 대한 영역-관련 평가(domain-linked assessment)를 위해 '다차원 자기효능감척도(Multidimensional Self-efficacy Scales)' 를 개발하였다. 이 척도에는 9개의 하위척도가 57개의 Likert식 문항으로 구성되어 포함되어 있다. 9개 하위척도는 사회적 자원(social resource), 학업성취(academic achievement), 자기조절 학습(self-regulated learning), 여가(leisure), 자기조절 (self-regulatory), 타인의 기대(others' expectations), 사회적(social), 자기주장적(self-assertive), 부모의 지원(parental support)에 대한 효능기대를 측정하는 것이다. 모든 문항들은 "당신은 _____을 얼마나 잘할 수 있습니까?"라는 형식을 취하고 있다.

Williams와 Coombs(1996)가 대학에 진학 예정인 500명의 고등학생 집단에 이 척도를 실시하여 심리측정적 분석을 한 결과 각 하위척도들의 Cronbach 의 α는 .61에서 .87에 걸쳐서 나타났다. 요인분석 결과 이 척도는 세 개의 하위요인으로 묶였는데, 각각 사회적 효능감, 학문적 효능감, 자기조절효능감이라고 지칭할 수 있는 것이었다고 보고하고 있다. 이 결과는 Bandura의 주장과는 달리 자기효능감이 사회적 상황, 학문적 상황 등의 넓은 영역에서 개인의 일반적인 경향성을 반영하는 것일 수도 있음을 시사한다. 이와 같은 Bandura의 다차원적 척도를 사용한 접근은 과제특수적 효능감에서 벗어나 자기효능감의 일반성 측면에 대한 관심을 보여 주는 것이다. 최근의 몇몇 연구에서는 이러한 경향을 반영하는 것을 볼 수 있다(박영신, 1997; Bong, 1997; Zimmerman et al., 1992).

또한 앞에서 이미 거론하였듯이 자기효능감을 상황특수적 개념보다는 일반적인 개인의 성격특성으로 보는 연구자들도 있어서 개인의 일반적 자기효

능감을 측정하여 동기와 수행을 예측하는 시도가 이루어지고 있다(김아영, 차
정은, 1997; Chemers, Hu, & Garcia, 2001; Chen et al., 2001; Eden & Aviram, 1993;
Jerusalem & Schwarzer, 1992; Kim & Park, 2000; Martocchio, 1994; Owen &
Froman, 1988; Pintrich & De Groot, 1990; Riggs, Warka, Babasa, Betancourt, &
Hooker, 1994; Sherer & Adams, 1983; Sherer et al., 1982). 예를 들어, Sherer 등
(1982)은 일반적 자기효능감을 측정하기 위한 도구를 개발하고 심리측정적
분석을 한 결과 일반적 자기효능감(general self-efficacy)과 사회적 자기효능
감(social self-efficacy)의 두 요인이 나타났음을 보고하였다. Sherer 등(1982)
의 일반적 자기효능감척도는 초기에는 임상장면에서 주로 사용되었으나, 차
차 범위가 확대되어 조직상황 등 다양한 영역에서 사용되고 있다. 국내의 연
구에서도 임상이나 상담장면에서 Sherer 등의 척도를 사용한 경우를 많이 볼
수 있다. 그러나 최근에 Chen 등(2001)은 Sherer 등의 척도는 다차원적인 속
성을 띠고 있고, 효능기대뿐만 아니라 결과기대를 측정하는 문항들이 포함
되어 있으며, 자존감과 개념적인 구분이 잘되지 않는 측면이 있음을 지적하
고 '신 일반적 자기효능감척도(New General Self-efficacy Scale: NGSS)'를 개발
하였다. NGSS는 "나는 많은 도전들을 성공적으로 극복할 수 있을 것이다."
와 같은 일반적 성취상황에서 효능기대를 측정하는 8개의 문항으로 구성된
척도로 자존감과도 구별되고, 일반적 성취상황에서 결과를 잘 예측할 수 있
는 척도인 것으로 보고되었다(Chen et al., 2001).

　이러한 연구결과는 일반적 자기효능감의 존재를 지지해 주는 것이다. 일반
적 자기효능감 개념을 받아들이는 연구자들은 주로 교육이나 조직상황 또는
상담장면 등에서 개인을 이해하고, 개인의 전반적인 적응을 예측하는 변인
으로 혹은 중재하는 변인으로 효능감의 효과에 관심을 두며, 일반적 자기효
능감에서의 개인차를 연구한다(Jerusalem & Schwarzer, 1992; Sherer & Adams,
1983; Schunk, 1991; Williams & Coombs, 1996, Zimmerman & Ringle, 1981). 이
연구자들은 특정한 문제 영역에 대해서만 적용할 수 있는 과제특수적 자기

효능감은 적용범위의 제약으로 효용성이 떨어지므로 개인의 성격특성으로 간주할 수 있는 일반적 자기효능감에 주목하는 것이다.

제4절 학업적 자기효능감

1. 본질 및 기능

자기효능감이론이 교육현장에서 주목받기 시작한 것은 Schunk(1984)가 수행한 아동들의 수학성취와 관련된 일련의 실험들이 계기가 되었다고 볼 수 있다. Schunk 이래 지난 20여 년 동안 효능기대가 학생들의 인지적 능력 성장과 환경에 적응하고 환경을 변화시키는 데 중요한 역할을 한다는 것은 충분히 밝혀졌다고 볼 수 있다.

학업적 자기효능감은 학습자가 학업적 과제의 수행을 위해 필요한 행위를 조직하고 실행해 나가는 자신의 능력에 대해 내리는 판단으로 정의되었다(Bandura, 1977, 1986). 학업적 자기효능감이 높은 학습자는 도전적인 과제를 선택하고(Bandura & Schunk, 1981), 주어진 과제를 성공적으로 수행하기 위해 더 많은 노력을 기울이며(Schunk, 1983), 어려운 일이 닥쳐도 끈기 있게 과제를 지속한다(Bandura & Schunk, 1981; Schunk, 1982). Schunk(1984, 1989)와 동료들의 일련의 연구들은 아동들의 지각된 효능감에 영향을 주는 요인들을 규명하였고, 지각된 효능감이 학업수행에 미치는 영향력에 대해서도 이해를 도왔다. Schunk는 이 연구들을 통해서 과제특수적 효능기대가 아동의 기술이나 능력보다 지적 수행을 더 잘 예측하는 것을 보여 주었다.

Bandura(1986)는 자기효능감이 학습자의 학습능력과 수행을 매개한다고 보았는데, 특정 과제에 대한 자기효능감과 수행 간의 관련성에 대한 연구결과들이 이를 보여 준다(Bandura & Schunk, 1981; Schunk, 1982, 1983; Schunk &

Cox, 1986; Schunk & Hanson, 1985). Pajares와 Miller(1994)는 영역-특수적인 수학 자기효능감이 수학 자기개념, 지각된 유용성, 사전 경험보다 수학적 문제해결에 강력한 영향을 미친다는 것을 보여 주었다. 또한 Pajares(1996)는 학업상황에서의 자기효능감연구들을 종합적으로 검토한 논문에서 과제특수적 자기효능감과 특정 과제의 수행 간 상관계수는 .49~.70이며, 경로분석에 의한 직접효과(β계수)는 .349~.545임을 보고하였다. 그는 이 논문에서 과제특수적 자기효능감이 개인의 능력(일반지능 'g')만큼이나 학업수행 수준을 결정하는 강력한 요인임을 피력하였다. Multon, Brown과 Lent(1991)의 자기효능감의 학업수행에 관한 36개 연구에 대한 메타분석 연구결과는 효능감이 수행과 평균적으로 $r = .38$의 상관을 보였고, 학업수행 분산의 약 14%를 설명하는 것으로 나타났다.

또한 학업적 자기효능감은 학업상황에 관련된 다른 동기적, 인지적 변인들과 서로 영향을 주고받으면서 수행과 성취수준에 직접/간접적인 영향을 미친다. Bouffard-Bouchard(1990)는 자기효능감에 대한 지각이 학습자의 수행수준, 특히 지속적인 자기감시가 요구되는 학업적 과제의 수행을 이해하는 데 유용하다고 보았다. 즉, 지각된 자기효능감은 과제를 지속하고 자신의 반응을 관찰하여 잘못된 부분을 정정하고 평가하는 능력, 즉 자기조절능력과 관련된다는 것이다. 이와 비슷한 맥락에서 Pintrich와 De Groot(1990)는 학업적 자기효능감의 증진이 효율적인 인지적 전략의 사용을 증가시켜 높은 수행수준에 도달하게 한다는 것을 보여 주었다. Garcia와 Pintrich(1991)는 학습자의 내재동기가 자기효능감에 영향을 미치며 내재동기와 자기효능감은 자기조절 학습에 영향을 미친다고 보았다. 또한 Zimmerman, Bandura와 Martinez-Pons(1992)는 학업적 자기효능감이나 자기조절 학습 효능감이 학업성취도에 미치는 영향을 매개하는 한편, 학습자의 목표를 통해 학업성취도에 간접적인 영향을 미친다는 것을 보여주었다.

이러한 연구결과들은 학업상황에서 학습자의 자기효능감은 수행에 직접

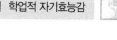

적으로 영향력을 행사하거나 아니면 전략사용이나 자기조절과 같은 인지적 변인의 영향을 통해서 수행에 간접적인 영향을 미친다는 것을 시사하고 있다. 또한 학업적 자기효능감이 높을수록 불안을 느끼는 정도가 낮고, 보다 효과적인 학습전략을 사용하며(Pintrich & De Groot, 1990), 뛰어난 자기조절능력을 보인다(Zimmerman et al., 1992; Zimmerman & Martinez-Pons, 1990). 실제로 Chemers 등(2001)은 대학 신입생들의 학업적 자기효능감이 1학년 말의 학업성취도와 학교생활 적응을 유의하게 예측한 연구결과를 보고하였다.

2. 맥락-특수 학업적 자기효능감

한편, Kim과 Park(2000)은 학업적 자기효능감을 자기효능감의 위계적 구조 속에 위치하는 특정 수준의 효능기대라고 개념화하였다. 이들은 과목-특수적 자기효능감을 포함한 네 가지 차원의 자기효능감이 위계적 구조를 가지고 상호연결되어 있다고 가정하고, 761명의 고등학생들을 대상으로 자료를 수집하여 분석하였다. 이들이 사용한 '일반적 자기효능감척도'는 김아영과 차정은(1997)이 개발하고, 김아영(1997)이 타당화한 척도를 사용하였으며, 맥락-특수적 자기효능감은 김아영과 박인영(2001)이 개발한 '학업적 자기효능감척도'를, 영역-특수적 자기효능감은 문과 영역의 경우는 국어, 사회, 영어 과목에 대한 과목-특수적 자기효능감 점수를 합친 것을, 이과 영역의 경우는 수학과 과학 과목에 대한 효능감 점수를 합친 것을 그리고 과목-특수적 자기효능감은 국어, 사회, 영어, 수학, 과학 과목 각각에 대해 두 개의 문항을 가지고 측정하였다. 이들은 또한 학기 말 학업성취도를 준거변인으로 하여 각 수준의 자기효능감의 예측 정도를 알아보았다.

연구결과 일반적 자기효능감은 학업적 자기효능감을 예측하고, 학업적 자기효능감은 문과와 이과 자기효능감을 모두 의미 있게 예측하며, 문과효능감은 문과성취도를, 이과효능감은 이과성취도를 예측하는 것으로 나타나 이 개념들의 위계적인 관계를 보여 주었다. 한 가지 주목할 것은 학업적 자기효 능감이 문과성취도와 이과성취도를 직접 예측하는 정도가 문과효능감이 문 과성취도를, 이과효능감이 이과성취도를 예측하는 정도보다 더 크다는 사실 이다. 이것은 학업적 자기효능감이 학업성취도를 의미 있게 예측하는 변인 으로 학업성취를 가장 잘 예측할 수 있는 것은 과목-특수적 혹은 해당과제 에 대한 과제특수적 자기효능감이 항상 사실이라는 선행 연구결과와 주장에 의문을 제기하는 결과로 교육현장에 중요한 시사점을 제공한다. 구체적으로 말하자면, 개별 학생의 학업성취도를 예측하기 위해서는 각 과목이나 혹은 보다 더 세부적인 과목에서 수행해야 하는 과제특수적 효능감을 알아야만 한다는 Bandura와 동료들의 주장은 설득력이 없어진 것이다. 또한 학생의 전반적인 학업적 자기효능감에 대한 측정으로 그 학생의 다양한 과목에 대 한 효능기대를 파악할 수 있고, 다양한 과목에 대한 학업성취도를 예측할 수 있다는 것이다. 이 연구결과에서 특히 주목할 것은 학업적 자기효능감을 측 정하는 방식이 Bong(1997)이나 Zimmerman 등(1992)과 같은 이전 연구자들 이 측정한 방식이다. 이 방식은 다양한 과목에서의 지식을 측정하는 문항들 에 대한 효능감이나 여러 가지 학과목에 대한 각각의 자기효능감을 측정한 점수들을 합해서 학업적 자기효능감으로 본 것이 아니라 학교수업과 일반적 학업 관련 상황에 관한 문항으로 구성된 척도를 사용한 결과라는 것이다. 이 러한 결과는 학생을 지도하는 과목 교사나 상담교사들에게 매우 효율적이고 중요한 정보를 제공할 수 있다. 학업적 자기효능감척도를 사용한 후속 연구 들(김아영, 2002; 김아영, 조영미, 2001; 김아영, 차정은, 2003)에서도 학업적 자기 효능감이 학업성취도를 잘 예측하는 변인으로 일관성 있게 나타나고 있어서 교육현장에서 유용하게 사용될 수 있을 것이다.

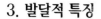

3. 발달적 특징

이제까지 학생들의 자기효능감을 포함한 유능감에 대한 연구는 어떠한 이론적 틀에서 수행된 연구인가에 관계없이 초등학생들에게서 가장 높은 수준으로 나타났고, 중학교로 진학함에 따라 빠른 속도로 낮아지는 것을 보고해 왔다(Anderman & Midgley, 1997; Eccles, Wigrield, & Schiefele, 1998; Harter, 1981; Nicholls, 1978; Wigfield & Eccles, 2002). 심지어는 학년이 올라감에 따라 낮아지는 학습동기와 유능감은 학교교육 현장에서는 피할 수 없는 상황일 수 있다는 주장(Spinath & Spinath, 2005)도 제기되고 있다.

Schunk와 Pajares(2001)는 초등학교에서 중학교로 진학하면서 학생들의 자기효능감이 낮아지는 원인을 다음과 같이 제시하고 있다. 첫째, 학생들은 자신의 수행결과를 다른 학생들과 비교할 기회가 많아지게 된다. 즉, 학년이 올라갈수록 평가가 현저해지고, 학생들 간에 경쟁가능성이 커지는 규준-참조적 평가방식으로 학교환경이 변화하기 때문에 나이를 먹을수록 학생들의 자신의 능력에 대한 지각이 부정적이 되어 간다. 따라서 상대적으로 낮은 위치에 있는 대부분의 학생들이 실패를 경험하게 되어 효능감이 저하된다. 둘째, 중학교에서는 초등학교에 비해 개별 학생의 향상에 대한 교사의 관심이 감소하여 긍정적인 피드백을 받을 기회가 적어져서 자신의 능력에 대한 확신도 줄어든다. 또한 학년이 올라감에 따라 학생들은 자신의 수행에 대해 항상 긍정적인 피드백만을 받는 것이 아니고 부정적인 피드백도 경험하게 된다. 따라서 보다 정확한 자신의 능력에 대한 지각을 하게 되어 어릴 때 자신에 대해 과대평가를 했던 것이 현실적인 평가로 전환되면서 상대적으로 낮은 효능감으로 나타나게 된다. 셋째, 상급학교로의 전환에서 학생들이 받는 스트레스가 자기효능감의 저하를 초래한다는 것이다.

한국의 학생들도 거의 비슷한 상황에 접하게 되고 이와 같은 이유로 초등학교에서 중학교로 전환하면서 유능감의 감소가 나타난다고 볼 수 있다. 한국의 학생들을 대상으로 한 연구들에서도 중학교로 올라가면서 초등학교 시절보다 자기효능감이 낮아지는 현상을 보고한 것(김아영, 2002a; 박영신, 김의철, 민병기, 2002; 안도희, 김지아, 황숙영, 2005; 현주, 차정은, 김태은, 2006)과 Spinath와 Spinath(2005)의 독일 초등학교 1학년에서 4학년 학생들을 대상으로 한 연구에서도 일반적 학습동기와 지각된 유능감이 학년이 올라감에 따라 낮아지는 것을 보고한 것을 종합하면 이러한 현상은 범문화적인 현상임을 확인할 수 있다. 그러나 자기효능감의 발달경향성은 이제까지 대부분의 연구에서 진행된 것과 같은 횡단적인 연구결과로는 정확한 정보를 얻기 어렵고, 아동 초기부터 동일 집단이나 개인을 장기적으로 추적해 나가며 발달 추세를 알아보는 종단적 연구방법의 도입이 바람직한 방향일 것이다. 그래야만 생의 어떤 경험이 효능감 증진에 결정적인 영향을 미치고 어떤 경험이 효능감의 약화를 초래하는지 정확한 정보를 알아낼 수 있기 때문이다.

4. 성별차이

자기효능감에 있어서의 성차는 다른 학습 영역에서와 마찬가지로 교육자와 연구자들의 관심의 대상이 되어 왔다. 일반적으로 남학생들과 여학생들 간에 성취수준에는 차이가 없었음에도 불구하고 남학생들이 여학생들보다 수학, 과학, 기술 등과 관련된 영역에서 높은 자신감을 갖고 있는 것으로 보고되고 있다(Meece, 1991; Pajares & Miller, 1994; Wigfield, Eccles, & Pintrich, 1996). 반면에 언어 영역에서는 여학생들이 성취수준이 높음에도 불구하고 두 집단 간의 자신감에는 차이가 없는 것으로 나타났다(Pajares, 2001). 이와 같은 결과에 대해서 확실한 원인을 찾기 어려운 이유를 Schunk와 Pajares(2001)는 이런 연구들이 내포하고 있는 변인들의 혼입 효과 때문임을 다음과 같이 주장하였다. 첫째, 이러한 성차는 이전 성취를 통제하고 나면 없어지는 것으로 나타난다.

둘째, 남녀 학생들 모두 자기효능감척도에 반응할 때 서로 다른 기준을 적용하는 경향을 가지고 있는데, 일반적으로 남학생들은 스스로를 칭찬하는 경향이 크고 여학생들은 보다 겸손하게 반응한다. 셋째, 여학생들은 남학생들보다 수행수준이 높았음에도 불구하고 남학생들과 동일한 자기효능감을 보고하였다. 자기효능감에서의 성차와 관련한 또 다른 혼입요인으로는 성역할 고정관념을 들 수 있다. 학생들의 성역할 고정관념과 같은 사회문화적인 환경이 과목이나 진로 선택, 과제나 활동에서의 자신감과 가치에서의 차이를 초래하는 것으로 보는 견해도 있다(Eccles, 1987; Eisenberg, Martin, & Fabes, 1996). 여기에는 부모의 차별적 신념이나 태도 또한 영향을 미쳐서 딸의 학문적 유능감을 과소평가하고 딸의 성취에 낮은 기대를 가지고 있기 때문에 이러한 태도가 딸의 자기평가에 부정적 영향을 미치는 것이라는 주장도 나오고 있다(Wigfield et al., 1996; Phillips & Zimmerman, 1990).

자기효능감에서의 성차는 초등학교 시기에는 나타나지 않다가 중학교에 들어가면서 나타나는 것으로 보고되었는데, 주로 여학생들이 남학생들보다 자기효능감이 저하되는 것으로 나타났다(Eccles & Midgley, 1989; Wigfield et al., 1996). 이와 유사한 결과가 한국 학생들에게도 관찰되었는데, 김아영(1997)의 연구에서는 중학교와 고등학교 여학생들보다 남학생들이 자기효능감이 높은 것으로 보고하였다. 또 다른 김아영(2002a)의 연구에서는 초등학생들에서는 학업적 자기효능감에서 남녀 성차가 없었으나, 중학교와 고등학교에서는 성차가 나타났다. 김아영 등(2007)의 종단 자료분석 연구에서도 중학교와 고등학교 학생들에서 지각된 유능감의 성차를 확인할 수 있었는데, 모든 경우에 남학생이 여학생보다 높은 것으로 나타났다.

여기서 한 가지 주목할 것은 Schunk와 Pajares(2001)가 비교 분석한 미국 학생들을 대상으로 한 연구에서는 수학, 과학, 언어 영역 등의 과목별 자기효능감에서의 성별차이를 비교하여, 수학이나 과학과 같은 남성지향적인 과목에서는 남학생들의 효능감이 높았고, 작문과 같은 언어 영역에서는 여학생의 효능감이 남학생들과 차이가 없었거나 아니면 높은 것으로 보고하였다. 그러나 한국 연구에서는 일반적 자기효능감(김아영, 1997), 학업적 자기효능감(김아영, 2002a), 일반적 유능감(김아영 외, 2007)을 측정하여 비교하였음에도 여학생들이 남학생들보다 자신들을 낮게 평가하는 것으로 나타난 것이다. 이러한 현상이 나타난 원인을 앞서 논의한 바와 같이 성별 고정관념이 존재하는 학문이나 기술 영역에서 나타나는 남학생들의 자신에 대한 과대평가, 여학생들의 겸손함으로 해석하는 것이 충분한지는 확인할 필요가 있다.

제5절 교사효능감

1. 본질 및 기능

앞 절에서 제시하였듯이 자기효능감은 그 개념에 대한 정의를 어느 수준에서 하느냐에 따라 다양한 맥락과 상황에서 개념화될 수 있다. 이제까지 진행된 자기효능감에 대한 다양한 맥락에서의 연구들 중에서 학업장면과 관련된 또 다른 예는 교사에 관한 것이다. 교육의 세 가지 주체 중 하나인 교사들이 자신의 교수활동과 관련된 능력에 대해 어떠한 신념을 가지고 있느냐를 나타내는 교사효능감은 교육의 성과에 영향을 미치는 중요한 요인임은 재론의 여지가 없다. 실제로 여러 경험적 연구를 통하여 교사가 학생들의 학습과 성취에 영향을 줄 수 있다고 믿는 효능감이 교수행동 및 학생의 학업성취와 긍정적인 관계가 있다는 사실이 발견되었다. 이번 절에서는 이와 같은 교사의 교수 관련 효능신념에 관해 자세히 살펴보기로 한다.

'교사효능감(teacher efficacy)' 이라는 용어는 Barfield와 Burlingame(1974)의 연구에서 처음 도입되었다. 이들이 효능감을 일종의 성격적 특성으로 정의하고, PES(Political Efficacy Scale)를 사용하여 효능의 수준을 측정한 것이 교사효능감에 대한 연구의 시작이라고 볼 수 있다(Woolkfolk & Hoy, 1990에서 재인용). 교사효능감이 심리학적 전통을 가지고 본격적으로 연구된 것은 Armor 등(1976)과 Berman과 McLaughlin(1977)에 의해 수행된 Rand 재단에서의 여러 가지 읽기 프로그램의 효과를 검증하기 위한 설문지에 교사효능감과 관련된 질문을 포함시킨 것으로부터 시작되었다고 볼 수 있다. 이들은 교사효능감을 교사가 학생들의 성취결과에 영향을 미칠 수 있는 능력을 가지고 있다고 믿는 정도라고 개념화하였다. 그 후 Ashton과 Webb(1986)은 학생의 성취와 관련된 교사의 개인적 특성 중 하나로 문제 있는 학생들까지도 학습하도록 도울 수 있다는 교사의 신념으로 정의하였다. 이들은 교사효능감을 개념화하는 데 있어 Armor 등(1976)과 Berman과 McLaughlin(1977)이 자기효능이론에서 제시한 두 가지 종류의 기대인 결과기대(outcome expectancy)와 효능기대(efficacy expectancy)의 개념을 적용하여 교사효능감을 교수효능감(teaching efficacy)과 개인적 교수효능감(personal teaching efficacy)의 독립된 두 차원으로 구분하고, 결과기대를 교수효능감에 대응하는 개념으로, 효능기대를 개인적 교수효능감에 대응하는 개념으로 보았다. 그 후 교사효능감에 대한 관심이 더욱 증가되면서 Gibson과 Dembo(1984)는 일반적 교수효능감(General Teaching Efficacy: GTE)을 교수행위와 학습결과 간의 일반적 관련성에 대한 교사의 신념체계로 정의하였으며, 개인적 교수효능감(Personal Teaching Efficacy: PTE)을 학생들의 긍정적인 변화를 이끌 수 있는 자신의 능력에 대한 교사의 개인적 평가로 정의하였다. 즉, 일반적 교수효능감은 가정환경, 배경, 학교의 환경, 학생들의 지능과 같은 외적 요인들이 일정하게 주어진 상황에서 교사가 학생들의 성취결과에 얼마나 영향을 미칠 것인지에 대한 교사의 판단을 의미하며, 개인적 교수효능감은 학생들을 긍정적으로 변화시킬 수 있는 자신의 능력에 대한 교사의 개인적 평가로 정의하였다. 결과적으로 Gibson과 Dembo(1984)는 Bandura(1977)가 주장한 효능기대와 결과기대의 두 가지 측면을 통합하여 교사효능감을 측정함으로써 경험적 연구를 수행하였다.

 Bandura(1986)는 교사효능감을 교사의 효율성 혹은 효과성에 대한 교사 자신의 평가에 기초한 일종의 신념체계로 보았고, 자기효능감이론이 심리학에 널리 퍼짐에 따라 Bandura 이론의 영향을 받은 교사효능감에 대한 개념화와 연구가 활성화되었다. 즉, Barfield와 Burlingame(1974)이 교사효능감을 개인의 총체적 성격으로 인식하였던 것을, Bandura의 영향을 받은 연구자들 (Emmer & Hickman, 1990; Gibson & Dembo, 1984; Riggs & Enochs, 1990)은 교사효능감을 상황특수적 결정요인으로 인식하였다. 또한 Bandura(1977)가 '결과기대'는 효능감 측정의 예언력이 거의 없다고 주장함에 따라 Woolfolk과 Hoy(1990)는 결과기대에 근거하여 측정된 교사효능감은 사실상 결과기대가 아닌 교사의 영향 가능성에 대한 변인을 측정한 것이라고 주장하였다. 따라서 교사효능감의 구성 개념에 대한 재정비가 필요해졌다. 이러한 추세를 반영하여 Tschannen-Moran, Woolfolk-Hoy와 Hoy(1998)는 교사효능감을 특정 맥락에서 특정한 교수과제를 성공적으로 수행하기 위해 요구되는 행동을 실행하고 조직하는 능력에 대한 교사의 신념으로 정의함으로써 초기의 성격적 특성으로 일반적 수준에서 개념화했던 것으로부터 과제특수적 효능감으로 개념화의 전환을 가져왔다. 즉, 교사효능감은 늘 일정하게 존재하는 교사의 개인적 성격특성이 아니라 교사가 처한 환경, 대상과 맥락에 따라 달라지는 지각요인이라는 것이다. 이 연구자들은 교사효능감을 판단하는 데 있어서 '교수과제 분석'과 '개인적 교수능력 평가'가 중요한 변인으로 작용함을 주지하고, Rotter의 내·외 통제소재 이론과 Bandura의 이론을 통합하여 교사효능감의 다차원 모델을 제안하였고, Henson(2000)은 이 다차원 모델을 경험적으로 연구함으로써 Tschannen-Moran 등(1998)의 주장을 지지하였다.

 교사의 교수활동에 대한 효능감은 학생의 다양한 측면에 영향을 주는 것으로 연구결과들은 제시하고 있다. 교사효능감이 낮은 교사는 특히 성취수준이 낮은 학생들에게 해롭고, 높은 교사효능감을 가진 교사들과 공부하는 학생들은 자기효능감을 증가시킬 기회가 더 많다는 연구도 있다(Midgley, Feldlaufer, & Eccles, 1989).

요약하면 교사효능감은 일반적으로 교사 자신의 수행능력에 대한 믿음이나 학생의 학습에 대한 책임감과 효율적인 훈육에 대한 확신감 등의 개념을 포함하며, 교사효능감이 높은 교사는 다음과 같은 특징을 지닌다. 첫째, 학생을 가르치는 직무를 중요하고도 의미가 있다고 생각하며, 교사 자신이 학생의 학습에 긍정적인 영향력을 갖고 있다고 판단하여 개인적인 성취감을 맛본다. 둘째, 학생이 발전하기를 기대하며 대부분의 학생들이 그 기대를 만족시켜 준다고 보며, 학생의 학습에 대한 개인적인 책임감을 느껴서 학생들에게 도움이 되는 방법으로 교수법을 검토한다. 셋째, 목표를 정할 때도 자신과 학생들에게 민주적인 방법으로 알맞게 설정하여 성취하기 위한 전략을 세우고, 학생들과 교사 자신에 대해 긍정적인 생각을 하며, 교사 자신이 학생들의 학습에 영향력이 있다고 확신한다(Ashton, 1984). 넷째, 교사효능감이 높은 교사는 학교 행정가와의 의견대립이나 다른 도전적이고 모험적인 상황에서 타협하거나 물러서지 않고 바람직한 방향으로 나아가기 위한 구체적이고 도전적인 목표를 선택한다. 마지막으로, 교사효능감은 구체적인 교육활동과 교육의 과정에 대한 교사의 일반적인 시각에도 영향을 미친다. 그러므로 효능감이 낮은 교사는 학생의 동기에 대해서 비관적이어서 학생들의 동기를 유지하기 위해서는 교사가 이를 보호하는 방향으로 관심을 보여야 한다고 믿는다. 또한 엄격한 규칙을 갖고 학급활동을 통제하는 것을 강조하며, 학생들을 공부하도록 하기 위해서 외적 유인체계나 부정적인 제약을 사용한다(Bandura, 1997).

2. 교사효능감의 정보원

교사들의 효능감에 대한 지각은 교수방법에 영향을 주기 때문에 어떤 요인들이 교사효능감에 영향을 미치는지 혹은 어떤 출처를 통해서 효능감이 증진되는지를 아는 것은 교사교육을 비롯해서 교육현장 전반에 중요한 시사점을 제공한다. Alderman(2008)은 교사의 효능감에 영향을 주는 것으로 밝혀진 요인들을 다음과 같이 제시하고 있다. 첫째, 문제를 가지고 있거나 위기에 처한 학생들이 포함된 학급을 가르치는 일은 교사들에게 어려움을 느끼게 할 것이다. 특히 지적 능력이 부족한 학생들이 있는 경우 더욱 그럴 것이다. 따라서 교육과정 중에 학습부진이나 장애학생들에 대한 교수법을 배운 예비교사들은 그 방면에서 효능감을 획득할 수 있을 것이다. 둘째, 자기효능감의 정보원에서와 마찬가지로 직접적인 성취 경험, 즉 성공적인 교사 경험은 효능감을 증진시킬 것이다. 따라서 교사경력이 많은 교사일수록 효능감이 높을 것이라고 추정할 수 있다. 셋째, 자신이 가르칠 교과목에 대한 준비가 잘되어 있을수록 효능감은 높을 것이다.

3. 교사효능감의 측정

앞에서 거론한 바와 같이 교사효능감에 관한 연구는 이론에 대한 탐색연구보다는 측정에 대한 연구로부터 시작되었다고 볼 수 있다. 즉, 교사효능감의 측정은 초기의 Armor 등(1976)과 Berman과 McLaughlin(1977)에 의해 수행된 Rand 재단의 읽기 프로그램의 효과 검증을 위한 설문지에 포함된 2개의 질문을 포함시킨 데서부터 시작되었다.

그 후 일반적 교수효능감과 개인적 교수효능감을 측정하기 위해 Gibson과 Dembo(1984)의 30개의 문항으로 구성된 교사효능감 측정도구가 많은 후속 연구에서 사용되었다.

최근에 개발된 교사효능감에 대한 척도는 Tschannen-Moran과 Woolfolk-Hoy(2001)가 Ohio 주립대학에서 개발한 교수전략효능감, 학급경영효능감, 학생개입효능감의 세 가지 하위요인으로 구성된 것이 있다. 이 척도는 교사효능감을 교사가 수행해야 하는 업무에 따라 하위요인을 분리하여 제작한 것으로서 이제까지와는 약간 다른 접근으로 교사효능감의 측정을 시도하고 있으며, 심리측정적 양호도도 갖추고 있는 것으로 보고되고 있다.

특정 과목이나 교수영역에서의 교사효능감을 측정하기 위한 영역-특수적 혹은 과제특수적 교수효능감척도 개발연구는 체계적으로 진행되기보다는 초등교사들의 과학 교수효능감을 측정하기 위해 Riggs와 Enochs(1990)가 제작한 척도를 상황에 맞게 수정해서 사용하는 경우가 많았다. 한국에서 진행된 교사효능감 연구에서도 많은 경우 Gibson과 Dembo(1984)의 척도나 Riggs와 Enochs(1990)의 척도를 맥락에 맞게 수정해서 사용하고 있다.

4. 교사들의 집단효능감

1) 정의 및 특성

Bandura(1986)는 그의 사회인지이론에서 집단효능감(collective efficacy) 개념을 소개하면서 사회가 발전하기 위해서는 개인의 효능감뿐만 아니라 개인이 속해 있는 집단에 대한 효능감도 중요하므로 이에 대한 연구의 필요성을 강조하였다. 실제로 경영학이나 조직행동 연구 분야에서는 기업문화에 대한 연구가 진행되면서 집단적 자기효능감(collective self-efficacy)에 대한 탐색을 시작하여 집단효능감이 조직의 업무효율성의 중요한 결정요인이라는 것을 보여 주고 있다(Bandura, 1997; Gist, 1987; Guzzo, Yost, Campbell, & Shea, 1993;

Mesch, Farh, & Podsakoff, 1989; Shamir, 1990; Shea & Guzzo, 1987; Weldon & Weingart, 1993). 집단효능감이란 주어진 수준의 수행에 요구되는 일련의 행동들을 조직화하고 수행하는 구성원들의 결합된 능력들에 대한 집단의 공유된 신념(Bandura, 1997)으로 정의된다. Shea와 Guzzo(1987)는 효과적으로 목표를 달성할 수 있다는 집단에 대한 구성원들의 공통된 신념이라고 정의하였으며, Mesch 등(1989)은 집단이 달성할 수 있는 성과수준과 이를 달성할 가능성에 대한 지각이라고 정의하였다. 또한 Shamir(1990)은 집단적인 노력이 집단적인 성과를 낼 수 있는 가능성에 대한 지각으로 보았으며, Weldon과 Weingart(1993)는 집단이 그들에게 주어진 과업을 얼마나 잘 수행할 수 있을지에 대한 구성원 개인들의 판단으로 정의하였다.

　이러한 집단적 신념은 그 구성원들의 상호작용적이고 통합적인 역동의 산물이며, 상호 간의 역동은 개인적 속성들의 합 이상의 통합적으로 나타나는 특성을 산출한다. 즉, 집단효능감은 집단수준 특성의 발현으로서 집단구성원의 상호작용적 힘의 결과다. 따라서 발현된 집단의 특성은 개인특성의 합 이상이며(Goddard, Hoy, & Woolfolk-Hoy, 2000), 단순히 구성원들 각각의 개인효능감의 합이 아니라 통합적으로 나타나는 집단 차원의 속성이다. 최근에는 이러한 집단효능감을 조직문화에 대한 강조와 관련하여 조직의 기능을 완전히 이해하기 위한 필수적인 개념이라는 인식이 확산되고 있어 이에 대한 연구가 증가하고 있는데, 집단효능감이 가장 많이 연구되고 있는 조직현장이 바로 교사집단이다.

2) 집단적 교사효능감의 측정

　집단효능감은 용어가 표현하는 바대로 특정 집단에 소속된 구성원들이 지각하는 능력에 대한 신념이기 때문에 맥락에 따른 측정이 요구된다. 학교장면에서 교사의 집단효능감은 학생들에 대해 긍정적인 영향력을 행사하기 위해 필요한 행동들을 수행하는 교직원 전체의 지각으로 정의된다(Goddard, 2001). Bandura(1993, 1997)에 의하면 집단효능감은 학교의 중요한 속성이 되는데, 그 이유는 교사효능감과 학생의 성취 간의 관련성 때문이다. Goddard 등(2000)은 수학과 읽기 성취에서 학교 간의 차이가 교사의 집단효능감과 정적 상관이 있음을 밝혔으며, Bandura(1993)는 학교의 학업성취도 평균은 교사의 집단효능감과 유의미한 정적 상관을 보인다고 하였다. 또한 교사의 집단효능감 수준이 높은 집단이 낮은 집단에 비해 보다 도전적인 목표를 선택하고, 그에 대한 노력을 보다 오랫동안 집중하며 지속한다고 하였다(Goddard, 2002).

위의 연구들이 보여 주듯이 집단효능감은 집단의 성취에 대한 중요한 예측변인이 된다. 그러나 이제까지의 많은 연구들에서는 집단효능감을 측정하기 위해 개인수준의 효능감 측정치를 합하거나 평균을 산출하는 방식이 사용되어 왔다. 즉, 연구자들은 개인적 효능감에 대한 지각을 집단수준으로 합하여(aggregate) 집단효능감을 측정하는 접근을 사용하였다(Bandura, 1993, 1997; Goddard et al., 2000; Sampson, Raudenbush, & Earls, 1997). 그러나 개인의 자신의 능력에 대한 판단을 합치는 것만으로는 조직의 특성을 구성하는 데 적절하지 않거나 때로는 충분하지 않다고 주장하는 연구자들도 있다. 따라서 이렇게 주장하는 연구자들은 개인이 지각하는 집단의 능력이나 효율성에 대한 지각을 측정하고 합해서 '집단잠재력(group potency)'으로 지칭하는 측정치를 도출할 것을 제안한다(Guzzo et al., 1993; Shea & Guzzo, 1987). 또한 집단적인 행위의 효과적인 운영에는 개인 차원보다 사회적으로 매개되는 복잡한 영향력이 작용한다고 믿는 연구자들은 집단구성원들이 논의를 통해 집단효능감을 대표하는 단일수치를 도출하게 하는 방안을 제안하기도 하였다(Gist, 1987; Guzzo et al., 1993). 실제로 Gibson, Randel과 Earley(2000)는 그들의 연구에서 두 접근에 의한 측정치들 간의 상관이 대체로 $r = .70$을 넘는 것으로 나타나 이러한 대안적 방법들이 집단효능감이라는 구인에 대한 수렴타당도 증거를 제공하는 것을 볼 수 있다.

  교사효능감은 특정 학교 내에서 교사가 학생들에게 긍정적인 영향을 미칠 수 있는 전체적인 능력에 대한 교사의 신념을 말하는 것으로, 집단구성원 간에 역동적인 상호작용의 소산이자 집단수준에서 나타나는 태도로 학교 간의 교사효능감의 차이는 집단적 효능감을 측정해서 알아볼 필요가 있다. Goddard 등(2000)은 Bandura(1997)의 자기효능감을 바탕으로 성취 경험과 대리 경험, 언어적 설득과 정서적 각성을 정보원으로 하는 21개의 문항으로 이루어진 '집단효능감척도(Collective Efficacy Scale: CES)'를 개발하였다. 이 척도는 집단효능감의 구성요소를 집단의 유능성(group competence)과 과제분석(task analysis)으로 정의하였다. 여기서 집단의 유능성은 주어진 상황에서 집단구성원들의 능력에 대한 판단이며, 과제분석은 주어진 상황이나 과제 자체가 가지는 방해자극이나 기회에 대한 지각이다(Goddard et al., 2000). 이러한 교사의 집단효능감은 개인수준에서의 교사효능감의 확장으로서 개인적 교사효능감과 집단적 교사효능감의 두 변인 간 상관이 높다는 연구보고들이 있다(Goddard et al., 2000; Kurz, 2001). Goddard 등(2000)의 연구에서는 두 척도 간에 $r = .54$의 상관이, Kurz(2001)의 연구에서는 $r = .61$의 중간 수준 이상의 높은 상관이 보고되었다. 이러한 결과는 교사들이 자신이 유능하다고 믿는 만큼 자신이 속한 집단의 효능감도 높다고 믿는 경향이 있음을 의미한다. 반대로 집단의 효능감이 높다고 지각할수록 자신의 효능감도 높은 것으로 지각한다는 것으로도 해석할 수 있어서 소속 집단의 전반적인 분위기가 개인의 지각에도 영향을 미칠 수 있음을 시사하는 것으로 해석할 수 있다.

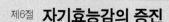

제6절 자기효능감의 증진

1. 학생의 자기효능감 증진 방안

자기효능감이 학생들의 학문적 수행을 매개하는 강력한 동기변인이고 교사들의 효능감이 교수활동이나 학생지도 등을 예측하는 유용한 변인이라면, 학생들의 학업성취를 향상시키고 교사의 직무효율성을 향상시키기 위한 가장 간단하고 효과적인 방법은 자기효능감을 증진시키는 것이다. 실제로 최근 연구들의 동향은 자기효능감 증진을 위한 프로그램을 개발하여 교육장면에 도입을 시도하는 것이다. 앞에서 이미 논의한 바와 같이 Bandura(1977, 1986)는 자기효능감을 증진시키는 네 가지 방법을 제시하였다. 이것을 교육현장에서 학생들의 학문적 자기효능감 증진에 적용시켜 볼 수 있다.

첫째, 학생들은 다양한 상황에서 성공적인 성취 경험을 할 수 있어야 한다. 특정 과제를 잘하기 위해서는 학생 스스로가 잘할 수 있다는 신념을 가져야 하는데, 이러한 신념을 만들기 위해서는 실제 성취 경험이 가장 확실한 방법이 된다. 이러한 성공 경험을 제공하기 위해서 교사는 우선 학생의 능력수준보다 약간 낮은 과제를 제시하여 성공 경험을 하게 하고, 서서히 과제수준을 높이면서 자기효능감의 점진적인 증진을 유도할 수 있다. 또한 장애물이나 난관을 극복하거나 도전적인 과제를 성공하는 경험은 효능감 증진에 가장 강력한 효과를 가진다.

둘째, 다른 사람들이 성취를 이루는 것, 특히 자신과 비슷한 타인의 성취를 관찰하는 모델학습의 기회를 많이 제공하여 대리 경험을 하게 해야 할 것이다. 이것은 협동학습의 기회를 많이 제공함으로써 이룰 수 있다. 혼자서는 해결할 수 없는 과제를 다른 사람과의 공동작업을 통해서 성취하도록 기회를 제공하여 직접적인 성취 경험과 더불어 공동 수행자의 성취 경험을 관찰함으로써 자신의 자기효능감도 높일 수 있다. 또한 학급 동료들의 성공 경험을 발표하는 기회를 마련하는 것도 하나의 효과적인 방법이 될 수 있다(Alderman, 2008). 동료 모델학습은 특히 아동 후기에서 청소년기에 가장 효과가 큰 것으로 나타났는데(Eccles, Midgley, & Adler, 1984), 이러한 현상은 청소년의 사회화 과정에서 가장 중요한 타인은 동료라는 이 시기 청소년들의 발달심리학적 해석으로 설명이 가능한 결과다.

셋째, 권위자가 설득하는 것으로 이것은 특히 학교현장에서 교사들이 할 수 있는 가장 직접적이고 용이한 방법이 될 수 있다. 교사는 학생들에게 언어적 설득뿐만 아니라 행동으로 학생에 대한 신뢰를 보여 줄 수 있다. 가정에서 부모는 자신들의 성공사례를 들어 자녀들의 성공을 위한 구체적 방안을 제시해 주면서 언어적 설득을 할 수 있다. 자신을 정확히 평가하는 기술을 아직 습득하지 못한 어린 아동들의 경우 부모나 교사와 같은 권위자들의 긍정적 평가 피드백은 자신의 능력에 대한 신뢰를 증진시킬 수 있는 효과적인 방안으로 기능할 수 있다.

넷째, 실패나 어려운 과제에 접할 때 유발되는 정서적 각성을 긍정적으로 대처할 수 있는 기회를 제공해야 한다. 예를 들어, 사람이 긴장하게 되면 불안을 느끼고 손에 땀이 나며 심장박동이 빨라지게 된다. 개인이 이와 같은 증상을 경험할 때 자신의 능력이 부족하고 실패가 두려워서 생기는 것으로 지각하면 효능기대는 떨어지게 될 것이다. 따라서 긴장이나 불안에 대응하는 대처기술을 훈련시키는 것이 중요하다.

이와 더불어 실패에 대한 원인을 능력부족보다는 노력부족으로 귀인하도록 종용하는 방안을 병행하면 도움이 될 수 있다는 것은 이미 학습된 무기력 이론에서 강조된 바다. 또한 건설적 실패 경험 연구결과들(김아영, 1997, 2002a; 김아영, 주지은, 1999; Clifford, Kim, & McDonald, 1988; Kim & Clifford, 1988)은 실패에 대한 내성이 높은 사람이 실패 후에 학습된 무기력에 빠지는

경향도 적고, 보다 건설적인 반응을 한다는 것을 보여 주었으며, 자기효능감
도 높은 것으로 나타났다. 따라서 실패에 대한 내성을 증진시키기 위한 훈련
프로그램의 개발도 생각할 수 있다.

Alderman(2008)은 학생들의 자기효능감 증진방안으로 목표설정이론
(Locke & Latham, 2000)과 연계시킬 것을 제안하였다. 즉, 학생들이 학습목표
를 수립할 때 구체적인 목표를 세우도록 권장하고, 단기목표와 장기목표를
효과적으로 도입하게 하라는 것이다. 장기목표는 전반적인 학습의 방향과
초점을 유지하게 하기 때문에 장기목표를 세운 후에 이것을 단기적인 하위
목표로 나누어서 단계적으로 달성해 나가는 방식으로 진행하는 것이 효과적
이라는 것이다. 목표달성에 대한 평가도 최종 결과에만 초점을 맞출 것이 아
니라 개인의 향상 정도를 평가에 포함시킬 것을 제안하였다. 이러한 방안들
의 도입은 학생들의 자기효능감 증진뿐만 아니라 전반적인 학업에서의 향상
으로 연결될 것이다.

2. 증진 훈련 연구결과

Bandura가 제안한 자기효능감을 증진시킬 수 있는 방안들을 실제로 학업
장면에서 적용한 연구의 예로는 Schunk와 Cox(1986)의 연구가 있다. 이 연구
자들은 6일간 45분씩 학습부진아들에게 빼기 학습을 시키면서 사적 언어
(private speech) 형태인 말로 표현하기(verbalization) 학습전략을 가르치고, 노
력 피드백(노력을 많이 했다는 학생에게 주는 교사의 코멘트)을 해 준 결과 자기
효능감과 수행의 증진을 가져왔음을 보고하였다. Graham과 Harris(1989)도
초등학교 5~6학년 학습부진아들에게 자기교수법을 사용한 인지전략 훈련
을 시킨 결과, 작문과 자기효능감의 증진을 가져온 것을 보고하였다. 연구자
들은 학생들이 학습활동을 하는 동안 교사가 학생들의 자기교수적 전략

(self-instructional strategy) 훈련을 시키는 방안을 적용하였다. 자기교수적 전략에는 자신들의 수행에 대한 자기감찰(self-monitoring)과 준거설정을 7단계로 설정하여 훈련시키는 내용을 포함하였다.

Schack(1986)은 영재아들에게 창의적 산출을 위한 심화과정을 제공하기 위해 설계된 세 가지 활동을 수행하게 한 결과 창의적 산출에 대한 자기효능감이 증진되었음을 보고하였다. 이들이 고안한 세 가지 활동은 주제에 대한 탐구, 조사를 위해 필요한 과정 훈련, 학생들이 문제에 대한 조사를 솔선해서 시작하도록 하는 것이었다. 또한 Williams(1996)는 지방학생들의 학문적 성취를 증진시키기 위해 자기조절 학습전략을 가르친 결과 수학, 과학, 사회, 국어과의 학업성취도가 증가되었음을 보고하였다.

한편, Bandura를 위시한 많은 동기학자들은 자기효능감을 보다 잘 이해하기 위해서는 자기조절 체계를 이해해야 한다고 주장한다(Bandura, 1986, 1997; Schunk, 1989, 1991; Zimmerman et al., 1992). Schunk(1989)는 학생들의 전략에 대한 효능감과 전략 사용에 대한 효능감은 학업적 성취에 중요한 요인임을 강조하였다. 따라서 자신의 자기조절 체계에 대한 이해를 증진시키고 자기조절학습 전략을 배우며 적극적으로 사용하도록 하는 것은 결국 개인의 학습에 대한 자기효능감을 증진시켜 궁극적으로 학업성취의 향상을 가져올 것이라는 것이다. Schunk(1989)가 주장하듯이 학습전략을 성공적으로 적용하는 방법을 알고 있고, 그런 전략을 사용하는 것이 학문적 성공을 가져다준다는 것을 믿는 학생들은 자기가 배운 전략들을 사용하기 위해 노력할 것이다. 그러므로 학생들은 우선 전략에 대한 지식을 갖고 있어야 하고, 둘째로 그 전략을 적용하는 방법을 알아야 하며, 또 언제 적용해야 하는가를 알아야 한다. 그리고 최종적으로 자신들이 그 문제를 성공적으로 해결하는 데 그 전략을 효과적으로 사용할 수 있다는 확신을 가지고 있어야 한다. 이렇게 되면 학생들은 어려운 문제에 당면해서도 노력과 주의집중을 지속시키며, 좀 더 자기조절을 잘 할 수 있게 될 것이다(Spaulding, 1992). 따라서 교사는 우선 학생들에게 전략을 가르쳐야 하고, 사용하도록 권장하며, 기회를 만들어 주어야 할 것이다.

앞에서도 소개했던 Usher와 Pajares(2008)의 최근 메타분석적 종합 연구결과에서는 지난 30여 년 동안 수행되었던 자기효능감의 네 가지 정보원에 따른 증진효과가 일관성 있게 나타나지는 않았지만, 상당한 효과가 있었음을 요약해 주고 있다. 따라서 자기효능감 증진 프로그램의 교육현장에서의 도입은 대상에게 맞는 적절한 방법과 기술을 맥락에 맞게 적용하는 맞춤식 설계를 활용할 경우 성과를 기대할 수 있을 것이다.

그러나 자기효능감 증진과 관련해서 한 가지 유의해야 할 사항은 자신의 능력에 비해 지나치게 높은 효능감은 바람직하지 못한 결과를 초래한다는 것이다(Bandura, 1997). 지나치게 높은 효능감은 개인의 능력으로 감당하지 못할 목표를 설정하게 하여 실패와 좌절을 경험하게 할 것이며, 이러한 상황이 반복적으로 진행되면 효능감은 낮아지고 결국 무기력상태에 빠질 가능성도 있기 때문이다. 따라서 자기효능감도 적정 수준일 경우 가장 바람직한 결과를 가져올 수 있다는 결론을 내릴 수 있다. 실제로 직무상황에서 진행한 Vancouver, Thompson과 Williams(2001)의 연구결과는 개인 간 수준에서 보았을 때는 효능기대가 높을수록 수행수준이 높았으나, 개인 내 수준에서는 효능기대와 수행수준 간에 부적 상관이 있는 것으로 나타나 이러한 경향이 교육상황에도 적용될 수 있는가에 대한 논의가 요구된다.

3. 교사효능감 증진

앞에서 살펴본 바와 같이 교사효능감이 교실 속에서 학생 자신의 학습에 대한 동기만큼 학생의 학습과 기타 학교생활에서의 적응에 영향을 미치는 요인이라면, 학생 측면에만 관심을 두고 상대적으로 교사의 측면은 등한시하는 현재의 학교 정책은 변화가 요구된다. 교사들로 하여금 자신의 교수활동과 학생지도, 행정적 업무나 학교 내에서의 인간적 상호작용 등에 보다 자신감을 갖게 하고, 자기조절효능감을 갖게 할 수 있는 정책이 마련되어야 할 것이다. 여기서도 물론 Bandura가 제안하는 효능감의 정보원을 활용한 직접적인 증진방안을 시도할 수 있을 것이다.

Alderman(2008)은 교사효능감 증진을 위한 몇 가지 방안을 제안하였다. 첫째, 교사 자신이 학습목표를 가짐으로써 자신의 교수기술을 향상시키려고 노력하고, 학생들을 다룰 때 실패한 결과에 초점을 맞추기보다는 향상된 측면에 초점을 맞추면 실망이 덜 하게 될 것이다. 둘째, 학생들의 향상에 대한 자료를 수집한다. 이러한 향상 자료는 교사 자신의 효능감도 증진시킬 것이다. 셋째, 효과적이고 유능한 동료나 선배 교사들을 모델로 삼고, 자신의 수업을 관찰하게 하고 피드백을 요청한다. 때로는 학생들의 학습 향상에 관심이 있는 동료교사와 협력할 수도 있다. 넷째, 전문적인 연수기회를 잘 활용한다. Alderman의 이러한 제언은 일반적인 원론과 별로 다를 것이 없는 것들이지만 실제로 교수현장에서 이를 실천하고 있는가는 별개의 문제일 것이다.

앞에서 거론했듯이 교사효능감을 연구할 때 고려해야 할 또 한 가지 측면은 집단효능감에 관한 것이다. 교사집단은 다른 직업 영역에 비해 하는 일이 매우 동질적이며, 집단의 조직풍토의 영향을 많이 받는다고 볼 수 있다. 최근에 나타난 연구결과(김아영, 김미진, 2004; Goddard et al., 2000; Kurz, 2001)에서 보았듯이 두 변인 간에는 비교적 높은 정적인 상관이 있다. 교사효능감은 학생들의 학교생활 적응과 학업성취와 정적인 관계가 있는 것으로 나타났다. 따라서 학교 행정당국은 학교의 조직풍토가 그 학교 교사들의 개인적 교사효능감은 물론 집단효능감을 증진시키는 방향으로 나아갈 수 있도록 노력해야 할 것이다. 김아영과 김민정(2002)의 연구에서 학교 조직풍토의 중요한 부분을 차지하고 있는 교장의 인간지향성은 집단수준의 교사효능감과 정적인 상관을 보인 반면, 관료지향성과는 부적인 상관을 보인 결과는 중요한 의미를 갖는다.

교사효능감은 교사지망생들이나 예비교사들을 교육하고 훈련할 때부터 고려해야 할 요인이다. 교사들의 교직에 대한 자기효능감은 직접적으로 학생지도에 반영될 수 있기 때문에 실제 현장에 투입되기 전부터 효능기대를 향상시키는 노력이 요구된다. 교사경력이 높을수록 교사효능감이 높다는 국내 연구결과는 이러한 노력의 정당성을 지지하는 것이다.

제7절 자기효능감이론의 발전 방향과 전망

이제까지 자기효능감이론은 독자적인 이론으로 연구의 지평을 넓혀 오는 데 거침이 없었다. 그러나 자기효능감의 기본 틀은 사회인지이론이고, 사회인지이론의 기본 전제는 자기조절 체계가 인간행동의 기본이며, 이 자기조절 체계가 제대로 기능하는 데는 자기효능감의 매개가 필수적이라고 본다는 것은 이미 설명한 바와 같다. 이러한 이유 때문에 그동안 자기효능감에 관한 연구를 자기조절 체계와 연계시켜 진행시킨 연구자들이 많았다. 그중에서도 자기조절학습이론과 목표설정이론과의 통합 접근이 가장 주목을 받고 있다.

1. 자기조절학습이론과의 통합

자기조절은 인지와 동기를 통합한 인간의 모든 의도적이고 목표지향적인 행동 수행의 기본 틀이라고 할 수 있다(Bandura, 1986). 학습은 이러한 목적지향적인 행동의 대표적인 사례이기 때문에 학습이론가들은 자기조절 과정에 관심을 두어 왔다. 예를 들어, Corno와 Mandinach(1983), Zimmerman(1989)

등의 자기조절학습이론은 대표적인 이론이라고 할 수 있다. Bandura도 자신의 1986년과 1997년도 저서에서 자기조절 체계에 대한 자세한 설명과 더불어 자기조절학습의 중요성을 지적하고, 이 체계 속에서 자기효능감이 매개요인으로서 기능함을 강조하였다.

Bandura(1986)는 자기조절을 자기관찰(self-observation), 자기판단(self-judgment), 자기반응(self-reaction)의 세 가지 하위기능으로 나누어 설명한다. 자기관찰은 자신의 행동에 대한 의도적인 주의집중으로 일종의 자기감시(self-monitoring)다. 자기관찰은 개인의 행동에 대한 정보를 제공하고, 그에 따른 목표를 설정하며, 진전상태를 평가하는 자기조절 기능을 하기 때문에 행동을 변화시키도록 동기화시키는 기능을 가지고 있다. 이와 같은 동기화는 일반적 자기효능감을 유지함으로써 가능하다. 자기판단은 평가기능을 하는 것으로 현재의 수행을 자신의 목표와 비교하는 기능이다. 평가결과 목표상태에 도달하지 못한 것으로 나타나면 자기반응을 통해 목표달성을 이루려는 동기가 발생한다. 만약 목표달성을 이룰 것을 예상하면 자기효능감은 증진되고 동기가 유지되어 긍정적인 자기반응으로 연결된다. 여기서도 자기효능감은 핵심적인 기능을 하는 것임을 알 수 있다.

Bandura의 자기조절 체계에 기초하여 자기조절학습이론(Self-Regulated Learning Theory)을 발전시킨 Zimmerman(1989)은 그의 이론에서 자기조절 학습의 세 가지 구성요소를 초인지, 동기, 행동적 요소라고 제시하고, 자기효능감의 동기적 기능을 강조하였다. 또한 Zimmerman은 Martinez-Pons(1988)와 함께 자기조절 학습을 하는 데 포함되는 14가지 전략들을 제시하여 학습상황에서 그 효과를 검증하여, 현대 학습현장에서 가장 주목받는 학습이론으로 발전시켰다. 효과적인 학습결과를 얻기 위해서는 동기부여가 중요함은 두말할 필요가 없으며, 자기효능감은 이와 같은 동기부여에 직접적인 영향을 미치는 요인이다. 이러한 생각은 이미 Bandura(1986)의 자기조절 체계에서도 드러나 그는 '자기조절효능감(self-regulatory efficacy)'이라는 개념을 제안하며, 자기조절을 잘할 수 있다는 신념이 실제로 자기조절학습 효과를 높일 수 있음을 주장하였다.

2. 목표설정이론과의 통합

한편, Bandura(1986)나 Locke과 Latham(1990) 그리고 Schunk(1991)와 같은 학자들은 자기조절 체계 속에 필수적으로 포함되어야 하는 목표에 주목하고 기존에 조직행동 연구 영역에서 진행되어 온 목표설정이론(Goal-Setting Theory)을 자기조절 체계에 통합할 것을 제안하였다. 이러한 시도는 자기조절이 인간의 의도적인 행동을 설명하는 과정이라면 자기조절은 목표설정으로부터 시작되기 때문에 당연한 것이라고 할 수 있다(김아영, 1998). 여기서도 자기조절 학습을 효과적으로 진행하기 위해서는 목표달성에 대한 높은 자기효능감이 필수적임을 강조한다. 목표설정이론은 제9장에서 다룰 것이다.

3. 이론의 현 상태

서론에서도 거론했듯이 자기효능감이론은 현대사회에서 심리학 분야뿐만 아니라 인간사회의 다양한 영역에서 많은 주목을 받고, 인간행동의 원인과 결과를 이해하고 변화시키는 데 적용되어 온 심리학적 개념이다. Wundt에 의해 심리학이 사회과학으로 출발한 1879년 이래 수많은 이론들이 생성되고 경험적 연구결과들에 의해 검증되거나 반증되어 왔다. 어떤 이론들은 생태학적 타당성의 부족으로 실험실 밖으로 나오지 못하고 도태되기도 하였으며, 어떤 이론들은 충분히 연구되고 인간이해에 적용되어 더 이상의 연구가 필요하지 않은 경우도 있었으나, Skinner의 강화이론과 더불어 자기효능감이론은 생활 속의 일부로 다루어지는 상태에 도달한 것으로 평가할 수 있다. 따라서 앞으로도 인간의 사고와 행동을 이해하고 예측하기 위한 목적을 가진 여러 분야의 다양한 연구와 실제에서도 자기효능감 개념과 이론 그리고 경험적 연구결과들은 끊임없이 회자될 것이다.

제8절　한국 교육현장의 자기효능감 연구

　한국에서도 자기효능감에 관한 연구는 다양한 적용 영역에서 시작되었다. 국내에 자기효능감에 관한 경험적 연구가 처음으로 도입된 것은 손명자 (1985)가 심리치료를 주제로 한 박사학위 논문에서 치료 효과를 예측하는 개인차변인으로 포함시켰던 것으로 추정된다. 그 후 몇몇 석사학위 논문에서 자기효능감을 주제로 한 연구들이 발표되었다. 국내 학술연구지에 자기효능감 개념이 소개된 것은 국회 전자자료에 의하면, 조현섭과 손정락(1988)이 『한국심리학회지』에 '자기효율성'이란 용어를 사용한 임상심리학 논문(조현섭, 손정락, 1988)을 발표한 것이 최초인 것으로 나타나며, 그다음으로는 『한국교육』에서 허경철(1991)이 '자아효능감'이란 용어로 발표한 논문이 나타나고 있다. 이어서 『한국가정관리학회지』에서 우희정(1992)이 아동의 자기효능감 발달에 대한 연구를 발표하였고, 스포츠 관련 분야에서는 이수경(1992)의 연구에서 '자기효능감'이란 용어가 처음으로 나타나고 있다. 교육학이나 심리학 영역에서는 『한국심리학회지: 발달』에서 장휘숙(1993), 『초등교육연구』에서 김양현(1994)과 정종진(1994), 『교육학연구』에서 이종삼(1995), 『교육심리연구』에서 윤운성(1996) 등의 연구들이 나타난다. 이러한 연구들을 출발점으로 하여 대체로 국내에서는 1990년도 중반부터 자기효능감 연구가 활발해졌다고 볼 수 있다. 2009년까지 국내 전자자료에서 자기효능감, 자아효능감, 자기효율성이란 키워드를 사용해서 검색을 하면 국내학술지에 실린 논문의 수가 1,500편이 넘고, 학위논문은 2,500편이 넘는 것으로 나타난다. 연구 분야를 살펴보면 교육학이나 심리학 관련 논문뿐만 아니라 스포츠, 간호학, 경영학, 가정학 등 다양한 인간의 수행이나 성취와 관련된 학문 분야에서 연구되고 있음을 알 수 있다. 이 중에서 교육관련 영역을 보면 교육심리학회가 발간하는 학술지에만 수록된 자기효능감 관련 연구가 43편 정도가 되고 교육학, 유아교육, 초등교육, 특수교육, 교육공학, 각종 교과교육학 분야의 논문들도 60여 편이 수록되어 있음을 확인할 수 있다.

이러한 연구들의 주요 관심사는 각 영역에서 개인의 수행에 대한 효능감이 실제 결과에 어떻게 영향을 미치는가, 즉 자기효능감의 독립변인으로서의 기능과 어떠한 변인들에 의해 개인의 수행에 대한 효능감이 영향을 받는가, 즉 종속변인으로서의 성과 그리고 자기효능감이 수행이 일어나는 상황이나 개인의 어떠한 다른 특성들과 관련이 있는가, 즉 매개변인 혹은 조절변인으로서의 기능에 대한 탐색으로 분류할 수 있다. 이와 같은 초기 연구결과들은 한국에서도 자기효능감은 수행 관련 장면에서 가장 강력한 예측변인이며, 다른 변인들의 효과를 매개 혹은 조절하는 변인으로 개인의 수행에 영향을 미치고 있음을 확인해 주었다. 따라서 이러한 성취에 대한 강력한 긍정적 영향력을 미치는 자기효능감을 어떻게 하면 증진시킬 수 있을 것인가에 대한 관심은 자연스러운 다음 수순일 것이다. 그러나 실제로 자기효능감 증진 훈련이나 프로그램에 관한 연구는 국내에서는 교육학이나 교육심리학 영역에서보다는 직접적인 성취행동과 관련된 스포츠 영역이나 간호학 영역에서 더 많이 접할 수 있다. 여기서는 그동안 국내의 교육 관련 상황에서 진행된 자기효능감을 주제로 한 연구들에 대한 종합적 논의를 제시한 김아영(2007)의 연구에서 다룬 내용에 더하여 2009년까지 진행된 연구들을 포함시켜 전반적인 연구 추세와 결과를 논의하기로 한다.

1. 학생들의 자기효능감과 학문적 수행

국내에서 발표된 자기효능감에 관한 연구는 대부분이 특정 상황에 포함된 다른 변인들과의 관련성에 대한 연구가 주를 이루고 있어서 자기효능감에 영향을 주는 다른 변인이 무엇인가를 알아보는 연구이거나 아니면 자기효능 감의 영향을 받는 변인이 무엇인가에 관한 연구들이다. 그리고 자기효능감 과 학업성취 간의 관계에 대한 연구도 상당히 많이 진행되고 있다.

박승호(1995), 윤운성(1996), 김영미, 김아영(1998), 윤경희, 배정희(2008), 장인실, 김민림(2008)의 연구에서는 초등학생 집단에서, 김의철, 박영신 (1999), 정갑순, 박영신, 김의철(2002), 박혜숙, 전명남(2007), 윤경희, 배정희 (2008)의 연구에서는 중학생 집단에서, 김아영(1998), 김아영, 조영미(2001), Park과 Kim(1999), 소연희(2007), 윤경희, 배정희(2008)의 연구에서는 고등학 생 집단에서 자기효능감과 학업성취도와의 관계를 조사하였고, 연구에 따라 $r = .30 \sim .45$의 중간 정도의 상관을 보였다. 박승호(1995)와 윤운성(1996)의 연구에서 사용한 자기효능감 측정도구는 Pintrich와 De Groot(1990)의 학문 적 자기효능감을 측정하기 위해 만든 검사였으며, 윤정희, 배정희(2008)의 연구에서는 정택희(1987)의 척도를, 장인실, 김민림(2008)의 연구에서는 김 아영, 박인영(2001)의 학업적 자기효능감척도를 사용하였다. 김아영(1998)의 연구에서는 일반적 자기효능감이 학업성취와 $r = .15 \sim .18$의 상관이 있는 것 으로 나타났고, 김영미, 김아영(1998)의 초등학생들을 대상으로 한 연구에서 도 자기조절효능감은 과제도전 변인과 함께 학업성취를 예측하는 데 유의미 한 변인임을 보여 주었다. 또한 김아영, 조영미(2001)의 연구에서는 학업적 자기효능감이 고등학생들의 학업성취도와 $r = .40$의 상관이 있는 것으로 나 타났으며, 지능의 효과를 배제하고 난 후에도 학업성취도에 대한 유의한 예 측변인인 것으로 나타났다. 김의철, 박영신(1999)의 연구에서도 농촌 중학생 의 학업성취효능감과 자기조절효능감은 학업성취도와 각각 $r = .53$과 .43의 상관을 보였다. 정갑순 외(2002)의 초등학교에서 중학교에 걸친 종단 자료에서도 자기효능감은 학업성취에 대한 유의한 예측변인임이 나타났다. 이들의 연구에서는 학업성취효능감과 자기조절학습효능감, 자습효능감 등의 척도가 사용되었다. 또한 김아영, 차정은(2003)의 학업적 자기효능감과 학업성취도 간의 관계에 대한 다층분석 결과에서도 학업적 자기효능감은 중, 고등학생들의 학업성취도를 예측하는 유의한 변인으로 나타났다. 특히 이 연구에서는 중학생들의 학업성취도 분산의 약 21%를 학업적 자기효능감이 예측하는 것으로 나타나 과제특수적 자기효능감이 아닌 보다 일반적 수준의 자기효능감이 학업성취도를 잘 예측하는 변인임이 다시 한 번 확인되었다. 또한 박병기, 채선영(2005)의 학업수행 자기효능감의 하위요인들과 학업성취도 총점 간의 상관은 중학생의 경우 $r = .37 \sim .57$, 고등학생의 경우 $r = .31 \sim .48$의 범위를 보여 맥락-특수적 자기효능감의 학업성취도에 대한 예측력을 확인하였다.

특정 과목이나 과제와 관련된 자기효능감을 수학-효능감, 과학-효능감, 사회-효능감 등으로 정의하고 측정하여 학업성취도에 대한 예측력을 확인한 연구들은 각 교과교육학 관련 연구지들에서 보고되고, 대부분의 연구에서 특정 과목에 대한 효능감은 학업성취와 정적인 관련이 있는 것으로 나타나고 있다. 예를 들어, 김아영, 박인영(2007)의 연구에서는 국어, 사회, 영어, 수학, 과학 교과목의 효능감과 성적과의 상관은 각각 $r = .15, .42, .51, .56, .50$으로 나타나 전체적으로 과목-특수적 자기효능감의 해당 과목의 학업성취에 대한 예측력은 국내에서도 일관성 있는 결과를 보여 주고 있다.

2. 증진 프로그램

국내에서 학업성취 상황에서 자기효능감 증진을 위한 프로그램을 개발하고 실시하여 학업성취에 대한 효과를 검증한 연구는 이론 도입 초기에는 드물어서 김영상, 정미영(1999)의 연구와 몇 편의 석사학위 논문들에서 찾아볼 수 있을 정도였다. 최근에 들어서 자기효능감 증진 프로그램 효과에 대한 연구가 증가하는 추세를 보이고 있으나, 대부분이 대학원 학위논문들이고 학술지에 수록된 프로그램 효과 연구들은 많지 않았다. 또한 이 연구들에서도 다른 변인들에 처치를 가해서 자기효능감의 증진 여부를 검증하는 것들이었고, 자기효능감을 증진시켜 학업성취에 향상을 가져온 연구들은 찾아보기 어려웠다.

자기효능감 증진 프로그램 효과 연구들 중에서 김영상, 정미영(1999)의 연구를 살펴보면, 연구자들은 중학생을 대상으로 4주간 수업목표 설정 유형을 협동설정(교사가 수업목표를 설정할 때 학생이 참여하여 결정), 교사의 일방제시, 제시하지 않은 집단으로 나누어서 수업목표 설정에의 참여 훈련이 수학성취도와 수학 자기효능감 증진에 효과가 있는지를 탐색하였다. 연구결과는 수업목표에 대한 협동설정이 설정 경험이 없는 경우보다 성취도도 향상시키고 수학 자기효능감도 증진시킨 것으로 나타났다(김아영, 2004).

최근에 학술지에 발표된 자기효능감 증진 프로그램 효과에 대한 유일한 연구는 김세라, 김진아, 박병기(2007)의 초등학생을 대상으로 한 연구였다. 이 연구에서는 자기효능감 증진 프로그램 효과가 국어와 수학과목 학업성취도나 자기결정성 동기 증진에는 유의한 효과가 나타나지 않았고, 자기조절학습 증진에만 부분적으로 효과가 있는 것으로 나타났다. 이와 같은 결과에 대해 연구자들은 교실학습에서 프로그램 효과가 나타나기 위해서는 장기적으로 꾸준한 노력이 투여되어야 이루어질 수 있는 것이고, 단기간의 중재는 그 효과가 바로 나타나기 어렵기 때문이라고 주장하였다. 실제로 개인의 능력에 대한 효능기대는 비교적 안정적인 신념이라는 주장에 기초해서 해석할 때, 2주에 걸쳐 총 10회 진행으로 그와 같은 신념의 변화를 기대하기는 어려울 것임을 짐작할 수 있다. 따라서 학업적 자기효능감과 같이 학업성취에 영향을 미치는 중요한 동기적 신념에서의 변화를 가져오기 위해서는 학교 교육현장에서 장기적인 계획에 의한 제도적인 중재가 필요함을 다시 한 번 확인할 수 있다.

3. 교사효능감 연구

교사효능감에 관한 국내 연구도 이론 도입 초기에 비해 최근에 와서 상당히 많은 양적인 증가를 가져오고 있다. 김아영(2004)이 조사한 자료에 의하면 한국교육심리학계에서 동기연구가 시작된 1962년 이후부터 2003년 말까지 한국『교육심리연구』와『교육학연구』에 발표된 교사의 동기를 주제로 한 논문은 전체 동기주제연구 87편 중 7편(8%)밖에 없는 것으로 나타났다. 그러나 이러한 추세는 국내에 교사효능감이론이 소개되면서 점차 달라졌다. 국회 전자자료를 조사한 결과 2004년에서 2008년 말까지 교사효능감에 관한 연구는 약 90여 편에 이르고 있다. 이 중에서 보육교사와 유아교사들을 대상으로 한 교사효능감에 관한 연구가 약 40편이고, 과목특수적 교수효능감에 관한 것이 25편, 초, 중등교사의 일반적 교사효능감에 관한 것이 25편 정도로 나타나고 있다.

대부분의 교사효능감에 관한 연구의 내용은 관련 변인에 관한 것이 가장 많았는데, 예를 들어, 홍창남(2006)이 한국교육개발원에서 수집한 한국교육종단연구 2005년도 자료를 분석한 결과에서는 교사효능감과 관련 있는 교사수준의 변인들로 동료와의 대화, 직무만족도, 교장지도성, 대학원 공부, 행정업무부담 등이 나타났고, 학교수준의 변인들로는 직무 관련 협동수준과 의사결정 참여 수준이 높은 교사효능감과 관련이 있는 것으로 나타났다. 유아교육과 보육 분야에서 나타난 연구결과들은 교사효능감이 바람직한 유아지도 교수행동과 정적인 상관이 있는 것으로 나타난 경우(신혜영, 이은해, 2005)

도 있지만, 반면에 별 상관이 없거나(전인옥, 1999) 부적 상관을 보이는 경우
(최미숙, 2005)도 있어서 교수효능감의 효과에 대한 결론을 내리기는 어렵다.

국내에서 교사효능감에 관한 연구를 진행할 때 사용한 척도는 주로
Gibson과 Dembo(1984)가 개발한 척도를 번안해서 사용하거나, 이것을
Riggs와 Enochs(1990)가 과학교사효능감척도로 전환하여 만든 척도를 맥락
에 맞도록 수정하여 사용한 경우가 대부분이었다(예를 들어, 김선영, 이경옥,
2005; 최미숙, 2005). 교육심리학 영역에서 김아영, 김미진(2004)이 이현정
(1998)이 개발한 교사효능감 예비척도를 그동안 축적된 자료들을 통합하고,
새로운 자료를 추가 수집하여 교사효능감척도를 타당화하는 작업을 하였다.
이 척도는 학교현장의 상황적 요인인 교과지도, 생활지도, 특별활동지도, 행
정업무, 대인관계 업무를 수행하는 데 있어서 교사의 효능감을 측정하기 위
해 김아영, 차정은(1997)이 개발한 일반적 자기효능감의 구성 개념을 맥락-
특수적인 내용으로 제작한 문항 36개로 구성되어 있다. 이 교사효능감 척도
는 직무분석을 통해 교사가 수행하는 다섯 가지 직무내용에 대한 자신감, 자
기조절효능감, 과제난이도 선호를 측정하며, 초·중·고등학교 교사 모두에
게 사용할 수 있도록 문항을 구성하였고, 하위검사의 신뢰도와 타당도는 양
호한 것으로 보고되고 있다(김아영, 김미진, 2004). 이 척도를 사용한 연구들에
서도 교사효능감이 높을수록 조직몰입과 직무만족 수준이 높다는 것을 보고
하였으며(김아영, 김민정, 2002), 김아영, 이채희, 최기연(2008)의 교수몰입에
관한 연구에서 교수몰입과 교사의 자기조절교수효능감 간에는 $r = .26 \sim .49$
의 중간 정도의 상관이 있는 것으로 나타났다. 즉, 교사가 가르치는 일에 대
해 효능감이 높을수록 내재적으로 동기화되어 몰입해서 가르친다는 것을 의
미한다.

교사의 집단적 효능감에 관한 연구로는 Goddard 등(2000)의 집단적 효능
감척도 중에서 집단의 능력에 대한 효능감 하위척도를 번안하여 사용한 김
아영, 김미진(2004)의 연구가 있는데, 이 연구에서 집단효능감은 교사의 자기

조절효능감과 r = .41로 중간 정도의 상관이 있는 것으로 나타났다. 그러나
이 연구결과에서 주목할 사항은 교사들의 자신의 능력에 대한 정서적 측면
을 반영하는 교사효능감척도의 하위요인인 자신감척도 점수와 행동적 측면
을 반영하는 과제난이도선호척도 점수는 집단효능감 점수와 상관이 없는 것
으로 나타났다는 점이다. 이것은 한국 교사들이 자신이 소속된 학교의 구성
원들과 정서적인 유대감이 약하고 자신이 선호하는 과제의 난이도 수준은
집단의 효능감과 독립적이라는 것으로 해석할 수 있다(김아영, 2007). 이와 같
은 연구결과들은 학교행정이나 교사교육 담당자들에게 의미 있는 시사점을
제공할 수 있는 것으로 후속 연구를 통해 확인해야 할 것이다.

ACADEMIC MOTIVATION

CHAPTER
9

목표설정이론

목표설정이론

동기 분야에서 목표와 관련된 이론은 Murray의 욕구분류 체계와 유사한 목표분류 체계를 제안한 Ford(1992)의 '목표내용이론(Goal Content Theory)', 목표의 과정에 관심을 두는 조직행동 분야에서 발전된 Locke와 Latham(Locke, 1968; Locke & Latham, 1990a, 1990b)의 '목표설정이론(Goal Setting Theory))' 그리고 제3장에서 다룬 초기 성취동기이론을 학업상황에 초점을 맞추어 수정 발전시킨 '성취목표이론(Achievement Goal Theory))'이 대표적이다. 이번 장에서는 조직행동 분야에서 수행된 목표설정이론과 경험적 연구들을 살펴보고 교육장면에서의 적용을 논의할 것이다. 성취목표이론은 다음 제10장에서 다룰 것이다.

동기에 관한 관심은 행동의 원인을 찾는 것이다. 이 경우 행동은 목표지향적인 행동을 말한다. "목표란 개인이 성취하려고 노력하는 것이며, 어떤 행위에 대한 목적이다(Locke, Shaw, Saari, & Latham, 1981, p. 126)." 목표설정이론의 기본 가정은 목표는 인간행동의 직접적인 조절자라는 것이다(Locke & Latham, 1990a). 특정 자극에 대한 자동적, 생리적 반응으로 나타나는 행동은 의도적 목표가 있는 것이 아니다. 동기가 인간의 의도적인 행동의 원인이라고 한다면, 목표는 인간의 의도적인 행동의 원인을 설명하는 가장 기본적인 동기변인이라 할 수 있다(Locke, 1968).

목표설정이론은 Edwin Locke과 그 동료들이 1967년경부터 수많은 이론적, 경험적 연구를 양산하며 현재에 이르러 기대–가치이론과 더불어 조직행동 분야에서 가장 강력한 동기이론으로 자리 잡고 있다. 목표에 관한 관심은 Tolman(1932)의 기대학습이론의 영향을 받은 Lewin(1938)의 장이론에 기초한 포부수준 연구 분야(Sears, 1941)로 거슬러 올라갈 수 있다. 그 후 인지 및 학습 심리 분야에서는 Rotter(1954)의 사회학습이론과 Miller, Galenter와 Pribram(1960)을 거쳐 Bandura(1986)의 사회인지이론에 도달하였다. Miller 등 (1960)은 계획이 인간의 행동에 영향을 미친다고 보고 TOTE(Test–Operate– Test–Exit) 모형을 제안하였다. 이 모형은 인간이 주어진 환경 속에서 피드백 을 사용하여 목표를 향한 진전상태를 파악하고(Test), 그 피드백에 기초하여 다음 행동을 수정하며(Operate), 목표상태에 도달했는지 다시 평가하여(Test), 목표에 도달하면 종결한다(Exit)고 설명한다. 만약 목표에 도달하지 못한 것으로 평가되면 이 과정을 반복하여 궁극적으로는 그 순환을 종결하는 일련의 과정에 대한 초기 인지모형이다(Locke & Latham, 1990a). Locke 역시 자신의 이론적 근원을 Lewin의 영향을 받은 T. A. Ryan(1970)의 의도적 행동이론(Intentional Behavior Theory)에 둔다고 하였으며, 이후 의도, 목적, 계획과 같은 개념들은 사회인지이론의 핵심이 되는 자기조절 체계의 중요한 측면으로 부각되었다(Locke & Latham, 1990a).

학습상황에서 목표라는 개념은 모든 학습활동에 내적/외적으로 관련되어 있는 것이다. 다시 말해서, 학습자가 학습활동을 할 때는 그 활동에 대한 성취감, 만족감, 흥미 등을 추구하는 내적인 목표를 가지고 있을 수 있고, 좋은 성적, 칭찬, 물질적 보상 등의 외적인 성취목표를 가지고 있을 수 있다. 또한 교육 분야에서의 목표에 대한 관심은 추상적인 수준에서는 교육의 장기적이고 궁극적인 목표에 대한 관심으로, 구체적인 수준에서는 단기적이고 개별적인 학습활동 목표에 대한 관심으로 다루어지고 있다.

목표설정이론의 개척자라고 할 수 있는 Locke와 Latham은 그들의 동료들과 함께 1969년 이래 수행된 목표설정이론 관련 연구를 주기적으로 요약하여 발표하고, 이와 관련된 이론들과의 접목과 통합을 시도해 왔다(Locke & Latham, 1990b, 2002, 2006; Locke et al., 1981). 다음 절부터는 이 요약 논문들에 기초해서 목표설정이론과 관련 연구들을 설명하기로 한다.

제2절 목표와 목표설정 개념 및 기제

앞에서 Locke와 동료들이 정의한 것과 같이 목표는 성취하려는 것이기 때문에 개인이 행위를 하는 이유를 제공하며, 그 행위는 어떤 대상이나 결과를 얻기 위해서 하는 것이다. 목표는 또한 행동을 지시하는 힘이 아니라 행동을 유발하는 동기적인 힘이다(Locke et al., 1981). Bandura(1990)는 목표설정은 불일치를 만들어 내는 과정이며, 인간의 자기-동기는 불일치를 만들어 내고, 그것을 감소시키기 위해서 발생한다고 하였다. 목표를 지향하는 특성은 살아 있는 유기체의 기본적 행동특성이다. 또한 목표는 원초적이고 구체적인 것들로부터 보다 추상적인 것까지 그 범위가 매우 넓지만, 일단 어떤 목표를 가지고 있다는 것은 개인이 어떤 상태나 결과에 도달하려고 마음을 먹었고, 또 그것을 이루기 위해 자신의 행동을 감찰하고 평가하며, 결과를 얻기 위해 사용하는 전략이 부적절하거나 부족하면 수정하고 보완하기 위해 결과에 대한 피드백을 사용한다는 것을 말한다(Brophy, 2004). 목표설정이론의 기본 전제는 인간의 행동은 의식적인 목표와 의도에 의해 방향이 결정된다는 것, 다시 말해서 목표가 행동에 영향을 주고 방향을 결정짓기 때문에 목표는 행위의 직접적인 조절자라는 것이다(Locke & Latham, 1990a).

서두에서 언급한 바와 같이 목표설정이 과제수행에 영향을 미치는 중요한 요인이며, 개인의 선택행동을 조절한다면 목표설정은 기본적으로 동기적 기제다(Locke et al., 1981; Locke & Latham, 2002). 목표설정의 기제를 분석해 보면, 첫째 목표는 주의집중과 행동의 방향을 결정한다. 둘째, 목표는 개인으로 하여금 그 목표를 달성하기 위하여 노력을 투여하게 한다. 셋째, 목표는 그 목표를 달성할 때까지 끈기를 유지하게 한다. 넷째, 목표는 그것을 달성하기 위해 각성하게 하고, 기술을 개발하여 습득하도록 동기화시킨다(Locke et al., 1981). 이러한 기제들은 인지적 · 정서적 · 행동적인 요소들을 포함하고 있으며 서로 복잡하게 상호작용하기도 한다. Locke와 Latham(2002)이 요약한 연구결과들을 보면, ① 과제목표에 당면하면 사람들은 자동적으로 목표달성과 관련하여 자신이 가진 기존의 지식과 기술을 사용한다. ② 목표달성이 자동화된 기술의 문제가 아니면, 과거에 같은 상황에서 사용했던 기술을 현재 상황에 적용한다. ③ 만약 부과된 목표에서의 과제가 새로운 것이면 사람들은 그 목표를 달성할 수 있게 할 기술을 개발하기 위한 신중한 계획에 착수할 것이다. ④ 높은 자기효능감을 가진 사람들은 낮은 효능감을 가진 사람들보다 효과적인 과제전략을 개발하기 위해 더 노력할 것이다. ⑤ 복잡한 과제에 당면할 때는 구체적이고 어려운 목표를 세우는 것보다는 최선을 다하도록 격려하는 것이 때로는 더 나은 전략으로 유도할 수 있다. ⑥ 사람들이 적절한 전략을 훈련받을 때 구체적이고 높은 수행목표가 주어진 사람들은 다른 유형의 목표가 주어진 사람들보다 그 전략들을 사용할 가능성이 많아서 수행이 향상될 것이다. 그러나 사용된 전략이 부적절한 경우에는 어려운 수행결과를 요구하는 목표는 쉬운 목표보다 낮은 수행을 초래할 것이다.

목표설정의 기제에 대해서 Locke와 Latham(1990b)은 1981년 요약 논문 이후에 관심을 집중시키게 된 자기효능감의 매개역할에 대한 측면을 포함하여 목표설정의 결과를 설명하려고 시도하였다. 그 한 예로 '높은 수행 순환성

(high performance cycle)' 모형을 제시하였다. 이 모형에 대해서는 다음 절에서 자세히 다룰 것이다.

목표설정에 관한 연구는 Locke(1968)의 첫 요약 논문에서 공식적으로 이론의 틀을 갖추고 시작된 이후 수많은 경험적 연구들을 기초로 귀납적으로 발전해 왔으며, 1980년대 초반까지는 주로 목표의 속성들(예를 들어, 목표의 내용과 강도)에 관한 연구를 양산하였다. Locke과 그의 동료들의 두 번째 요약 논문에 이르러서는 목표 속성들이 수행수준에 미치는 영향은 재확인되었고, 목표설정과 수행 사이에 개입된다고 보는 매개변인들에 관한 관심이 높아졌음을 보여 주었다(Locke et al., 1981). 예를 들어, 결과에 대한 피드백의 영향, 목표의 수용 정도(goal acceptance) 또는 목표전념(goal commitment)[1]의 영향, 목표설정 시 참여의 영향, 개인차변인들의 영향들에 대한 연구가 양산되었다. 그리고 1980년대 중반부터는 목표설정이 수행에 작용하는 기제에 대한 관심이 높아지면서 Bandura의 동기변인인 자기효능감이 핵심 변인으로 주목을 받게 되었다(Locke & Latham, 1990b). 그 후 십여 년이 지난 후 Locke와 Latham(2002)은 다시 35년간의 연구를 종합하는 논문을 발표하여 그동안의 누적된 연구결과들로부터 이전에 도출된 결론을 재확인하는 동시에 영향력 있는 조절변인과 매개변인들을 제안하였다. 최근에 Locke과 Latham(2006)은 이론적 측면과 적용 측면에서 목표설정이론의 새로운 방향을 논의하고 발전방향을 제시하였

---

1) 영어의 'commitment' 라는 단어에 대응하는 적절한 한글을 찾기가 어려워 '전념'으로 번역하였다. 여기서 전념은 개인이 목표에 집착하고, 중요하고 의미 있다고 생각하며, 그것을 달성하려고 결심하고, 실패나 장애물이 있을 때에도 계속하려는 정도(Latham & Locke, 1991)를 나타낸다.

다. 이제까지의 연구결과들을 종합하여 요약하면 다음과 같다.

1. 목표의 내용 차원

Locke와 Latham은 몇 편에 걸친 요약 논문과 저서에서 목표의 내용을 두 가지 차원에서 요약하였는데, 하나는 목표의 난이도(difficulty)이고, 다른 하나는 목표의 구체성(specificity) 또는 선명성(clarity)이다(Locke & Latham, 1990a, 1990b, 2002, 2006; Locke et al., 1981). 난이도에 관한 연구결과들은 목표수준과 수행수준 사이에는 정적 선형관계가 있음을 상당히 일관성 있게 보여 준다. 즉, 목표가 어렵고 도전적일수록 수행수준은 높게 나오는데, Wood, Mento와 Locke(1982)의 메타분석 결과는 91%의 지지율을 보였으며, 효과크기(d)는 .52에서 .82에 걸쳐 있는 것을 보여 주었다(Locke & Latham, 1990b). 이에 대해 Latham과 Locke(1991)는 "한 개인이 적절한 해당 능력을 갖고 있고 그 목표를 수용할 마음이 있는 경우에는 목표수준이 높을수록 수행수준도 높아지는데, 그 이유는 일반적으로 사람들은 해야 하는 과제의 난이도 수준에 따라 자신의 노력수준을 맞추고, 쉬운 목표보다는 어려운 목표일 때 노력을 더 많이 하기 때문"(p. 214)이라고 해석하였다.

목표의 구체성의 효과에 관한 초기 연구는 대부분 목표의 난이도와 함께 연구되어 왔기 때문에 구체성이 독립적으로 목표와 관련된 변인에 어떤 영향을 주는지가 밝혀져 있지 않았다. 그러나 구체적이고 어려운 목표가 최선을 다하라("Do your best.")는 목표보다 일관되게 높은 수행을 보였으며, 메타분석에서의 효과크기는 .42에서 .80에 이른다(Locke & Latham, 1990a). 그러다가 Wright와 Kacmar(1994)가 목표의 구체성이 난이도와 관계없이 부과된 목표조건에서는 목표전념을 증진시키고, 스스로 결정한 목표조건에서는 목표의 변경에 영향을 준다는 연구결과를 보고하였다. 또한 그들은 목표의 구체성은 부과된 목표조건의 경우 피험자들의 수행수준의 범위를 증가시키는 것을 보여 주었다.

목표의 구체성과 난이도에 관한 연구결과를 종합하면, 일반적으로 구체적이고 어려운 목표가 "최선을 다하라."는 목표나 분명치 않은 목표가 제시된 경우나 목표가 정해지지 않은 경우보다 수행수준이 높음을 보여 주고 있다(Locke & Latham, 1990a). Locke과 Latham은 구체적이고 어려운 목표가 효과적인 이유로, 모호한 목표는 개인으로 하여금 자신이 실제로 할 수 있는 최선을 다하지 않게 하기 때문으로 보았다. 또한 구체적인 목표가 없는 사람들은 구체적이고 어려운 목표를 가진 사람들보다 자신의 수행결과를 긍정적으로 평가하는 경향이 있다고 보았다. 따라서 "최선을 다하라."는 조건에서는 최선을 다하는 것이 내포하는 모호성이 사람들로 하여금 자신의 수행을 평가할 때 좋은 쪽으로 해석하게 하기 때문에 최대한의 노력이 나타나지 않는 것이라고 설명한다. 이러한 목표의 난이도와 수행수준 간의 선형적 함수관계는 400여 개의 연구결과를 종합하여 내린 결론이며, 실험실뿐만 아니라 작업현장에까지도 일반화된다는 것을 분명히 보여 주었다(Locke & Latham, 1990a).

그러나 이후에 수행된 한 연구(Wright, Hollenbeck, Wolf, & McMahan, 1995)는 Locke과 동료들의 목표난이도 수준과 수행수준 간의 정적 선형관계를 보이지 않고, 쉽거나 어려운 목표보다 중간수준의 목표의 경우 수행수준이 가장 높은 결과를 제시하였다. 이 연구에서는 대학생 피험자들의 학업성취 수준에 목표난이도가 영향을 미치는가를 알아보기 위해 실험을 하였다. 학생들은 세 가지 목표난이도 수준(쉬운 목표, 중간 목표, 어려운 목표) 중 하나와 두 가지 목표수준 조작방법 조건(절대적 목표수준 조건 또는 수행증진 조건) 중 하나를 무선적으로 배정받고 학과목 성적을 위해 공부하였다. 여기서 절대적 목표수준 조건은 피험자들의 예비검사 결과에서 나온 수행수준에 근거한 세 가지 난이도 수준을 가지고 조작하였고, 수행증진 조건은 예비검사 결과에 근거해서 결정된 세 가지 목표수준부터의 증진 정도를 통제하여 쉬운 증가목표, 중간수준 증가목표, 어려운 증가목표로 조작하였다. 실험결과는 목표의 난이도가 수행에 영향을 주는 데 있어서 목표수준 조작방법과 상호작용하는 것으로 나타났다. 다시 말해서, 목표가 절대적 목표수준의 관점에서 조작된 경우에는 난이도와 수행 간에 정적 선행관계가 있는 것으로 나타났다. 그러나 목표가 수행증진의 관점에서 피험자들의 수행에 근거해서(규준적 근거를 제시하여) 조작된 경우에는 2차 함수적 관계, 즉 거꾸로 된 U자 관계(inverted U-relationship)가 있는 것으로 나타났다. 즉, 쉽거나 어려운 목표보다는 중간수준 목표의 경우 수행이 가장 높았다. 연구자들은 이 결과를 목표가 어떻게 부과되느냐가 피험자들의 목표전념에 영향을 주어 수행에 영향을 주고, 피험자들에게 목표수준이 어떻게 결정되었는가를 알려 준 것이 수행에 영향을 준 것이라고 해석하였다.

한편, 내재동기이론 분야에서는 많은 이론들이 중간 정도의 난이도가 개인의 동기와 수행을 가장 높인다고 주장하고, 경험적 증거도 제시하고 있다 (Atkinson, 1958; Csikszentmihalyi, 1990; Deci, 1971). 이렇게 동일한 인간의 행위에 대한 서로 다른 이론에서 도출되는 가설과 경험적 증거들의 불일치는 목표난이도의 개념화와 조작화의 문제인 것으로 보인다. 구체적으로 조직행동 분야에서 목표의 난이도가 수행에 미치는 영향에 대한 실험을 할 때는 비록 목표의 난이도가 쉽거나 중간이거나 어렵게 조작되기는 했어도 어려운 목표라는 것이 아주 불가능한 목표수준은 아니므로 목표를 높이 잡을수록 수행수준이 같이 증가하는 것이 가능할 것이다. 그러나 학습상황에서 학습자들을 대상으로 실험한 내재동기이론 분야에서는 목표난이도에 대한 조작적 정의는 누구나 다 성공하는 100%부터 아무도 성공하지 못하는 0%까지 전 범위를 포함한다. 따라서 수행에 대한 최적 수준의 난이도는 중간수준일 것이므로 목표의 난이도와 수행 간에는 곡선적 관계가 성립될 수 있다([그림 9-1] 참고). 결론적으로 위의 연구결과들은 조직행동 분야에서 Locke(1967)의 선두적 연구 이후 거의 절대적으로 받아들여져 오고 있는 목표난이도 수준과 수행수준 간의 정적 선형관계설에 대한 도전이라 할 수 있다. 따라서 이러한 불일치를 포괄하는 수정된 이론의 체계화가 요구된다.

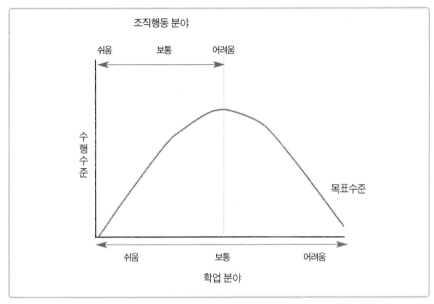

조직행동 분야

쉬움   보통   어려움

수행수준

목표수준

쉬움   보통   어려움

학업 분야

[그림 9-1] 조직행동 분야와 학업 분야에서 지각하는 목표난이도 수준의 차이와 그에
따른 수행수준에 대한 가설적 관계

2. 목표에 대한 전념

목표에 대한 전념이란 "개인이 그 목표에 집착하고, 중요하고 의미 있다고
생각하며, 그것을 달성하려고 결심하고, 실패나 장애물이 있을 때에도 계속하
려는 정도를 말하는 것이다(Latham & Locke, 1991, p. 217)." 목표전념은 '목표수
용(goal acceptance)'이라는 개념과 유사하게 사용되어 왔다. 현재는 목표전념
이 수용보다 좀 더 포괄적인 개념으로 받아들여진다. 그 이유는 목표전념이라
는 개념은 누가 목표를 설정하였는가 하는 목표의 출처(goal source)가 다양한
경우에 다 적용될 수 있기 때문이다. 다시 말해서, 목표전념은 목표를 설정할
때 누가 부과해 준 목표인가, 스스로 선택한 목표인가, 목표를 결정하는 데 참
여해서 설정된 목표인가에 관계없이 다 적용될 수 있는 개념이나, 목표수용은

외부에서 개인에게 부과한 목표를 자신의 목표로 받아들이는 정도에 대한 것이기 때문에 목표전념이 목표수용의 개념보다 넓게 사용된다(Locke et al., 1981).

목표전념의 효과에 관한 선행연구들을 종합해 보면 수많은 연구들이 수행되었음에도 불구하고 한마디로 결론을 내리기가 어려운 실정이다. Locke와 Latham(1990a)이 고찰한 바로는 어떤 경우에는 목표전념이 수행수준에 영향을 주는 것으로 나타났고, 어떤 경우에는 그렇지 않은 것으로 나타났다. 그 원인을 Latham과 Locke(1991)는 목표전념은 직접적인 인과요인(독립변인)으로 작용할 수도 있고, 수행을 중재하는 역할도 할 수 있기 때문이라고 보았다. 이들의 논리는 다음과 같다. 목표전념의 직접적인 효과는 목표난이도가 통제된 경우에 관찰할 수 있는데, 목표수준이 높은 경우에는 높은 전념은 낮은 전념보다 높은 수행을 보이고, 목표수준이 낮은 경우에는 높은 수준의 전념은 수행을 위축시킬 수 있다. 왜냐하면 목표에 전념하는 사람은 자기목표를 변경하고 싶지 않아서 낮은 목표에 해당하는 낮은 수행을 보일 것이고, 전념하지 않은 사람은 그 낮은 목표에 집착하지 않고 더 높은 목표를 세우고 그에 해당하는 수행수준을 보일 것이라는 것이다. 목표전념이 높은 경우 목표와 수행 간에는 정적인 관계가 있는데, 사람들은 자기가 하겠다고 말한 것은 더 잘하기 때문이다. 그러나 전념 정도가 낮은 경우에 사람들은 자신들의 목표에 합당한 수행을 하지 않는다. 따라서 이런 경우 목표전념은 조절변인으로 목표난이도 수준과 상호작용을 하는 것이라고 볼 수 있다.

목표전념을 종속변인으로 보고 무엇이 목표전념에 영향을 주는 요인인가에 대해 연구한 결과들(Locke & Latham, 1990a, 2002)을 살펴보면, 첫째 목표달성의 중요성 요인이다. 목표달성의 중요성은 목표를 공개함으로써 부각시킬 수 있고, 이렇게 부각된 목표달성의 중요성은 목표전념을 증진시킬 수 있다는 것이다. 둘째, 목표설정 시의 참여 여부가 중요한 변인인 것으로 나타났다. 예를 들어, 앞서 고찰한 Wright와 Kacmar(1994)의 연구에서는 부과된 목표의 경우 구체성이 목표전념을 증진시켰다. 그러나 스스로 세운 목표의 경우에는 그렇지 못했다. 일반적으로 목표설정 시 수행자의 참여가 가능한 경우에 그 목표에 대한 전념 정도가 높아지는 것은 당연한 결과다. 그러나 여기서도 실험에 포함된 다른 변인들, 예를 들어 목표난이도, 목표의 중요도, 성공에 대한 기대 혹은 자기효능감 등과의 상호작용 효과가 관찰됨으로써 목표전념은 조절변인으로 기능하는 것을 보여 주었다. 목표전념을 촉진시키는 세 번째 요인은 목표를 달성할 수 있다는 신념, 즉 자기효능감을 들 수 있다(Locke & Latham, 2002). 자기효능감은 성공 경험, 관찰에 의한 대리 경험, 설득 등을 통해 증진시킬 수 있다(Bandura, 1977, 1996)는 것은 제8장에서 다룬 바와 같다.

3. 목표설정 시의 참여

앞에서 본 바와 같이 목표전념과 관련된 중요한 요인으로 초기에는 목표의 출처(goal source)라고 명명되어 연구되었던 목표설정 시의 참여를 들 수 있다. 연구자들은 목표설정이론을 검증하기 위한 실험을 수행할 때, 피험자들에게 목표수준을 부과해 주거나(assigned goal condition) 혹은 피험자가 목표수준을 스스로 결정하게 하여(self-set goal condition) 두 조건의 전념 정도와 수행수준에 대한 차이를 살펴보았다. 그러나 현장연구의 경우에는 스스로 설정하는 목표는 실험적으로 조작하기가 불가능하거나 아니면 난이도 수준에 따라 피험자 수의 심각한 불균형 때문에 주로 참여설정(participatively set) 조건으로 조작하여 적용되었다. 다시 말해서, 중간수준의 목표를 설정하는 피험자는 많으나, 아주 쉽거나 어려운 목표를 설정하는 피험자들은 많지 않기 때문에 스스로 설정하게 하는 대신 실험자가 세 가지 난이도 수준에 균형 있게 분포하도록 특정 난이도 수준에 대해 토론하고 종용하여 연구참여자의 동의를 받는 형태인 참여설정 조건이 많이 적용되어 왔다. 이런 경우 내재동기이론에 의하면

스스로 택한 목표나 참여설정 목표조건이 부과된 목표조건보다 전념 정도와
수행수준이 모두 높을 것이라고 예측할 것이다. 그러나 목표설정이론 분야의
연구결과는 내재동기이론들의 예측과는 달리 목표설정 시의 참여에 따른 피
험자의 전념 정도나 수행수준의 차이가 없는 것으로 나타났다(Kim & Clifford,
1989; Latham & Lee, 1986; Locke & Latham, 1990a). 반면에 Erez와 동료들에 의해
수행된 연구에서는 참여설정이 부과된 목표조건보다 높은 목표전념과 수행
을 나타냈다(Erez, 1986). 이러한 불일치를 규명하기 위해 Latham, Erez와
Locke(1988)는 목표설정 시의 참여가 목표전념과 수행에 미치는 영향을 4개의
체계적인 실험연구를 통해 알아보았다. 그 결과를 통해 연구자들은 이제까지
선행 연구들에서의 불일치는 실험에서 사용된 독립변인들에 대한 조작방법
의 차이 때문이라고 결론을 내렸다. 구체적으로 Erez의 실험에서는 실험자가
피험자에게 목표를 부과해 주는 조건의 경우 단순히 목표를 말해 주는 것으로
(tell) 그쳤으나, Latham의 실험에서는 목표를 제시할 때 그 목표에 대한 타당
성을 설명해 주고 상당히 설득력이 있었기(tell & sell) 때문에 후자의 경우 수행
수준이 부과된 목표조건이 참여설정 목표조건의 경우와 같이 높았다고 주장
하였다. 결론적으로 이 연구자들은 목표설정 시 참여 자체는 목표전념을 증진
시키지 않는다고 보았다.

목표설정에서의 참여 효과에 대한 연구결과에 대해 Locke와 Latham(1991)
은 목표난이도가 통제되고, 자기효능감 증진의 시도가 통제되며, 부당한 용기
가 배제되고, 피험자들에게 목표를 거부하라고 말하는 등의 인위성이 배제되
면 부과된 목표의 동기적 효과는 스스로 세운 목표나 참여설정 목표수준과 마
찬가지로 목표전념과 수행에 강력하다고 결론을 내렸다. 그러나 최근에는 이
러한 결론보다는 목표설정에서의 참여는 자기효능감의 조절효과로 목표전념
에 영향을 주는 것으로 해석하는 것이 더욱 설득력 있게 받아들여지고 있다
(Latham, Winters, & Locke, 1991; Locke & Latham, 2002).

4. 목표설정과 기대가치

목표와 관련된 중요한 이론적 체계 중의 하나는 기대가치이론이다. 이 이론은 Lewin(1935)의 포부수준이론으로부터 Atkinson(1958)의 성취동기이론 그리고 Vroom(1964)의 기대이론을 거쳐 Bandura에 이르기까지 체계적으로 연구되어 오고 있다(제2장 참고). Lewin과 동료들은 어떤 과제에서의 성공과 실패감은 수행의 절대적 수준에 의해 결정되는 것이 아니라 개인이 그 수행에 대해 희망하는 수준, 즉 포부수준에 의해 결정된다고 하였다. 이 포부수준은 미래 수행을 위한 유인체계로 기능하며, 성공에 대한 기대와 유인가에 의해 결정된다. 그러나 포부수준 연구자들은 포부수준과 목표설정과의 관계에 대한 직접적인 연구에는 별 관심이 없다. 또한 Atkinson의 성취동기이론에서도 기대 개념은 성공에 대한 기대가 중간수준인 경우에 수행수준이 가장 높을 것이라는, 즉 성공에 대한 기대와 수행 간의 곡선적 관계를 제시할 때 포함되는 개념이었고, 실제 연구에서는 개인의 목표에 대한 기대수준보다는 그 결과 나타난 성취동기 수준에 관심을 두었다(Atkinson, 1958).

반면에 Vroom(1964)의 기대이론은 성공에 대한 기대와 수행 간에는 정적 선형관계가 있음을 주장한다. 이것은 이제까지 Locke 등이 계속 주장해 온 목표설정이론과는 대립되는 주장이다. 왜냐하면 목표의 난이도가 높아질수록 성공에 대한 기대는 낮아지고 수행결과도 낮아질 것이기 때문이다. Vroom의 기대체계는 노력-결과 기대(action-outcome expectancy)와 수행-결과 기대(performance-outcome expectancy)의 두 부분으로 분리되어 이해되었고, 이 중 노력-결과 기대 부분이 목표설정 연구에 도입되어 기대변인으로 그 효과가 연구되어 왔다. Garland(1985)는 목표난이도와 유인가 간에 부적 상관관계가 있음을 보고하였는데, 이것은 Klein(1991)에 의해서 지지되었다. Locke와 Latham(1990)은 이러한 상반되는 결과가 나오게 된 이유를 분석한 결과 실험 설계상의 문제, 즉 집단 간 설계와 집단 내 설계에 따른 문제라고 주장하였다.

다시 말해서, 참여자들의 기대수준을 특정 조건(예를 들어, 높은 목표수준, 중간 목표수준, 낮은 목표수준 등) 내에 포함된 참여자들에게서 측정하면 각 조건에서는 기대수준과 수행수준 간에 정적인 상관이 나타나는데, 목표난이도 수준을 통합하여 집단 간 설계 형태로 자료를 분석하면 목표난이도 수준과 수행수준 간에는 부적 상관관계가 있는 것으로 나타난다는 것이다([그림 9-2] 참고). [그림 9-2]를 자세히 살펴보면, 목표난이도 수준 상·중·하에서 기대수준을 측정하고 목표난이도와 기대수준 간의 상관을 계산하면 부적 상관이 나타난다. 그리고 목표난이도 수준 상·중·하 집단별로 기대수준과 수행수준 간의 상관을 계산하면 정적 상관이 나타난다. 또한 기대수준 상·중·하 집단의 평균 기대수준과 수행수준 간에는 부적 상관이 나타나지만, 모든 피험자들을 합쳐

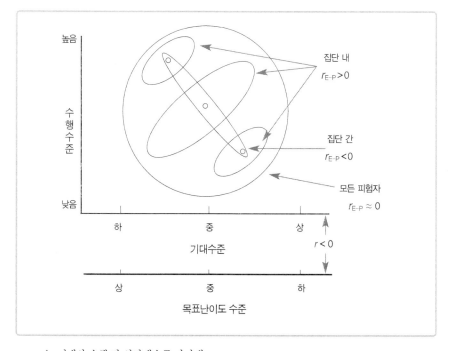

*r_{E-P}는 기대와 수행 간 상관계수를 나타냄.

[그림 9-2]　**목표난이도 수준에 따라 기대가 측정된 경우 기대와 수행 간의 관계**
(Locke & Latham, 1990a)

서 기대수준과 수행수준 간의 상관을 계산하면 상관이 없는 것으로 나타날 것이라는 것을 보여 준다. Locke와 Latham은 이 문제를 피험자들의 특정 목표 달성에 대한 기대를 측정했던 선행 연구들과 기대에 대한 측정을 달리함으로써, 즉 자기효능감의 개념을 도입하여 기대를 측정하면 해결될 수 있다고 주장한다. 자기효능감은 기대이론에서의 노력-수행 기대의 의미와 유사하지만 보다 광범위한 개념이다. 이것은 능력에 대한 자기평가, 계획된 노력, 귀인, 기술조절에 대한 개인의 능력, 해결방법에 대한 발견, 스트레스 대처능력 등 모든 관련된 정보를 고려한 개인의 수행능력에 대한 판단이다. 따라서 자기효능감은 개인의 능력, 과거 수행 경험, 성공 경험, 실패 경험 그리고 개인이 이러한 정보에 기초해서 자신의 전체적인 능력에 대해 내리는 결론을 반영하여야 한다(Bandura, 1986). Bandura는 자기효능감은 앞으로의 수행과 정적으로 상관되어 있다고 주장하는데, 경우에 따라서는 과거 수행 경험보다도 더 미래 수행을 잘 예측한다고 주장한다. 이런 의미에서 자기효능감은 기대이론과 같은 예측을 하는 것이다.

5. 수행결과에 대한 피드백

목표설정이론에 대한 연구에서 또 하나의 요인은 수행결과에 대한 지식 또는 피드백이다. 목표설정과 피드백의 효과를 다룬 연구결과들을 보면, 목표가 없는 피드백은 수행에 효과가 없었고, 피드백이 없는 목표설정은 수행에 지속적인 효과를 보여 주지 못했다. 그러나 목표가 설정된 경우 주어지는 피드백은 수행을 증가시키는 결과를 가져왔다(Locke & Latham, 1990a). 따라서 피드백은 수행에 대한 목표의 효과를 조절하는 것으로 볼 수 있다(Latham & Locke, 1991).

Locke와 Latham(2002)은 그동안 목표설정이론 연구 분야에서 수행된 피드백과 관련된 연구결과를 다음과 같이 요약하였다. 목표가 효과적이려면 사람들은 목표가 어느 정도 진전되었는가를 나타내 주는 요약 피드백(summary feedback)이 필요하다. 사람들은 자신이 얼마나 잘하고 있는가를 모르면 목표가 요구하는 것에 맞는 노력수준과 방향을 조정하고, 수행전략을 조정하는 것이 불가능해진다. 만약 자신이 목표수준 이하의 수행을 하고 있다는 것을 알게 되면 대부분은 노력을 증가시키거나 새로운 전략을 시도한다. 요약 피드백은 목표의 효과에 대한 조절변인으로 기능한다. 즉, 목표만 있는 경우보다 목표와 피드백이 같이 주어지는 경우 더 효과적인 것으로 나타난다.

목표설정에서 피드백의 역할에 대한 연구에서도 자기효능감의 매개역할이 나타났다. 긍정적인 피드백은 일반적으로 자기효능감을 증진시킨다(Erez, 1977; Locke & Latham, 1990a). 그러나 이러한 피드백이 항상 수행을 증진시키는 것은 아니라는 연구도 발표되었다(Bandura & Jourden, 1990; Matsui, Okada, & Inoshita, 1983). Bandura와 Jourden(1990)의 연구에서는 자신들의 수행이 동료들보다 우수하다고 계속적으로 알려 준 조건('우수 조건')의 피험자들은 점차 낮은 목표를 설정하였다. 이와는 대조적으로 처음에는 동료들에 비해 잘못하고 있다는 피드백을 받다가 점점 수행이 향상되어 나중에는 다른 동료들을 능가했다는 피드백을 받은 조건('점진적 숙달 조건')의 피험자들이 '우수 조건'보다 훨씬 우수한 수행을 보인 것을 관찰하였다. 이 결과를 연구자들은 수행 향상의 핵심은 '점진적 숙달 조건' 피험자들에서와 같이 자신의 수행에 대한 확신이라고 해석하였다. 다시 말해서, 자기효능감이 피드백의 효과를 매개한다는 것을 의미한다.

6. 관련 개인차변인

일반적으로 이론 발전의 초기에는 그 이론이 대상으로 삼는 현상의 핵심 변인들에 관한 연구가 양산되기 마련이다. 그러다가 어느 정도의 경험적 증거가 쌓이고 그 핵심 변인에 대한 윤곽이 나타나게 되면, 다음으로 그 이론의 정교화를 위해서 관심의 대상이 되는 것은 관련변인의 효과다. 심리학의 이론 발전과정 중 어떤 종류의 변인들이 매개 혹은 조절변인인가에 대한 탐구가 시작되면 제일 먼저 고려되는 것이 개인차변인 또는 성격변인들이다. 목표설정이론에서도 마찬가지 현상을 볼 수 있다. Locke의 1968년 첫 번째 요약 논문에서 검토된 연구들은 개인차변인에 관한 내용을 포함하지 않았으나, 1981년의 두 번째 요약 논문에서는 개인차변인에 대한 요약이 포함되었다. 여기서 다루어진 변인들은 주로 개인의 배경변인들과 성격변인들 중에서 성취동기와 욕구에 관한 것 그리고 자존감과 내·외 통제소재에 관한 것들이었다. 그리고 그 결과는 전혀 일관성 없는 것으로 나타나서 좀 더 체계적인 탐구가 요구된다는 제안으로 끝났다(Locke et al., 1981).

그 이후부터 목표설정 연구에서 가장 흔히 볼 수 있는 개인차변인은 자기효능감이었다. 또한 자기효능감은 목표설정이론의 핵심 변인인 목표의 난이도, 구체성, 목표에 대한 전념, 목표설정 시의 참여, 결과에 대한 피드백 등의 모든 핵심 변인들의 효과에 대한 결과 해석에서 빠지지 않고 포함되었다.

목표설정 연구 분야에서 수행된 자기효능감에 관련된 대표적인 연구결과를 요약하면 다음과 같다. 첫째, 자기효능감은 수행수준을 높인다(Locke, Frederick, Lee, & Bobko, 1984). 둘째, 자기효능감이 높은 사람들은 낮은 사람들보다 어려운 목표를 설정한다(Lee & Bobko, 1994; Locke et al., 1984; Mone, Baker, & Jeffries, 1995). 셋째, 부과된 목표는 자기효능감을 증진시키기 때문에 목표에 대한 전념 정도를 높이므로 높은 수행수준을 보인다(Locke & Latham, 1990b; Salancik, 1977). 넷째, 자기효능감은 목표에 대한 전념을 증진시킨다(Locke & Latham, 1990b). 다섯째, 목표설정 시의 참여는 자기효능감의 조절 효과 때문에 높은 수행수준을 보인다(Latham, Winters, & Locke, 1991). 여섯째, 긍정적 피드백은 자기효능감을 증진시키고 결과적으로 수행수준을 높인다(Bandura & Jourden, 1990). 물론 이 연구들의 결과는 그 연구에서 적용하고 있는 변인들에 대한 조작적 정의에 따라 해석의 일반화의 범위를 제한시켜야 할 것이다.

7. 요 약

목표설정이론이 출발한 지 40년이 넘는 세월 동안 수행된 연구들에서 나타난 핵심적인 결과를 Locke와 Latham(2006)이 요약한 것을 정리하면 다음과 같다. 첫째, 구체적이고 어려운 목표는 쉽거나 최선을 다하는 것과 같은 모호하고 추상적인 목표보다 높은 수행수준을 보인다. 개인이 그 목표에 전념하고, 목표달성에 필요한 능력을 갖추고 있으며, 갈등적인 목표가 존재하지 않는 한 목표난이도와 과제수행 간에는 정적 선형관계가 존재한다. 둘째, 목표는 네 가지 기제를 통해서 수행에 영향을 미친다. ① 목표는 주의집중과 행동의 방향을 결정한다. ② 목표는 개인으로 하여금 그 목표에 달성하기 위하여 노력을 투여하게 한다. ③ 목표는 그 목표를 달성할 때까지 끈기를 유지하게 한다. ④ 목표는 그것을 달성하기 위해 각성하게 하고, 기술을 개발하며 습득하도록 동기화시킨다. 셋째, 목표는 과제특수적 자기효능감과 연계하여 성격특성, 피드백, 의사결정 참여, 직무자율성과 금전적 보상과 같은 다른 동기유발 변인들의 영향을 매개한다. 넷째, 목표설정의 핵심 조절변인은 피드백, 목표전념, 과제복잡성 등으로 나타났다.

제4절 목표설정이론의 현 상태

앞에서도 여러 차례 언급했듯이 목표설정이론은 조직심리 분야에서 가장 주목받고, 현장적용을 위한 다양한 시도가 이루어지고 있는 동기이론이다. 특히 Locke와 Latham이 40년 이상 이론 발전과 현장적용 연구를 주도하고 있어서 앞으로도 계속적인 연구가 지속될 것으로 예측할 수 있다. 이들이 확인한 경험적 연구는 이미 1990년 논문에서 발표되었듯이, 다양한 문화권에서 88가지 과제를 가지고 40,000명 이상의 연구참여자를 대상으로 하여 400편이 넘게 수행되었다. 이 연구들에서 목표설정 핵심 변인에 대한 지지 또한 강력한 것으로 나타났다. Locke와 Latham은 목표설정에 영향을 미치는 것으로 나타난 핵심적인 요인들을 종합하여 직무현장에서 효율적인 수행을 예측할 수 있는 '높은 수행 순환성' 모형을 제안하였다(1990b, 2002).

1. '높은 수행 순환성' 모형

Locke와 Latham(1990b)이 처음에 제시한 '높은 수행 순환성' 모형은 보다 정련되어 핵심적인 요소만을 남기고, 적용범위를 일반화시킨 간명한 모형으로 수정되어 다시 제시되었다(Locke & Latham, 2002). [그림 9-3]을 보면 우선 개인이 과제수행 상황에 임할 때 갖고 있는 목표의 핵심 특성들로 구체성과 난이도가 수행에 직접적인 영향을 미치게 된다. 이때 목표전념, 중요성, 자기효능감, 과제복잡성과 수행에 대한 피드백과 같은 조절변인들이 목표의 핵심 특성들과 상호작용하고, 동시에 목표설정의 동기적 기제들이 함께 영향을 미쳐 생산성이나 효율성을 결정할 것이다. 이것을 보다 구체적인 상황으로 설명하면, 구체적이고 높은 목표를 세웠을 때 높은 목표와 높은 효능기대의 동기적 기제가 조절하여 높은 수행을 이룬다는 것이다. 다시 말해서, 구체적이고 높은 목표와 높은 기대나 효능감은 개인으로 하여금 방향을 설정하고 노력을 투여하여 끈기를 보이게 하며, 관련 기술이나 전략을 사용하도록 동기화시켜, 결과적으로 높은 수행으로 이끌게 된다. 이때 구체적이고 높은 목표가 제공하는 목표전념과 개인의 능력과 과제의 복잡성 그리고 상황적 제약 등의 다른

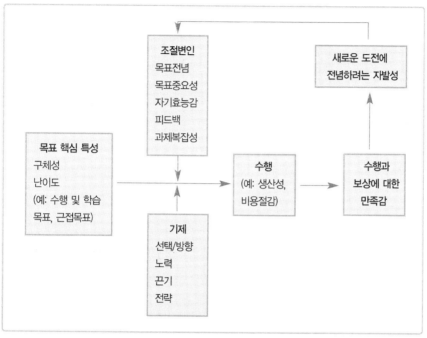

[그림 9-3] **목표설정이론과 '높은 수행 순환성' 모형의 핵심 요소**(Locke & Latham, 2002)

조절요인들의 효과도 같이 수행에 영향을 미칠 것이다. 결과로 나타난 높은 수행은 보상을 받을 것이고 그에 따라 만족감이 생기며 조직과 목표에 대해 더욱 열심히 전념할 것이다. 이것이 다시 후속 과제상황에 임할 때 보다 긍정적인 출발을 유도할 것이며, 이러한 전체 과정은 순환적인 속성을 가진다. 이 모델에서는 이제까지 목표설정이론의 연구 분야에서 다루어지고 그 효과가 검증된 다양한 관련 변인들을 포함해서 직무동기와 직무만족도와의 관계성을 보이려고 시도한 것으로, 귀납적 이론의 정련과정을 보여 주고 있다고 할 수 있다(Locke & Latham, 1990b, 2002).

2. 자기조절 체계와의 통합

자기조절이론(Bandura, 1986)은 인간의 모든 의도적인 행동을 설명하는 일반적인 틀로 받아들여지고 있는데, 목표설정은 자기조절 과정의 핵심적인 하위요인이다. 목표를 설정하는 것과 그것을 실제 행동으로 옮기는 것은 의지적(volitional) 과정이므로 목표설정이론에 자기조절은 이미 전제된 것이다. 목표가 되는 기준을 설정하는 것이 자기조절의 시발점이기 때문에 자기조절은 목표설정에 의해 시작된다고 할 수 있다(Latham & Locke, 1991). 목표설정이론은 Bandura(1986)가 자기효능감이론과의 접목을 시도한 후 Locke와 Latham 그리고 Schunk 등의 연구로 자기조절 체계 속으로 통합되어서 다루어지고 있다.

자기조절 체계, 목표설정과 자기효능감이론의 통합을 시도한 Schunk(1991)는 목표설정과 자기효능감이 자기조절 과정에서 다른 관련 변인들과 어떻게 연결되는가를 [그림 9-4]와 같이 제시하고 있다. 이 모델 속에서 목표설정과 자기효능감은 과제지향적인 행위들을 조정하고, 자기평가적 행위들에 영향을 주는 것으로 제시되고 있다. 개인이 어떤 과제수행 상황에 임할 때는 특정한 목표가 있고, 사전 경험과 태도를 갖고 있다. 이에 따라 특정한 목표전념 수준, 구체성, 근접성과 난이도를 가진 목표를 설정하며, 이 목표를 달성하는 데 대한 자기효능감을 갖는다. 이렇게 설정된 목표와 개인의 자기효능감은 과제지향적인 활동들, 즉 지시에 주의를 집중하고 지식을 처리하며 종합하는 등의 정보처리와 노력과 끈기, 도움을 구하는 등의 행동, 지각된 과제중요도와 결과에 대한 기대감 등을 포함하는 신념, 만족감과 자긍심 같은 감정, 목표 진전에 대한 자기판단, 자기반응을 포함하는 자기평가적 행위들에 영향을 준다. 과제를 수행해 가면서 개인은 자신의 수행을 목표와 비교해서 진전 상황을 판단한다. 자신이 진전을 보이고 있다는 믿음은 과제를 시작할 때의 자기효능감의 타당성을 확인해 주고 목표달성을 위하여 속행해 나가게 한다. 수행자는 자신의 진전상태에 대한 판단에 반응한다. 그리고 원래의 목표가 달성되면 새

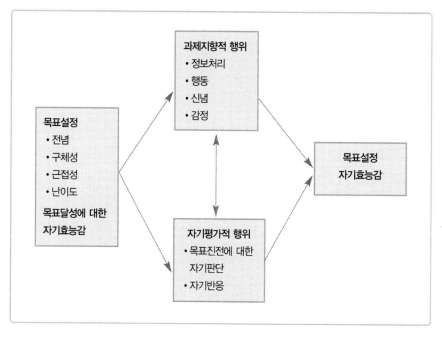

[그림 9-4] **목표설정과 자기평가적 측면을 중심으로 제시한 자기조절 모형**
(Schunk, 1991)

로운 도전적인 목표를 설정한다. 이것이 Schunk가 제시하는 자기효능감과 목
표설정의 관계를 포함하는 자기조절 과정의 일부다.

목표설정은 개인에게 적절한 수행수준이 무엇인가를 알 수 있게 해 줌으로
써 자기조절을 촉진한다(Latham & Locke, 1991). 개인이 설정한 목표수준에 미
치지 못하는 행위는 수행에 대한 부정적인 평가를 가져온다. 이러한 부정적인
평가는 개인의 실패에 대한 내성이 높은 경우에는 후속 수행을 향상시키기 위
해 노력을 증가시키는 것 같은 자기조절 기능을 향상시켜 목표달성을 이루게
할 수 있다. 또한 개인에 따라서는 실패에 대한 부정적 평가에 따른 혐오적인
감정에 집착하게 되어 자기조절 기능이 떨어질 수 있다. 반면에 일단 설정한
목표수준에 도달하게 하는 행위는 수행에 대한 긍정적 평가를 가져온다. 이러

한 긍정적 평가는 같은 목표수준의 후속 상황에서의 성공을 쉽게 예측할 수 있게 하므로 더욱 높은 자기효능감을 갖게 하고, 높은 목표를 설정하게 할 가능성을 내포한다. 자기조절적 행위들은 개인으로 하여금 현재와 미래 행동들을 특정한 목표를 향한 진전상태를 평가할 수 있게 해 주는 규준과 맞추게 한다. 일단 개인이 어떤 목표를 향해 나가기로 결정하면 노력, 끈기, 방향제시의 동기적 기제가 어느 정도 자동적으로 기능하게 된다. 즉, 목표설정은 지각된 목표의 진전상태와 자기효능감의 매개적인 효과를 통해서 수행에 영향을 준다. 만약 개인이 자신의 기준인 목표와 자신의 수행수준과의 차이를 인식하게 되면 더 많은 노력을 투여할 동기가 유발되고, 자기조절의 하위기능들을 통해 후속적인 행동계획을 세우게 된다는 것이다(Latham, & Locke, 1991). 따라서 개인에게 자기조절을 효과적으로 수행하게 하는 훈련은 큰 의미가 있는 것이다.

초기 조직행동 연구 분야에서는 개인의 수행목표는 부여받는 것이 대부분이고, 스스로 목표를 설정하는 상황이 많지 않았기 때문에 목표를 설정하는 것이 출발점이 되는 자기조절 훈련에 대해서는 특별한 관심을 두지 않았다. 이 분야에서의 최초의 자기조절 훈련이 체계적으로 연구된 것은 Frayne과 Latham(1987)의 연구에서였다. 이 연구자들은 시설관리과 공무원들을 대상으로 결근율을 낮추기 위해 8주 동안 자기조절 훈련을 시킨 결과 통제집단보다 결근율이 유의하게 줄어들었고, 3주 후에도 그 효과가 지속되었다고 한다. 연구자들은 또한 6개월과 9개월 후에도 효과가 지속되는 것을 관찰하였다(Latham & Frayne, 1989). 또 다른 연구에서 Cervone, Jiwani와 Wood(1991)는 복잡한 의사결정 모사과제(simulation task) 수행 시 높은 자기조절 기능을 보이는 피험자들이 높은 자기효능감을 가진 것을 관찰하였다. 또한 이들의 연구에서는 구체적인 목표를 부여받은 집단의 피험자들이 뚜렷한 목표가 제시되지 않았거나 스스로 선택한 목표집단의 피험자들보다 높은 수행수준을 보였다. 반면 구체적 목표집단에서는 자기효능감과 자기평가적 반응과 수행 간의 높은 정적인 상관이 나타났다. 그러나 다른 집단에서는 이런 관계가 나타나지 않았음을 보고하였다. 이런 결과는 효과적인 자기조절 기술 훈련의 정당성을 제공해 주는 것이며, 자기조절 체계의 하위기능들과 자기효능감에 대한 증진훈련의 긍정적인 효과를 보여 주는 연구결과들(Bouffard-Bouchard, 1990; Brown & Latham, 2000; Eden & Aviram, 1993)에 의해 지지된다.

3. 발전방향

Locke와 Latham(2006)은 목표설정이론이 '열린' 이론이라고 하면서 계속적인 발전가능성을 시사하였다. 즉, 목표설정에 직접/간접적으로 영향을 미치는 매개변인과 조절변인들에 대한 연구가 계속되면 새로운 요소들이 추가되고 새로운 연구방향이 결정될 수도 있다는 것이다. 실제로 최근에 목표설정이론에 관한 연구 추세를 보면 다른 동기이론들과의 통합이 활발하게 이루어지고 있는 것을 관찰할 수 있다. 앞에서 논의했듯이 이미 자기효능감이론과 자기조절이론은 목표설정이론의 중요한 부분으로 통합되었고, 최근에는 목표지향성이론(Phillips & Gully, 1997)이나 자기결정성이론(Meyer, Becker, & Vandenberghe, 2004)과 통합해서 연구문제를 설정하고 결과를 예측하는 경우들을 볼 수 있다.

학업 관련 연구의 예를 들면, Phillips와 Gully(1997)는 능력, 목표설정, 자기효능감과 다양한 성격특성을 하나의 체계 속에 포함시켜서 개인의 수행을 설명하고 예측하기 위한 연구를 수행하였다. 연구자들은 대학생들의 설문지 반응 자료를 사용해서 구조방정식 모형을 통해 변인들 간의 관련성과 매개 효과를 검증한 결과 능력, 학습목표지향성과 통제소재가 자기효능감과 정적으로 관련된 것을 확인하였다. 반면에 수행목표지향성은 학업과제에 대한 자기효능감과 부적으로 관련된 것을 발견하였다. 자기효능감과 성취욕구는 목표수준과 정적 상관이 있으며 능력은 자기효능감과 함께 수행과 정적 상관이 있음을 확인하였다. 이 연구는 자기효능감과 목표설정 과정이 통제소재, 목표지향성과 같은 성격특성이 수행에 미치는 영향을 매개하는 변인임을 확인한 것에 의미를 부여할 수 있을 것이다.

목표설정이론에서 특별히 다루지 않은 목표의 내용 차원으로는 목표의 근접성과 맥락에 대한 고려라고 볼 수 있다. 즉, 장기적(원격: distal) 목표 대 단기적(근접: proximal) 목표의 차별적 효과에 대한 연구는 별로 없었다. 또한 학업 혹은 직무상황과 같은 인지적 수행에 관한 연구가 중심이었고, 다양한 목표가 동시에 존재할 수 있는 사회적 상황에서의 목표의 특성에 관한 연구는 찾아보기 어렵다. 그러나 학생들의 경우는 학업상황이라는 제한된 환경에서도 다중 목표(multiple goals)가 활성화될 수 있고, 목표설정에 영향을 미치는 요인들의 효과 또한 다양할 것이므로 학업동기를 연구할 때는 이러한 측면의 고려가 병행되어야 할 것이다.

청소년기 학생들이 가진 목표의 종류를 알아보기 위해 Wentzel(1989)은 학생들에게 교실에서 성취하고자 하는 것이 무엇인가를 물어서 분석한 결과 12가지 목표 목록을 도출하였다. 이 목록 속에 포함된 것은 공부 잘하기, 시간 내에 과제 완성하기, 책임감 등의 학업적인 내용뿐만 아니라 재미있게 지내기, 친구와 상호작용하기 등의 사회적 목표(social goal)도 있었다. 이러한 다중 목표에 대한 연구는 학업현장에서 학생들을 이해하는 데 중요한 정보를 제시하므로 연구의 확대가 필요할 것이다.

Locke와 Latham(2006)은 목표선택, 학습목표와 수행목표, 목표설정의 틀(framing), 감정, 집단목표, 목표와 특성, 목표의 위계와 다양한 규모의 조직에서의 대단위 목표, 의식적 목표와 잠재의식에서의 목표 간의 관계를 앞으로 목표이론에서 다루어야 할 여덟 가지 범주로 제안하였다. 교육, 스포츠, 직무상황 이외의 다양한 상황에서의 실제적 적용에 대한 적극적인 노력이 필요할 것이다.

제5절 교육현장 적용 연구 및 시사점

　자기조절이론은 교육 및 학습동기 분야에서는 자기조절 학습이라는 이론체
계하에서 다량의 연구와 현장적용을 위한 프로그램으로 개발되고 시행되고
있으며, 조직행동 분야에서도 자기효능감 증진 훈련과 더불어 자기조절 훈련
의 효과에 대해 많은 관심을 보이고 있다. 그러나 교육에서 목표와 목표설정
이 필수적인 개념인 것에 비하면 목표설정이론의 직접적인 교육현장 적용연
구는 국내는 말할 것도 없고 해외에서도 그다지 활성화되지 않고 있다. 교육
목표에 관한 연구는 목표설정 자체보다는 다음 장에서 논의할 목표지향성에
관한 관심에 치중된 것으로 나타난다.

1. 자기조절 학습을 통한 목표설정 훈련

　자기조절 기술을 가르치는 것은 Kanfer(1970)가 임상상황에서 자기통제(self-
control) 기술을 훈련시킨 것을 시작으로 자기관리(self-management) 훈련으로
진행되어 왔고, 후에는 학습상황에서 Bandura, Zimmerman, Schunk 등이 자
기조절 학습이라는 체계를 구축하여 학생들의 학업성취 증진을 위한 자기조절
훈련 프로그램의 개발과 그 효과에 대한 연구로 진행하였다. Zimmerman,
Bandura와 Martinez-Pons(1992)는 학습상황에서 자기조절을 잘하는 학습자
는 도전적인 목표를 세우고, 자신의 목표를 달성하기 위한 적절한 전략을 효
과적으로 사용하고, 자신의 노력을 자극하고 조정하는 자기조절 효과의 도움
으로 자신의 학습과정과 목표달성을 주도한다는 연구결과들을 요약 제시하
였다. 이 연구자들은 또한 자기조절을 하는 학습자는 자신의 능력에 대한 효

능감이 높고, 높은 목표를 설정하는 동시에 이러한 도전을 충족시키기 위해 높은 목표전념 수준을 보인다고 주장하였다.

목표설정이론과 관련 연구들에서 확인된 목표의 난이도와 구체성, 목표의 출처, 목표전념과 같은 목표설정이론의 주요 변인들이 학업상황에서도 동일하게 나타나는가에 대한 경험적 검증은 필수적인 것으로 보인다. 또한 '높은 수행 순환성' 모형을 학업상황에서 검증하는 것 또한 교육장면에서 학생들의 동기유발과 수행을 증진시키는 데 효과적인 방안 마련에 중요한 정보를 제공할 것이다.

교육장면에서 목표설정이론을 적용하여 목표의 난이도와 출처의 효과를 검증한 연구로 Kim과 Clifford(1988)의 연구가 있다. 연구자들은 대학생을 대상으로 목표의 난이도를 어려움, 중간, 쉬움의 목표로 설정한 조건과 목표의 출처를 스스로 설정, 참여설정, 부과된 목표의 세 가지 조건으로 제시하여 목표 난이도와 출처의 효과가 목표수용과 실패내성에 미치는 효과를 비교하였다. 연구결과는 어려운 목표와 중간수준의 목표조건이 쉬운 목표조건보다 높은 목표수용과 실패내성을 보였고, 스스로 설정한 목표와 참여설정한 목표조건이 부과된 목표조건보다 목표수용과 실패내성에 긍정적인 영향을 주는 것을 확인하였다. 이 결과는 목표난이도가 증가할수록 목표의 긍정적 효과가 증가한다는 목표설정이론의 예측과 일치하지 않는데, 이러한 결과에 대해 연구자들은 앞에서 논의한 바와 같이 교육장면에서 다루는 목표수준과 조직장면에서 다루는 목표수준에 대한 범위의 차이로 해석하였다. 또한 목표설정을 할 때 수행자가 참여하여 설정하는 목표가 스스로 설정한 목표만큼 긍정적인 효과를 보여 준 것은 교육장면에 주는 시사점이 큰 것으로 평가할 수 있다.

2. 목표설정이론의 교실 적용

목표설정이론을 교육현장에 직접 적용한 예는 국내는 물론이고 국외에서도 찾기 어렵다는 것은 이미 지적하였다. 그 이유는 목표설정이론이 생산성의 증대에 관심을 둔 조직행동 분야에서 시작된 이론이라는 것이 가장 타당할 것이다. 또 하나의 이유를 찾는다면 교육 분야와 조직 분야에서 관심을 두는 목표나 목적에 대한 접근이 다르기 때문일 수 있다. 다시 말해서, 교육의 효과는 즉각적으로 나타나는 것이 아니어서 수립한 목적이 효과적인지 아닌지를 단기간에 판단하기가 어려운 반면, 조직장면에서는 즉각적인 생산성 증대를 가져오는 데 효과적인 방안이 무엇인가에 대한 관심의 일환으로 목표의 구체적인 특성에 관심을 둔 때문일 수 있다.

목표설정이론을 교육현장에 적용시켜 그 효과를 검증한 경험적 연구를 찾기는 어렵지만, 이제까지 논의한 목표설정이론과 경험적 연구결과에 근거해서 다음과 같이 교실에서 적용해 볼 수 있는 아이디어를 제시할 수 있다.

첫째, 학생들로 하여금 스스로 자신의 목표를 세우도록 권장한다. 스스로 세우기를 힘들어 하는 학생은 교사와 함께 자신의 목표수준을 결정하게 한다. 이것은 자기결정성이론을 포함하는 내재동기이론가들도 동의하는 바람직한 실제다.

둘째, 능력수준의 범위에서 가능한 한 높은 수준의 목표를 세우게 한다. 즉, 목표설정이론에서 가장 강력한 성취에 대한 예측변인인 목표의 난이도 수준을 조정하는 것이다. 교사나 부모는 학생들로 하여금 자신의 능력수준에 대한 정확한 평가에 기초해서 가능한 한 높은 목표를 세울 것을 권장할 필요가 있다. 이 때 유의할 점은 너무 높은 목표를 계속 세워서 실패 경험을 반복하게 하지 않도록 주의해야 한다. 다시 말해서, 적당한 도전을 경험하게 하는 자신의 최적 수준의 목표를 찾는 것이 중요하다.

셋째, 자신이 세운 목표를 기록하고, 수행에 대한 평가결과를 함께 기록하는 자기평가를 통해 수행을 모니터할 수 있게 한다. 이것은 스스로 구체적이고 즉각적인 피드백을 얻을 수 있는 방법이다.

넷째, 장기적인 목표를 세우고 이를 달성하기 위해 여러 개의 단기적인 하위목표를 세우게 한다. 장기목표는 행동의 방향을 제시해 주기 때문에 필요하면서도 도달하는 데 걸리는 기간이 길게 마련이다. 사람들은 자신의 수행에 대한 피드백에 관심이 많고, 피드백 결과에 따라 자신의 수행에 대한 평가를 하고 후속 행동에 대한 계획을 한다. 따라서 장기목표는 단계별로 하위목표로 나누어서 설정한 후 추진해 나가는 것이 효과적이다.

다섯째, 목표달성에 방해가 되는 요소를 찾아내도록 하고, 습관적으로 해야 할 일을 미루는 지연행동을 하는 학생은 단기목표를 세우고 모니터하게 한다.

교실상황에서 적용해 볼 수 있는 이와 같은 방안들의 효과는 현장연구를 통해 확인해야 할 것이다. 현장연구를 통해 이러한 방안들이 학생들의 어떠한 개인적 특성들과 상호작용하는가에 대한 결과를 수집하여 반영함으로써 보다 실질적인 목표설정의 효과를 기대할 수 있다.

제6절 **한국의 목표설정이론**

목표설정이론이 서구 문화권에서는 조직행동 분야에서 가장 중요한 동기이론으로 주목받고 있는 것에 비해 한국에서는 그다지 큰 관심을 받지 못해 왔다. 목표설정이론은 이 책에서 소개한 동기이론들 중에서 한국 연구자들의 관심을 가장 끌지 못한 이론이다. 이러한 현상이 나타난 데는 여러 가지 이유가 있겠지만 아직 한국에서 조직행동을 연구하는 인구가 많지 않은 것이 가장 큰 이유일 것으로 생각된다. 전자 데이터베이스(KISS와 RISS)를 탐색한 결과 1980년대부터 2009년까지 Locke 등의 목표설정이론에 관한 학술논문은 경영학 관련, 스포츠나 체육학 관련 학술지에서 몇 편을 찾을 수 있었으며, 교육학 분야에서는 한 편밖에 찾을 수가 없었다. 여기서는 조직장면에서 수행된 연구 한 편과 교육장면에서 수행된 연구 한 편을 구체적으로 살펴보기로 한다.

『경영학연구』에 실린 정명환(1989)의 논문은 Locke 등의 목표설정이론을 한국에서 반복 수행한 연구로 볼 수 있다. 이 연구에서는 목표의 난이도, 명확성, 목표설정 시 참여도와 수행 피드백과 기업의 예산실행을 담당하는 하위관리자들의 예산에 대한 태도와의 관계를 조사연구를 통해 검토하였다. 연구결과는 Locke의 목표설정이론을 지지하는 대로 목표의 난이도와 명확성이 높을수록, 목표설정에 참여하는 정도가 높은 것으로 지각할수록 예산에 대해 긍정적이고 예산달성에 대해 적극적인 태도를 보이는 것으로 나타나 목표설정이론이 한국의 조직상황에서도 적용될 수 있음을 확인하였다.

교육과 관련된 연구로 유일하게 찾은 것은 장내찬(2002)이 교사의 직무동기와 관련하여 기대이론, 목표설정이론과 공정성이론(Equity Theory)을 비교한 논문 한 편뿐이었다. 이 논문에서 연구자는 초·중·고등학교 교사들을 대상으로 설문조사를 실시하여 목표의 구체성과 도전성이 교사의 학생지도와 연구활동 그리고 업무에 대한 의욕과 끈기를 정적으로 예측하는 요인임을 확인하였다.

목표설정이론에 따르면 학생들이 설정하는 목표의 난이도와 구체성, 목표설정 시 참여 여부가 학생들의 학업에 대한 적극적인 참여의지와 내재동기에 영향을 미칠 수 있다는 것을 예측할 수 있다. 그렇기 때문에 앞으로 교육장면에서도 목표설정이론의 도입과 실제적 적용연구는 큰 의미가 있다. 학생들의 목표난이도와 목표설정 시의 참여를 높이고, 결과에 대한 피드백의 적극적인 활용을 고무시키는 중재 프로그램의 개발과 도입이 활성화되기를 기대해 볼 수 있다.

ACADEMIC MOTIVATION

CHAPTER
10

성취목표이론

성취목표이론

    목표와 관련된 동기이론으로 '성취목표이론(Achievement Goal Theory)'은 사회인지이론의 체계 내에서 특별히 성취행동을 설명하기 위해 개발되었으며, 초기에는 '목표지향성이론(Goal-Orientation Theory)'으로 불렸다. 목표설정은 개인이 성취하려고 노력하는 특정한 결과를 의미하는 반면 목표지향성은 목표의 방향 또는 추구하는 목표 뒤에 있는 의도를 말한다(Dweck, 1992). 목표는 개인이 당면하는 사건들을 해석하고 반응하여, 결과적으로 자신의 인지, 정서, 행동의 패턴을 만들어 내는 틀을 제공한다(Dweck & Leggett, 1988). 목표지향성이론은 개인의 능력에 대한 견해와 동기 사이의 관계에 대한 관점을 제공함으로써 학업상황에서 학생들의 성취행동을 가장 직접적으로 설명하는 동기이론으로 발전하여 현재 학업장면에서 가장 많은 관심을 받아 온 동기이론 중하나다. 최근까지도 성취목표이론은 계속 발전하고 점차 적용범위가 확장되어 학업장면뿐만 아니라 다양한 인간행동과 관련된 영역에서 도입되어 많은 연구가 수행되고 있다.

제1절 **이론발달 배경**

 이제까지 보았듯이 성취상황에서 사람들이 왜, 어떻게 행동하는지는 동기 이론에서의 핵심 질문이다. Atkinson(1964)의 성취동기이론의 초기 연구들은 다양한 성취상황에서 사람들의 행동에 대한 설명을 확립하기 위한 기초를 제 공하였다. 성취동기에 관한 초기 연구에서는 사람들마다 성취하고자 하고 수 월성을 추구하고자 하는 욕구의 수준이 다르다는 것을 확인하였다. 이 초기 이론은 행동의 인지적 기초뿐만 아니라 목표를 추구하는 행동의 정서적 요소 를 통합하는 데 초점을 맞춘 몇 가지 이론들로 분화되었다.

 Brophy(2004)는 성취동기이론의 분화와 발달에 대해 다음과 같이 설명하고 있다. 성취동기이론은 초기 이론이 다양화되어 궁극적으로 보다 광범위한 주 제의 각기 다른 측면들에 초점을 맞춘 일군(一群)의 이론과 연구들을 산출하 였다. 이러한 작업은 주로 Carol Dweck 등의 능력에 대한 암묵적 이론, Weiner 등의 성공과 실패에 대한 인과귀인, Bandura 등의 성취상황에서의 자 기효능지각에 관한 이론으로 나타났으며, 학교교육 현장에서 학생들의 동기 유발에 관한 적용과 시사점에 대한 탐색으로 이어졌다. 학자들의 이러한 관심 은 아동들이 처음 학교에 들어갈 때에는 배움에 대한 열망이 높은데, 학년이 올라감에 따라 점차 이러한 동기가 떨어지는 경향을 보고하는 연구결과들에 대한 염려 때문에 생기게 되었다. 이런 현상의 원인에 대한 탐색에서는 John Nicholls가 선두적인 역할을 한 것으로 볼 수 있다.

 Nicholls(1978)는 대부분의 아동들이 어릴 때는 열심히 노력하면 능력도 높 아진다고 믿다가, 나중에는 능력과 노력 간에는 역의 관계가 있다고 생각을 바 꾸게 된다고 주장하였다. 다시 말해서, 아동들은 학년이 올라감에 따라 같은 목표를 달성하기 위해 능력이 높은 사람은 조금만 노력해도 되지만, 능력이 낮 은 사람은 많이 노력해야 한다는 생각을 갖게 된다. 따라서 아동들이 능력과 노력 간의 관계를 설명할 수 있는 다른 이론이 가능하다는 것을 이해하고 나면, 능력에 대한 하나의 이론을 선호하는 경향은 주어진 상황에서 아동들이 추구하려는 목표나 성공에 대한 정의에 따라 달라질 수 있다(Nicholls, 1984).

Nicholls(1984)의 이러한 주장은 Dweck과 동료들의 능력에 대한 암묵적 이론과 유사한 것이다. 암묵적 이론의 배경이 된 것은 Dweck(1975)이 아동들의 실패에 대한 귀인양상이 다르고, 무기력한 아동들은 실패를 능력부족으로 귀인하며, 숙달지향적인 아동들은 보다 생산적으로 반응하는 것을 관찰한 것으로부터 시작되었다고 할 수 있다(제4장 참고). 결국 아동들이 능력에 대해 어떤 생각을 가지고 있느냐가 실패에 대한 귀인에 영향을 주고, 이에 따라 후속 상황에서의 목표에 대한 기대가 결정되고 그들이 취할 행동이 결정된다. Dweck과 동료들은 아동들의 목표설정과 능력에 대한 암묵적 이론 사이의 관련성을 탐색하였다(Dweck & Elliot, 1983; Elliot & Dweck, 1988). 어린 아동들은 주로 능력이 노력을 통해서 향상될 수 있다고 믿는 증가적 견해를 가지고 있으며, 나이가 들수록 능력은 고정된 것이어서 어떻게 할 수 없는 것이라고 믿는 실체적 견해를 가지게 된다는 지능에 대한 암묵적 이론을 제안하였다. 즉, 아동들이 능력에 대해 어떠한 이론을 가지고 있느냐가 학습상황에서 어떠한 목표를 선호하느냐를 결정한다고 보고 이에 대한 탐색을 시작하였다. 그 결과 증가적 견해를 가진 아동은 숙달목표지향적인 경향이, 실체적 견해를 가진 아동은 수행목표지향적인 경향이 높다는 예측을 핵심으로 하는 목표지향성이론이 도출된 것이다.

한편, Carole Ames(1984)는 교실에서 기능하는 보상구조를 조사하고 학생들의 동기유발에 서로 다른 영향을 미치는 세 가지 교실구조를 확인하였다. 첫째는 개별구조(individualistic structure)로 여기서는 학생들이 학급의 다른 학생들이 얼마나 성취했는가는 상관없이 절대적인 기준에 비추어서 얼마나 성취했는가에 따라 성적이나 상을 받는다. 개별구조는 학생들로 하여금 개인적 성취목표, 즉 교사가 제공하는 교수내용을 다른 사람과의 비교 없이 독자적으로 학습하게 하는 경향이 있다. 둘째는 경쟁구조(competitive structure)로서 이러한 구조 속에서는 수행결과를 상대적으로 평가하기 때문에 학생들은 제한된 보상을 위해 급우들과 경쟁을 해야 한다. 따라서 이러한 구조는 학생들로 하여금 개인 간 경쟁목표를 지향하게 만드는 경향이 있다. 셋째는 협동구조(cooperative structure)로서 여기서는 학생들이 집단으로 함께 공부하고 결과평가는 일정부분 집단이 만들어 낸 결과물의 질에 따라 보상을 받는 구조다. 이런 협동구조는 학생들로 하여금 소속된 집단을 위해 자신이 역할을 해야 할 도덕적 책임감을 완수하는 방향으로 가게 한다.

그동안 직접적으로 거론되지 않았지만 목표지향성이론의 또 다른 전조라고 볼 수 있는 접근으로 Spence와 Helmreich(1983)의 성취동기에 대한 다차원 모형을 무시할 수 없다(제3장 참고). 이들은 성취동기를 숙달지향성, 일지향성, 경쟁지향성의 세 가지 다른 측면들을 포함하는 다차원적인 현상이라고 하였다. 숙달지향성은 숙달목표지향성과, 경쟁지향성은 수행목표지향성과 매우 유사한 개념이라는 것은 이미 거론한 바 있다.

이와 같은 각기 다른 연구자들의 학업상황에서 학생들의 행동을 결정하는 동기에 영향을 미치는 목표와 관련된 이론들은 점차 통합을 이루어 성취목표지향성이론(Achievement Goal Orientation Theory)을 발달시키게 되었으며, 학업 성취와 관련된 연구 분야에서의 집중적인 관심과 연구로 현재는 성취목표이론(Achievement Goal Theory)이라는 보다 일반적인 명칭으로 불리고 있다. 일반적으로 성취목표란 개인이 지각하는 성취하고자 하는 이유 혹은 목적으로 정의된다(Ames, 1992; Dweck, 1986).

제2절 목표구조의 개념 및 기본 유형

목표지향성은 성취와 관련된 목표에 대한 신념으로 목표를 추구하는 이유와 그 목표를 향한 진전을 평가하기 위해 사용되는 기준을 포함한다. Nicholls, Dweck, Ames 등의 학자들에 의해 제기된 목표지향성이론은 크게 두 가지 유형으로 분류하는 이원(二元)-목표구조로부터 시작되었다. 각각이 도입한 용어는 약간씩 다르지만 기본적으로는 같은 개념적, 실제적 의미를 가진다. 우선 Nicholls(1984)는 과제관여형(task-involvement) 목표와 자아관여형(ego-involvement) 목표, Dweck과 Leggett(1988)은 학습(learning)목표지향성과 수행(performance)목표지향성, Ames와 Archer(1988)는 숙달(mastery)목표지향성과 수행목표지향성으로 지칭하였다.

두 가지 분류에 의한 이원-목표구조의 특징을 보면 과제관여형, 학습목표지향, 숙달목표지향적인 학생들은 새로운 것을 배우거나 과제를 숙달하는 데 초점을 두며(Nicholls, 1984), 문제해결과 관련시켜서 정보를 처리하고, 오류를 자신들의 전략을 조절하는 데 필요한 지표로 받아들이고(Elliot & Dweck, 1988), 학습참여도가 높고, 자기조절과 언어정보의 심층처리와 연관된 학습전략을 사용하는(Ames & Archer, 1988) 것으로 나타났다. 또한 숙달목표지향성이 높은 학생들은 노력뿐만 아니라 학습의 내재적 가치를 중요시하고(Ames, 1992; Meece & Holt, 1990), 자기참조적 기준에 기초한 숙달에 도달하고자 한다(Nicholls, 1989). 이러한 숙달목표는 자기조절 학습의 필수적 매개요인이 되며(Ames & Archer, 1988), 자기효능감과 정적으로 관련되어 있으며(Pajares, Britner, & Valiante, 2000; Phillips & Gully, 1997), 학습자로 하여금 수행결과를 긍정적인 관점에서 보게 하므로 적극적인 행동으로 유도한다(Pintrich & De Groot, 1990). 따라서 숙달목표지향적인 학습자들은 도전적인 과제를 선호하고, 모험을 추구하고, 학습활동에 관한 내재적인 흥미와 학습에 대한 긍정적 태도를 보인다(Ames & Archer, 1988; Butler, 1987; Meece & Blumenfeld, 1988). 이러한 특징들을 종합하여 볼 때 과제관여형 목표, 숙달목표 혹은 학습목표지향성은 적응적이고 바람직한 학습자의 특성이라는 결론을 도출하게 한다.

이와는 대조적으로 자아관여형 혹은 수행목표지향적인 목표를 가진 학생들은 능력과 노력은 역의 관계를 가지고 있다고 믿기 때문에 능력을 중요하게 생각하여 자기들의 능력에 대한 호의적인 평가를 받기 원하고 무능한 사람으로 보이는 것을 기피한다(Elliot & Dweck, 1988; Nicholls, 1989). 또한 다른 사람과 비교해서 상대적으로 유능하다는 평가를 받기 원하고, 자기가치감을 높이는 방향으로 학업에 임하기(Dweck, 1986) 때문에 학습 자체는 목표달성을 위한 수단일 뿐이며, 학습목표는 규준적으로 정의된 성공에 도달하는 것을 지향한다(Ames, 1992; Meece & Blumenfeld, 1988; Nicholls, 1989). 따라서 이러한 지향성이 높을수록 자기효능감이 낮고(Phillips & Gully, 1997), 선택이 가능한 상황에서는 상대적으로 도전적인 과제를 회피하고, 실패를 하면 능력부족으로 귀인하여 부정적 정서를 갖게 되며, 가능한 한 적은 노력을 투여하려고 하고, 성공한 후에는 긍정적인 정서를 갖고, 피상적이고 단기적인 학습전략을 선호한다(Meece & Blumenfeld, 1988). 숙달목표지향성에 비해 이 유형의 목표지향성은 부적응적 특성으로 결론이 내려졌다.

제3절 성취목표이론의 변천과 연구결과

1. 새로운 목표구조

성취목표지향성에 대한 초기의 이원(二元)−목표구조는 시간이 지나면서 점차 다양화되기 시작해서 두 가지 다른 분류체계인 삼원(三元)−목표구조와 사원(四元)−목표구조(또는 2×2 목표구조)에 이어 다중목표 모형이 대두되기에 이르렀다. 이와 같이 목표구조에 대한 대안적 모형이 제기된 이유는 수행목표지향성이 원래 이원−목표구조에서 예측한 바와 같이 학업상황에서 항상 부적응적인 결과만을 초래하는 것이 아니라는 연구결과들이 보고되었기 때문이다.

1) 삼원-목표구조

성취목표지향성의 이원-목표구조의 변화를 주도한 Elliot과 Harackiewicz를 비롯한 여러 연구자들은 수행목표에 접근과 회피라는 서로 반대되는 방향성을 통합해서 숙달목표, 수행접근목표, 수행회피목표를 포함하는 삼원-목표구조를 제안하고 이를 지지하는 연구결과들을 보고하였다(Elliot & Church, 1997; Elliot & Harackiewicz, 1996; Middleton & Midgley, 1997; Skaalvik, 1997). 삼원-목표구조를 측정하기 위한 척도는 Elliot과 Church(1997)가 개발한 척도와 Midgley, Maehr, Hicks, Roeser, Urdan 등(1997) Michigan 대학 연구자들이 개발한 'Patterns of Adaptive Learning Survey(PALS)'를 많이 사용한다.

수행접근목표는 성공에 대한 접근에 초점을 두는 반면에 수행회피목표는 실패에 대한 회피에 초점을 두는 것으로 성취동기이론의 접근과 회피지향성을 통합한 결과다. 수행접근목표를 지향하는 학생들은 다른 사람들과의 경쟁에서 이기고 자신의 유능성을 보여 주기 위하여 동기화되어 높은 성적을 얻는 긍정적인 적응결과를 보이는 반면, 수행회피목표를 지향하는 학생들은 자신의 무능함을 드러내지 않고 자기가치감을 보호하기 위해서 평가상황을 회피하고, 낮은 자기효능감을 가지고 있으며, 낮은 학업성취도를 보이는 등의 부적응적인 결과를 더 많이 나타내는 것으로 보고되고 있다(Barron & Harackiewicz, 2001; Elliot & Church, 1997; Elliot & McGregor, 1999; Middleton & Midgley, 1997; Pajares et al., 2000; Wolters, 2004). 수행접근목표를 측정하기 위한 문항들은 보통 개인의 목표가 다른 학생들보다 더 좋은 결과를 얻는 것이라는 내용들로 구성되는 반면에, 수행회피목표를 측정하는 문항들은 보통 개인의 목표가 다른 학생들보다 나쁜 결과를 얻지 않는 것이라는 회피지향적인 내용들로 구성된다.

그러나 수행접근목표에 대한 경험적 연구에서 일관성이 없는 결과들도 동시에 나타남으로 인해 수행접근목표의 구인에 대한 재검토가 요구되었다. 일부 연구자들은 수행접근목표의 긍정적 효과가 학습자의 연령, 성취수준 혹은 문화에 따라 다르다고 주장하기도 한다(Midgley, Kaplan, & Middleton, 2001; Pajares et al., 2000; Urdan, 2004). 또한 Harackiewicz, Barron과 Elliot(1998)의 연구나 Linnenbrink(2005)의 연구에서는 수행접근목표가 학업성취와 검사불안에 바람직하지 않은 효과를 나타낼 수 있다는 것을 보고하였다. Lau와 Nie(2008)의 싱가포르 초등학생들의 경우에는 수행접근목표가 학업참여와는 정적인 관계를 보였으나 수학성취도, 노력철회와 회피적 대처 등의 다른 결과변인들과는 관계가 없는 것으로 나타나 수행접근목표의 긍적적인 효과에 대한 비일관성을 확인하였다. Brophy(2005)는 수행접근목표의 효과에 대한 연구 요약에서 대학생들의 경우 상대평가로 학점을 받는 조건에서는 수행접근목표의 효과가 긍정적인 것으로 나타났으나, 다른 사람들과의 비교에 초점을 맞추는 경우는 불안이나 자신에 대한 부정적 평가에 신경을 쓰기 때문에 생기는 주의의 분산으로 학습 몰입에 부정적인 효과가 있는 것으로 나타났음을 주지시켰다.

그러나 이러한 일관성이 부족한 수행접근목표의 효과에 관한 경험적 연구결과들에도 불구하고 Elliot(1997)은 수행접근목표는 숙달목표와 같이 수행회피목표보다 적응적이라는 주장을 하였고, 이러한 주장을 지지하는 Rawsthorne과 Elliot(1997)의 메타분석 결과가 발표되었다. 이 메타분석에서는 수행목표와 숙달목표가 내재동기에 미치는 효과에 대한 실험연구들을 검토한 결과 수행목표가 숙달목표에 비해 내재동기를 저해하는 효과가 있는 것은 분명하지만 실험절차가 학생들의 목표를 수행회피지향적으로 유도한 경우에만 나타났다는 것을 보여 주었다.

Pajares 등(2000)은 중학생을 대상으로 작문과 과학 과목에서의 성취목표에 관한 연구에서 6~8학년생들에서 수행접근목표와 자기효능감과 자기개념 간의 상관을 검토한 결과 수행접근목표의 동기화 촉진기능은 발달수준에 따라 달라서, 초등학생과 같은 어린 나이에는 촉진기능이 없으나 중학교 이상으로 성숙한 후에는 촉진기능을 할 수 있다고 주장하였다. 결국 숙달목표는 적응적이고 수행회피목표는 부적응적이라는 것은 분명하지만 수행접근목표는 적응적인 측면과 부적응적인 측면을 모두 가지고 있는 것으로 잠정적인 결론을 내릴 수 있다.

2) 2×2 목표구조

Elliot과 Harackiewicz를 비롯한 연구자들이 이원-목표구조를 삼원-목표구조로 수정하기 위해 도입한 성취동기이론의 접근과 회피성향이라는 개념은 Elliot(1999)과 Pintrich(2000)에 의해 사원-목표구조 혹은 2×2 목표구조의 틀로 재구성되었다. 이 틀에 근거해서 첫 번째 경험적 연구를 수행한 Elliot과 McGregor(2001)는 유능성을 정의하는 방식, 즉 목표에 대한 정의(goal definition)를 개인내적 과제중심적인 것(숙달)과 규준적인 것(수행)으로 나누고 유능성에 대한 유인가치(goal valence)를 긍정적인 (따라서 접근하는) 것과 부정적인 (따라서 회피하는) 것으로 나누어서 위계적인 2×2 구조를 만들었다. 그 결과 이전의 삼원-목표구조 속의 수행접근과 수행회피와 숙달접근 외에 숙달회피가 더해져서 네 개의 목표가 만들어졌다. 여기서 숙달회피목표는 실수를 하지 않기 위한 노력, 제대로 배우는 것을 실패하지 않기 위한 노력, 자신의 기술과 지식을 유지하려는 노력 등 완벽주의에서 볼 수 있는 특성들로서 부정적인 결과를 얻을 가능성을 피하는 성향으로 개념화되었다. Elliot과 McGregor(2001)의 정의에 따른 2×2 구조에 포함된 요소들이 〈표 10-1〉에 제시되어 있다.

〈표 10-1〉 2×2 목표구조에 포함된 요소와 정의

		능력을 정의하는 방식	
		절대적/개인내적 (숙달)	규준적 (수행)
능력에 대한 유인가치	긍정적 (성공에 대한 접근)	숙달접근목표	수행접근목표
	부정적 (실패에 대한 회피)	숙달회피목표	수행회피목표

    Elliot과 McGregor(2001)는 숙달회피목표에 대한 선행요인과 결과요인들로 구성한 법칙적 망조직(nomological network) 체계에서 숙달회피목표는 숙달접근목표보다는 부정적이고 수행접근목표보다는 긍정적일 것으로 예측하였다. 연구결과 숙달회피목표는 실패에 대한 공포와 정적인 상관이 있었으며, 비조직적인 공부전략, 수업참여나 시험불안과도 정적인 상관이 있었고, 자기결정성과는 부적 상관이 있는 것으로 나타났다(Elliot & McGregor, 2001). 이러한 결과를 연구자들은 숙달회피지향성의 구인타당도 증거로 해석하였다.

    〈표 10-2〉에는 이제까지 제안된 성취목표이론의 변천에 따른 목표구조의 종류와 각 목표지향성의 특징에 대한 설명과 각각의 지향성을 측정하기 위해 개발된 척도문항의 예가 제시되어 있다.

〈표 10-2〉 목표구조의 종류와 특징 및 측정문항 예

이원구조	삼원구조	2×2 구조	특징	문항 예
숙달	숙달	숙달 접근	과제숙달에 초점, 학습에 대한 내재적 흥미와 긍정적 태도, 높은 학습참여도, 학습의 내재적 가치 존중, 자기조절과 정보의 심층처리와 관련된 학습전략 사용, 자기참조적 기준 도입, 도전적 과제 선호, 실패는 노력부족으로 귀인	나는 수업에서 가능한 한 많은 것을 배우고 싶다.
		숙달 회피	과제숙달의 실패나 학습부진을 기피, 오류를 범하는 것을 기피, 학습전략의 퇴보를 기피	나의 좋은 공부습관을 잃지 않는 것이 나에게는 중요하다.
수행	수행 접근	수행 접근	유능하게 평가받는 것에 초점, 능력에 대한 호의적 평가 기대, 자기가치감을 높이는 방향으로 학업에 임함, 학습은 목표달성을 위한 수단, 피상적이고 단기적인 학습전략을 선호, 규준적으로 정의된 성공을 지향, 도전적 과제 기피, 실패는 능력부족으로 귀인	나의 목표는 다른 학생보다 좋은 성적을 받는 것이다.
	수행 회피	수행 회피	다른 학생보다 무능한 사람으로 평가되는 것을 기피, 꼴찌가 되지 않는 것, 낙제점수를 받지 않는 것	나의 목표는 다른 학생들과 비교하여 나쁜 성적을 받지 않는 것이다.

*문항 예는 Kim(2007)이 PALS(Midgley et al., 1997)와 Elliot & McGregor(2001)의 문항들에 기초해서 한국판으로 번안한 성취목표척도에서 발췌하였음.

　　성취목표의 2×2 구조는 연구자들의 계속적인 관심을 유도하여 Elliot과 McGregor와 일관된 결과를 보여 준 연구들(Cury, Elliot, Da Fonseca, & Moller, 2006; Finney, Pieper, & Barron, 2004; Karabenick, 2004)도 발표되기는 했으나 '숙달회피' 라는 용어에 대한 이해의 어려움과 복합적인 성격으로 인해 교육현장에서는 별로 많은 연구를 유도하지 못한 것으로 보인다. 또한 숙달회피의

핵심 특성이 숙달을 유지하기 위한 목표설정이 가능하기 위해서는 이미 해당 영역에서 어느 정도의 숙달을 이룬 상태를 가정해야 하므로 낮은 연령의 학습자들에게는 부적절한 목표로 인식되기도 하였다. 또한 발달수준이 낮은 어린 아동들의 경우 네 가지 목표를 변별할 수 있는 능력을 가지고 있는가에 대한 의문 또한 경험적 연구수행에 저해가 되는 요인이었다. 심지어 Elliot 자신도 최근에 출간한 연구논문에서는 삼원구조를 도입한 것(Murayama & Elliot, 2009)을 보아도 2×2 목표구조의 실용성에 대해서는 좀 더 많은 후속 연구와 실질적 증거가 요구된다고 할 수 있다.

3) 다중목표

성취목표에 대한 초기 이원-목표구조 모형에서는 숙달목표는 바람직하고 수행목표는 바람직하지 않다는 상호대립적인 개념으로 정의되고, 실제로 많은 경험적 연구들이 숙달목표와는 적응적이고 바람직한 교육적 성과와, 수행목표와는 부적응적인 결과와의 관련성을 보여 주었다. 또한 두 목표지향성은 서로 상관이 없는 독립적인 것으로 나타나기도 하고(Ames & Archer, 1988; Harackiewicz et al., 1997) 정적으로 상관이 있는 것으로 나타나기도 하였다(Archer, 1994). 수행목표가 항상 교육적 성과에 부정적인 것만은 아니라는 결과들이 나타나면서 수행접근과 수행회피목표로 분할하고 수행접근목표는 이로울 수 있다는 것을 주장하였다. 이에 따라 숙달목표와 수행접근목표 모두를 지향하는 것이 유익하다는 다중목표 모형(Multiple Goal Model)이 제안되었다(Barron & Harackiewicz, 2001). 실제로 몇몇 연구자들은 숙달목표와 수행접근목표가 모두 학업성취를 높이는 데 중요하고 두 가지 목표 유형을 다 수용하는 것이 가장 적응적이라는 연구결과를 제시하였다(Harackiewicz et al., 1998; Harackiewicz, Barron, Tauer, Carter, & Elliot, 2000; Pintrich & Garcia, 1991).

Harackiewicz 등(2000)은 대학생들을 대상으로 단기와 장기적인 자료수집을 통해 숙달목표는 단기적으로는 과목에 대한 흥미를, 장기적으로는 해당과목의 수강 정도를 예측하였으나, 이에 비해 접근성향만을 포함한 문항들로 측정한 수행목표는 단기, 장기적으로 모두 학업성취를 정적으로 예측하는 것을 발견하였다. 또 다른 연구에서 Barron과 Harackiewicz(2001)는 숙달목표와 다중목표 접근 중 어느 것이 더 적응적인가를 상관연구와 실험연구 접근으로 확인한 결과, 두 경우 모두 다중목표 접근이 숙달목표 접근보다 학업성취에 더 유익하다는 결과를 얻었다. 이와 같이 수행접근목표의 긍정적인 효과에 집중하는 연구자들은 목표 유형에 대한 분류와 그에 대한 차별적 효과보다는 각 유형의 긍정적 측면에 초점을 두고 통합하는 다중목표 접근의 교육현장에서의 적극적인 도입을 주장하면서 성취목표이론이 수정되어야 한다고 주장하였다(예: Harackiewicz, Barron, Pintrich, Elliot, & Thrash, 2002). 그러나 Kaplan과 Middleton(2002)은 수행접근목표가 긍정적인 측면만 가지고 있지 않기 때문에 다중목표 접근은 위험할 수 있음을 주장하였다.

다중목표에 대한 접근은 단지 숙달목표나 수행목표에 국한되는 것은 아니다. 학생들이 공부를 하는 목표는 매우 다양해서 공부나 학습과제 자체에 대한 숙달이나 남보다 좋은 성적을 받기 위한 목표뿐만 아니라 자신이 처한 상황, 즉 부모와의 관계, 친구나 교사와의 관계 등 사회적 맥락 속에서 중요하게 생각하는 가치와 그것을 성취하고자 하는 목표도 있을 것이다. 개인에 따라서는 이러한 사회적 목표가 더욱 중요할 수 있다. 앞 장에서 제시하였던 Wentzel(1989)의 사회적 목표에 관한 논의에 다시 한 번 주목할 필요가 있다. 가족 간의 유대관계를 중요시하고 가족과의 동일시 경향이 큰 한국 학생들의 경우, 사회적 목표는 다른 유형의 목표보다 더욱 영향력이 클 것임을 예측할 수 있다. 자신의 성공은 가족 전체의 성공이며 가문의 영광이라는 생각을 끊임없이 주입시키는 가정교육을 받으며 성장하고, 게다가 성공에 대한 명시적인 기준이 경쟁이 치열한 유명 대학에 진학하는 것으로 받아들여지는 한국와 같은 문화권에서는 숙달목표에만 집중하기는 거의 불가능한 것으로 보인다.

학업상황에서 학생들이 갖는 또 한 가지 유형의 목표로는 공부회피목표 (work-avoidant goal)를 들 수 있다(Brophy, 2004). 공부회피목표는 많은 소외되거나 위축된 학생들에게서 볼 수 있는 것으로 이러한 학생들은 아예 성취에 관심이 없고 어떻게 하면 공부를 하지 않고 지낼까에 관심을 집중한다. 이들은 공부는 학교에서 쫓겨나지 않을 정도의 최소한으로 하고, 시험에서 낙제를 받지 않고 수업시간에 선생님한테 꾸중을 듣지 않기 위해 편법을 동원하기도 한다(Brophy, 2004).

Brophy(2005)는 교육상황에서의 목표이론에 대한 비판적 논의에서 수행접근목표의 적응적인 측면을 부각시킨 다중목표 관점도 장기적으로 보면 교육의 궁극적 목적을 왜곡시킬 수 있음을 경고하고, 학습자의 내재동기에 근거한 숙달목표를 지향하게 해야 한다고 주장하였다. 특히 다중목표는 이론적으로는 그럴듯해 보이지만 실제로 학업상황에서 학생들이 여러 가지 목표를 동시에 가지고 이것들을 조화롭게 조정하면서 추구해 나가는 것은 실현하기가 어렵다고 주장한다. 그는 목표이론가들이 교육현장에서 학생들을 지도하는 교사나 부모와 같은 교육을 담당하는 주체들에게 수행접근목표의 단기적인 효과에 근거해서 교육에 대한 시사점을 제안할 때 신중해야 할 것을 강조하였다. 그는 또한 수행목표는 접근이든 회피든 타인과의 경쟁과 사회적 비교를 포함하고 있기 때문에 교육현장에서 이러한 용어의 사용조차 피해야 한다고 주장하였다.

2. 성취목표의 발달경향

앞서 거론하였듯이 성취목표이론 수립의 기초를 제공한 것은 Nicholls와 Dweck의 아동의 능력에 대한 견해 혹은 지능에 대한 암묵적 이론이었다. 지능에 대한 암묵적 이론은 아동들의 발달이 진행됨에 따라 증가적 견해에서 실체적 견해로 전환된다는 것도 논의하였다. 따라서 아동들의 성취목표지향성도 발달이 진행됨에 따라 변화함을 예측할 수 있다. Nicholls(1984)는 보통 아동들이 초등학교 고학년 혹은 대략 10세 정도가 되면 능력에 대한 분화된 이론을 발달시킨다고 하였다. 따라서 능력에 대한 증가적 견해를 가진 이 시기 이전의 아동들은 숙달목표지향적인 성향이 높을 것이고, 점차로 학급의 동료들과의 경쟁적인 구도에 진입하면서 능력에 대한 실체적 견해로 변화함에 따라 수행목표를 지향하는 방향으로 변화할 것이라는 예측이 가능하다.

학생들의 성취목표는 학습활동을 하는 환경의 영향을 받아 변하기도 한다. 대부분의 초등학교 저학년 교실은 숙달지향적인 환경으로 능력이나 성취결과에 대한 상대적 비교나 평가를 강조하지 않지만, 학년이 올라감에 따라 점차 학업성취결과에 대한 규준적 평가기회가 많아지고 급우들 간의 경쟁이 증가하는 수행지향적으로 변화한다(Ames, 1992; Eccles et al., 1993; Stipek & MacIver, 1989). 이러한 교실환경과 교사들의 태도가 교실목표구조(classroom goal structure)를 조성하며 교실목표구조가 학생들의 성취목표지향성 발달에 영향을 미친다(Ames, 1992; Ames & Archer, 1988; Lau & Nie, 2008; Murayama & Elliot, 2009; Urdan, 2004; Urdan & Midgley, 2003; Wolters, 2004). 교실목표구조에 관해서는 다음에서 자세히 다룰 것이다.

성취목표의 발달에 관한 다수의 경험적 연구들에서 초등학생들은 수행목표보다 숙달목표가 더 높으나, 중학생들은 수행목표가 숙달목표보다 더 높은 것을 보고하였다(Anderman & Midgley, 1997; Midgley, Anderman, & Hicks, 1995; Midgley & Urdan, 2001). 그러나 숙달과 수행 지향이라는 능력에 대한 정의에 따라 분류하는 목표지향성이 회피와 접근이라는 유인가치 체계가 합쳐지면서 나이 어린 아동들의 목표에 대한 개념은 불분명해고 자신들의 목표에 대한 지향성도 명확하게 변별되지 않을 것임은 쉽게 예측될 수 있다.

더욱이 상황을 더 복잡하게 만드는 요인은 숙달목표지향성과 수행목표지향성은 개념 자체가 긍정 대 부정 혹은 적응 대 부적응적인 의미를 내포하는 것으로 해석되기 때문에 발달의 진행에 따른 아동들의 목표지향성의 변화는 교육적인 측면에서 보면 바람직하지 않은 것으로 가능한 한 지양해야 한다는 점이다. 따라서 아동들의 성취목표지향성에 대한 정확한 이해와 평가는 교육현장에서 중요한 과제다. 그러나 Elliot을 비롯한 미국 연구자들이 제시한 삼원-목표구조 혹은 2×2 목표구조에 관한 경험적 증거들은 대부분 대학생을 대상으로 수행된 연구들에서 나온 것으로, 초등학교 시절부터 중등학교를 거쳐 보다 세분화된 목표에 대한 개념이나 지향성이 어떠한 발달과정을 따라 변화되는가에 대해서는 잘 알려져 있지 않다.

최근에 봉미미는 한국 초등학교 1학년부터 중학교 3학년생들로 구성된 대규모 표본을 대상으로 2×2 목표구조의 연령별 차이를 조사하였다(Bong, 2009). 연구참여 학생들을 초등-저학년, 초등-중학년, 초등-고학년, 중학생의 네 개 연령집단으로 나누어 확인적 요인분석 방법을 적용하여 성취목표 구인을 확인한 결과 모든 집단에서 네 가지 목표지향성 요인을 가정한 모형이 가장 양호한 것으로 나타났다. 그러나 초등-저학년의 경우 성취목표 유형들의 요인 간 상관이 $r = .40 \sim .88$로 높은 관련성이 있는 것으로 나타났다. 숙달접근과 숙달회피 간의 상관($r = .40$)과 숙달접근과 수행회피 간의 상관($r = .63$)을 제외하고는 모든 목표들 간의 상관이 $r = .80$이 넘어서 초등-저학년생들은 네 가지 목표 유형들을 변별하지 못하는 것으로 나타났다. 이러한 상관 강도는 학년이 올라감에 따라 약해져서 초등-중학년 이상부터 네 가지 목표 유형들에 대한 변별이 증가하는 것으로 보인다. 이와 같은 한국 초, 중등학생들을 대상으로 한 연구결과는 Elliot과 McGregor(2001)가 2×2 모형을 제안하면서 숙달회피목표는 완벽주의나 성인의 경우에 나타나는 목표지향성일 것이라고 한 가설과 맞지 않는다. 이러한 불일치를 문화적 차이로 해석할 것인지 원 모형의 부적절성으로 해석할 것인지는 좀 더 많은 후속 연구를 통한 검증이 이루어져야 할 것으로 보인다.

3. 교실목표구조

이제까지 살펴본 대로 성취목표지향성은 학생 개인의 특성으로 많이 연구
되어 왔다. 그러나 학업상황에서 학생들이 추구하는 목표는 그들이 가진 능력
에 대한 신념이나 과거 성취 경험의 영향뿐만 아니라 그들이 속한 학업환경,
즉 교실이나 가정환경에 따라 다를 것은 분명하다. 따라서 학생들은 어떤 교
실환경에서 숙달목표를 지향하게 되고 어떤 환경에서 수행목표를 지향하게
되는가에 대한 성취목표이론의 맥락적 접근이 Ames와 Archer를 필두로 시작
되었다(Ames, 1992; Ames & Archer, 1988).

Ames와 Archer(1988)는 숙달목표와 수행목표를 지향하는 교실풍토를 분석
하여 〈표 10-3〉과 같이 정리하였다. 표를 보면 교실의 풍토는 성공에 대한 정
의, 가치부여, 만족감을 느끼는 이유, 교사의 지향, 오류나 실수에 대한 태도,
주의집중 대상, 노력하는 이유 그리고 평가기준이라는 여덟 가지 차원으로 나

〈표 10-3〉 교실풍토에 대한 성취목표 분석(Ames & Archer, 1988)

풍토의 차원	숙달목표	수행목표
성공에 대한 정의	향상, 진보	높은 성적, 높은 규준적 수행
가치부여	노력/학습	규준적으로 높은 능력
만족감을 느끼는 이유	열심히 공부한 것, 도전	다른 사람보다 잘하는 것
교사의 지향성	학생들의 학습	학생들의 수행
오류나 실수에 대한 태도	학습의 일부	불안 유도
주의집중 대상	학습과정	타인의 수행과 비교한 자신의 수행
노력하는 이유	새로운 것을 학습	높은 성적, 다른 사람보다 잘하는 것
평가 준거	절대적, 진보	규준적

누고, 이러한 차원에서 각각 숙달목표지향적인 경우와 수행목표지향적인 풍토의 특성을 구체적으로 제시하였다.

Ames(1992)는 학생들의 숙달목표지향성을 증진시키는 방안 마련을 위해서 필요한 교실구조의 특징을 확인할 필요가 있다고 보고, 과제와 학습활동의 설계 유형, 평가방식과 보상의 사용 그리고 권위나 책임의 분배를 교육환경의 구조를 변화시키는 요인이라고 주장하였다. 교사가 숙달목표를 증진시키기 위해서 도입할 수 있는 교수전략들로는, 첫째 학습과제와 활동이 의미 있어야 한다. 과제는 새롭고, 다양하며, 흥미를 유발할 수 있고, 학생들이 도전의식을 느낄 수 있도록 설계한다. 그리고 학생들이 단기적인 자기참조적 목표를 수립하고, 효과적인 학습전략을 개발해서 사용할 수 있도록 지원해 준다. 둘째, 평가는 개인의 향상, 진전, 숙달에 초점을 두어야 하고, 평가는 공개적으로 하지 말고 개별적으로 하며, 노력을 인정하고, 향상할 기회를 제공하며, 실수를 학습의 일부로 생각할 것을 권장한다. 셋째, 권위와 책임의식을 공유하도록 의사결정에 학생들을 참여시키고, 의사결정은 능력의 평가가 아닌 노력에 기초해서 진정한 의미의 선택이 될 수 있어야 한다. 또한 책임감과 독립심을 개발할 수 있는 기회를 제공하고 자기관리와 감찰기술을 개발하여 사용할 수 있도록 지원해야 한다. Ames(1992)는 이러한 전략들을 사용함으로써 학생들의 숙달목표지향적인 동기상태를 유도할 수 있다고 주장하였다. 즉, 학생들은 노력과 학습에 초점을 맞추게 되고, 활동에 대한 높은 내재적 흥미, 노력귀인, 전략귀인, 효과적인 학습과 자기조절 전략의 사용, 적극적 참여, 노력이 많이 요구되는 과제에 대한 긍정적 정서, 소속감 그리고 실패에 대한 내성을 갖게 되는 등 숙달목표를 설정하게 만드는 동기유발 상태에 들어가게 된다는 것이다.

교실목표구조와 학생의 목표구조 간의 관계를 알아보기 위한 연구결과들을 보면 교사가 학습목표지향적이냐 숙달목표지향적이냐 따라 학생들의 목표지향성에 차이가 있으며, 학업성취도와 내재동기, 부정적인 학업 관련 변인들과 상관이 있는 것으로 나타나고 있다(Lau & Nie, 2008; Linnenbrink, 2005; Nolen & Haladyna, 1990; Urdan, 2004; Urdan & Midgley, 2003; Wentzel, 1996; Wolters, 2004). 교실목표구조가 숙달목표지향적일수록 학생들의 숙달목표지향성이 높고(Linnenbrink, 2005; Wolters, 2004), 수행목표지향을 강조하는 구조일수록 수행목표지향성이 높았다(Linnenbrink, 2005; Urdan, 2004). 숙달목표지향성은 학생들의 내재동기에 대한 긍정적인 예측요인이고, 자기구실만들기(self-handicapping) 행동, 도움추구 기피, 수업방해 행동 등에 대해서는 부적 예측요인인 데 반해 수행목표구조는 이러한 행동들과 정적으로 관련된 것으로 나타난다(Lau & Nie, 2008).

앞에서 검토했던 Lau와 Nie(2008)의 연구에서는 학생들의 개인적 목표와 교실의 목표구조가 수학성취도, 참여, 흥미, 노력철회와 회피대처와 어떤 관계가 있는가를 알아보기 위해 싱가포르 초등학교 5학년생들을 대상으로 자료를 수집하여 위계적 선형 모형을 적용해서 분석하였다. 그 결과 교실의 수행목표구조는 학생 개인의 수행회피목표와 학습참여 간의 부적 관계를 악화시키고 개인적 수행회피목표와 노력철회와 회피적 대처 간의 정적 관계를 심화시키는 것을 관찰하였다. 다시 말해서, 교실의 수행목표구조와 개인의 수행회피목표가 모두 학생들의 부적응적인 결과와 관련된 것임을 확인한 것이다. 반면에 교실의 숙달목표구조와 학생 개인의 숙달목표는 적응적 관계를 보였다. 즉, 교사가 학습이나 향상을 강조하는 것으로 지각되면 학생들은 수학시험에서 더 높은 성적을 보이고, 수학공부를 하는 노력을 줄이지 않았으며, 공부가 어렵고 재미없어도 쉽게 포기하지 않는 것으로 나타났다.

Murayama와 Elliot(2009)의 일본 학생들을 대상으로 한 연구에서도 교실의 숙달목표구조는 학생들의 수학 학업성취도에 대한 정적인 예측변인이고 노력철회와 회피적 대처에 대해서는 부적 예측변인인 반면, 수행목표구조는 수학성취도와 참여에 대한 부적 예측요인이며 노력철회와 회피적 대처에 대해서는 정적 예측변인임을 보고하였다. 이와 같은 결과는 학교현장에서 교사의 목표지향성이 학생의 목표지향성과 학업적 성취와 동기에 지대한 영향력을 행사한다는 것을 확인하는 것으로서, 경쟁적인 풍토를 가진 학교에서 교사의 학습목표 지향을 유도하는 교육적 중재는 숙달이나 향상을 강조하는 풍토를 가진 학교보다는 덜 효과적임을 시사한다. 이들의 연구결과는 Lau와 Nie(2008)의 연구결과와 함께 북미를 중심으로 수립된 성취목표이론이 아시아 문화권에도 일반화될 수 있음을 보여 주는 것으로 성취목표이론의 보편성을 입증하였다고 할 수 있다.

제4절 이론의 현 상태

1. 성취목표의 구조

성취목표이론은 발달이 진행되고 있는 이론이다. 많은 연구자들이 초기 이원－목표구조에서 삼원－목표구조로의 전환을 수용하고 있고, 2×2 목표구조까지 제시되었지만, 이원－구조의 이론적 단순성과 효율성 때문에 여전히 이원－구조를 도입하는 연구자들도 있다. 특히 하위 목표 유형들 간의 일관성 없는 관련성 때문에 삼원－구조나 2×2 구조를 도입한 연구결과들 간의 해석에서도 통합을 이루지 못하고 있고, 따라서 교육현장에 대한 적용이나 시사점도 숙달목표지향성에 관해서는 비교적 일치하는 제안이 나오고 있지만, 수행접근이나 수행회피목표에 관한 시사점은 결론이 나지 않은 상태다. 게다가 2×2 구조까지 가면 숙달회피목표는 개념적 혼란조차 완전히 해결되지 않은 상태이기 때문에 이를 근거로 한 경험적 연구들은 거의 일관된 결과를 도출하지 못하고 있는 것으로 보인다.

최근에 Jagacinski, Kumar와 Kokkinou(2008)가 대학생들을 대상으로 Elliot과 McGregor(2001)의 2×2 구조를 도입한 연구에서도 숙달회피목표는 다른 세 가지 목표와 $r = .30 \sim .63$의 비교적 높은 상관을 보였다. 이 연구자들도 숙달회피목표라는 개념은 숙달접근과 수행회피목표와 구별되기 어렵고 불필요한 개념일 수 있음을 시사하였다.

2. 상황적 접근 대 특질적 접근

많은 다른 동기이론들에서와 마찬가지로 성취목표이론도 이론의 적용범위를 과제나 상황특수적인 수준(수학 성취상황 혹은 심리학 수업 등)으로 제한할 것인지 아니면 일반적 수준(모든 학업상황)으로 확대할 것인지에 대한 결정도 해야 한다. 이론개발 초기에 목표지향성은 모든 성취상황에서 개인이 나타내는 일반적 특질로 다루어졌으나 점차 상황특수적인 수준이나 과제특수적인 수준에서 다루는 연구들이 많이 보고되고 있다. 역시 마찬가지로 어떤 수준에서 다룰 것인가는 예측력에 관심이 더 많으냐 아니면 실용성에 관심이 더 많으냐에 따라 결정될 사안이다.

이와 관련된 한 가지 흥미로운 연구는 Seijts, Latham, Tasa와 Latham(2004)이 수행한 것이다. 이 연구자들은 목표설정이론은 조직심리학에서, 목표지향성이론은 교육심리학이라는 서로 다른 분야에서 시작되기는 했지만, 결국 인간의 수행이라는 서로 공통적인 내용을 다루면서도 각 진영에서 나타난 이론과 연구 발견에 대해서는 별로 관심을 가져오지 않았음을 상기시키고 이 두 이론의 통합을 시도하였다. 이들은 두 진영 모두 수행에 관심을 두고 있고 수행은 능력과 동기에 의해 결정되는 것인데, 목표지향성 연구는 주로 능력에, 목표설정이론은 동기에 초점을 두고 있다고 주장하였다. 이들은 계속해서 수행목표와 수행목표지향성 간의 관계, 행동의 결정요인으로서 상황적 목표(situational goal)와 기질적 목표(dispositional goal)의 역할, 학습목표와 학습목표지향성이 수행수준을 증진시킬 수 있는 환경 그리고 목표지향성이 목표와 수행 간의 관계에서 조절요인으로 기능하는가에 대한 많은 연구들 사이에서 혼란이 증가하고 있기 때문에, 조직행동에 관한 연구에서 목표설정과 목표지향성이라는 서로 관련되어 있으면서도 분리되어 있는 연구흐름에서 연관성을 찾아내는 것이 필요하다고 주장하였다(Seijts et al., 2004: 227). 이 연구자들은 피험자들의 기질적 특성인 학습목표지향성, 수행접근목표지향성, 수행회피목표지향성[1]을 실험 시작 2주 전에 측정한 후 상황적 목표를 반영하는 세 가지 실험처치 조건인 '수행목표' '학습목표' '최선의 목표' 조건에 피험자들을 배정하고 실험과제를 수행하게 한 후에 수행수준, 자기효능감, 정보탐색, 과제복잡성, 목표구체성과 목표전념 수준을 비교하였다. 그 결과 모든 변인에서 학습목표가 수행목표나 최선의 목표 조건보다 높은 것으로 나타났다. 또한 수행목표 조건의 피험자가 최선의 목표 조건보다 수행수준이 높지 않았는데, 이러한 결과는 구체적인 목표가 최선의 목표보다 수행을 증진시킬 것이라는 목표설정이론의 가장 핵심적인 예측과 일치하지 않는 결과다. 연구자들은 그 이유가 이 연구에서 사용된 과제가 매우 복잡한 과제이었기 때문에 기존의 목표설정이론에서 사용된 단순한 과제 경우와 다른 결과를 초래한 것으로 해석하였다.

이 연구에서 보고한 또 하나의 중요한 발견은 개인의 기질적 특성인 목표지향성은 수행에 영향을 미치는 안정적인 개인차변인이라는 점이다. 연구자들은 목표지향성 측정에 대한 검사−재검사 신뢰도가 만족스러웠으며, 2주 후의 수행수준과도 유의한 상관을 보인 것으로 이러한 결과의 타당성을 확인할 수 있다고 주장했다. 이 연구에서는 또한 자기효능감과 정보탐색이 학습목표 설정과 수행 간의 관계를 매개하는 것으로 나타나서 자기효능감의 동기적 기능을 다시 한 번 확인하였다. 이 연구에서와 같이 조직장면에서 목표지향성이론에 관한 연구를 하는 경우에는, 교육장면에서 목표지향성을 과제나 상황특수

---

1) 조직장면의 연구에서는 숙달목표라는 용어보다는 학습목표라는 용어를 주로 사용하고, 수행접근이나 수행회피라는 용어 대신에 '수행입증(prove performance)'과 '수행회피(avoid performance)' 혹은 '성과입증'과 '성과회피'라는 용어를 사용하기로 한다.

적 변인으로 취급하는 방향으로 전환하는 것과는 대조적으로, 목표지향성을 개인의 비교적 안정적인 특질로 다루는 데 관심이 많고 실제로 그렇게 다루는 연구들이 대부분이다. 이러한 서로 다른 연구접근은 성취목표이론가들과 목표설정이론가들 모두에게 의미 있는 시사점을 제공한다. 즉, 유사한 심리적 개념에 관한 두 다른 분야에서 나타난 이론적 · 경험적 접근 결과의 차이를 그대로 방치해 둔다는 것은 심리학의 발전에도 부정적 영향을 미칠 뿐더러 이는 또한 심리학의 이론들을 현장에 적용하는 실천가들에게도 혼란을 가중시키는 일이다. 따라서 앞으로 교육장면과 조직장면 모두에서 이 두 이론을 통합하기 위한 연구의 확대가 따라야 할 것이다.

또 하나의 연구 예를 들면, Payne, Youngcourt와 Beaubien(2007)은 목표지향성의 법칙적 망조직에 대한 메타분석적 연구에서 학습목표, 수행접근목표, 수행회피목표를 포함하는 목표지향성 차원에 대한 선행 변인과 근접 및 원격 결과변인을 검토하였다. 선행변인으로는 인지능력, 지능에 대한 암묵적 이론, 성취욕구, 자존감, 일반적 자기효능감, 5요인 성격특성이 포함되었다. 근접 결과변인으로는 상태목표지향성, 과제특수적 자기효능감, 자기설정 목표수준, 학습전략, 피드백 추구, 상태불안이 포함되었고, 원격 결과변인으로는 학습, 학업적 수행, 과제 수행, 직무수행이 포함되었다. 연구자들은 전체적으로 볼 때 포함된 모든 변인들과 학습목표지향성은 정적인 관계를 보였으며, 수행회피 지향성은 부적인 관계를 보이고, 수행접근지향성은 관계가 없다고 요약했다. 그리고 상태목표지향성은 특질목표지향성보다 원격 결과변인과 더 관련이 많이 되어 있는 것으로 나타났으며, 특질 목표지향성은 인지적 능력과 성격특성이 예측하고 난 후에도 직무수행을 유의하게 예측하는 것으로 나타났다고 보고하였다. 이러한 연구결과들은 성취목표지향성을 상황특수적 변인으로 보아야 하는가 혹은 일반적 특성 변인으로 보아야 하는가에 대한 논의가 있어야 함을 시사한다.

3. 목표의 본질

적어도 이론개발 초기에는 성취목표의 본질이 분명한 것으로 보였다. 새삼스럽게 목표란 개인이 성취하려고 노력하는 것이며, 어떤 행위에 대한 목적(Locke et al., 1981)이라는 정의를 거론하지 않더라도 목표의 개념은 인지적인 것이다. 즉, 목표는 우리가 무엇을 하려는 생각을 반영하는 것이다. 성취목표에 대한 연구가 진행되면서 두 가지 접근경향성으로 나누었던 목표구조에 회피라는 정서적 개념이 도입되면서 목표이론은 그 성격이 모호해졌다. 성취목표에 회피 개념을 도입한 Elliot과 Dweck(1988)은 성취목표를 인지적·정의적·행동적 결과를 갖는 인지적 과정들의 '프로그램'을 포함하는 것이라고 정의하였다. 이러한 정의를 도입하는 현대의 성취목표 개념은 목표라는 인지적 속성 외에 목표지향적인 행동의 정의적(affective) 속성까지 포함하는 포괄적인 개념으로 보아야 한다는 것이다(Ames, 1992).

이처럼 성취목표이론에 정의적 속성을 포함시킨 회피와 접근지향적 수행목표의 속성과 그것이 성취행동의 결과에 미치는 영향은 여전히 결론을 내릴 수 없는 복잡한 상태라는 것은 이미 거론하였다. Urdan과 Mestas(2006)는 학생들이 수행목표를 설정하는 진짜 이유가 무엇인가를 아직 알지 못하고 있다고 주장하고, 설문지를 사용하는 조사나 실험적 조작을 통해서가 아닌 학생들과의 면담을 통해 학생자신의 말로 수행목표를 설정하는 진짜 이유가 무엇인가를 조사하고자 했다. 연구자들은 53명의 수행회피목표 수준이 높은 것으로 조사된 고등학생들을 면담한 내용을 분석한 결과 학생들이 수행목표를 추구하는 이유를 네 가지 범주로 분류할 수 있었다. 그것은 체면-회피(appearance-avoidance), 체면-접근, 경쟁-회피(competition-avoidance), 경쟁-접근의 네 가지였다. 체면-회피는 다른 사람들이 자신을 무능한 사람으로 보는 것을 원치 않기 때문이라는 이유이고, 체면-접근은 다른 사람들에게 학업적으로 유능하게 보이는 것에 신경을 쓰는 것이다. 경쟁-접근은 다른 사람보다 더 잘하고 싶은 소망에 관한 것이고, 경쟁-회피는 다른 사람들보다 못하는 것을 피하는 내용을 포함한다. 이러한 수행목표의 범주를 구분한 후 연구자들은 면담대상자들의 진술문을 이에 따라 분류한 결과 경쟁-접근 진술문이 가장 높은 빈도를 보였으며, 그다음으로 체면-회피였고, 경쟁-회피가 가장 적었다. 또한 면담대상자들을 구분한 결과에서는 체면-접근 유형과 경쟁-회피 유형이 많고, 체면-회피와 경쟁-접근은 적었다. 학생들이 제시한 수행목표를 추구하는 이유는 매우 다양했으며, 흔히 사용되고 있는 설문지 문항들을 연구자의 의도와 다르게 이해한다는 사실도 드러났다. 이 결과를 가지고 연구자들은 수행목표의 의미에 대한 이론적 질문과 수행목표를 측정하기 위해 제작된 기존의 설문지 문항들의 타당성에 대해 의문을 제기하였다. 이러한 의문은 그동안 설문지를 통해 수행된 연구들에서 수행회피목표와 수행접근목표 간에 높은 상관이 나타난 것을 설명해 준다. 즉, 학생들이 다른 사람들보다 잘하고 싶은 욕망과 다른 사람들보다 못할 것을 걱정하는 것을 구별하지 못했기 때문에 두 유형의 수행목표 간에 높은 상관이 나타났다는 것이다. 따라서 Urdan과 Mestas는 앞으로 성취목표이론에 관한 연구는 수행목표의 다차원적인 속성과 개인차에 대해 보다 심도 있는 탐색을 진행해야 할 것임을 제안하였다.

4. 요 약

학업상황에서 주로 적용되던 성취목표이론이 최근에는 수행에 관심을 두는 다양한 장면에서 적용이 증가되고 있다. 예를 들어, 스포츠와 운동 관련 분야의 학술지들에서 선수들의 성취목표가 동기와 수행결과에 미치는 영향에 관한 연구와 이 변인들 간의 관계를 매개하는 관련 변인에 대한 연구들이 많이 보고되고 있다. 조직행동 연구 분야에서는 기업이나 생산현장의 조직원들의 성취목표지향성에 대한 관심이 증가하고 있어서 경험적 연구도 보고되고 있으며, 앞에서 살펴본 Seijts 등(2004)의 연구와 같이 목표설정이론과의 통합 시도는 계속 증가할 것으로 예측할 수 있다. 마지막으로 주목할 사항은 학업상황과는 달리 조직상황에서는 목표설정이나 목표지향성과 같은 동기변인에 대해 과제나 상황특수적 접근보다는 일반적 접근이 선호된다는 것인데, 이러한 경향은 조직장면에서는 이론이 제공하는 실용적인 측면에 더욱 관심을 두기 때문일 것이다. 마찬가지로 학업상황에서도 학생들의 일반적인 성취목표에 대한 이해가 학생지도에는 더 효율적인 접근일 수 있음을 상기할 필요가 있다.

제5절 교육현장에 대한 시사점

성취목표이론이 어떻게 교육현장에 적용될 것인가는 이제까지 검토하고 설명한 연구들에서 이미 다루어졌다. 특히 성취목표이론은 애초부터 학업 관련 장면에서 성취를 설명하기 위해서 수립된 이론이기 때문에 거의 모든 연구들이 학업상황에서 학생들의 동기와 성취를 다루고 있다. 따라서 여기서는 앞에서 검토한 이론과 연구들에서 도출된 결과를 요약하는 것으로 교육현장에 대한 적용을 대치할 것이다.

대부분의 목표이론가들은 학생들이 수행목표보다는 숙달목표(혹은 학습목표)를 지향하는 것이 바람직하다는 것을 강조하면서, 어떻게 하면 학생들이 숙달목표를 설정하게 할 것인가에 대한 방안 마련에 고심한다. 또한 많은 이론가들이 학업현장에서 공통적으로 반대하는 것은 학생들이 성공 경험을 하기가 어렵게 엄격한 기준을 적용하는 성적 평가, 분포에 따른 상대평가제도를 도입하는 것, 다른 학생들과 공공연하게 수행결과를 비교하는 것 그리고 자신이 얼마나 향상됐는가에 관심을 두는 것이 아니라 사회적 비교에 관심을 집중하는 것과 같은 관행이다(Brophy, 2004). 이와 같은 관행이 바로 교실의 목표구조를 형성해 가는 것이다. 학교의 전체적인 풍토나 교실의 풍토가 학생들 간의 경쟁을 부추기고, 성취를 이루어 나가는 과정은 어떻든 결과에만 초점을 맞추는 수행목표지향적이 되면 학생들도 자연히 학업에 대한 목표가 수행목표지향적이 될 수밖에 없을 것이다. 물론 수행접근목표지향성의 적응적인 측면을 보여 준 연구들도 있었지만, 이러한 적응적인 측면은 모두 학업성취의 향상에 주 관심을 두는 것이고 내재동기에는 부정적인 영향을 미친다는 것을 간과한 것이다.

Turner, Midgley, Meyer, Gheen, Anderman, Kang 등(2002)은 교실환경의 여러 측면들과 청소년들이 수학을 공부할 때 사용하는 회피전략 간의 관계를 알아보기 위해 양적, 질적 연구방법을 적용한 종단 연구를 실시하여 다음과 같은 결과를 제시하였다. 첫째, 학생들은 학습, 이해, 노력과 즐거움을 강조하는 것으로 지각하는 교실에서 자기구실만들기 행동, 도움추구 회피, 새로운 방법을 기피하는 행동을 덜 보였다. 둘째, 학생들은 교사가 학습할 때 지도를 잘해 주고 동기부여를 위한 지지를 많이 해 주는 교실에서는 회피전략을 사용하는 경우가 적었다. 이런 교실에서 교사들은 학생이 이해하는 것을 도와주고, 새로운 능력을 보여 줄 기회를 만들어 주며, 대폭적인 학습에 대한 동기유발을 위한 지원을 해 주었다. 셋째, 교사들은 학생들에게 학습내용을 잘 이해하지 못하더라도 불편하거나 부끄럽게 생각하지 말라는 분명한 충고를 통해서 숙달지향적인 메시지를 전달하였다. 넷째, 숙달지향적인 교사들은 자신들의 사고과정을 모델로 보여 줌으로써 자신의 수행에 대해 확신하지 못하는 것, 실수로부터 배우는 것, 질문을 하는 것은 학습의 자연스럽고 필요한 과정이라는 것을 보여 주었다. 다섯째, 교사가 학생이 이해하려는 것을 도와주는 데 주의를 별로 기울이지 않고, 동기유발을 위한 지원을 잘해 주지 않는 교실의 학생들은 회피전략을 많이 사용한다는 것을 발견하였다.

Turner 등(2002)의 연구에서는 또한 숙달지향적인 교사는 학업적인 지지뿐만 아니라 정서적인 지지도 함께 제공하는 것으로 나타났다. 즉, 숙달목표구조는 학생들을 인지적으로 그리고 동기적으로 지지하는 교실환경의 총체적인 측면을 나타내는 것이라는 주장이다. Alderman(2008)은 Turner 등(2002)의 연구결과와 Meece(1991)가 제시한 숙달목표지향적 환경을 만드는 데 중요한 맥락 요인들을 종합하여 〈표 10-4〉와 같이 제시하였다.

〈표 10-4〉 숙달목표 환경에 공헌하는 맥락 요인들(Alderman, 2008)

교실구조 혹은 전달 메시지	구체적 예
유능감 증진 기회 제공	학생들로 하여금 해당 학습내용에 대한 기초 이해뿐만 아니라 다른 영역에서의 유능성을 발달시킬 수 있게 한다.
자기-지시적 학습기회 제공	학생들 스스로 자신들이 수행한 과제를 평가하도록 도와주고, 유능성을 획득하면 학생에게 책임을 이전한다.
학습에 대한 기대와 내재적 가치 강조	학생들이 배우는 것의 가치와 흥미 그리고 적용을 강조하고, 모든 학생들이 학습할 것을 기대한다.
협동과 협력기회 제공	효율적으로 같이 공부하는 것과 서로 돕는 것을 강조하면서 집단작업을 하게한다.
능력/노력 메시지 전달	진보한 것을 인정해 주고, 향상을 위한 재시험을 허용한다.

앞에서도 거론한 바와 같이 한국의 초·중등학교 현장에서는 숙달목표만을 강조하고 수행목표를 전혀 무시하는 풍토를 고수하기는 어려운 것이 현실이다. 따라서 학생들의 수행목표의 두 가지 측면인 접근과 회피지향성의 영향을 파악하고 그에 따른 중재방안을 고안해야 할 것이다. 앞의 Urdan과 Mestas(2006)의 연구결과 나타난 수행목표의 유형에 대한 분류결과를 보더라도 학생들이 수행목표를 추구하는 이유도 각기 다르다는 것을 알 수 있다. 다른 사람들 앞에서 드러나는 체면을 중요하게 생각하기 때문인 학생들과 다른 사람들과의 경쟁을 더 중요하게 생각하는 학생들을 지원하는 방식은 달라야 할 것이다. 아직까지 이러한 차별적인 중재방안에 대해서는 충분한 연구가 진행되지 않았

기 때문에 교육연구자들과 교육실천가들의 노력이 요구되는 사안이라 할 것이다.

제6절 한국의 성취목표이론 연구

1. 이론도입 및 연구동향

성취목표지향성에 관한 연구는 국내에서도 최근 들어 동기이론들 중에서 가장 관심을 많이 받고 있는 주제다. 학술정보 전자 데이터베이스(KISS와 RISS)를 탐색한 결과 1990년대부터 2009년 사이에 약 100여 편이 성취목표와 목표지향성에 관한 연구로 나타난다. 이 논문들의 대부분은 교육과 심리학 분야의 학술지들이고 스포츠와 체육 분야의 학술지들도 포함되어 있다. 약 25% 정도가 한국교육심리학회에서 발행하는 『교육심리연구』에 실렸고, 한국심리학회에서 발행하는 다양한 분과학술지에 실린 논문이 15% 정도이며, 스포츠와 체육 관련 논문이 약 30%였으며, 경영학 분야가 약 10% 정도 그리고 나머지 20% 정도는 아동교육, 특수교육, 음악교육, 예술교육, 공학교육 등의 교과교육학 분야의 논문이었다.

연구논문들을 연대별로 분류해 보면 목표지향성에 관한 연구는 1980년대 말부터 대학원의 석사학위 논문 주제로 연구된 것으로 나타나나, 전자 데이터베이스 탐색 결과로 나타나는 최초의 국내 학술지 논문은 1994년 『한국체육학회지-인문사회과학』에 실린 유진, 박성준(1994)의 「스포츠 성취목표 지향성 이론의 현장 실험적 검증」인 것으로 보인다. 그리고 교육 관련 분야에서는 조승우, 김아영(1998)과 최병연(1998)의 논문이 각각 『교육과학연구』와 『교육문제연구』에 실린 것이 처음인 것으로 나타난다. 그 이후 『교육심리연구』에는 김정환, 황학영(1999), 나동진, 조준수(1999)의 논문을 선두로 2000년대 초반에 약 7편 정도가 나타났고, 2005년부터 2009년까지 약 15편의 논문이 성취목표이론에 관한 연구로 확인되었다.

앞서 탐색한 약 100여 편의 연구들의 연대별 분포를 보면 1999년 이전에는 모두 10편에 못 미치나 2000년에서 2004년 사이에 30여 편, 2005년에서 2009년까지 약 60편 정도로 나타나 성취목표이론이 한국에 도입된 10여 년의 짧은 역사를 확인할 수 있다. 특히 2007년부터 2009년 사이인 최근 3년 동안에 약 50% 정도의 논문들이 발표되었으며 해를 거듭할수록 점점 증가하는 추세를 보이고 있다.

2. 연구주제

성취목표이론에 관한 학업 관련 연구가 가장 많이 발표된 학술지는 한국교육심리학회가 발간하는 『교육심리연구』인 것으로 확인되었다. 따라서 여기서는 이 학술지에 발표된 연구들을 주로 해서 한국 학생들을 대상으로 수행한 성취목표이론에 관한 경험적 연구들을 분석하기로 한다.

성취목표이론의 국내 도입 초기에 수행된 교육 관련 연구는 주로 목표지향성이나 목표 유형에 따른 학습자의 분류체계의 타당성을 검증하는 연구들로서, 이렇게 분류한 집단들 간의 학업성취나 다른 동기변인들에서의 차이를 확인하거나 변인들 간의 관련성을 탐색하는 연구들(예: 나동진, 조준수, 1999; 송인섭, 박성윤, 2000; 조승우, 김아영, 1998; 최병연, 1998)이 주를 이룬다. 이 초기에 진행된 모든 연구들에서 사용된 성취목표지향성척도는 Ames와 Archer(1988)가 개발한 것을 번역하거나 수정한 것이다. 연구결과들을 종합하면, 숙달목표는 자기효능감, 내재동기, 학업성취도와 정적 상관이 있고 수행목표는 별로 상관이 없는 것으로 나타났다. 수행접근목표는 학업성취도, 자기효능감과 정적 상관이 있으나 수행회피목표는 이 변인들과 부적 상관이 있는 것으로 나타났다.

2000년 초반으로 들어오면서 성취목표에 대한 관심이 점차 증가하여 연구의 방향은 성취목표 유형을 독립변인 혹은 예측변인으로 두고 학업성취, 동기, 흥미, 학교적응 등을 준거변인으로 삼아 변인들의 관련성과 예측력을 탐색한 연구들이 발표되었다(예를 들어, 김아영, 조영미, 2001; 문은식, 2002; 박승호, 2003; 조한익, 2004; 황정문, 윤정륜, 2003). 2005년 이후 지금까지도 성취목표 유형들이 학업상황에서 학업성취도를 포함한 다양한 결과변인들에 대한 예측변인으로서 얼마나 효과적으로 기능하는가를 확인하는 연구들이 주를 이룬다(예를 들어, 김태은, 현주, 2007; 소연희, 2007; 양명희, 2009; 양명희, 오종철, 2006; 윤미선, 2007; 조한익, 김수연, 2008; 현주, 차정은, 김태은, 2006).

소수이기는 하지만 실험연구도 수행되었는데, 김정환, 황학영(1999)의 연구가 최초로 보고된 것이고, 서은희(2009)와 박병기, 박일선, 고유림(2009)의 연구가 있다. 김정환, 황학영(1999)의 연구에서는 초등학생들을 숙달목표와 수행목표지향적인 집단으로 나누고 귀인 피드백이 학업성취도에 미치는 영향을 비교하였다. 그 결과 수행목표 집단보다 숙달목표 집단의 노력귀인이 높았고, 숙달목표 집단보다 수행목표 집단의 능력귀인이 더 높은 것을 확인했다. 또한 수행목표 집단보다 숙달목표 집단의 과제수행 지속성이 더 높았고, 능력–노력피드백을 받은 학생들은 숙달목표보다 수행목표 조건에서 학업성취도가 더 높은 것을 확인했다. 이 연구결과는 성취목표이론이 한국 학생들을 이해하는 데도 적용될 수 있음을 시사하는 것이다. 박병기 등(2009)의 연구에서는 초등학교 5, 6학년생들을 대상으로 3주에 걸쳐 숙달접근목표는 강화하고, 회피지향적 태도는 약화시키고, 수행접근목표의 차별적 강화와 약화를 주로 해서 프로그램을 개발하고 실시하였다. 연구결과, 프로그램의 효과는 유의하게 나타나지 않아서 개인의 성취목표지향성이 단기간의 중재로 변화되는 특성이 아니라 어느 정도 안정적인 기질적 특성으로 보아야 한다는 Seijts 등(2004)의 연구를 지지하는 결과로 해석할 수 있다. 그러나 Seijts 등의 연구는 대학생을 대상으로 한 것이기 때문에 이러한 해석은 후속 연구에 의해 검증되어야 할 것이다.

3. 한국 학생들의 성취목표의 유형별 수준

초기 이원−목표구조에서는 조승우, 김아영(1998)의 초등학교 6학년생들은 수행목표지향성이 숙달목표지향성보다 높았으나 나동진, 조준수(1999)와 조한익(2004)의 초등학교 5학년과 6학년생들은 숙달목표가 수행목표보다 높았다. 송인섭, 박성윤(2000)의 중학교 2학년생들을 대상으로 한 연구에서는 수행목표가 숙달목표보다 높았다. 김아영, 조영미(2001)의 고등학교 2학년생들은 숙달목표가 수행목표보다 높았으나 문은식(2002)의 고등학교 2학년생들의 경우는 수행목표가 숙달목표보다 높은 것으로 나타나 한국 학생들의 두 가지 목표지향성 수준에 대한 결론을 내리기가 어려웠다. 이와 같은 연구결과들의 불일치는 보고된 연구결과만으로는 원인을 분석하기가 어려워서 후속 연구가 필요했으나 이후 진행된 연구들에서는 삼원−목표구조나 2×2 구조를 적용했기 때문에 확인이 불가능하였다.

초등학생들을 대상으로 삼원−목표구조를 도입한 연구들에서는 황정문, 윤정륜(2003)의 연구에서 숙달목표가 두 가지 수행목표보다 높게 나타났으며, 김태은, 현주(2007)의 전국 규모 자료에서도 숙달목표가 제일 높고 수행접근과 수행회피의 순으로 나타났다. 고등학생들을 대상으로 한 연구는 많지 않아서 김태은, 현주의 자료에서만 숙달, 수행접근, 수행회피의 순서가 유지되는 것을 볼 수 있다. 대학생 집단의 경우 한순미(2003)의 연구에서도 숙달, 수행접근, 수행회피의 순서를 보였고 Bong(2004)과 양명희(2009)의 대학생들도 같은 순서를 보였다. 이 연구들에서 성취목표를 측정하기 위해 사용된 척도는 Elliot과 Church(1997)의 척도와 Midgley 등(1997)의 'PALS'를 그대로 번역하거나 연구에 맞도록 수정한 척도를 사용하였다.

최근으로 오면서 2×2 목표구조에 대한 관심이 증가하여 이를 도입한 몇 편의 연구를 찾을 수 있는데, 조한익, 김수연(2008)의 초등학생들은 숙달접근, 수행접근, 숙달회피, 수행회피의 순으로 높게 나타났고, 이주화, 김아영(2005)의 중, 고등학생들과 박병기, 이종욱(2005)의 고등학생들은 모두 수행접근, 숙달접근, 수행회피, 숙달회피의 순으로 나타났으나, 양명희, 오종철(2006)의 중, 고등학생들은 수행접근, 숙달접근, 수행회피, 숙달회피의 순으로 나타났다. 이 연구들에서는 Elliot과 McGregor(2001)의 척도나 이주화, 김아영(2005)과 박병기, 이종욱(2005)이 개발한 척도를 그대로 사용하거나 연구에 맞도록 문항을 수정하거나 일부를 선택해서 사용하기도 하였다. 2×2 구조를 도입해서 대학생들을 연구한 논문은 찾기 어려웠다.

한국 학생들의 성취목표 유형에 따른 수준을 비교한 연구결과들은 불일치하는 부분이 많아서 한마디로 요약하기는 어렵지만, 한 가지 드러나는 패턴은 전반적으로 초등학생과 대학생들의 경우는 숙달목표가 높은 데 비해 중·고등학생들은 수행목표가 높은 것을 알 수 있다. 이러한 경향은 한국의 중·고등학생들이 대학입시라는 극도의 경쟁상황에 놓여 있기 때문에 다른 사람보다 좋은 점수를 받아야 경쟁상대를 이길 수 있다는 강박관념으로 초등학교에서보다 높은 수행목표를 지향하는 것으로 나타날 것임을 추론할 수 있다. 그러나 숙달회피와 수행접근은 연구에 따라 순서가 일관성이 없이 바뀌는 것을 볼 수 있다. 이와 같은 비일관적인 결과는 연구에서 사용한 척도의 차이, 연구대상의 배경의 차이, 연구맥락의 차이, 학교환경의 차이 등 수없이 많은 원인이 있을 수 있으므로 학생들의 성취목표 유형이나 수준을 비교할 때는 해석에 신중을 기해야 할 것이다.

4. 성취목표 하위 유형들 간의 관계

성취목표이론 개발 초기에는 숙달목표와 수행목표는 서로 독립적인 개념으로 양립하기 어려운 것으로 다루어지기도 하여 초기 연구들에서는 학생들을 숙달목표 점수와 수행목표 점수에 따라 고숙달-고수행, 고숙달-저수행, 저수행-고숙달, 저숙달-저수행의 네 집단으로 나누어 집단 간의 차이를 보기도 했다(예를 들어, 조승우, 김아영, 1998; 한순미, 2003). 그러나 점차 숙달목표와 수행목표 간에 정적인 관련성이 있는 것으로 나타나는 경험적 연구가 누적되면서 두 가지 목표 유형, 후에는 세 가지 혹은 네 가지 목표 유형들은 서로 관련이 있는 개념들로 받아들여지고 있다.

한국의 연구들에서도 조승우, 김아영(1998)의 연구에서 숙달과 수행목표 간에는 $r = .14$가, 송인섭, 박성윤(2000)에서는 $r = .25$, 김아영, 조영미(2001)에서는 $r = .29$로 나타났다. 이러한 상관은 별로 높지는 않지만 무시할 수 없는 정도다. 경험적 연구결과가 아니더라도 대부분의 한국 학생들은 두 가지 목표지향성을 다 가지고 있을 것이고 실제로 두 가지 지향성이 다 높은 학생들이 더 높은 성취를 보이는 결과도 나타나고 있다. 물론 이것은 목표지향성의 단일차원적인 개념화에 근거한 논리다. 최근에 나타나고 있는 두 가지 목표지향성의 다중적인 개념화, 즉 완숙목표도 회피와 접근적인 두 방향으로 다 나타날 수 있고 수행목표도 그렇다는 연구결과들은 이 방면에서의 국내 연구를 한층 증가시킬 것으로 기대한다.

5. 교실목표구조

앞에서 학생들의 성취목표에 영향을 미치는 중요한 요인으로 교실목표구조를 들었다. 교육환경이 학생들의 학업 관련 태도와 행동에 미치는 영향은 재론할 필요가 없을 것이다. 특히 학생들이 많은 시간을 지내는 교실의 분위기는 교사에 의해 좌우된다고 할 수 있다. Ames와 Archer(1988)가 목표지향성이론을 제안하기 시작하던 초기부터 교실목표구조는 학생들의 목표지향성을 결정하는 요인으로 제시할 만큼 성취목표이론에서 핵심적인 부분이다. 그러나 한국에서는 아직 교실목표구조에 대한 연구가 활발하지 못한 실정이다. 2009년까지 『교육심리연구』에 발표된 24편 정도의 목표지향성 관련 주제의 연구 중 교실 맥락에서 성취목표이론을 다룬 것은 나동진, 조준수(1999)와 문은식(2002) 그리고 송재홍(2008)의 연구 세 편뿐인 것으로 조사되었다.

나동진과 조준수(1999)는 초등학교 5학년생들을 대상으로 하여 학생들이 지각하는 교실맥락을 Ames와 Archer(1988)의 척도로 측정하여 능력목표(수행목표)와 학습목표지향적인 것으로 분리하고, 학생들의 수행목표, 학습목표와 외적 목표지향성을 측정한 후 이러한 특성들이 수업시간 중 도움요청행동과 어떠한 관계가 있는가를 알아보았다. 연구결과에서는 학생들이 지각하는 교실의 수행목표와 학습목표지향성은 부적인 상관을 보였고($r = -.30$), 교실의 수행목표지향성은 학생의 수행목표와는 약한 정적 상관($r = .12$)을, 학습목표와는 부적 상관($r = .-21$)을 나타냈으며, 교실의 학습목표지향성은 수행목표와는 상관이 없고, 학습목표와는 중간 정도의 정적 상관($r = .46$)이 있는 것으로 나타났다. 또한 수행목표가 강조되는 교실에서는 도움요청 회피와 정답을 알아내려는 실행적 도움요청행동이 높았으나 학습목표가 강조되는 교실에서는 문제해결에 도움을 받으려는 도구적 도움요청행동이 높은 것으로 나타났다.

문은식(2002)은 고등학생들이 지각한 학교의 심리적 환경과 목표지향성 간의 관계를 알아보았다. 이를 위해 학생들이 지각하는 교실목표구조는 Roeser, Midgley와 Urdan(1996)의 척도를 사용해서 숙달목표 강조와 수행목표 강조 정도를 측정하고, 학생들의 성취목표는 Midgley 등(1998)의 목표지향성검사를 사용해서 숙달목표지향성과 수행목표지향성을 측정하였다. 연구결과는 교실의 숙달목표 강조는 학생들의 숙달목표지향성과 $r = .35$의 상관을, 수행목표지향성과는 $r = -.18$의 상관을 보였으며, 교실의 수행목표 강조는 학생의 숙달목표지향성과는 $r = .15$의 상관을, 수행목표지향성과는 $r = .12$의 상관을 보였다. 이 결과의 숙달목표에 관한 부분은 나동진과 조준수(1999)의 연구와 일치하고 또한 서구에서 수행된 연구(Midgley & Anderman, 1995; Linnenbrink, 2005; Wolters, 2004)와도 일치하는 것이다. 그러나 수행목표에 관한 부분은 선행연구와 일치하지 않는 결과를 나타냈다. 이 연구에서는 또한 학생이 지각하는 교사의 사회적 지지를 함께 측정하였는데, 사회적 지지는 숙달목표지향성과 $r = .47$의 상관을, 수행목표지향성과는 $r = .19$의 상관을 보였다. 연구자는 이러한 결과가 나타난 것은 연구에 참여한 고등학생들의 수행목표 강조 변인의 평균이 전체적으로 높으면서 분산은 낮아서 상관계수가 낮게 나타난 것이라고 해석하였다. 이것은 아마도 수행을 지나치게 강조하는 한국 고등학교의 현실일 것이다. 이 연구에서 제시하는 또 하나의 중요한 결과는 교사의 사회적 지지가 숙달목표지향과 가장 상관이 높게 나타난 것으로, 이러한 결과는 교사의 역할의 중요성을 확인해 주는 것이다.

송재홍(2008)의 연구에서는 대학생들이 과목 수업 중 지각한 교실목표구조는 자신들의 과제숙달목표, 수행접근목표, 수행회피목표와 상관이 거의 없었다. 교실목표구조는 학업상황에서의 자기구실만들기와도 상관이 없는 것으로 나타났다. 이러한 결과는 교실목표구조라는 비교적 안정적인 수업환경 특성이 대학의 일개 강의실에서 나타나는 것을 기대하기는 어렵기 때문일 것이다.

6. 성취목표의 측정

이제까지 한국 연구에서 사용된 척도는 북미 연구자들과 마찬가지로 Ames 와 Archer(1988)의 척도와 'PALS'(Midgley et al., 1998) 그리고 최근에는 Elliot과

Church(1997), Elliot과 McGregor(2001)의 척도 등을 연구자들이 교차문화 간 척도 도입을 위한 타당한 절차를 거치지 않은 채 단순 번역이나 임의적인 수정을 가하거나 재구성해서 사용하는 경우가 많다. 이러한 척도를 사용하여 얻어진 자료에서 나타나는 결과의 불일치는 그 원인이 한국 학생들과 외국학생들 간의 문화적 차이인지, 척도가 서로 다른 구인을 측정하기 때문인지 결론을 내리기 어렵다. 물론 성취목표라는 개념에 대한 한국식 정의를 내리고 설정한 구인을 측정하는 척도를 개발하여 서구에서 시작된 성취목표이론과는 다른 이론을 만들어서 연구하는 것도 의미 있는 시도라고 할 수 있을 것이나, 문화적 차이를 비교하기는 어려운 상황이다.

한국에서 수행된 성취목표 관련 연구에서 사용한 척도에 관해서 가지 주목할 사항은 회피목표 개념에 대한 잘못된 이해가 있는 경우다. 숙달회피목표나 수행회피목표나 모두 목표다. 다시 말해서, 목표는 행동을 하기 위한 의도를 의미하기 때문에 행동하기를 기피하는 무동기와는 구분해야 하는 개념이다. 무동기상태에서는 목표도 존재하지 않는다. 숙달회피목표는 자신의 숙달수준이 퇴보되거나 도전에서 실패하지 않는 것에 초점을 두는 방향으로 행동하는 것이고, 수행회피목표는 잘못해서 자신이 무능하게 보이는 행동을 회피하는 것이지, 아예 행동을 하지 않는 것은 아니기 때문에 회피목표를 측정하기 위한 문항을 제작할 때는 이러한 측면에 유의해야 할 것이다.

7. 요 약

한국 학생들을 대상으로 수행된 성취목표이론에 관한 연구결과는 서구와 마찬가지로 아직은 좀 더 경험적 자료가 누적되어야 어떤 일반적인 특성을 말할 수 있는 초기 단계다. 따라서 이제까지 나타난 성취목표에서의 수준이나 목표유형들 간의 상관 패턴, 성취목표 발달에 영향을 미치는 변인들, 다른 학업 관련 변인들과의 관련성 등에 대한 결과들에 기초해서 원 이론과 불일치하는 부분은 무엇인지, 이러한 불일치가 문화적 특성인지 연구에 포함된 대상의 특성인지 등을 확인하기 위한 체계적인 연구들이 계속되어야 할 것으로 생각한다. 이러한 연구가 성공적이 되기 위해서는 우선 성취목표를 측정하는 데 사용할 척도 확보가 선행되어야 할 것이다.

참고문헌

강혜원(1998). 학업에 대한 성패귀인. 자기효능 및 내적 동기와 대학생활 적응의 관계. 교육심리연구, 12(2), 85-107.

강혜원, 김영희(2004). 학업스트레스 및 성적과 학습된 무기력의 관계. 상담학연구, 5(4), 883-897.

고경희(2003). 자기결정성이론에 따른 학업적 자기조절동기 유형 탐색. 이화여자대학교 석사학위논문.

김기석(1961). 학습습관검사해설 및 시행요칙. 서울: 코리안 테스팅 서비스.

김기옥, 현은자, 최인수, 유현정(2004). 학교와 학원의 비교를 통해 본 청소년의 플로우 및 내적 경험. 대한가정학회지, 42(4), 127-142.

김기형, 박중길(2009). 대학 운동선수의 지각된 자율성 지지와 기본욕구 및 동기적 성향 간의 구조모형 검증. 한국스포츠심리학회지, 20(3), 33-48.

김남재(1983). 주의 재배치가 학습된 무력감 완화에 미치는 영향. 한국심리학회지: 임상, 4(1), 75-82.

김남희(2002). 현실요법을 적용한 집단상담이 여중생의 학습된 무기력 및 학업적 자기효능감에 미치는 효과. 이화교육논총, 12, 423-439.

김동기(1985). 도덕성 귀인발달 연구의 가설적 접근. 한국심리학회지: 사회 및 성격, 2(2), 113-127.

김선영, 이경옥(2005). 유아교사의 교사효능감 개념과 측정구조에 대한 분석. 유아교육연구, 25(3), 267-287.

김성옥(2001). 스포츠 활동에서 학습된 무력감 극복과 자신감 향상을 위한 귀인 재훈련. 한국스포츠심리학회, 12(1), 141-159.

김성일(2003). 교육적 여가와 여가적 교육: 학습환경으로서의 여가환경과 활동중심의 흥미로운 교육. 한국교육학연구, 9(2), 143-162.

김성일, 윤미선(2004). 학습에 대한 흥미와 내재동기 증진을 위한 학습환경 디자인. 교육방법연구, 16(1), 39-66.

김성일, 윤미선, 소연희(2008). 한국사회와 교육적 성취: 한국 청소년의 학업성취: 한국 학생의 학업에 대한 흥미: 실태, 진단 및 처방. 한국심리학회지: 사회문제, 14(1), 187-221.

김세라, 김진아, 박병기(2007). 학업수행 자기효능감 증진 프로그램의 개발 및 타당화. 교육심리연구, 21(3), 747-762.

김아영(1997). 학구적 실패에 대한 내성의 관련변인 연구. 교육심리연구, 11(2), 1-19.

김아영(1998). 동기이론의 교육현장 적용 연구와 과제－자기효능감 이론을 중심으로. 교육심리연구, 12(1), 105-128.

김아영(2002a). 학업동기척도 표준화 연구. 교육평가연구, 15(1), 157-184.

김아영(2002b). 자기결정성이론에 따른 학습동기 유형 분류체계의 타당성. 교육심리연구, 16(4), 169-187.

김아영(2003). 교실에서의 동기. 교육심리연구, 17(1), 5-36.

김아영(2004). 한국 교육심리학계의 동기 연구와 과제. 교육심리연구, 18(1), 5-21.

김아영(2007). 자기효능감과 학업동기이론에 대한 개관. 김아영(편), 학업적 자기효능감: 이론과 현장연구 (pp. 15-63). 서울: 학지사.

김아영(2008). 한국 청소년의 학업동기 발달. 한국심리학회지: 사회문제, 14(1) (특집호), 111-134.

김아영, 김미진(2004). 교사효능감척도 타당화. 교육심리연구, 18(1), 37-58.

김아영, 김민정(2002). 초등교사들의 교사효능감과 학교조직 풍토와의 관계. 교육심리연구, 16(3), 5-29.

김아영, 박인영(2001). 학업적 자기효능감척도 개발 및 타당화 연구. 교육학연구, 39(1), 95-123.

김아영, 박인영(2007). 자기효능감의 위계적 구조: 학업적 자기효능감을 중심으로. 김아영(편), 학업적 자기효능감: 이론과 현장연구 (pp. 67-88). 서울: 학지사.

김아영, 오순애(2001). 자기결정성 정도에 따른 동기유형의 분류. 교육심리연구, 15(4), 97-119.

김아영, 이명희(2008). 청소년의 심리적 욕구만족, 우울경향, 학교생활 적응 간의 관계구조와 학교급 간 차이. 교육심리연구, 22(2), 423-441.

김아영, 이명희, 전혜원, 이다솜, 임인혜(2007). 청소년이 지각하는 유능감 및 관계성과 비행 간의 종단적 관계 분석. 교육심리연구, 21(4), 945-967.

김아영, 이채희, 최기연(2008). 교수몰입척도 개발 및 타당화. 교육심리연구, 22(4), 647-670.

김아영, 조영미(2001). 학업성취도에 대한 지능과 동기변인들의 상대적 예측력. 교육심리연구, 15(4), 121-138.

김아영, 주지은(1999). 학습된 무기력, 실패내성과 학업성취 간의 관계. 교육과학연구, 29, 157-176.

김아영, 차정은(1996). 자기효능감과 측정. 산업 및 조직심리학회 동계학술발표대회 논문집, 51-64.

김아영, 차정은(2003). 교사효능감 및 학생의 학업적 자기효능감이 학업성취도에 미치는 영향에 대한 다층분석. 교육심리연구, 17(2), 25-43.

김아영, 차정은, 이다솜, 임인혜, 탁하얀, 송윤아(2008). 부모의 자율성 지지가 초등학생의 자기조절학습효능감에 미치는 영향: 자기결정동기의 매개효과. 한국교육, 35(4), 3-24.

김아영, 차정은, 이채희, 서애리, 최기연(2004). 학교급 간 학업적 자기조절척도의 구인동등성 검증 및 잠재평균분석. 교육심리연구, 18(2), 227-244.

김아영, 탁하얀, 이채희(2010). 성인용 학습몰입척도 개발 및 타당화. 교육심리연구, 24(1), 39-59.

김양현(1994). 국민학교 교사의 자기-효능감 분석. 초등교육연구, 8, 79-93.

김언주(1988). 인지-정의 인과론에 관한 귀인론적 접근. 교육발전논총, 9(1), 73-100.

김연(1985). 우울증의 학습된 무력감 모형에 관한 연구. 인제의학, 6(1), 86-91.

김영미, 김아영(1998). 학원수강이 학습동기와 아동의 학업성취에 미치는 영향. 이화여자대학교 교과교육학연구, 2(1), 240-254.

김영상, 정미영(1999). 수업목표 설정 시 학습자의 참여가 학업성취 및 수학 자기효능감에 미치는 영향. 교육심리연구, 13(3), 1-19.

김원식, 김성일(2005). 과제에 대한 선택권이 과제흥미를 증진시키는가?: 과제구체성과 지각된 유능감 효과. 교육심리연구, 19(2), 353-369.

김의철, 박영신(1998). 한국인의 성공양식과 귀인양식: 토착심리학적 접근. 교육심리연구, 12(2), 51-84.

김의철, 박영신(1999). 한국청소년의 심리, 행동특성의 형성: 가정, 학교, 친구, 사회영향을 중심으로. 교육심리연구, 13(1), 99-142.

김정규, 신기명(1991). 학습무기력 하위요인이 인문계 고등학교 학생의 교과성적에 미치는 영향. 교육학연구, 29(2), 57-74.

김정오, 김태련(1981). 아동의 사회적 인지에서 귀인과정의 발달(2): 단계모형의 검증. 한국
심리학회지: 일반, 3(2), 100-117.

김정오, 박영신(1980). 아동의 사회적 인지에서 귀인과정의 발달(1). 한국심리학회지: 일반,
3(1), 38-50.

김정환, 이기택(2001). 정상학습과 몰입수준과의 관계분석. 교육심리연구, 15(3), 59-73.

김정환, 황학영(1999). 목표지향성과 귀인 피드백이 동기유발 요인과 학업성취도에 미치는
효과. 교육심리연구, 13(1), 143-172.

김충행(1969). 성취동기 유형을 위한 학급환경 조성에 관한 실험적 연구. 교육학연구, 7(1),
42-49.

김태은, 현주(2007). 학교급별 학업능력에 대한 학습효능감, 학습동기화, 성취목표지향성
의 효과. 교육심리연구, 21(1), 185-207.

김혜숙(1993). 지역고정관념이 귀인판단과 인상형성에 미치는 영향. 한국심리학회지: 사회
및 성격, 7(1), 53-70.

김효성(1984). 한국 대학생의 성공회피동기 연구. 이화여자대학교 석사학위논문.

나동진, 조준수(1999). 교실맥락 지각과 성취목표지향성이 학습 관련 도움요청 행동에 미
치는 영향. 교육심리연구, 13(4), 177-199.

문은식(2002). 고등학생이 지각한 학교의 심리적 환경과 목표지향성의 관계: 목표 차원과
관계 차원을 중심으로. 교육심리연구, 16(4), 5-21.

문은식(2007). 중학생의 심리적 안녕에 관련되는 사회·동기적 변인들의 구조적 분석. 교
육심리연구, 21(2), 459-475.

문은식, 강승호(2008). 고등학생의 심리적 안녕에 관련되는 사회·동기적 변인들의 구조적
분석. 교육심리연구, 22(1), 1-15.

박근수, 유태용(2007). 한국형 일몰입척도 개발 및 타당화 연구. 한국심리학회지: 산업 및 조
직, 20(2), 81-112.

박병기, 박일선, 고유림(2009). 성취목표지향성 프로그램의 개발과 효과검증. 교육심리연구,
23(3), 521-541.

박병기, 이종욱(2005). 성취목표지향성척도의 개발 및 타당화. 교육심리연구, 19(1), 327-352.

박병기, 이종욱, 홍승표(2005). 자기결정성이론이 제안한 학습동기 분류형태의 재구성. 교
육심리연구, 19(3), 699-717.

박병기, 채선영(2005). 학업수행 자기효능감척도의 개발 및 타당화. 교육심리연구, 19(4),
1219-1240.

박성희, 김희화(2008). 초등학생과 중학생의 학업스트레스와 학습된 무력감 간의 관계. 청소년학연구, 15(3), 159-182.

박승호(1995). 초인지, 초동기, 의지통제와 자기조절학습과의 관계. 교육심리연구, 9(2), 57-90.

박승호(2003). 자기조절 학습의 발달을 위한 동기적 요인의 역할. 교육심리연구, 17(1), 55-70.

박영신(1986). 인지발달 수준에 따른 성패귀인과 과학학업성취도에 대한 연구. 교육학연구, 24(2), 77-93.

박영신(1988). 성패귀인의 측정(1): 학업성취에 대한 귀인요소의 차원별 구조. 교육학연구, 26(1), 27-48.

박영신(1989). 성패귀인의 측정(2): 학업성패귀인 차원의 재검토. 교육학연구, 27(1), 11-27.

박영신(1995). 대학 학업성취 집단과 성별에 따른 통제부위 신념의 차이. 교육심리연구, 9(1), 57-92.

박영신(1997). 청소년 자기효능감과 통제부위 신념의 형성요인. 안규덕, 황정규, 김의철, 박영신. 한국 청소년 문화: 심리-사회적 형성요인. 41-173. 한국정신문화연구원.

박영신, 김의철(1997). 한국 학생의 귀인양식: 초·중·고 대학생의 비교. 교육심리연구, 11(2), 71-97.

박영신, 김의철(1998). 청소년 비행과 성취행동: 가정환경, 귀인양식, 건강과의 관계를 중심으로. 한국심리학회지: 사회문제, 4(1), 29-53.

박영신, 김의철(1999). 귀인양식의 변화와 개념구조에 대한 분석. 교육심리연구, 13(3), 119-165.

박영신, 김의철, 민병기(2002). 부모의 사회적 지원, 청소년의 자기효능감과 생활만족도: 변화에 대한 종단자료 분석과 생활만족도 형성에 대한 구조적 관계분석. 교육심리연구, 16(2), 63-92.

박혜숙, 전명남(2007). 자기효능감을 중심으로 살펴본 중학생의 국어, 영어, 수학 교과 학업성취에 미치는 학생, 교사 및 학교특성의 예측력. 교육심리연구, 21(1), 145-168.

백용매, 김영환(1988). 통제불능 경험에 대한 귀인이 과제수행과 감정반응에 미치는 영향. 한국심리학회지: 임상, 7(1), 102-109.

서은희(2009). 봉사-학습에서의 교수 경험이 여자대학생들의 성취목표지향성에 미치는 영향. 교육심리연구, 23(3), 477-489.

석임복(2008). Csikszentmihalyi의 몰입 요소에 근거한 학습몰입척도의 다차원적, 위계적 요인모델 검증. 교육공학연구, 24(3), 187-208.

석임복, 강이철(2007). Csikszentmihalyi의 몰입 요소에 근거한 학습 몰입 척도 개발 및 타당화 연구. 교육공학연구, 23(1), 121-154.

설인자(1989). 사회적 지지와 내외통제성에 따른 성공공포에 관한 연구. 이화여자대학교 석사학위논문.

소연희(2007). 학습자 동기특성 변인들이 고등학생들의 주관적 안녕감에 미치는 영향-성취목표지향성, 자기효능감, 자기결정성, 학습동기 및 학업성취를 중심으로-. 교육심리연구, 21(4), 1007-1028.

손영수, 최만식, 문익수(2002). 스포츠 몰입상태척도(FSS)에 대한 통계적 타당성 검증. 한국스포츠심리학회지, 13(2), 59-73.

손향숙(2006). 자아탄력성과 학습된 무기력이 학업성취에 미치는 영향. 학생생활연구, 14, 1-22.

송인섭, 박성윤(2000). 목표지향성, 자기조절 학습, 학업성취와의 관계 연구. 교육심리연구, 14(2), 29-64.

송재홍(2008). 대학생의 학업 자해행동 예측에 있어서 자아개념 명료성과 성취목표 및 교실목표구조 지각의 역할. 교육심리연구, 22(1), 35-53.

신기명(1990). 학습된 무기력 진단척도의 개발에 관한 연구. 건국대학교 대학원 박사학위논문.

신영회, 김아영(2005). 중학교 영재학생과 일반학생의 학업적 자기조절동기 유형과 실패내성 및 자아존중감 간의 관계. 교육과학연구, 35(3), 65-79.

신종호, 신태섭, 권희경(2004). 학업수월성에 대한 귀인유형의 탐색적 연구. 교육심리연구, 19(4), 261-277.

신준섭(1982). 학습된 무기력에 있어서 행위자와 관찰자의 차이에 대하여. 심리학연구, 10(1), 26-35.

신혜영, 이은해(2005). 어린이집 교사의 직무 스트레스와 효능감이 교사 행동의 질에 미치는 영향. 아동학회지, 26(5), 105-121.

심우엽(2001). 연령에 따른 학습동기의 변화. 초등교육연구, 14(3), 19-44.

안도희, 김지아, 황숙영(2005). 초, 중, 고등학생의 학업성취에 영향을 주는 변인 탐색: 유능감, 가정의 심리적 환경 및 학교환경 특성을 중심으로. 교육심리연구, 19(4), 1199-1217.

안도희, 박귀화, 정재우(2008). 자율성 지지, 기본적 욕구 및 심리적 안녕감 간의 관계. 청소년학연구, 15(5), 315-338.

안신호, 이상희(1988). 칭찬, 과제에의 가치 및 내재적 동기. 한국심리학회지: 사회 및 성격,

4(1), 263-287.

안신호, 장형석(1989). 외적 보상에 의한 내재적 동기 감소현상에 관한 일 연구. 한국심리학 회지: 사회 및 성격, 4(2), 84-99.

양명희(2009). 성취목표지향성이 학습결과에 미치는 영향: 정서의 조절효과. 교육심리연구, 23(1), 51-71.

양명희, 오종철(2006). 성취목표지향성과 자기조절 학습과의 관련성 검토. 교육심리연구, 20(3), 745-764.

엄나래, 정영숙(2002). 고등학교 남학생들의 일상활동에서의 몰입 경험에 관한 탐색적 연 구. 한국심리학회지: 발달, 15(3), 55-69.

우희정(1992). 아동의 자기-효능감 발달에 대한 이론적 고찰. 한국가정관리학회지, 10(1), 15-25.

원호택, 이훈진(1997). 편집증 증상과 우울증 집단의 자기개념과 타인개념 및 귀인양식. 한 국심리학회지: 임상, 17(1), 105-125.

유계식, 이재창(1997). 대학생의 성공공포와 성취동기 및 성역할정체감이 진로결정에 미치 는 영향에 관한 연구. 한국심리학회지: 상담 및 심리치료, 9(1), 259-288.

유진, 허정훈(2001). 체육 성취목표지향성과 동기분위기지각이 내적 동기와 운동수행에 미 치는 효과. 한국스포츠심리학회지, 12(1), 109-123.

윤경희, 배정희(2008). 학교급별 귀인성향, 자기효능감, 학업성취의 관계. 교육심리연구, 22(1), 235-257.

윤미선(2007). 사고양식, 성취목표지향성, 성취도, 연령, 성별 특성이 교과흥미에 미치는 영향: 중고생의 과학교과를 대상으로. 교육심리연구, 21(3), 557-572.

윤미선, 김성일(2004). 중, 고등학생의 학업성취 결정요인으로서 사고양식, 학습동기, 교과 흥미, 학습전략 간의 관계모형. 교육심리연구, 18(2), 161-180.

윤운성(1996). 가정환경과 자기효능감과 학업성취 간의 문화비교연구. 교육심리연구, 10(3), 159-182.

이명원, 김중술, 신민섭(2003). 자기개념 위협이 편집성향자의 주의 및 귀인양식에 미치는 영향. 한국심리학회지: 임상, 22(1), 71-91.

이명진, 김성일(2003). 학습재료의 유형과 제시양식 및 목표지향성이 흥미에 미치는 효과. 교육심리연구, 17(4), 1-17.

이명희, 김아영(2008). 자기결정성이론에 근거한 한국형 기본심리욕구척도 개발 및 타당 화. 한국심리학회지: 사회 및 성격, 22(4), 157-174.

이민희, 정태연(2008). 자기결정이론을 토대로 한 학습동기 경로 모형 검증. 한국심리학회

지: 사회문제, 14(1), 77-99.

이상민, 김계현(2000). 학교체벌의 배경정보가 학생의 귀인에 미치는 영향. 한국심리학회지: 상담 및 심리치료, 12(2), 243-256.

이수경(1992). 장애아의 운동 수행 효율성을 높이기 위한 자기효능감과 스포츠 자신감에 관한 고찰. 진주산업대학교논문집, 18, 451-463.

이영재(1994). 중학생들의 귀인성향 및 학습된 무기력에 관한 연구. 학생생활연구, 20, 1-17.

이은주(2000). 초등학생들의 학습동기의 변화. 초등교육연구, 14(1), 47-66.

이은주(2001). 몰입에 대한 학습동기와 인지전략의 관계. 교육심리연구, 15(3), 199-216.

이장호(1965). 성취동기 측정방법에 관한 연구. 서울대학교 졸업논문.

이장호(1968). Aronson의 표현검사. 출서 미상.

이종삼(1995). 학습전략 훈련이 학습장애자의 수학 학업성취, 자기조정, 충동성 및 자기효능감에 미치는 효과. 교육학연구, 33(3), 179-205.

이종삼(1996). 자기교시와 귀인훈련이 중학교 학습장애자의 수학학습 성취 및 자기효능감에 미치는 효과. 교육학연구, 34(5), 233-254.

이종숙(1984). 내재적 동기유발의 새로운 시각. 덕성유아교육연구, 3, 14-25.

이종숙(1986). 평가제도와 자아개념과 귀인의 관계 및 귀인이 학업성취에 미치는 영향. 교육학연구, 24(1), 19-33.

이주화, 김아영(2005). 학업적 성취목표지향성척도 개발. 교육심리연구, 19(1), 311-325.

이채희, 서애리(2004). 학습상황에서의 몰입척도 개발을 위한 예비연구. 미발간 연구논문, 이화여자대학교 대학원.

이태정(2003). 몰입 경험이 진로태도 성숙 및 진로 결정 효능감에 미치는 영향. 홍익대학교 대학원 박사학위논문.

이현우, 이훈진(2006). 경계형, 외현형 편집증의 자기개념과 타인개념 및 귀인양식. 한국심리학회지: 임상, 25(2), 449-465.

이현정(1998). 교사효능감척도 개발을 위한 예비 연구: 초등학교 교사를 중심으로. 이화여자대학교 대학원 석사학위논문.

임수정(1987). 대학생의 성역할 정체감과 성공회피동기와의 관계에 관한 연구. 서울여자대학교 석사학위논문.

임양화, 오경자(1989). 우울한 아동의 귀인유형. 한국심리학회지: 임상, 8(1), 69-76.

임지현(2004). 지각된 자율성 지지 정도와 학업성취의 관계에서 자기조절동기 및 학업적 자기효능감의 매개효과 검증. 이화여자대학교 교육대학원 석사학위논문.

임지현, 류지헌(2007). 초등학생의 학년과 성별에 따른 자기결정성 수준이 학업성취도에 미치는 효과. 교육방법연구, 19(2), 163-181.

장내찬(2002). 교사의 직무동기 유발에 대한 동기과정론의 설명력 비교-기대이론, 목표설정이론, 공정성이론 중심-. 교육학연구, 40(6), 183-201.

장인실, 김민림(2008). 소집단별 상보적 교수학습이 사회과 학업성취 및 학업적 자기효능감에 미치는 영향. 교육심리연구, 22(2), 365-379.

장재윤, 구자숙(1998). 보상이 내재적 동기 및 창의성에 미치는 효과: 개관과 적용. 한국심리학회지: 사회 및 성격, 12(2), 39-77.

장휘숙(1993). 자기효율성의 특성에 관한 관련 연구의 개관. 한국심리학회지: 발달, 6(2), 16-28.

전인옥(1999). 유아교사의 교육신념과 자기효능감이 언어적, 비언어적 교수행동에 미치는 영향. 한국영유아보육학, 19, 203-237.

정갑순, 박영신, 김의철(2002). 학업성취 과정에 관한 종단적 분석: 자기조절효능감을 중심으로. 한국교육심리학회, 제3차 연차학술대회 발표논문.

정명환(1989). 예산목표특성이 예산실행자의 행동에 미치는 영향에 관한 연구-Locke의 목표설정이론을 중심으로 한 실증적 연구-. 경영학연구, 19(1), 161-196.

정수자(1996). 학습된 무기력에 미치는 가정변인 효과의 경로분석. 교육심리연구, 10(3), 257-290.

정종진(1994). 자기규제 학습방략 훈련이 산수교과에 대한 아동의 자기효능감과 학업성취에 미치는 효과. 초등교육연구, 8, 109-126.

정택희(1987). 수업의 학습시간 투입의 동기요인과 효과 분석 연구. 고려대학교 박사학위논문.

조성숙, 최훈석(2007). 사회적 배척/수용 경험 및 귀인이 사회적 정보처리와 처벌행동에 미치는 영향. 한국심리학회지: 건강, 12(1), 131-151.

조승우, 김아영(1998). 초등학교 아동의 목표지향성과 자기조절 학습전략 사용 및 자기효능감과의 관계. 교육과학연구, 27, 71-88.

조옥귀(1982). 성공에 대한 귀인이 학습된 무력감과 우울증의 경감에 미치는 영향. 심리학연구, 10(1), 63-75.

조한익(2004). HLM을 이용한 교사효능감과 학생의 성취목표지향성 간의 관계 연구. 교육심리연구, 18(2), 1-16.

조한익, 김수연(2008). 초등학생의 성취목표지향성, 정서 및 정서지능의 관계 연구. 교육심리연구, 22(2), 443-460.

조현섭, 손정락(1988). 긴장성두통에 미치는 자기효율성, 우울 및 다차원 건강 내·외 통제수준에 따른 전두부 EMG 바이오피드백 훈련의 효과. 한국심리학회지: 일반, 7(1), 43-53.

조현철(2000). 자기결정적 학습동기의 학습결과 및 학습활동에 대한 관련. 교육학연구, 38(1), 95-121.

조현철(2003). 자율적 학업동기, 학습전략 및 학업성취 간 관계의 구조방정식 모형 분석. 교육학연구, 41(2), 225-251.

차재호, 나은영(1986). 귀인정보의 함축정보 연구: 합의성, 특이성 및 일관성 정보 간의 상호함축관계. 한국심리학회지: 사회 및 성격, 3(1), 17-36.

차재호, 정옥자(1964). 성취동기 측정에 관한 일 연구: 객관적 성취동기 측정과 투사법적 동기측정. 서울대학교대학원생활문화원, 학생연구, 3(1), 7-13.

최미숙(2005). 유아교사의 교수효능감과 전문성 인식에 따른 교사행동 분석. 유아교육연구, 25(1), 195-215.

최병연(1998). 자기효능감, 성취목표지향성, 학습전략 및 학업성취 간의 관계 분석. 고려대학교 교육문제연구, 10(1), 227-253.

최상진, 최순영(1989). 규범적 귀인에서 상식적 귀인에 이르는 통합적 귀인모형의 모색. 한국심리학회지: 사회 및 성격, 4(2), 11-32.

최윤자, 김아영(2003). 집단따돌림 행동과 자아개념 및 귀인성향과의 관계. 교육심리연구, 17(1), 149-166.

최인수, 이미나(2004). 아동의 동기와 플로우가 창의성에 미치는 영향. 한국교육방법학회, 춘계학술대회 발표논문집, 63-82.

최인수, 김순옥, 황선진, 이수진(2003). 경험표집법을 이용한 고등학생들의 생활 경험에 관한 연구. 대한가정학회지, 41(8), 213-227.

최정선, 김성일(2004). 평가유형과 지각된 유능감이 내재동기와 목표성향에 미치는 영향. 교육심리연구, 18(3), 269-286.

최희철, 황매향, 김연진(2009). 아동의 부모에 대한 관계성과 안녕(well-being) 사이의 자기회귀 교차지연 효과 검증. 교육심리연구, 23(3), 561-579.

하대현(2002). T. Amabile의 창의성 이론에 근거한 동기와 창의성 간의 관계 연구. 교육학연구, 40(2), 111-142.

하대현(2003). 교실에서의 내재동기: 쟁점과 교육적 시사점. 교육심리연구, 17(1), 71-94.

하대현, 최형주, 송선희(2003). 내・외재 동기유형의 타당화와 성격과의 상관요인 연구. 교육심리연구, 17(4), 1-21.

한덕웅(1984). 내적 동기이론의 연구 경향과 과제. 한국심리학회지: 사회 및 성격: 2(1), 54-93.

한성열(1995). 삶의 질과 내재적 동기의 실현. 한국심리학회지: 사회문제, 2(1). 95-111.

한순미(2003). 중다목표관점에서의 성취목표와 자기조절 학습전략 사용 간의 관계. 교육심리연구, 17(3), 291-312.

한정신(1987). 成功恐怖와 關聯變因에 관한 硏究: 남, 여 대학생을 중심으로. 아세아여성연구, 27, 77-101.

허경철(1991). Bandura의 자아효능감 발달이론과 자주성 함양을 위한 교수−학습방법. 한국교육, 18(1).

현주, 차정은, 김태은(2006). 학교급별 성취목표지향성이 자기효능감과 학교적응에 미치는 영향. 교육심리연구, 20(2), 443-465.

홍창남(2006). 교사효능감의 제고 가능성에 대한 실증 분석. 교육행정학연구, 24(4), 161-185.

황매향, 장수영, 유성경(2007). 학업우수 청소년의 자아존중감 및 애착과 학업적 실패내성과의 관계. 교육심리연구, 21(4), 1029-1946.

황정규(1965). 욕구진단검사. 서울: 코리안테스팅센터.

황정문, 윤정륜(2003). 목표지향성과 수학과 성취도 및 학습동기 관련 변인과의 관계. 교육심리연구, 17(3), 77-98.

Abramson, L. Y., Seligman, M. E., & Teasdale, J. D. (1978). Learned helplessness in humans: critique and reformulation. *Journal of Abnormal Psychology, 87,* 49-74.

Alderman, M. K. (2008). *Motivation for achievement: Possibilities for teaching and learning* (3rd ed.). N. Y.: Routledge.

Amabile, T. M., DeJong, W., & Lepper, M. R. (1976). Effects of externally imposed deadlines on subsequent intrinsic motivation. *Journal of Personality and Social Psychology, 34,* 92-98.

Amabile, T. M., Hill, K. G., Hennessey, B. A., & Tighe, E. M. (1994). The work preference inventory: Assessing intrinsic and extrinsic motivational orientations. *Journal of Personality and Social Psychology. 66,* 950-967.

Ames, C. (1984). Competitive, cooperative and individualistic goal structures: A cognitive-motivational analysis. In R. Ames & C. Ames (Eds.), *Research on motivation in education: Vol. 1. Student motivation* (pp. 177-207). N. Y.: Academic Press.

Ames, C. (1985). Attribution and cognition in motivation theory. In M. K. Alderman & M. Cohen (Eds.), *Motivation theory and practice for perspective teachers.*

Washington, D.C.: Clearing House on Teacher Education.

Ames, C. (1992). Classroom: Goals, structures, and student motivation. *Journal of Educational Psychology, 84,* 261-271.

Ames, C., & Archer, J. (1988). Achievement goals in the classroom: Students' learning strategies and motivation processes. *Journal of Educational Psychology, 80,* 260-267.

Anderman, E. M., & Maehr, M. L. (1994). Motivation and Schooling in the Middle Grades. *Review of Educational Research, 64,* 287-309.

Anderman, E. M., & Midgley, E. (1997). Changes in achievement goal orientations, perceived academic competence, and grades across the transition of middle-level schools. *Contemporary Educational Psychology, 22,* 269-298.

Anderson, C. A. (1983). Imagination and expectation: The effect of imagining behavioral scripts on personal intentions. *Journal of Personality and Social Psychology, 45,* 293-305.

Anderson, C. A., & Jennings, D. L. (1980). When experiences of failure promote expectations of success: The impact of attributing failure to ineffective strategies. *Journal of Personality 48,* 393-407.

Anderson, R., Manoogian, S. T., & Reznick, J. S. (1976). The undermining and enhancing of intrinsic motivation in preschool children. *Journal of Personality and Social Psychology, 34,* 915-922.

Archer, J. (1994). Achievement goals as a measure of motivation in university students. *Contemporary Educational Psychology, 19,* 430-446.

Armor, D., Conroy-Oseguera, P., Cox, M., King, N., McDonnell, L., Pascal, A., Pauly, E., & Zellman, G. (1976). Analysis of the school preferred reading program in selected Los Angeles minority schools *(Report No. R−2007−LAUSD).* Santa Monica, CA: Rand Corporation.

Ashton, P. T. (1984). Teacher efficacy: A motivational paradigm for effective teacher education. *Journal of Teacher Education, 35,* 28-32.

Ashton, P. T., & Webb, R. B. (1986). *Making a difference: Teachers' sense of efficacy and student achievement.* NY: Longman.

Ashton, P. T., & Webb, R. B., & Doda, N. N. (1983). A study of teachers' sense of efficacy. ERIC Document Reproduction Service No. ED231-834.

Assor, A., Kaplan, H., Kanat-Maymon, Y., & Roth, G. (2005). Directly controlling teacher behaviors as predictors of poor motivation and engagement in girls and boys: The role of anger and anxiety. *Learning and Instruction, 15*, 397-413.

Assor, A., Roth, G., & Deci, E. L. (2004). The emotional costs of parents' conditional regard: A self-determination theory analysis. *Journal of Personality, 72*, 47-88.

Atkinson. J. W. (1958). *Motives in fantasy: Action and Society.* N. Y.: Van Nostrand.

Atkinson, J. W. (1964). *An introduction to motivation.* N. Y.: D. Van Nostrand.

Atkinson, J. W., & Birch, D. (1970). *The dynamics of action.* N. Y.: Wiley.

Atkinson, J. W., & Litwin, G. (1960). Achievement motive and test anxiety conceived as motive to approach success and motive to avoid failure. *Journal of Abnormal and Social Psychology, 60*, 52-64.

Atkinson, J. W., & Raynor, J. O. (Eds.). (1974) *Motivation and achievement.* Washington, D. C.: Hemisphere.

Baard, P. P., Deci, E. L., & Ryan, R. M. (2004). Intrinsic need satisfaction: A motivational basis of performance and well-being in two work settings. *Journal of Applied Social Psychology, 34*, 2045-2068.

Baldwin, A. L. (1955). *Behavior and development in childhood.* N. Y.: Holt, Rinehart and Winston.

Bandura, A. (1977). Self-efficacy: Toward a unifying theory of behavioral change. *psychological Review, 84*, 191-215.

Bandura, A. (1986). *Social foundations of thought and action: A social cognitive theory.* Englewood Cliffs, N. J.: Prentice-Hall.

Bandura, A. (1988). Self-regulation of motivation and action through goal systems. In V. Hamilton, G. H. Bower, & N. H. Frijda (Eds.), *Cognitive perspectives on emotion and motivation* (pp. 37-61). Dordrecht: Kluwer Academic Publishers.

Bandura, A. (1989a). Human agency in social cognitive theory. *American Psychologist, 44*, 1175-1184.

Bandura, A. (1989b). Regulation of cognitive processes through perceived self-efficacy. *Developmental Psychology, 25*(5), 729-735.

Bandura, A. (1990). Reflections on nonability determinants of competence. In R. J. Sternberg & J. Kolligian Jr. (Eds.), *Competence considered* (pp. 315-362). New Haven, C. T.: Yale University Press.

Bandura, A. (1991). Social cognitive theory of self−regulation. *Organizational Behavior and Human Decision Processes, 50,* 248-287.

Bandura, A. (1993). Perceived self−efficacy in cognitive development and functioning. *Educational Psychologist, 28,* 117-148.

Bandura, A. (1996). A social cognitive view on shaping the future. Paper presented at the KPA 50th anniversary conference, Seoul, Korea.

Bandura, A. (1997). *Self−efficacy: The excercise of control.* N. Y.: Freeman.

Bandura, A., & Jourden, F. J. (1991). Self−regulatory mechanisms governing the impact of social comparison on complex decision making. Unpublished manuscript, Department of Psychology, Stanford University.

Bandura, A., & Schunk, D. H. (1981). Cultivating competence, self−efficacy, and intrinsic interest through proximal self-motivation. *Journal of Personality and Social Psychology, 41,* 586-598.

Bandura, A., & Wood, R. E. (1989). Effect of perceived controllability and performance standards on self−regulation of complex decision−making. *Journal of Personality and Social Psychology, 56,* 805-814.

Barfield, V., & Burlingame, M. (1974). The pupil control ideology of teachers in selected school. *The Journal of Experimental Education, 42,* 6-11.

Barron, K. E., & Harackiewicz, J. M. (2001). Achievement goals and optimal motivation: Testing multiple goal models. *Journal of Personality and Social Psychology, 80* (5), 706-722.

Bar-Tal, D. (1978). Attributional analysis of achievement related behavior. *Review of Educational Research, 48,* 259-271.

Baumeister, R. F., & Leary, M. R. (1995). The need to belong: Desire for interpersonal attachments as a fundamental human motivation. *Psychological Bulletin, 117,* 497-529.

Beck, R. C. (1990). *Motivation: Theories and principles.* Englewood Cliffs, N. J.: Prentice Hall.

Beery, R. (1975). Fear of failure in the student experience. *Personnel and Guidance Journal, 54,* 191-203.

Berlyne, D. E. (1950). Novelty and curiosity as determinants of exploratory behavior. *British Journal of Psychology, 41,* 68-80.

Berlyne, D. E. (1960). *Conflict, arousal and curiosity*. N. Y.: W. H. Freeman and Co.

Berman, P., & McLaughlin, M. W. (1977). *Federal programs supporting educational change*. Vol. 7, *Factors affecting implementation and continuation*. Santa Monica, C. A.: Rand Corporation.

Bong, M. (1997). Generality of academic self-efficacy judgments: Evidence of Hierarchical Relations. *Journal of Educational Psychology, 89,* 696-709.

Bong, M. (2004). Academic motivation in self-efficacy, task value, achievement goal orientations, and attributional beliefs. *Journal of Educational Research, 97,* 287-297.

Bong, M. (2009). Age-related differences in achievement goal differentiation. *Journal of Educational Psychology, 101*(4), 879-896.

Borkowski, J., Weyhing, R., & Carr, M. (1988). Effects of attributional retraining on strategy-based reading comprehension in learning disabled students. *Journal of Educational Psychology, 80,* 46-53.

Bouffard-Bouchard, T. (1990). Influence of self-efficacy on performance in a cognitive task. *Journal of Social Psychology, 130,* 353-363.

Bowlby, J. (1979). *The making and breaking of affectional bonds*. London: Tavistock.

Brophy, J. (2004). *Motivating students to learn* (2nd ed.). Mahwah, N. J.: Lawrence Erlbaum, Associates, Inc., Publishers.

Brophy, J. (2005). Goal theorists should move on from performance goals. *Educational Psychologist, 40* (3), 167-176.

Brown, T. C., & Latham, G. P. (2000). The effects of goal setting and self-instruction training on the performance of unionized employees. *Industrial Relations, 55,* 80-94

Burton, K. D., Lydon, J. E., D'Alessandro, D. U., & Koestner, R. (2006). The differential effects of intrinsic and identified motivation on well-being and performance: Prospective, experimental, and implicit approaches to self-determination theory. *Journal of Personality and Social Psychology, 91,* 750-762.

Cameron, J. (2001). Negative effects of reward on intrinsic motivation-A limited phenomenon: Comment on Deci, Koestner, and Ryan (2001). *Review of Educational Research, 71,* 29-42.

Cameron, J., & Pierce, W. D. (1994). Reinforcement, reward, and extrinsic motivation:

A meta-analysis. *Review of Education Research, 64,* 363-423.

Cannon, W. B. (1927). The James-Lange theory of emotions. *American Journal of Psychology, 39,* 115-1124.

Carlson, J. G., & Hatfield, E. (1992). *Psychology of emotion.* N. Y.: Harcourt Brace Jovanovich.

Carver, C. S., & Scheier, M. F. (1996). *Perspectives on personality* (3rd. Ed.). Needham Heights, Mass.: Allyn & Bacon.

Cervone, D., Jiwani, N., & Wood, R. (1991). Goal setting and the differential influence of self-regulatory processes on complex decision-making performance. *Journal of Personality and Social Psychology, 61,* 257-266.

Cervone, D., & Palmer, B. W. (1990). Anchoring biases and the perseverance of self-efficacy beliefs. *Cognitive Therapy and Research, 13,* 247-261.

Chandler, C. L., & Connell, J. P. (1987). Children's intrinsic, extrinsic and internalized motivation: A developmental study of children's reasons for liked and disliked behaviours. *British Journal of Developmental Psychology, 5,* 357-365.

Chapin, M., & Dyck, D. G. (1976). Persistence in children's reading behavior as a function of N length and attribution retraining. *Journal of Abnormal Psychology, 85,* 511-515.

Chemers, M. M., Hu, L., & Garcia, B. F. (2001). Academic self-efficacy and first-year college students performance and adjustment. *Journal of Educational Psychology, 93* (1), 55-64.

Chen, G., Gully, S. M., & Eden, D. (2001). Validation of a new general self-efficacy scale. *Organizational Research Methods, 4,* 62-83.

Chirkov, V. I., & Ryan, R. M. (2001). Parent and teacher autonomy-support in Russian and U.S. adolescents: Common effects on well-being and academic motivation. *Journal of Cross-Cultural Psychology, 32,* 618-635.

Chirkov, V. I., Ryan, R. M., Kim, Y., & Kaplan, U. (2003). Differentiating autonomy from individualism and independence: A self-determination theory perspective on internalization of cultural orientations and well-being. *Journal of Personality and Social Psychology, 84,* 97-110.

Clifford, M. M. (1978). Have we underestimated the facilitative effects of failure? *Canadian Journal of Behavioral Science, 10,* 308-316.

Clifford, M. M. (1983a). Learned helplessness. Unpublished manuscript, The University of Iowa.

Clifford, M. M. (1983b). Intrinsic motivation. Unpublished manuscript, The University of Iowa.

Clifford, M. M. (1984). Thoughts on a theory of constructive failure. *Educational Psychology, 19,* 108-120.

Clifford, M. M., Kim, A., & MacDonald, B. A. (1988). Reponses to failure as influenced by task attribution, outcome attribution, and failure tolerance. *Journal of Experimental Education, 57,* 19-37.

Clifford, M. M., & McNabb, T. (1983). The comparative effects of ability, strategy, and effort attributions: Three points on the internal stability dimension. Unpublished manuscript, University of Iowa.

Cooper, H. M., & Burger J. M. (1980). How teachers explain students' academic per-formance: A categorization of free response academic attributions. *American Educational Research Journal, 17,* 95-109.

Cordova, D. I., & Lepper, M. R. (1996). Intrinsic motivation and the process of learning: Beneficial effects of contextualization, personalization, and choice. *Journal of Educational Psychology, 88,* 715-730.

Corno, L., & Mandinach, E. B. (1983). The role of cognitive engagement in classroom learning and motivation. *Educational Psychologist, 18,* 88-108.

Covington, M. V., & Beery, R. (1976). *Self-worth and School Learning.* New York, Holt, Rinehart & Winston.

Covington, M. V., & Omelich, C. L. (1979). Effort: the double edged sword in school achievement, *Journal of Educational Psychology, 71,* 169-182.

Covington, M. V., & Omelich, C. L. (1981). As failures mount: affective and cognitive consequences of ability demotion in the classroom. *Journal of Educational Psychology, 73,* 799-808.

Covington, M. V., & Omelich, C. L. (1984) Task-oriented versus competitive learning structures: motivational and performance consequences, *Journal of Educational Psychology, 76,* 1038-1050.

Crandall, V. C., Katkovsky, W., & Crandall, V. J. (1965). Children's beliefs in their own control of reinforcements in intellectual-academic achievement situations. *Child*

Development, 36, 91-109.

Csikszentmihalyi, M. (1975). *Beyond boredom and anxiety.* San Francisco: Jossey-Bass.

Csikszentmihalyi, M. (1978). Intrinsic rewards and emergent motivation. In M. R. Lepper, & D. Greene (Eds.), *The hidden costs of reward: New perspectives on the psychology of human motivation* (pp. 205-216). Hillsdale, N. J.: Lawrence Erlbaum Associates, Inc.

Csikszentmihalyi, M. (1990). *Flow: The psychology of optimal experience.* N. Y.: Harper Perennial.

Csikszentmihalyi, M. (1993). *The evolving self.* N. Y.: Harper Collins.

Csikszentmihalyi, M. (1997). *Finding flow: The psychology of engagement with everyday life.* N. Y.: Basic Books.

Csikszentmihalyi, M., & Csikszentmihalyi, I. (1988). *Optimal experiences: Psychological studies of flow in consciousness.* N. Y.: Cambridge University Press.

Csikszentmihalyi, M., & Larson, R. W. (1984). *Being adolescent.* N. Y.: Basic Books.

Csikszentmihalyi, M., Larson, R., & Prescott, S. (1977). The ecology of adolescent activity and experience. *Journal of Youth and Adolescence, 6*, 281-294.

Csikszentmihalyi, M., & Nakamura, J. (1989). The dynamics of intrinsic motivation: A study of adolescents, In C. A. Ames & R. Ames (Eds.), *Research on motivation in education* (Vol. 3, pp. 45-61). San Diego: Academic Press.

Csikszentmihalyi, M., Rathunde, K., & Whalen, S. (1993). *Talented teenagers: The roots of success and failure.* N. Y.: Cambridge University Press.

Cury, F., Elliot, A. J., Da Fonseca, D., & Moller, A. (2006). The social-cognitive model of achievement motivation and the achievement goal framework. *Journal of Personality and Social Psychology, 90*, 666-679.

d'Aailly, H. (2003). Children's autonomy and perceived control in learning: A model of motivation and achievement in Taiwan. *Journal of Educational Psychology, 95*, 84-96.

Deaux, K. (1984). From individual differences to social categories: Analysis of a decade's research on gender. *American Psychologist, 39*, 105-116.

Deaux, K., & Farris, E. (1977). Attributing causes for one's own performance: The effects of sex, norms, and outcome. *Journal of Research in Personality. 11*, 59-72.

deCharms, R. (1968). *Personal causation: The internal affective determinants of behavior.* N. Y.: Academic Press.

deCharms, R. (1972). Personal causation training in the schools. *Journal of Applied Social Psychology, 2,* 95 - 113.

deCharms, R. (1976). *Enhancing motivation: Change in the classroom.* N. Y.: Irvington.

deCharms, R. (1980). The origins of competence and achievement motivation in personal causation. In L. J. Fyans, Jr. (Eds.), *Achievement motivation: Recent trends in theory and research* (pp. 22-23). N. Y.: Plenum Press.

deCharms, R. (1984). Motivation enhancement in educational setting. In R. E. Ames & C. A. Ames (Eds.), *Research on motivation in education: Student motivation* (Vol. 1, pp. 275-310). San Diego: Academic Press.

Deci, E. L. (1971). Effects of externally mediated rewards on intrinsic motivation. *Journal of Personality and Social Psychology, 18,* 105-115.

Deci, E. L. (1972a). Effects of contingent and non-contingent rewards and controls on intrinsic motivation. *Organizational Behavior and Human Performance, 8,* 217-229.

Deci, E. L. (1972b). Intrinsic motivation, extrinsic reinforcement, and inequity. *Journal of Personality and Social Psychology, 22,* 113-120.

Deci, E. L. (1975). *Intrinsic motivation.* N. Y.: Plenum.

Deci, E. L. (1980). *The psychology of self-determination.* Lexington, MA: Heath.

Deci, E. L., & Cascio, W. F. (1972). *Changes in intrinsic motivation as a function of negative feedback and threats.* Presented at the meeting of the Eastern Psychological Association, April, Boston.

Deci, E. L., Koestner, R., & Ryan, R. M. (1999). A meta-analytic review of experiments examining the effects of extrinsic rewards on intrinsic motivation. *Psychological Bulletin, 125,* 627-668.

Deci, E. L., Koestner, R., & Ryan, R. M. (2001). Extrinsic rewards and intrinsic motivation in education: Reconsidered once again. *Review of Educational Research, 71,* 1-27.

Deci, E. L., & Ryan, R. M. (1980). The empirical exploration of intrinsic motivational processes. In L. Berkowitz (Ed.), *Advances in experimental social psychology* (Vol. 13, pp. 39-80). N. Y.: Academic.

Deci, E. L., & Ryan, R. M. (1985a). The general causality orientations scale: Self-determination in personality. *Journal of Research in Personality, 19*, 109-134.

Deci, E. L., & Ryan, R. M. (1985b). *Intrinsic motivation and self-determination in human behavior.* N. Y.: plenum Press.

Deci, E. L., & Ryan, R. M. (1991). A motivational approach to self: Integration in personality. In R. Dienstbier (Ed.), *Nebraska symposium on motivation: Perspectives on motivation* (Vol. 38, pp. 237-288). Lincoln: University of Nebraska Press.

Deci, E. L., & Ryan, R. M. (2000). The "what" and "why" of goal pursuits: Human needs and the self-determination of behavior. *Psychological inquiry, 11*, 227-268.

Diener, C. I., & Dweck, C. S. (1978). An analysis of learned helplessness: Continuous changes in performance, strategy, and achievement cognitions following failure. *Journal of Personality and Social Psychology, 36*, 451-462.

Dweck, C. S. (1975). The role of expectations and attributions in the alleviation of learned helplessness. *Journal of Personality and Social Psychology, 31*, 674-685.

Dweck, C. S. (1986). Motivational processes affecting learning. *American Psychologist, 41*, 1040-1048.

Dweck, C. S. (1999). *Self-theories: Their role in motivation, personality, and development.* Philadelphia: Taylor & Francis.

Dweck, C. S., Davidson, W., Nelson, S., & Enna, B. (1978). Sex differences in learned helplessness: II. The contingencies of evaluative feedback in the classroom. III. An experimental analysis. *Developmental Psychology, 14*, 268-276.

Dweck, C. S., & Elliot, A. (1983). Achievement motivation. In P. Mussen & E. M. Hetherington (Eds.), *Handbook of child psychology* (pp. 643-692). N. Y.: Wiley.

Dweck, C. S., & Leggett, E. L. (1988). A social-cognitive approach to motivation and personality. *Psychological Review*, 95, 256-273.

Dweck, C. S., & Repucci, N. D. (1973). Learned helplessness and reinforcement responsibility in children. *Journal of Personality and Social Psychology, 25*, 109-116.

Eccles, J. S. (1983). Expectancies, values, and academic behaviors. In J. Spence (Ed.), *Achievement and achievement motives: psychological and sociological perspectives* (pp. 75-146). San Francisco: Freeman & Co.

Eccles, J. S. (1987). Gender roles and women's achievement-related decisions.

Psychology of Women Quarterly, 11, 135-172.

Eccles, J. S. (1992). School and family effects on ontogeny of children's interests, self-perceptions, and motivation. Paper presented in the Nebraska Symposium on Motivation.

Eccles, J. S., & Midgley, C. (1989). Stage/environment fit: Developmentally appropriate classrooms for early adolescents. In R. Ames & C. Ames (Eds.), *Research on motivation in education* (Vol. 3, pp. 139-181). San Diego, C. A.: Academic Press.

Eccles, J. S., Midgley, C., & Adler, T. (1984). Grade-related changes in the school environment: Effects on achievement motivation. In J. G. Nicholls (Ed.), *The development of achievement motivation* (pp. 283-331). Greenwich, C. T.: JAI Press.

Eccles, J. S., Wigfield, A., & Schiefele, U. (1998). Motivation to succeed. In N. Eisenberg (Ed.), W. Damon (Series Ed.), *Handbook of child psychology: Vol. 3. Social, emotional, and personality development* (5th ed., pp. 1051-1071). N. Y.: Wiley.

Eden, D. (1988). Pygmalion, goal setting, and expectancy: Compatible ways to raise productivity. *Academy of Management Review, 13,* 639-652.

Eden, D., & Aviram, A. (1993). Self-efficacy training to speed reemployment: Helping people to help themselves, *Journal of Applied Psychology, 78* (3), 352-360.

Eisenberger, R., & Cameron, J. (1996). Detrimental effects of reward: Reality or myth? *American Psychologist, 51,* 1153-1166.

Eisenberg, N., Martin, C. L., & Fabes, R. A. (1996). Gender development and gender effects. In D. C. Berliner & R. C. Calfee (Eds.), *Handbook of educational psychology* (pp. 358-396). N. Y.: Simon & Schuster Macmillan.

Elliot, A. (1997). Integrating the "classic" and "contemporary" approaches to achievement motivation: A hierarchical model of approach and avoidance achievement motivation. In M. Maehr & P. Pintrich (Eds.), *Advances in motivation and achievement* (Vol. 10, pp. 243-279). Greenwich, C. T.: JAI Press.

Elliot, A. (1999). Approach and avoidance motivation and achievement goals. *Educational Psychologist, 34,* 169-190.

Elliot, A., & Church, M. (1997). A hierarchical model of approach and avoidance achievement motivation. *Journal of Personality and Social Psychology, 72,* 218-232.

Elliot, A., & Dweck, C. S. (1988). Goals: An approach to motivation and achievement. *Journal of Personality and Social Psychology, 54,* 5-12.

Elliot, A., & Harackiewicz, J. (1996). Approach and avoidance goals and intrinsic motivation: A mediational analysis. *Journal of Personality and Social Psychology, 70,* 461-475.

Elliot, A., & McGregor, H. (1999). Test anxiety and the hierarchical model of approach and avoidance achievement motivation. *Journal of Personality and Social Psychology, 76,* 628-644.

Elliot, A., & McGregor, H. (2001). A 2×2 achievement goal framework. *Journal of Personality and Social Psychology, 80,* 501-519.

Emmer, E., & Hickman, J. (1990, April). Teacher decision making as a function of efficacy, attribution, and reasoned action. Paper presented at the Annual Meeting of the American Educational Research Association, Boston.

Engeser, S., & Rheinberg, F. (2008). Flow, performance and moderators of challenge-skill balance. *Motivation and Emotion, 32,* 158-172.

Erez, M. (1977). Feedback: A necessary condition for the goal setting–performance relationship. *Journal of Applied Psychology, 62,* 624-627.

Erez, M. (1986). The congruence of goal setting strategies with socio–cultural values, and its effects on performance. *Journal of Management, 21,* 588-592.

Eswara, H. S. (1972). Administration of reward and punishment in relation to ability, effort and performance, *The Journal of Social Psychology, 87,* 139-140.

Falbo, T., & Beck, R. C. (1979). Naive psychology and the attribution model of achievement. *Journal of Personality, 47,* 185-195.

Feather, N. T. (1961). The relationship of persistence at a task to expectation of success and achievement related motives. *Journal of Abnormal and Social Psychology, 63,* 552-561.

Festinger, L. (1957). *A theory of cognitive dissonance.* Stanford University Press.

Finney, S. J., Pieper, S. L., & Barron, K. E. (2004). Examining the psychometric properties of the achievement goal questionnaire in a general academic context. *Educational and Psychological Measurement, 64* (2), 365-382.

Ford, M. (1992). *Motivating humans: Goals, emotions, and personal agency beliefs.* Newbury Park, CA: Sage.

Fortier, M. S., Vallerand, R. J., & Guay, F. (1995). Academic motivation and school performance: toward a structural model. *Contemporary Educational Psychology, 20,* 257-274.

Fosco, E., & Geer, J. H. (1971). Effects of gaining control over aversive stimuli after differing amounts of no control. *Psychology Reports, 29,* 1153-1154.

Fowler, J. W., & Peterson, P. L. (1981). Increasing reading persistence and altering attributional style of learned helpless children. *Journal of Educational Psychology, 73,* 251-260.

Franken, R. (1982). *Human motivation.* Pacific Grove, C. A.: Brooks/Cole Publishing Co.

Franken, R. (1994). *Human motivation* (3rd ed.). Pacific Grove, C. A.: Brooks/Cole Publishing Co.

Frayne, C. A., & Latham, G. P. (1987). Application of social learning theory to employee self-management of attendance. *Journal of Applied Psychology, 72,* 387-392.

Frieze, I. H. (1976). Causal attributions and information seeking to explain success and failure. *Journal of Research in Personality, 10,* 293-305.

Frodi, A., Bridges, L., & Grolnick, W. S. (1985). Correlates of mastery-related behavior: A short term longitudinal study of infants in their second year. *Child Development, 56,* 1291-1298.

Gagné, M., & Deci, E. L. (2005). Self-determination theory and work motivation. *Journal of Organizational Behavior, 26,* 331-362.

Garcia, T., & Pintrich, P. R. (1991). Student motivation and self-regulated learning: A LISREL model. Paper presented at the annual meeting of the American Educational Research Association, Chicago, Il.

Garland, H. (1985). A Cognitive mediation theory of task goals and human performance. *Motivation and Emotion, 9.* 345-367.

Gatchel, R. J., Paulus, P. B., & Maples, C. W. (1975). Learned helplessness and self-reported affect. *Journal of Abnormal Psychology, 16,* 732-734.

Geen, R. G., Beatty, W. W., & Arkin, R. M. (1984). *Human motivation: physiological, behavioural and social approaches.* Massachusetts: Allyn and Bacon, Inc,

Gibson, S., & Dembo, M. (1984). Teacher efficacy: A construct validation. *Journal of Educational Psychology, 76* (4), 569-582.

Gibson, C. B., Randel, A. E., & Earley, P. C. (2000). Understanding group efficacy an empirical test of multiple assessment methods. *Group and Organization Management, 25,* 67-97.

Gist, M. E. (1987). Self−efficacy: Implications for organizational behavior and human resource management. *The Academy of Management Review, 12,* 472-485.

Gist, M. E., & Mitchell, T. R. (1992). Self−efficacy: A theoretical analysis of its determinants and malleability. *Academy of Management Review, 17,* 183-211.

Goddard, R. D. (2001). Collective efficacy: A neglected construct in the study of schools and student achievement. *Journal of Educational Psychology, 93* (3), 467-476.

Goddard, R. D. (2002). A theoretical and empirical analysis of the measurement of collective efficacy: the development of a short form. *Educational and Psychological Measurement, 62* (1), 97-110.

Goddard, R. D., Hoy, W. K., & Woolfolk Hoy, A. (2000). Collective teacher efficacy: Its meaning, measure, and impact on student achievement. *American Educational Research Journal, 37* (2), 479-507.

Gottfried, A. E., Fleming, J. S., & Gottfried, A. W. (2001). Continuity of academic intrinsic motivation from childhood through late adolescence: A longitudinal study. *Jounal of Educational Psychology, 93,* 3-13.

Greene, D., & Lepper, M. R. (1974). Effects of extrinsic rewards on children's subsequent intrinsic interest. *Child Development, 45,* 1141-1145.

Grolnick, W. S., Ryan, R. M., & Deci, E. L. (1991). The inner resources for school achievement: Motivational mediators of children's perceptions of their parents. *Journal of Educational Psychology, 83,* 508-517.

Grolnick, W. S., & Ryan, R. M. (1987). Autonomy in children's learning: An experimental and individual difference investigation. *Journal of Personality and Social Psychology, 52,* 890-898.

Grolnick, W. S., & Ryan, R. M. (1989). Parent styles associated with children's self−regulation and competence in school. *Journal of Educational Psychology, 81,* 143-154.

Guay, F., & Vallerand, R. J. (1997). Social context, student's motivation, and academic achievement: toward a process model. *Social Psychology of Education, 1,* 211-

233.

Guay, F., Ratelle, C. F., Senécal, C., Larose, S., & Deschênes, A. (2006). Distinguishing developmental from chronic career indecision: self-efficacy, autonomy, and social support. *Journal of Career Assessment, 14,* 235-251.

Guttman, L. (1954). A new approach to factor analysis: the radex. In P. F. Lazarsfeld (Ed.), *Mathematical thinking in the social sciences* (pp. 258-349). Free Press: Glencoe, Ⅲ.

Guzzo, R. A., Yost, P. R., Campbell, R. J., & Shea, G. P. (1993). Potency in groups: Articulating a construct. *British Journal of Social Psychology, 32,* 87-106.

Hamilton, J. O. (1974). Motivation and risk-taking behavior: A test of Atkinson's theory. *Journal of Personality and Social Psychology, 29,* 856-864.

Harackiewicz, J. (1979). The effects of reward contingency and performance feedback on intrinsic motivation. *Journal of Personality and Social Psychology, 37,* 1352-1363.

Harakiewicz, J., Barron, K., & Elliot, A. (1998). Rethinking achievement goals: When are they adaptive for college students and why? *Educational Psychologist, 33,* 1-21.

Harakiewicz, J., Barron, K., Pintrich, P., Elliot, A., & Thrash, T. (2002). Revision of achievement goal theory: Necessary and illumination. *Journal of Educational Psychology, 94* (3), 638-645.

Harackiewicz, J. M., Barron, K. E., Tauer, J. M., Carter, S. M., & Elliot, A. J. (2000). Short-term and long-term consequences of achievement goals: Predicting interest and performance over time. *Journal of Educational Psychology, 92,* 316-330.

Hardre, P. L., & Reeve, J. (2003). A motivational model of rural students' intentions to persist in, versus drop out of, high school. *Journal of Educational Psychology, 95,* 347-356.

Harlow, H. F. (1953). Mice, monkeys, men, and motives. *Psychological Review, 60,* 23-32.

Harlow, H. F. (1958). The nature of love. *American Psychologist, 13,* 673-685.

Harter, S. (1978). Effectance motivation reconsidered: Toward a developmental model. *Human Development, 21,* 34-64.

Harter, S. (1981a). A model of mastery motivation in children: Individual differences and developmental change. In W. A. Collins (Ed.), *Aspects on the development of competence: The Minnesota symposia on child psychology* (Vol. 14, pp. 215-255). Hillsdale, N. J.: Erlbaum.

Harter, S. (1981b). A new self-report scale of intrinsic versus extrinsic orientation in the classroom: Motivational and informational components. *Developmental Psychology, 17,* 300-312.

Harter, S. (1982). The perceived competence scale for children. *Child Development, 53,* 87-97.

Harter, S. (1983). Developmental perspectives on the self-system. In E. M. Hetherington (Ed.), P. H. Mussen (Series Ed.), *Handbook of child psychology: Vol 4. Socialization, personality, and social development* (4th ed., pp. 275-385). N. Y.: Wiley.

Harter, S., & Jackson, B. K. (1992). Trait vs. nontrait conceptualizations of intrinsic/extrinsic motivational orientation. *Motivation and Emotion, 16,* 209-230.

Hayamizu, T. (1997). Between intrinsic and extrinsic motivation: Examination of reasons for academic study based on the theory of internalization. *Japanese Psychological Research, 39,* 98-108.

Hebb, D. O. (1949). *Organization of Behavior: A Neuropsychological Theory.* N. Y.: John Wiley and Sons.

Hebb, D. O. (1955). Drives and the Conceptual Nervous System. *Psychological Review, 62,* 243-54.

Heckhausen, H. (1991). *Motivation and Action.* N. Y.: Spronger-Verlag.

Heider, F. (1958). *The psychology of interpersonal relations.* N. Y.: Wiley.

Henson, R. K. (2000). The relationship between means-end task analysis and context specific and global self efficacy in emergency certification teachers: Exploring a new model of teacher efficacy. Paper presented at the annual meeting of American Educational Research Association, New Orleans, Louisiana.

Hiroto, D. S. (1974). Locus of control and learned helplessness. *Journal of Experimental Psychology, 102,* 189-193.

Hiroto, D. S., & Seligman, M. E. P. (1975). Generality of learned helplessness in man. *Journal of Personality and Social Psychology, 31,* 311-327.

Hoffman, P. J. (1960). The paramorphic representation of clinical judgment. *Psychological Bulletin, 57,* 116-131.

Hoffman, M. L. (1977). Sex differences in empathy and related behaviors. *Psychological Bulletin, 84*, 712-722.

Horner, M. (1972). Toward an understanding of achievement−related conflicts in woman. *Journal of Social Issues, 28*, 129-156.

Horner, M. (1974). Performance of men in noncompetitive and interpersonal competitive achievement−oriented situations. In J. W. Atkinson & J. O. Raynor (Eds.), *Motivation and achievement*, 237-254. Washington, D. C.: Winston & Sons.

Hull, C. L. (1943). *Principles of behavior.* N. Y.: Appleton−Century Crofts.

Hyland, M. E., Curtis, C., & Mason, D. (1985). Fear of success: Motive and cognition. *Journal of Personality and Social Psychology, 49*, 1669-1677.

Ilardi, B. C., Leone, D., Kasser, T., & Ryan, R. M. (1993). Employee and supervisor ratings of motivation: Main effects and discrepancies associated with job satisfaction and adjustment in a factory setting. *Journal of Applied Social Psychology, 23*, 1789-1805.

Isaacson, R. L. (1964). *Basic readings in neuropsychology.* N. Y.: Harper & Row.

Iyengar, S. S., & Lepper, M. R. (2000). When choice is demotivating: Can one desire too much of a good thing? *Journal of Personality and Social Psychology, 79*, 995-1006.

Jagacinski, C. M., Kumar, S., & Kokkinou, I. (2008). Challenge seeking: The relationship of achievement goals to choice of task difficulty level in ego-involving and neutral conditions. *Motivation and Emotion, 32*, 310-322.

James, W. (1884). What is an emotion? *Mind, 9*, 188-255.

Jackson, S. A., & Marsh, H. (1996). Development and validation of a scale to measure optimal experience: The Flow State Scale. *Journal of Sport and Exercise Psychology. 18*, 17-35.

Jang, H., Reeve, J., Ryan, R. M., & Kim, A. (2009). Can self−determination theory explain what underlies the productive, satisfying learning experiences of collectivistically oriented Korean students? *Journal of Educational Psychology, 101*, 644-661.

Jerusalem, M., & Schwarzer, R. (1992). Self−efficacy as a resource factor on stress appraisal processes. In R. Schwarzer (Ed.), *Self−efficacy: Thought control of action* (pp.195-213). Washington, D. C.: Hemisphere.

Jones, E. E., & Davis, K. E. (1965). From acts to dispositions. In L. Berkowitz (Ed.), *Advances in experimental social psychology, 2*. N. Y.: Academic Press.

Jones, S. L., Nation, J. R., & Massad, P. (1977). Immunization against learned helplessness in man. *Journal of Abnormal Psychology, 86*, 75-83.

Judge, T. A., Locke, E. A., & Durham, C. C. (1997). The dispositional causes of job satisfaction: A core evaluations approach. *Research in Organizational Behavior, 19*, 151-188.

Kanfer, F. H. (1970). Self−regulation: Research, issues, and speculations. In C. Neuringer & J. Michaels (Eds.), *Behavior modification and clinical psychology*. N. Y.: Appleton-century−Crofts.

Kaplan, A., & Middleton, M. J. (2002). Should childhood be a journey or a race? A response to Harachiewicz et al. (2002). *Journal of Educational Psychology, 94*, 646-648.

Karabenick, S. A. (1977). Fear of success, achievement and affiliation dispositions, and the performance of men and women under individual and competitive conditions. *Journal of Personality, 45*, 117-149.

Karabenick, S. (2004). Perceived achievement goal structure and college student help seeking. *Journal of Educational Psychology, 96* (3), 569-581.

Karabenick, S. A., & Youssef, Z. I. (1968). Performance as a function of achievement level and perceived difficulty. *Journal of Personality and Social Psychology, 10*, 414-419.

Kasser, V., & Ryan, R. M. (1999). The relation of psychological needs for autonomy and relatedness to vitality, well−being, and mortality in a nursing home. *Journal of Applied Social Psychology, 29*, 935-454.

Kasser, T., & Ryan, R. M. (2001). Be careful what you wish for: Optimal functioning and the relative attainment of intrinsic and extrinsic goals. In P. Schmuck & K. M. Sheldon (Eds.), *Life goals and well−being: Towards a positive psychology of human striving* (pp. 115-129). Goettingen, Germany: Hogrefe & Huber.

Kelley, H. H. (1967). Attribution theory in social psychology. In D. Levine (Ed.), *Nebreska symposium on motivation* (Vol. 15, pp. 192-238). Lincoln: University of Nebraska Press.

Kelley, H. H. (1971). *Attribution in social interaction*. N. Y.: General Learning Press.

Kelly, G. (1955). *The psychology of personal constructs.* N. Y.: Norton.

Kim, A. (2002). Taxonomy of student motivation. Paper presented at the Annual Meeting of the American Educational Research Association, April, New Orleans, Louisiana.

Kim, A. (2007). A comparative study on the dimensions of motivation of students attending four institutions of higher education, Unpublished research report. Franklin Olin College, USA.

Kim, A., & Clifford, M. M. (1988). Goal Source, goal difficulty, and individual difference variables as predictors of response to failure. *British Journal of Educational Psychology, 58,* 28-43.

Kim, A., Koh, K., & Ryan, R. M. (2004). Investigating the Underlying Construct of Academic Self−Regulation in Korean Students. Paper presented at the Second International Conference on the Self−Determination Theory, May, Ottawa, Canada.

Kim, A., & Park, I. (2000). Hierarchical structure of self-efficacy in terms of generality levels and its relationships to academic performance: general, academic, domain-specific, and subject−specific self−efficacy. Paper presented at the annual meeting of the American Educational Research Association, New−Orleans, Louisiana, April.

Klein, H. J. (1991). Further evidence on the relationship between goal setting and expectancy theories. *Organizational Behavior and Human Decision Processes, 49,* 230-257.

Klein, D. C., Fencil−Morse E., & Seligman, M. E. P. (1976). Learned helplessness, depression, and the attribution of failure. *Journal of Personality and Social Psychology, 33,* 508-515.

Kohn, A. (1996). By all available means: Cameron and Pierce's defense of extrinsic motivators. *Review of Educational Research, 66,* 1-4.

Krapp, A. (1999). Interest, motivation and learning: An educational−psychological perspective. *European Journal of Psychology in Education, 14,* 23-40.

Krapp, A., Hidi, S., & Renninger, K. A. (1992). Interest, learning and development. In K. A. Renninger, S. Hidi, & A. Krapp (Eds.), *The role of interest in learning and development* (pp. 3-25). Hillsdale, N. J.: Erlbaum.

Kruglanski, A. W. (1975). The endogenous-exogenous partition in attribution theory. *Psychological Review, 82*, 387-406.

Kruglanski, A. W. (1978). Issues in cognitive social psychology. In M. R. Lepper and D. Greene (Eds.), *The hidden costs of reward: New perspectives on the psychology of human motivation* (pp. 19-30). Hillsdale, N. J.: Erlbaum.

Kruglanski, A. W., Freidman, I., & Zeevi, G. (1971). The effects of extrinsic incentive on some qualitative aspects of task performance. *Journal of Personality, 39*, 606-617.

Kruglanski, A. W., Riter, A., Amitai, A., Margolin, B. S., Shabtai, L., & Zakah, D. (1975). Can money enhance intrinsic motivation?: A test of the content–consequence hypothesis. *Journal of Personality and Social Psychology, 31*, 744-750.

Kruglanski, A. W., Stein, C., & Riter, A. (1977). Contingencies of exogenous reward and task performance: On the "minimax" strategy in instrumental behavior. *Journal of Applied Social Psychology, 7*, 141-148.

Kuhl, J. (1981). Motivational and functional helplessness: The moderating effect of state versus action orientation. *Journal of Personality and Social Psychology, 40*, 155-170.

Kuhl, J. (1984). Volitional aspects of achievement motivation and learned helplessness: Toward a comprehensive theory of action control. In B. A. Maher & W. A. Maher (Eds.), *Progress in experimental personalities research* (pp. 99-171). N. Y.: Academic Press.

Kurz, T. (2001). An exploration of the relationship among teacher efficacy, collective teacher efficacy, and goal consensus. Texas A & M University Ph. D dissertation.

La Guardia, J., Ryan, R. M., Couchman, C., & Deci, E. L. (2000). Within–person variation in security of attachment: A self–determination theory perspective on attachment, need fulfillment, and well–being. *Journal of Personality and Social Psychology, 79*, 367-384.

Lam, C. F., & Gurland, S. T. (2008). Self–determined work motivation predicts job outcomes, but what predicts self–determined work motivation? *Journal of Research in Personality, 42*, 1109-1115.

Latham, G. P., & Frayne, C. A. (1989). Self-management training for increasing job attendance: A follow–up and a replication. *Journal of Applied Psychology, 74*,

411-416.

Latham, G. P., & Lee, T. W. (1986). Goal setting. In E. A. Locke (Ed.), *Generalizing from laboratory to field settings*. Lexington, M. A.: Lexington Books.

Latham, G. P., & Locke, E. A. (1991). Self-regulation through goal setting. *Organizational Behavior and Human Decision Processes, 50*, 212-247.

Latham, G. P., Erez, M., & Locke, E. A. (1988). Resolving scientic disputes by the joint design of crucial experiments by the antagonists: Application to the Erex–Latham dispute regarding participation in goal setting. *Journal of Applied Psychology* (Monograph), *73,* 753-772.

Latham, G. P., Winters, D. C., & Locke, E. A. (1991). Cognitive and motivational media-tors of the effects of participation on performance. Unpublished Manuscript, University of Toronto.

Lau, S., & Nie, Y. (2008). Interplay between personal goals and classroom goal struc-tures in predicting student outcomes: A multilevel analysis of person–context interactions. *Journal of Educational Psychology, 100*, 15-29.

LeDoux, J. E. (1996). *The Emotional Brain. N. Y.:* Simon & Schuster.

Lee, C., & Bobko, P. (1994). Self–efficacy beliefs: Comparison of five measures. *Journal of Applied Psychology, 79*, 364-369.

Lepper, M. R. (1973). Dissonance, self–perception, and honesty in children. *Journal of Personality and Social Psychology, 25*, 65-74.

Lepper, M. R., & Greene, D. (1975). Turning play into work: Effects of adult surveil-lance and extrinsic rewards on children's intrinsic motivation. *Journal of Personality and Social Psychology, 31*, 479-486.

Lepper, M. R., Corpus, J. H., & Iyengar, S. S. (2005). Intrinsic and extrinsic motivational orientations in the classroom: Age differences and academic correlated. *Journal of Educational Psychology, 97,* 184-196.

Lepper, M. R., & Greene, D. (1978). *The hidden costs of reward: New perspectives on the psychology of human motivation*. Hillsdale, N. J.: Erlbaum.

Lepper, M. R., Greene, D., & Nisbett, R. E. (1973). Undermining children's intrinsic interest with extrinsic rewards: A test of the "overjustification" hypothesis. *Journal of Personality and Social Psychology, 28*, 129-137.

Lepper, M. R., & Henderlong, J. (2000). Turning "play" into work and "work" into play: 25 years of research on intrinsic versus extrinsic motivation. In C. Sansone & J. M. Harackiewicz (Eds.), *Intrinsic and extrinsic motivation: The search for optimal motivation and performance* (pp. 257-310). N. Y.: Academic Press.

Lepper, M. R., Keavney, M., & Drake, M. (1996). Intrinsic motivation and extrinsic rewards: A commentary on Cameron and Pierce's meta-analysis. *Review of Educational Research, 66,* 5-32.

Levesque, C., Zuehlke, A. N., Stanek, L. R., & Ryan, R. M. (2004). Autonomy and Competence in German and American University Students: A Comparative Study Based on Self−Determination Theory. *Journal of Educational Psychology, 96,* 68-84.

Lewin, K. (1935). *A dynamic theory of personality.* McGraw Hill, New York.

Lewin, K. (1938). *The conceptual representation of the measurement of psychological forces.* Durham, N. C.: Duke University Press.

Linnenbrink, E. A. (2005). The dilemma of performance−approach goals: The use of multiple goal contexts to promote students' motivation and learning. *Journal of Educational Psychology, 97* (2), 197-213.

Locke, E. A. (1967). Relationship of goal level to performance level. *Psychological Reports, 20,* 1068.

Locke E. A. (1968). Towards a theory of task motivation and incentives. *Organizational Behaviour and Human Performance, 3,* 157-189.

Locke, E. A., & Bryan, J. F. (1969). The directing function of goals in task performance. *Organizational Behaviour and Human Performance, 4,* 45-42.

Locke, E. A., Frederick, E., Lee, C., & Bobko, P. (1984). Effect of self−efficacy, goals, and task strategies on task performance. *Journal of Applied Psychology, 69,* 241-251.

Locke, E. A., & Latham, G. P. (1990a). *A theory of goal setting and task performance.* Englewood Cliffs, N. J.: Prentice Hall.

Locke, E. A., & Latham, G. P. (1990b). Work Motivation and satisfaction: light at the end of the tunnel. *Psychological Science, 1* (4), 240-246.

Locke, E. A., & Latham, G. P. (2002). Building a practically useful theory of goal setting and task motivation: A 35−year odyssey. *American Psychologist, 57,* 705-717.

Locke, E. A., & Latham, G. P. (2006). New directions in goal−setting theory. *Current*

Directions in Psychological Science, 15, 265-268.

Locke, E. A., Frederick, E., Lee, C., & Bobko, P. (1984). Effect of self−efficacy, goals, and task strategies on task performance. *Journal of Applied Psychology, 69*, 241-251.

Locke, E. A., Shaw, K. N., Saari, L. M., & Latham, G. P. (1981). Goal setting and task performance: 1969-1980. *Psychological Bulletin, 90*, 125-152.

Loevinger, J., & Blasi, A. (1991). Development of the self as subject. In J. Strauss & G. R. Goethals (Eds.), *The self: interdisciplinary approaches* (pp. 150-167). N. Y.: Springer−Verlag.

Maatta, S., Nurmi, J. N., & Stattin, H. (2007). Achievement orientations, school adjustment, and well−being: A longitudinal study. *Journal of Research of Adolescence, 17*, 789-812.

Maier, S. F., & Seligman, M. E. P. (1976). Learned helplessness: Theory and evidence. *Journal Experimental Psychology, 105*, 3-46.

Martin, A. J., & Jackson, S. A. (2008). Brief approaches to assessing task absorption and enhanced subjective experience: Examining 'short' and 'core' flow in diverse performance domains. *Motivation and Emotion, 32*, 141-157.

Martocchio, J. J. (1994). Effects of conceptions of ability on anxiety, self−efficacy, and learning in training, *Journal of Applied Psychology, 79* (6), 819-825.

Maruyama, G. (1982). How should attributions be measured? A reanalysis of data from Elig and Frieze. *American Educational Research Journal, 19* (4), 552-558.

Maslow, A. H. (1954). *Motivation and personality* (3rd ed.). N. Y.: Harper & Row. (Reprinted 1987 by Harper & Row, Publishers, Inc.)

Matsui, M. J., Okada, A., & Inoshita, O. (1983). Mechanism of feedback affecting task performance. *Organizational Behavior and Human Performance, 13*, 114-122.

Mayer, J. D., Faber, M. A., & Xu, X. (2007). Seventy−five years of motivation measures (1930∼2005): A descriptive analysis. *Motivation and Emotion, 31*, 83-103.

Mayers, P. (1978). Flow in adolescence and its relation to school experience. Unpublished doctoral dissertation, University of Chicago.

McClelland, D. C. (1958). Methods of measuring human motivation. In J. W. Atkinson (Ed.), *Motives in fantasy, action and society*. Princeton: Van Nostrand.

McClelland, D. C. (1961). *The achieving society*. Princeton, N. J.: Van Nostrand.

McClelland, D. C. (1985). How motives, skills, and values determine what people do. *American Psychologist, 40,* 812-825.

McMahan, I. D. (1973). Relationship between causal attributions and expectancy of success. *Journal of Personality and Social Psychology, 28,* 108-114.

Meece, J. L. (1991). The classroom context and students' motivational goals. In M. Maehr & P. Pintrich (Eds.), *Advances in motivation and achievement* (Vol. 7, pp. 261-286). Greenwich, C. T.: JAI Press.

Meece, J. L., Blumenfield, P. C., & Hoyle, R. H. (1988). Students' goal orientations and cognitive engagement in classroom activities. *Journal of Educational Psychology, 80,* 514-523.

Meece, J. L., & Holt, K. (1993). A pattern analysis of students' achievement goals. *Journal of Educational Psychology, 85,* 582-590.

Mehrabian, A. (1969). Male and female scales of the tendency to achieve, *Educational and Psychological Measurement, 28,* 493-502.

Mesch, D. J., Farh, J., & Podsakoff, P. M. (1989). Effects of feedback sign on group goal setting, strategies, and performance: An empirical examination of some control theory hypothesis. Paper presented to the Organizational Behavior Division at the annual meeting of the Academy of Management. Washington, D. C.

Meyer, J. P., Becker, T. E., & Vandenberghe, C. (2004). Employee commitment and motivation: A conceptual analysis and integrative model. *Journal of Applied Psychology, 89* (6), 991-1007.

Meyer, W., Folkes, V., & Weiner, B. (1976) The perceived informational value and affective consequences of choice behavior and intermediate difficulty task selection, *Journal of Research in Personality, 10,* 410-423.

Middleton, M., & Midgley, C. (1997). Avoiding the demonstration of lack of ability: An underexplored aspect of goal theory. *Journal of Educational Psychology, 89,* 710-718.

Midgley, C., Anderman, E., & Hicks, L. (1995). Differences between elementary and middle school teachers and students: A goal theory approach. *Journal of Early Adolescence, 15,* 90-133.

Midgley, C., Feldaufer, H., & Eccles, J. S. (1989). Change in teacher efficacy and sstudents' self−and task−related beliefs in mathematics during the transition to junior high school. *Journal of Educational Psychology, 81*, 247-258.

Midgley, C., Kaplan, A., & Middleton, M. (2001). Performance-approach goals: Good for what, for whom, under what circumstances, and at what cost? *Journal of Educational Psychology, 93*, 77-86.

Midgley, C., Maehr, M., Hicks, L., Roeser, R., Urdan, T., Anderman, E., et al. (1997). *Patterns of adaptive learning survey (PALS)*. Ann Arbor, M. I.: University of Michigan.

Midgley, C., & Urdan, T. (2001). Academic self-handicapping and achievement goals: A further examination. *Contemporary Educational Psychology, 26*, 61-75.

Miller, G. A., Galanteer, E., & Pribram, K. H. (1960). *Plans and the structure of behavior*. N. Y.: Holt, Rinehart & Winston.

Miller, I. W., & Norman, W. (1979). Learned helplessness in humans: A review and attribution theory model. *Psychological Bulletin, 86*, 93-118.

Miserandino, M. (1996). Children who do well in school: Individual differences in perceived competence and autonomy in above-average children. *Journal of Educational Psychology, 88*, 203-214.

Mone, M. A., Baker, D. D., & Jeffries, F. (1995). Predictive validity and time dependency of self-efficacy, self-esteem, personal goals, and academic performance. *Educational and Psychological Measurement, 55*, 716-727.

Multon, K. D., Brown, S. D., & Lent, R. W. (1991). Relation of self-efficacy beliefs to academic outcomes: A meta analytic investigation. *Journal of Counseling Psychology, 38*, 30-38.

Mundell, C. E. (2000). The role of perceived skill, perceived challenge, and flow in the experience of positive and negative affect. Dissertation Abstracts International: Section B: The Science and Engineering, 61, 2802.

Murayama, K., & Elliot, A. J. (2009). The joint influence of personal achievement goals and classroom goal structures on achievement-relevant outcomes. *Journal of Educational Psychology, 102* (2), 432-447.

Murray, H. A. (1938). *Explorations in personality*. N. Y.: Oxford University Press.

Murray, H. A. (1943). *Thematic apperception test*. Cambridge: Harvard University Press.

Nicholls, J. G. (1978). The development of the concept of effort and ability, perception of own attainment, and the understanding that difficult tasks require more ability.

Child Development, 49, 800-814.

Nicholls, G. J. (1984). Achievement motivation: Conceptions of ability, subjective expe-rience, task choice, and performance. *Psychological Review, 91*, 328-346.

Nicholls, G. J. (1989). *The competitive ethos and democratic education*. Cambridge, M. A.: Harvard University Press.

Nicholls, G. J., & Miller, A. (1983). The differentiation of the concepts of difficulty and ability. *Child Development, 54*, 951-959.

Nicholls. G. J., & Miller, A. (1984). Development and its discontents: The differentiation of the concept of ability. In J. Nicholls (Ed.), *Advances in Motivation and Achievement: The Development of Achievement Motivation* (pp. 185-218). Greenwich, C. T.: JAI Press.

Niemiec, C. P., & Ryan R. M. (2009). Autonomy, competence, and relatedness in the classroom. *Theory and Research in Education, 7*, 133-144.

Niemiec, C. P., Ryan, R. M., & Brown, K. W. (2008). The role of awareness and autono-my in quieting the ego: A Self-determination theory perspective. In H. A. Wayment & J. J. Bauer (Eds.), *The quiet ego: Research and theory on the benefits of transcending egoistic self-interest*. Washington, D. C.: American Psychological Association.

Nolen, S. B., & Haladyna, T. M. (1990). Motivation and studying in high school science. *Journal of Research in Science Teaching, 27*, 115-126.

Nowicki, Jr, S., & Strickland B. R. (1973). A locus of control scale for children. *Journal of Consulting and Clinical Psychology, 40*, 148-154.

Otis, N., Grouzet, F. M. E., & Pelletier, L. G. (2005). Latent Motivational Change in an Academic Setting: A 3-Year Longitudinal Study. *Journal of Educational Psychology, 97*, 170-183.

Overmier, J. B., & Seligman, M. E. P. (1967). Effects of inescapable shock upon subse-quent escape and avoidance responding. *Journal of Comparative and Physiological Psychology, 63*, 28-33.

Owen, S. V., & Froman, R. D. (1988). Development of a college academic self-efficacy scale. Paper presented at the annual meeting of the national council on Measurement in Deucation, New. Orleans, L.A.

Pajares, F. (1996). Self-efficacy beliefs in academic settings. *Review of Educational*

Research, 66 (4), 543-578.

Pajares, F. (2001). Toward a positive psychology of academic motivation. *The Journal of Educational Research, 95*, 27-35.

Pajares, F. (2002). *Self-efficacy beliefs in academic contexts: An outline.* Retrieved March 25, 2004 from http://www.emory.edu/EDUCATION/mfp/efftalk.html.

Pajares, F. (2006). *Self-efficacy beliefs in academic contexts: An outline.* Retrieved December 21, 2006 from http://www.emory.edu/EDUCATION/mfp/efftalk.html.

Pajares, F., Britner, S. L., & Valiante, G. (2000). Relation between achievement goals and self-beliefs of middle school students in writing and science. *Comtemporary Educational Psychology, 25*, 406-422.

Pajares, F., & Miller, M. D. (1994). Role of self-efficacy and self-concept beliefs in mathematical problem solving: A path analysis. *Journal of Educational Psychology, 86* (2), 193-203.

Park, Y., & Kim, U. (1999). The educational challenge of Korea in the global era: The role of family, school, and government. Chinese University of Hong-Kong, *Educational Journal, 27* (1), 91-120. Special Issue: Conference on restructuring the knowledge base of education in Asia.

Passer, M. W. (1977). Perceiving the causes of success and failure revisited: A multidimensional scaling approach. Unpublished doctoral dissertation, University of California at Los Angeles.

Patrick, H., Knee, C. R., Canevello, A., & Lonsbary, C. (2007). The role of need fulfillment in relationship functioning and well-being: A self-determination theory perspective. *Journal of Personality and Social Psychology, 92*, 434-457.

Payne, S. C., Youngcourt, S. S., & Beaubien, J. M. (2007). A meta-analytic examination of the goal orientation nomological net. *Journal of Applied Psychology, 92*, 128-150.

Pelletier, L. G., Seéguin-Lévesque, C., & Legault, L. (2002). Pressure from above and pressure from below as determinants of teachers' motivation and teaching behaviors. *Journal of Educational Psychology, 94*, 186-196.

Peplau, L. A. (1976). Impact of fear of success and sex-role attitudes on woman's competitive achievement. *Journal of Personality and Social Psychology, 34*, 561-568.

Perry, R. P., & Penner, K. S. (1990). Enhancing academic achievement in college students through attributional retraining and instruction. *Journal of Educational Psychology, 82,* 262-271.

Phares, E. J. (1976). *Locus of control in personality.* Morristown, N. J. General Learning Press.

Phillips, J. M., & Gully, S. M. (1997). Role of goal orientation, ability, need for achievement, and locus of control in the self−efficacy and goal−setting process. *Journal of Applied Psychology, 82* (5), 792-802.

Phillips, D. A., & Zimmerman, M. (1990). The developmental course of perceived competence and incompetence among competent children. In R. J. Sternberg & J. Kolligian, Jr. (Eds.), *Competence considered* (pp. 41-66). New Haven, C. T.: Yale University Press.

Piaget, J. (1952). *The origins of intelligence in children.* N. Y.: International Universities Press.

Pintrich, P. R. (2000a). An achievement goal theory perspective on issues in motivation terminology, theory, and research. *Contemporary Educational Psychology, 25,* 92-104.

Pintrich, P. R. (2000b). Multiple goals, multiple pathways: the role of goal orientation in learning and achievement. *Journal of Educational Psychology, 92,* 544-555.

Pintrich, P. R., & De Groot, E. (1990). Motivational and self−regulated learning components of classroom academic performance. *Journal of Educational Psychology, 82,* 33-40.

Pintrich, P. R., & Garcia, T. (1991). Student goal orientation and self−regulation in the college classroom. In M. L. Maehr & P. R. Pintrich (Eds.), *Advanced in motivation and achievement: Goals and self−regulatory processes* (Vol. 7., pp. 371-402). Greenwich, C. T.: JAI Press.

Pintrich, P. R., & Schunk, D. H. (2002). *Motivation in education: Theory, research, and applications* (2nd ed.). Upper Saddle, N. J.: Prentice-Hall, Inc.

Pintrich, P. R., Smith, D. A., Garcia, T., & McKeachie, W. J. (1993). Reliability and predictive validity of the Motivated Strategies for Learning Questionnaire (MSLQ). *Educational and Psychological Measurement, 53,* 801-813.

Porter, L. W., & Lawler. E. E. (1968). *Managerial attitudes and performance.*

Homewood, Illinois: Rochard D. Irwin, Inc.

Ratelle, C. F., Guay, F., Larose, S., & Senécal, C. (2004). Family Correlates of Trajectories of Academic Motivation During a School Transition: A Semiparametric Group–Based Approach. *Journal of Educational Psychology, 96,* 743-754.

Rawsthorne, L. J., & Elliot, A. J. (1999). Achievement goals and intrinsic motivation: A meta–analytic review. *Personality and Social Psychology Review, 3,* 326-344.

Raynor, J. O. (1969). Future orientation and motivation of immediate activity: An elaboration of the theory of achievement motivation. *Psychological Review, 76,* 606-610.

Reeve, J. (1998). Autonomy support as an interpersonal motivating style: Is it teachable? *Contemporary Educational Psychology, 23,* 312-330.

Reeve, J. (2001). *Understanding motivation and emotion* (2nd ed.). N. Y.: Wiley.

Reeve, J. (2002). Self–determination theory applied to educational settings. In E. L. Deci & R. M. Ryan (Eds.), *Handbook of self–determination research* (pp. 184-203). Rochester, N. Y.: University of Rochester Press.

Reeve, J. (2005). *Understanding motivation and emotion* (4th ed.). N. Y.: Wiley.

Reeve, J., Deci, E. L., & Ryan, R. M. (2003). Self–sdetermination theory: A dialectical framework for understanding the sociocultural influences on student motivation. In D. M. McInerney & S. Van Etten (Eds.), *Research on sociocultural influences on motivation and learning: Big theories revisited* (Vol. 4). Greenwhich, C. T.: Information Age Press.

Reeve, J., & Jang, H. (2006). What teachers say and do to support students' autonomy during a learning activity. *Journal of Educational Psychology, 98,* 209-218.

Reeve, J., Jang, H., Hardre, P., & Omura, M. (2002). Providing a rationale in an autonomy–supportive way as a strategy to motivate others during an uninteresting activity. *Motivation and Emotion, 26,* 183-207.

Reeve, J., Nix, G., & Hamm, D. (2003). Testing models of the experience of self–determination in intrinsic motivation and the conundrum of choice. *Journal of Educational Psychology, 95,* 375-392.

Reis, H. T., Sheldon, K. M., Gable, S. L., Roscoe, J., & Ryan, R. M. (2000). Daily well-being: The role of autonomy, competence, and relatedness. *Personality and Social Psychology Bulletin, 26,* 419-435.

Renninger, K. A., Hidi, S., & Krapp, A. (1992). *The role of interest in learning and development.* Hillsdale N. J.: Erlbaum.

Rest, S., Nierenberg, R., Weiner, B., & Heckhausen, H. (1973). Further evidence concerning the effects on perceptions of effort and ability on achievement evaluation. *Journal of Personality and Social Psychology, 28,* 187-191.

Reynolds, P. L., & Symons, S. (2001). Motivational variables and children's text search. *Journal of Educational Psychology, 93,* 14-22.

Riggs, I. M., & Enochs, L. G. (1990). Toward the development of an elementary teacher's science teaching efficacy belief instrument. *Science Education, 74,* 625-637.

Riggs, M. L., Warka, J., Babasa, B., Betancourt, R., & Hooker, S. (1994). Development and validation of self−efficacy and outcome expectancy scales for job−related application. *Educational and Psychological Measurement, 54* (3), 793-802.

Roeser, R., Midgley, C., & Urdan, T. (1996). Perceptions of the school psychological environment and early adolescents' psychological and behavioral functioning in school: The mediating role of goals and belonging. *Journal of Educational Psychology, 88,* 408-422.

Rosen, B., & D' Andrade, R. G. (1959). The psychosocial origin of achievement motivation. *Sociometry, 22,* 185-218.

Rosenbaum, R. M. (1972). A dimensional analysis of the perceived causes of success and failure. Unpublished doctoral dissertation, University of California, Los Angeles.

Ross, M. (1975). Salience of reward and intrinsic motivation. *Journal of Personality and Social Psychology, 32,* 245-254.

Roth, G. (2008). Perceived parental conditional regard and autonomy support as predictors of young adult's self−versus other−oriented prosocial tendencies. *Journal of Personality, 76,* 513-534.

Roth, G., Assor, A., & Eliot, K. (2004). The effects of parental conditional regard and empathic autonomy support on modes of emotion regulation and capacity for intimacy in youth. Paper presented at the Second International Conference on Self−Determination Theory, May, Ottawa, Canada.

Roth, G., Assor, A., Kanat−Maymon, Y., & Kaplan, H. (2006). Assessing the experience of autonomy in new cultures and contexts. *Motivation and Emotion, 30,* 365-376.

Roth, G., Assor, A., Kanat-Maymon, Y., & Kaplan, H. (2007). Autonomous motivation for teaching: How self-determined teaching may lead to self-determined learning. *Journal of Educational Psychology, 99,* 761-774.

Roth, G., Assor, A., Niemiec, C. P., Ryan, R. M., & Deci, E. L. (2009). The emotional and academic consequences of parental conditional regard: Comparing conditional positive regard, conditional negative regard, and autonomy support as parenting practices. *Developmental Psychology, 45* (4), 1119-1142.

Roth, S., & Bootzin, R. R. (1974). The effects of experimentally induced expectancies of external control: A investigation of learned helplessness. *Journal of Personality and Social Psychology, 29,* 253-264.

Roth, S., & Kubal, L. (1975). Effects of noncontingent reinforcement on tasks of differing importance: Facilitation and learned helplessness. *Journal of Personality Social Psychology, 32,* 680-691.

Rotter, J. B. (1954). *Social learning and clinical psychology.* Englewood Cliffs, N. J.: Prentice-Hall.

Rotter, J. B. (1966). Generalized expectancies for internal versus external control of reinforcement. *Psychological Monographs: General & Applied, 80,* 1-28.

Ryan T. A. (1970). *Intentional behavior: An approach to human motivation.* Oxford, England: Ronald Press.

Ryan, R. M. (1982). Control and information in the intrapersonal sphere: An extension of cognitive evaluation theory. *Journal of Personality and Social Psychology, 43,* 450-461.

Ryan, R. M. (1993). Agency and organization: Intrinsic motivation, autonomy and the self in psychological development. In J. Jacobs (Ed.), *Nebraska symposium on motivation: Developmental perspectives on motivation* (Vol. 40, pp. 1-56). Lincoln: University of Nebraska Press.

Ryan, R. M. (1995). Psychological needs and the facilitation of integrative processes. *Journal of Personality, 63,* 397-427.

Ryan, R. M. (2003). The dynamics of intrinsic and extrinsic motivation in schools. Paper presented at the International Conference of Korean Society for the Study of Education, November, Seoul, Korea.

Ryan, R. M., & Connell, J. P. (1989). Perceived locus of causality and internalization: Examining reasons for acting in two domains. *Journal of Personality and Social Psychology, 57,* 749-761.

Ryan, R. M., & Deci, E. L. (1996). When paradigms clash: Comments on Cameron and Pierce's claim that rewards do not undermine intrinsic motivation. *Review of Educational Research, 66,* 33-38.

Ryan, R. M., & Deci., E. L. (2000a). Intrinsic and extrinsic motivations: Classic definitions and new directions. *Comtemporary Educational Psychology, 25,* 54-67.

Ryan, R. M., & Deci., E. L. (2000b). Self-determination theory and the facilitation of intrinsic motivation, social development, and well-being, *American Psychologist, 55,* 68-78.

Ryan, R. M., & Deci., E. L. (2002). Overview of self-determination theory: An organismic dialectical perspective. *Handbook of self-determination research* (pp. 3-33). The university of Rochester Press.

Ryan, R. M., & Grolnick, W. S. (1986). Origins and pawns in the classroom: Self-report and projective assessments of individual differences in children's perceptions. *Journal of Personality and Social Psychology, 50,* 550-558.

Ryan, R. M., & Lynch, J. (1989). Emotional autonomy versus detachment: Revisiting the vicissitudes of adolescence and young adulthood. *Child Development, 60,* 340-356.

Ryan, R. M., Stiller, J., & Lynch, J. H. (1994). Representations of relationships to teachers, parents, and friends as predictors of academic motivation and self-esteem. *Journal of Early Adolescence, 14,* 226-249.

Salancik, G. R. (1977). Commitment and the control of organizational behavior and belief. In B. M. Staw and G. R. Salancik (Eds.), *New directions in organizational behavior.* Chicago: St. Clair Press.

Sampson, R. J., Raudenbush, S. W., & Earls, F. (1997). Neighborhoods and violent crime: A multilevel study of collective efficacy. *Science, 277,* 918-924.

Schack, G. D. (1986). Creative productivity and self-efficacy in children. Unpublished doctoral dissertation, University of Connecticut, Storrs.

Schacter, S., & Singer, J. (1962). Cognitive, social and physiological determinants of emotional state. *Psychological Review, 69,* 378-399.

Schaefer, E. S. (1965). A configurational analysis of children's reports of parent behavior. *Journal of Consulting Psychology, 29,* 552-557.

Schunk, D. H. (1982). Effects of effort attributional feedback on children's perceived self-efficacy and achievement. *Journal of Educational Psychology, 74,* 548-556.

Schunk, D. H. (1983). Ability versus effort attributional feedback: Differential effects on self-efficacy and achievement. *Journal of Educational Psychology, 75,* 848-856.

Schunk, D. H. (1984). Self-efficacy perspective on achievement behavior. *Educational Psychology, 19,* 48-58.

Schunk, D. H. (1989). Self-efficacy and achievement behaviors. *Educational Psychology Review, 1,* 173-208.

Schunk, D. H. (1991). Goal setting and self-evaluation: A social cognitive perspective on self-regulation. *Advances in Motivation and Achievement, 7,* 85-113. JAI Press Inc.

Schunk, D. H., & Cox, P. D. (1986). Strategy training and attributional feedback with learning disabled students. *Journal of Educational Psychology, 78,* 201-209.

Schunk, D. H., & Hanson, A. R. (1985). Peer models: Influence on children's self-efficacy and achievement. *Journal of Educational Psychology, 77,* 313-322.

Schunk, D. H., & Pajares, F. (2001). The development of academic self-efficacy. In A. Wigfield & J. S. Eccles (Eds.), *Development of achievement motivation* (pp. 15-31). San Diego, C. A.: Academic Press.

Shamir, B. (1990). Calculation, Values, and Identities: The sources of collectivistic work motivation. *Human Relations, 43* (3), 313-332.

Sears, P. S. (1941). Level of aspiration in relation to some variables of personality: clinical studies. *Journal of Social Psychology, 14,* 311-336.

Seijts, G. H., Latham, G. P., Tasa, K., & Latham, B. W. (2004). Goal setting and goal orientation: An integration of two different yet related literatures. *Academy of Management Journal, 47* (2), 227-239.

Seligman, M. E. P., & Beagley, G. (1975). Learned helplessness in the rat. *Journal of Comparative and Psychological Psychology, 88,* 534-541.

Seligman, M. E. P., & Grove, D. (1970). Non-transient learned helplessness. *Psychonomic Science, 19,* 191-192.

Seligman, M. E. P., & Maier, S. F. (1967). Failure to escape traumatic shock. *Journal of*

Experimental Psychology, 74, 1-9.

Seligman, M. E. P. (1972). Learned helplessness. *Annual Review of Medicine, 23,* 407-412.

Seligman, M. E. P., Maier, S. F., & Geer, J. (1968). The alleviation of learned helplessness in the dog. *Journal of Abnormal Psychology, 73,* 256-262.

Shea, G. P., & Guzzo, R. A. (1987). Group effectiveness: What really matter? *Sloan Management Review, 28,* 25-31.

Shell, D. F., & Husman, J. (2008). Control, motivation, affect and strategic self−regulation in the college classroom: A multidimensional phenomenon. *Journal of Educational Psychology, 10,* 443-459.

Sheldon, K. M., & Kasser, T. (1995). Coherence and congruence: Two aspects of personality integration. *Journal of Personality and Social Psychology, 68,* 531-543.

Sheldon, K. M., Ryan, R. M., & Reis, H. T. (1996). What makes for a good day? Competence and autonomy in the day and in the person. *Personality and Social Psychology Bulletin, 22,* 1270-1279.

Sherer, M., & Adams, C. H. (1983). Construct validation of the self−efficacy scale. *Psychological Reports, 53,* 899-902.

Sherer, M., Maddux, J. E., Mercandante, B., Prentice−Dunn, S., Jacobs, B., & Rogers, R. W. (1982). The self−efficacy scale: Construction and validation, *Psychological Reports, 51,* 663-671.

Simpkins, S. D., Davis-Kean, P. E., & Eccles, J. S. (2006). Math and science motivation: A longitudinal examination of the links between choices and beliefs. *Developmental Psychology, 42,* 70-83.

Skaalvik, E. (1997). Self-enhancing and self−defeating ego orientations: Relations with task and avoidance orientation, achievement, self−perceptions, and anxiety. *Journal of Educational Psychology, 89,* 71-81.

Skinner, B. F. (1938). *The behavior of organisms.* N. Y.: Appleton Century Crofts.

Smith, J. M. (1973). A quick measure of achievement motivation. *British Journal of Social and Clinical Psychology, 12,* 137-143.

Soenens, B., & Vansteenkiste, M. (2005). Antecedents and outcomes of self−determination in 3 life domains: The role of parents' and teachers' autonomy support. *Journal of Youth and Adolescence, 34,* 589-604.

Spaulding, C. L. (1992). *Motivation in the classroom.* N. Y.: McGraw-Hill, Inc.

Spence, J. T., & Helmreich, R. L. (1983). Achievement–related motives and behaviors. In J. T. Spence, *Achievement and achievement motives: psychological and socio-logical perspectives* (pp. 7-74). San Francisco: Freeman.

Speier, C., & Frese, M. (1997). Generalized self efficacy as a mediator and moderator between control and complexity at work and personal initiative: A longitudinal field study in east germany. *Human Performance, 10,* 171-192.

Spinath, B., & Spinath, F. M. (2005). Longitudinal analysis of the link between learning motivation and competence beliefs among elementary school children. *Learning and Instruction, 15,* 87-102.

Stipek, D. J. (1984). Young children's performance expectations: Logical analysis or wish-ful thinking? In Nicholls, J. G. (Ed.), *Advances in Motivation and Achievement:* Vol 3. *The Development of Achievement Motivation* (pp. 33-56). Greenwich, CT: JAI Press.

Stipek, D., & MacIver, D. (1989). Developmental change in children's assessment of intellectual competence. *Child Development, 60,* 521-538.

Stroebel, C. F. (1969). Biologic rhythm correlates of disturbed behavior in the rhesus monkey. *Bibilotheca primatologica, 9,* 91-105.

Swann Jr, W. B., & Pittman, T. S. (1977). Initiating Play Activity of Children: The Moderating Influence of Verbal Cues on Intrinsic Motivation. *Child Development, 48,* 1128-1132.

Tennen, H., & Eller, S. J. (1977). Attributional components of learned helplessness and facilitation. Journal of Personality and Social Psychology, 35, 265-271.

Thornton, J. W., & Jacobs, P. D. (1971). The facilitation, effects of prior inescapagle unavoidable stress on intellectual performance. *Psychonomic Science, 26,* 185-187.

Thornton, J. W., & Jacobs, P. D. (1972). The facilitating effects of prior inescapable unavoidable stress on intellectual performance. *Psychonomic Science, 22,* 185-187.

Tolman, E. C. (1932). *Purposive behavior in animals and men.* N. Y.: Apple–Centry-Crofts. (Reprinted 1949, 1951, University of California Press, Berkeley).

Tresemer, D. (1977). *Fear of success.* N. Y.: Plenum.

Trope, Y., & Brickman, P. (1975). Difficulty and diagnosticity as determinants of choice among tasks. *Journal of Personality and Social Personality, 12,* 431-438.

Tschannen−Moran, M., & Woolfolk Hoy, A. (2001). Teacher efficacy: capturing an elusive construct. *Teaching and Teacher Education, 17,* 783-805.

Tschannen−Moran, M., Woolfolk Hoy, A., & Hoy, W. K. (1998). Teacher efficacy: Its meaning and measure. *Review of Educational Research, 68* (2), 202-248.

Turner, J. C., Midgley, C., Meyer, D. K., Gheen, M. H., Anderman, E., Kang, Y., et al. (2002). The classroom environment and students' reports of avoidance strategies in mathematics: A multimethod study. *Journal of Educational Psychology, 94* (1), 88-106.

Undan, T. (2004). Predictors of academic self−handicapping and achievement: Examining achievement goals, classroom goal structures, and culture. *Journal of Educational Psychology, 96,* 251-264.

Undan, T., & Midgley, C. (2003). Changes in the perceived classroom goal structure and pattern of adaptive learning during early adolescence. *Comtemporary Educational Psychology, 28,* 524-551.

Urdan, T., & Mestas, M. (2006). The goals behind performance goals. *Journal of Educational Psychology, 98,* 354-365.

Usher, E. L., & Pajares, F. (2008). Sources of self−efficacy in school: Critical review of the literature and future directions. *Review of Educational Research, 78,* 751-796.

Vallerand, R. J. (1997). Toward a hierarchical model of intrinsic and extrinsic motiva-tion. In M. Zanna (Ed.), *Advances in experimental social psychology* (pp. 271-360). N. Y.: Academic Press.

Vallerand, R. J., & Bissonnette, R. (1992). Intrinsic, extrinsic, and amotivational styles as predictors of behavior: A prospective study. *Journal of Personality, 60,* 599-620.

Vallerand, R. J., & Reid, G. (1984). On the causal effects of perceived competence on intrinsic motivation: A test of cognitive evaluation theory. *Journal of Sport Psychology, 6,* 94-102.

Vallerand, R. J., Fortier, M. S., & Guay, F. (1997). Self−determination and persistence in a real−life setting: Toward a motivational model of high school drop out. *Journal of Personality and Social Psychology, 72,* 1161-1176.

Vancouver, J. B., Thompson, C. M., & Williams, A. A. (2001). The changing signs in the relationships among self-efficacy, personal goals, and performance. *Journal of Applied Psychology, 86,* 605-620.

Vansteenkiste, M., Lens, W., Soenens, B., & Luyckx, K. (2006). Autonomy and relatedness among chinese sojourners and applicants: Conflictual or independent predictors of well-being and adjustment? *Motivation and Emotion, 30,* 273-282.

Vansteenkiste, M., Zhou, M., Lens, W., & Soenens, B. (2005). Experiences of autonomy and control among chinese learners: Vitalizing or immobilizing? *Journal of Educational Psychology, 97,* 468-483.

Vansteenkiste, M., Simons, J., Lens, W., Sheldon, K. M., & Deci, E. L. (2004). Motivating learning, performance, and persistence: The synergistic effects of intrinsic goal contents and autonomy-supportive contexts. *Journal of Personality and Social Psychology, 87,* 246-260.

Vispoel, W. P., & Chen, P. (1990). Measuring self-efficacy: The state of the art. Paper presented at the annual meeting of the American Educational Research Association, Boston, MA.

Vroom, V. H. (1964). *Work and Motivation.* N. Y.: Wiley.

Weiner, B. (1974). Achievement motivation as conceptualized by an attribution theorist. In B. Weiner (Ed.), *Achievement motivation and attribution theory* (pp. 3-48). Morristown, N. J.: General Learning Press.

Weiner, B. (1979). A theory of motivation for some classroom experiences. *Journal of Educational Psychology, 71,* 3-25.

Weiner, B. (1983). Principles for a theory of student motivation and their practice within an attributional framework. In R. Ames & C. Ames (Eds.), *Student motivation* (Vol.1). N. Y.: Academic Press.

Weiner, B. (1985). "Spontaneous" causal search. *Psychological Bulletin, 97,* 74-84.

Weiner, B. (1992). *Human motivation: metaphors, theories, and research.* Newbury Park, C. A.: Sage.

Weiner, B. (2000). Intrapersonal and Interpersonal Theories of Motivation from an Attributional Perspective. *Educational Psychology Review, 12,* 1-14.

Weiner, B., & Kukla, A. (1970). An attributional analysis of achievement motivation. *Journal of Personality and Social Psychology, 15,* 1-20.

Weiner, B., & Schneider, K. (1971). Drive versus cognitive theory: A reply to Boor and

Harmon. *Journal of Personality and Social Psychology, 18,* 258-262.

Weiner, B., Frieze, I., Kukla, A., Reed, L., Rest, S., & Rosenbaum, R. M. (1971). *Perceiving the causes of success and failure.* Morristown, N. J.: General Learning Press.

Weiner, B., Heckhausen, H., Meyer, W. U., & Cook, R. E. (1972). Causal ascriptions and achievement motivation: A conceptual analysis of effort and reanalysis of locus of control. *Journal of Personality and Social Psychology, 21,* 239-248.

Weiner, B., Niersenberg, R., & Goldstein, M. (1976). Social learning (locus of control) versus attributional (causal stability) interpretations of expectancy of success. *Journal of Personality, 1,* 52-68.

Weiner. B., Russell, D., & Lerman, D. (1978). Affective consequences of causal ascrip-tions. In J. H. Harvey, W. J. Ickes, & R. F. Kidd, (Eds). *New directions in attribu-tion research* (Vol. 2). Hillsdale. N. J.: Lawrence Erlbaum Associates Inc., pp. 59-88.

Weiss, J. M. (1968). Effects of coping responses on stress. *Journal of Comparative and Physiological Psychology, 65,* 251-260.

Weldon, E., & Weingart, L. R. (1993). Group goals and group performance. *British Journal of Social Psychology, 32* (4), 307-334.

Wentzel, K. (1989). Adolescent classroom goals, standards for performance, and aca-demic achievement: An interactionist perspective. *Journal of Educational Psychology, 81,* 131-142.

Wentzel, K. (1996). Social goals and social relationships as motivators of school adjust-ment. In J. Juvonen & K. R. Wentzel (Eds.), *Social motivation: Understanding children's school adjustment* (pp. 226-247). Cambridge, England: Cambridge University Press.

White, R. W. (1959). Motivation reconsidered: The concept of competence. *Psychological Review, 66,* 297-333.

Wigfield, A., & Eccles, J. S. (1992). The development of achievement task values: A the-oretical analysis. *Developmental Review, 12,* 265-310.

Wigfield, A., & Eccles, J. S. (2000). Expectancy—value theory of motivation. *Comtemporary Educational Psychology, 25,* 265-310.

Wigfield, A., & Eccles, J. (2002). The development of competence beliefs, expectancies for success, and achievement values from childhood through adolescence. In A. Wigfield & J. Eccles (Eds.), *Development of achievement motivation* (pp. 91 - 120). San Diego, CA: Academic Press.

Wigfield, A., Eccles, J., & Pintrich, P. (1996). Development between the ages of 11 and 25. In D. C. Berliner & R. C. Calfee (Eds.), *The handbook of educational psychology* (pp. 148-185). N. Y.: Macmillan.

Williams, J. E. (1996). Promoting rural students' academic achievement: An examination of self-regulated learning strategies. Paper presented at the annual meeting of the American Educational Research Association, San Francisco, CA.

Williams, J. E., & Coombs, W. T. (1996). An analysis of the reliability and validity of Bandura's Multidimensional Scales of Perceived Self-Efficacy. Paper presented at the annual meeting of the American Educational Research Association, NewYork, N. Y.

Wilson, T. D., & Linville, P. W. (1985). Improving the performance of college freshmen with attributional techniques. *Journal of Personality and Social Psychology, 49,* 287-293.

Winterbottom, M. R. (1958). The relation of need for achievement to learning experiences in independence and mastery. In J. W. Atkinson (Ed), *Motives in fantasy, action, and society: A method of assessment and study,* 453-478, Princeton N. J.: Van Nostrand.

Wolters, C. (2004). Advancing Achievement goal theory: Using goal structures and goal orientations to predict students' motivation, cognition, and achievement. *Journal of Educational Psychology, 96* (2), 236-250.

Wood, R. E., Mento, A. J., Locke, E. A. (1987). Task complexity as a moderator of goal effects: A meta-analysis. *Journal of Applied Psychology, 72,* 416-425.

Woolfolk, A. E. (2001). *Educational psychology* (8th ed.). Boston: Allyn & Bacon.

Woolfolk, A. E., & Hoy, W. K. (1990). Prospective teachers' sense of efficacy and beliefs about control. *Journal of Educational Psychology, 82,* 81-91.

Wong, P. T., & Weiner, B. (1981). When people ask "why" questions, and the heuristics of attributional search. *Journal of Personality and Social Psychology. 40,* 650-663.

Wright, P. M., Hollenbeck, J. R., Wolf, S., & McMahan, G. C. (1995). The effects of varying goal difficulty operationalizations on goal setting outcomes and processes. *Organizational Behavior and Human Decision Processes, 61*(1), 28-43.

Wright, P. M., & Kacmar, K. M. (1994). Goal specificity as a determinant of goal commitment and goal change. *Organizational Behavior and Human Decision Processes, 59,* 242-260.

Wortman, C. B., & Brehm, J. (1975). Responses to incontrollable outcomes: an integration of reactance theory and the learned helplessness model. In L. Berkowitsz (Ed.). *Advance in Experimental Social Psychology* (Vol. 8). N. Y.: Academic Press.

Yerkes R. M. & Dodson, J. D. (1908). The relation of strength of stimulus to rapidity of habit-formation. *Journal of Comparative Neurology and Psychology, 18,* 459-482.

Zimmerman, B. J. (1989). A social cognitive view of self-regulated academic learning. *Journal of Educational Psychology, 81,* 329-339.

Zimmerman, B. J. Bandura, A., & Martinez-Pons, M. (1992). Self-motivation for academic attainment: The role of self-efficacy beliefs and personal goal setting, *American Educational Research Journal, 29* (3), 663-676.

Zimmerman, B. J., & Martinez-Pons, M. (1988). Construct validation of a strategy model of student self-regulated learning. *Journal of Educational Psychology, 80,* 284-290.

Zimmerman, B. J., & Martinez-Pons, M. (1990). Student differences in self-regulated learning: Relating grade, sex, and giftedness to self-efficacy and strategy use. *Journal of Educational Psychology, 82,* 51-59.

Zimmerman, B. J., & Ringle, J. (1981). Effects of model persistence and statements of confidence on children's self-efficacy and problem solving. *Journal of Educational Psychology, 73,* 485-493.

Zuckerman, M., Porac, J., Lathin, D., Smith, R., & Deci, E. L. (1978). On the importance of self-determination for intrinsically motivated behavior. *Personality and Social Psychology Bulletin, 4,* 443-446.

Zuckerman, M., & Wheeler, L. (1975). To dispel fantasies about the fantasy-based measure of fear of success. *Psychological Bulletin, 82,* 932-946.

찾아보기

내용

저/자/소/개

김아영

이화여자대학교 교육심리학 문학사
University of Iowa 교육측정 및 통계학 M. A.
University of Iowa 교육심리학 Ph. D.
University of Iowa 방문교수
Franklin Olin College of Engineering/Babson College 방문교수
한국교육심리학회장 역임
현 이화여자대학교사회과학대학 심리학전공 교수

학업동기
-이론, 연구와 적용-

2010년 5월 31일 1판 1쇄 발행
2021년 9월 15일 1판 5쇄 발행

지은이 • 김 아 영
펴낸이 • 김 진 환
펴낸곳 • (주) **학지사**
　　　　04031 서울특별시 마포구 양화로 15길 20 마인드월드빌딩 5층
대표전화 • 02) 330-5114　　팩스 • 02) 324-2345
등록번호 • 제313-2006-000265호
홈페이지 • http://www.hakjisa.co.kr
페이스북 • https://www.facebook.com/hakjisabook

ISBN 978-89-6330-362-8 93370

정가 **20,000원**

출판 · 교육 · 미디어기업 **학지사**

간호보건의학출판 **학지사메디컬** www.hakjisamd.co.kr
심리검사연구소 **인싸이트** www.inpsyt.co.kr
학술논문서비스 **뉴논문** www.newnonmun.com
원격교육연수원 **카운피아** www.counpia.com